U0107390

文明通鉴丛书

刘洪一 主编

Exploration of Chinese and
Foreign Culture

饶宗颐 著

中外文化钩沉

商务印书馆
The Commercial Press
创于1897

目　录

构建人类普惠新文明

刘洪一

一、人类文明来到了一个临界状态

人类文明发轫以降，无论是古代农业文明、游牧文明还是近现代航海文明、工商业文明，所经历的文明形态与文明阶段此起彼伏、错综复杂。比较而言，当下的信息时代对人类社会的冲击和改变，无论广度、深度还是不确定性及其风险，都到了一个前所未有的临界状态。人类几千年延展演化下来的生存方式、生产方式、关系方式、心性状况、价值体系、人与自然的关系和人在世界中的位置等等，几乎同时出现了重大动摇和改变。一个突出的历史吊诡呈现在世界面前：一方面是以几何等级加速飞奔的科技车轮，另一方面则是停滞不前甚至徘徊倒退的人性心智，以及分崩离析的思想偏执和价值背离——两个轮子的失衡致使世界和人类生活随时处于偏斜、失序的可能。特别是随着人工智能、基因技术、生物技术、信息与数字技术等的突飞猛进，随着万物感知、万物互联、万物智能时代的到来，人的附庸化、符号化、条码化特征越来越明显，而人的主体性、人文性和自由意志被快速剥夺。人类一边享用现代文明的丰裕飨宴，一边面临着根本性的生命戕害，这似乎不幸地昭示着人类文明的确面临着一种"绝对性毁灭的危险"。[1]

在此情势下，构建人类普惠新文明是文明危机状态下的必然选择和目标追求，消弭鸡对鸭讲的隔阂与喧闹，深入发掘构建人类普惠新文明的机理机制和逻辑工具，不仅有前所未有的现实紧迫性，也符合自轴心时代以来人类思想演化的内在逻辑要求。诚然，不同文明的相互通鉴是这项工作的基础，首先要以文明整体观对人类不同文明及文明要素进行一种贯通镜鉴，包括对人类文明的不同体系、阶段、形态和价值的贯通镜鉴；其次要以思维整合与科际贯通的方法论，突破思维方式与学科理论的边界，对人类不同文明形态的内涵与特质进行全方位、无界限的贯通比照；其三是求同存异的通鉴策略，充分尊重不同文明的差异化传统，寻找和建立不同文明之间的最大公约数；其四是集合不同文明要素的实现路径，以文化互化、文化采借、文化融合等方式，集合融会异质文明的优质要素；其五是明晰构建人类普惠新文明的通鉴目标，把构建一种适应时代要求、全人类共通、共享、共惠的文明新体系作为文明通鉴的目标指向。[2]但仅仅如此还不够，还必须找到文明通鉴的机枢与铃键，厘清和发掘构建人类普惠新文明的机理机制与逻辑工具。在这里，不同文明体系下的思想通约至关重要。

二、思想通约是不同思想的价值契约

思想通约（Commensurability of Ideas）是不同思想的互通契约，是差异价值的缓冲机制和交流原则，也是藉以文明通鉴走向人类普惠新文明的逻辑工具和必由路径。在世界万物的分离对立中，人的分离对立是最重要、最关键的分离对立，而人的分离对立尤以价值观念与思维方式的分离对立最具本质性。《周易·同人》谓言众人何以聚合，有曰："文明以健，中正而应，君子正也；唯君子为能通天下之志。"此处明喻人的文明演进当以不偏不倚、君子中正的德行方能合通天下；又曰："出门同人，又谁咎也？同人于宗，吝道也。"[3]此处是从反面论说同人的道理：如果耽于私党、执于私见，那就必然陷入灾害的偏斜。

现时代提出思想通约，有其显见的历史逻辑。雅思贝尔斯对公元前800年至前200年间发生在东方的中国、印度，西方包括波斯、希伯来、希腊地区的思想和精神过程进行整理，认为这一"轴心时代"是"历史最为深刻的转折点，那时出现了我们今天依然与之生活的人们。"[4]老子、孔子、墨翟、庄子、佛陀、以赛亚、耶利米、荷马、巴门尼德、赫拉克利特、柏拉图、阿基米德等等非凡人物所创立的思想和思想方式，虽然表现了"人之存在"的某些普遍性意识，但它们多发性的生成方式及其思想特质，分散地奠定了不同文明的精神基础，并塑造了不同文明的基因、模型、演变形态、思维方式。轴心时代不同思想体系界分的涌现，不是历史的偶然，而是世界差异化本质在无机界、有机世界和人类精神领域的普遍性实现。这是一次影响深远的思想界分，两千多年来，人类文明依其不同的基原脉络生长演绎，虽有根须交织和枝蔓交集，但分裂对立之势愈演愈烈，并在利益驱动、价值分离、地缘政治等的作用下，愈发显现出割裂、隔断、水火不容的危险态势。这是文明的空前危机，也是世界差异化统一的根本秩序遭受破坏的警示信号，其中深刻地嵌含着现时代人类建立思想通约的历史必然和逻辑要求。这一逻辑要求表明，再不拆除文明的藩篱、打破思想的铁桶、克服自以为是的顽疾和消解根深蒂固的私欲对立，人类文明有大概率走向偏斜毁坏的可能。

思想通约是通向人类普惠新文明的关键，其间不仅蕴涵了构建人类普惠新文明的机理机制，也蕴涵了构建人类普惠新文明的逻辑路径，蕴涵了差异化价值的缓冲机制与交流原则、差异化思想融通交汇的基本工具和方式路径等价值论、工具论、实践论层面的丰富内涵。

三、建构不同思想的通约机制

思想通约的关键有二：一是建构全人类不同思想体系之间融合互补的通约机制；二是建构适应信息时代要求的普适性思想逻辑工具。

关于人类不同思想体系的融合互补，笔者在《两界书》系列著作中把在人类精神发展史上发挥了重要影响力的思想大致概括为道、约、仁、法、空、异等六种观念，并试图发掘不同思想观念间的相通互补价值。[5]

道的观念表达了人类对宇宙万物的本体原理、根本规律和至上规则的追究。《道德经》将"道"与"大道"视作万物肇始和万物主宰："有物混成，先天地生。寂兮寥兮，独立而不改，周行而不殆。可以为天下母，吾不知其名。字之曰道，强为之名曰大。"（25章）"大道泛兮，其可左右。万物恃之而生……"（34章）《周易·系辞》称"一阴一阳之谓道"。中国文化的"道"既强调"道"的至高无上和对万物的统纳意义，也强调"天道"与"人道"的融通，将自然原则与人伦道德融为一体，以此对人的现世行为进行制约规范。希腊哲学以"逻各司"（Logos）"理念"等概念表述世界万物的形上原则，赫拉克利特认为有一种隐秘的智慧充斥于世界，它是世间万物的变化尺度和内在准则，这就是"逻各司"；柏拉图的"理念"说实质上与"逻各司"相通，即被认为是宇宙万物中的理性秩序和必然规则；与此类通者还有柏罗丁的"太一说"等等。犹太－基督教文化以上帝的言辞（Words）为"道"，这里的"道"喻指了一种浸蕴着神学性的普遍规则。

约的观念体现了人类对自身社会属性的认知、对人类精神与社会秩序的建构。希伯来圣经通过对古代贸易交换约则的宗教转化，创设了上帝与人之间的订约（Covenant of God），并以此推演出犹太－基督教的全部神学体系；美索不达米亚《汉谟拉比法典》中的"契约"［riksatum（阿卡德语）］思想十分丰富，不仅形成了契约法，而且包含了国家之间、公民之间的各种契约，涉及盟约、贸易、婚姻等方面；印度、中国、波斯、伊斯兰等文化中的"约""信约"的思想各具特点，既有贸易之约、部族之约，也有人神之约、道信之约，并以盟约、条约、律法、规范、制度、伦理、道德、乡俗、民约、信誉等形式，充斥于人们的精神生活和世俗生活之中。

仁的观念体现了规范人性、调适人际的道德要求，人类不同文明不约而同地彰显了以"仁爱""仁慈""善"等为内核的价值追求，并以此规范人性成长、调适人际关系。中国文化格外重视人的自身修为、人与他人的关系，在仁义礼智信所谓"五常"之中，仁具有统领意义，有谓"五常仁为首"，《论语·季氏》形象地讲"见善如不及，见不善如探汤"。西方的仁爱（benevolence）思想有其宗教内涵，如《圣经·新约》所谓"爱心""慈善"（Charity），既指爱人之心，更指爱上帝之心（保罗书信等），但两者并不矛盾，而被认为是内在一致的，并把爱上帝和爱他人作为基督教的两条"最大的诫命"。两河流域、南亚等人类不同的文明区域，也都对"仁""爱""善"表现出共通性的道德追求，尽管各种思想的逻辑起点、内涵指向不尽相同，但基于人性的善恶界分、抑恶扬善的价值取向是一致的。

法的观念不仅指法理逻辑和社会秩序的律法形式，还指人类显性制度赖以建立和存续的理性精神、理性原则，指人类认知世界时以理性、逻辑、秩序为特点的思想方法。美索不达米亚乌尔第三王朝的《乌尔纳木法典》被认为是迄今发现的人类最早的成文法典，美索不达米亚法律文明不仅影响古代近东地区，还为古希腊罗马文明借鉴利用，并进而影响了后续西方法律文明的发展。希伯来法的特点是以上帝为主导，以神学为依托，在摩西律法的框架下，神学戒律、道德规范、世俗禁忌等内容相互嵌入、相互结合。古希腊法的思想与希腊哲学"正义观""秩序论"密切关联，哲学家阿纳克西曼德超越了世界本原的一般元素说，认为所有元素必然达到一种平衡的"正义"，这样世界才能得到存续；毕达哥拉斯学派认为宇宙是一个有内在秩序、内在规律的世界；早期思想家们用"科斯摩斯"（Kosmos，Cosmos）表示"秩序"，后来"科斯摩斯"多被用作表述"宇宙""世界"之意，而人类社会显然也是世界和自然秩序的一部分。古埃及的习惯法、成文法以及印度的《摩奴法典》等，也以特定的方式呈现了法的理念与形制。中国古代法的思想十分丰富，春秋战国时期形成了以管仲、李悝、吴起、商鞅、慎到、申不害等为代表的刑名之学、法家学派，经战国末韩非的总结、综合（《韩非子》），形成了系统性的法律理论，"德""礼""刑""治"等观念还与中国文化的核心观念仁、义、礼、信等相互兼容，形成了中国独特的法的思想特质。

空的观念源自佛学，与色空、轮回、因缘、顿悟等一系列思想密切相关，在佛学思想体系中表现最为集中，但作为对人与世界之关系、物我之关系等问题的认知，空观实质上包含了对个体与世界、有与无、得与失、现象与本体、生命价值、生命意识等基本问题的特定认知，其理念内涵、思想方式在儒释道及其他思想体系中均有相似、相通的表现。佛教认为万物皆有缘起，因缘所生，缘起性空，空是本体本质，色是现象虚妄，万物因缘而生，自会因缘而灭，"菩提本无树，明镜亦非台；本来无一物，何处惹尘埃？"[6]但"空"并非"断灭"，也不是虚无消极，而是要人放下成见执著，故"空"的观念既是一种独特的世界观，也是一种人生观和修为方式。儒释道的"舍得观"在此方面颇多类通，佛教以舍为得，得即是舍，舍即是得；道家的舍含无为之意，得含有为之意；儒家强调舍恶以得仁，舍欲以得圣。两河文明和犹太－基督教文化（如《约伯记》）对物我关系、生命价值等问题亦有与中国老庄哲学、汉化佛学、禅宗学说相通、相似的认知取向和认知方式。

异的观念代表了人类对特殊世界的发现、对世界的特殊认知及其认知限度。在历史长河中，自然界和人类社会常常显现出"非逻辑""逆惯例"的异类现象，表现出种种的不寻常（unusual）和变异（variation），这也从本质上标识了世界本原的不定性、无常性和神秘性。历史地看，"异"（包括现代科学认知中的所谓暗物质、暗能量）不仅是自然界和人类社会的"常"，也是自然和社会赖以存续发展的动力和能量，而神秘主义、不可知论、怀疑论以及形形色色的非正统的"他者"（the other）视角和思想认知等，不仅应对了世界存有的非常态、变异性、未定性，也弥补了人类既有的思维逻辑和理性意识的局限。《易经》关于易、化的思想，《庄子》有关吊诡之论，《山海经》《淮南子》《搜神记》《世说新语》《太平广记》《聊斋志异》等对"异"的表述，两河地区、埃及、希腊、希伯来、印度等文明关于神、怪、鬼、魔、巫、异象的各种演绎，以及佛教无常（anitya）的思想，均体现了"异"在不同文明中的特殊地位和特定认知。

从人类精神的历史维度和人类思想的世界景观来看，无论是价值内涵还是方法论，道观、约观、仁观、法观、空观、异观等不同思想体系既显示了内在的天然相通，也体现了演化的巨大差异，形成了一种同中有异、异中有通、通中互补的整体结构。这种整体结构蕴涵了不同文明间建构思想通约和通向人类普惠新文明的内在机理和运行机制，具体表现为：一是不同文明体系内对六观的交汇融通，即一种文明或以某种思想思维为特征，但并不否定其他形式的思想认知；二是不同文明体系间对六观的交汇融通，即不同文明体系以界分差异为前提，对六观不同的思想认知表现出排斥与融合并存、冲突与采借共用的内在要求和纠缠互补；三是六观之间的复通叠变，即在文明自身的思想演进与异质文明的思想演进之间，形成自变与互变的叠加互用、对反融合，并从整体上形成交错往复的合正取势——这种合正取势既是不同思想认知、思维方式的成长升华，也是构建人类思想通约和走向人类普惠新文明的根本理据。显然，思想通约不是思想同一，而是不同观念的互通兼容，不同思维方式、思想方法的相互补充，是形上价值的优化集合、人类智慧的融会共享，是人类多样化文明形态繁荣存续的调适机制，也是走向人类普惠新文明的基质条件。

四、发掘普适性的逻辑工具

同时，要真正实现有效的思想通约，还必须寻求和建构能够适应现时代要求的思想逻辑工具。现时代处于空前未有的临界状态——融合了人工智能、数字技术、生物技术、海量信息、信息膨胀、时空扭曲、人性异化，有序与无序并在、螺旋与偏斜并行、惯性与颠覆并存，既有的思想体系和思想工具不仅显现出捉襟见肘的认知局限，还常常体现出相互消解的分裂冲突。跳出思想陈规的桎梏与对立，站在周全远望的新高点，通过溯源与综合去发现和建构一种兼有本原性、基质性、时代性、普适性的思想工具，就有了非同寻常的紧迫性。

以儒释道为代表的中国古代哲学呈现了极其丰富的概念和范畴，深入发掘可以发现，中国古代哲学的核心概念和基本范畴无不建立在"界"的基原根本之上，并以"界"为初始的范畴工具，对世界万物加以界分与义界。"界"的本义是对空间范围、数量阈值的标识界定，蕴涵了多与少、大与小、有限与无限等涵义，在中国古代文化的思想演绎中，"界"延伸和生成为一种认知、判断世物的尺度，具有了逻辑认知的范畴意义和工具功能，从而成为儒释道诸家学说的思维基石和思想基础。《周易》以阳爻"—"与阴爻"——"为思想核心，被黑格尔称为"那些图形的意义是极抽象的范畴，是最纯粹的理智规定"[7]，这个"最纯粹的理智规定"即以界为分，生成阴与阳、乾与坤等相对范畴，由此演绎出易经的思想图谱；《道德经》以"道"为核心，有谓"道生一，一生二，二生三，三生万物"（42章），而《周易·系辞》则称"一阴一阳之谓道"，"道"的思想显然建立在阴、阳界分的思维基础之上；《黄帝内经》以阴阳离合论为基础，演绎出虚实、表里、顺逆、邪正、左右、彼我、过与不及等思想概念和施治方法，很明显也是在"界"的思维基础上；东汉魏伯阳之《周易参同契》融汇易学、老学、儒学、阴阳五行及炼丹术，开篇"乾坤易之门户章第一"即言："乾坤者，易之门户，众卦之父母。坎离匡郭，运毂正轴"，全书以阴阳乾坤之说为基轴，以刚柔、寒暑、魂魄、往来、清浊、邪正、雌雄、喜怒、有无等概念范畴的关系及其转换为核心，既突出事物界分之属性，还强调事物界分之"期度""校度""推度""配位""轨""揆"等量度[8]，以此演绎天、地、人的相互关系与内在机理。与易老学说多关注天地自然形上属性不同，儒家思想则更多地关注人以及人与人的关系，"仁"的概念实则是一个有关"我"和"我"与"他"的问题，其本质也是"界"的问题，孔子曰"克己复礼为仁"，"己所不欲，勿施于人"（《论语·颜渊》），孟子称"老吾老，以及人之老；幼吾幼，以及人之幼"（《孟子·梁惠王上》），谈论的本质均是个人与他人相互关系的界分调适，仁、义、礼、智、信、忠、恕、孝、悌等概念的共同特点都是以人与人际的界分为思想基础建构的内在逻辑，其间隐含了儒家思想特有的哲学运思。黑格尔称，孔子"只是一个实际的世间智者，在他那里思辨的哲学是一点也没有的——只是一些善良的、老练的、道德的教训，从里面我们不能获得什么特殊的东西"[9]，这种说法显然是武断的，他对《周易·系辞》等通篇"子曰：乾坤，其易之门邪？"之类的哲学思辨毫不了解。

佛学思想对界的概念有更为充分的运用，所谓地狱法界、饿鬼法界、畜生法界、阿修罗法界、人法界、天法界、声闻法界、缘觉法界、菩萨法界、佛法界等"十法界"，以及生、住、异、灭四相说等，可以说全部都是建立在有与无、色与空、圣与凡、因与果、明与暗、常与无常等"界"的概念范畴之上，并以此为逻辑起点推演出佛学的宏大思想体系。《坛经》论及"蕴之与界，凡夫见二，智者了达其性无二，无二之性即是佛性"，"蕴"指色蕴、受蕴、想蕴、行蕴、识蕴之五蕴；"界"指十八界，亦作"十八持"，含六根、六境、六识（亦有六尘、六门、六识之说）[10]，此处以"蕴"的差别与"界"的不同来论及佛性可达的通融，以及佛性对差别的超越。惠能关于"二道相因，生中道义"的论说，也是建立在明与暗、因与缘之"界对"之上。

古希腊哲学的认知范畴和认知方式与中国儒释道哲学完全不同，但"界"在其认知逻辑中的关键作用是完全一致的。毕达哥拉斯学派以数为基点和万物结构的原则，以有限与无限、奇与偶、一与多、左与右、阴与阳、静与动、直与曲、明与暗、善与恶、正与斜等十个相互对辅的范畴为基质，建立和演绎对世界的认知体系[11]，其学说的建构也是建立在"界"的逻辑运思之上；欧几里得在《几何原本》第一卷之首就强调"界"对事物生成的关键意义："界者，一物之始终"，并对点、线、面的基本生成属性作出义界："点为线之界，线为面之界，面为体之界，体不可为界。"[12]"几何"的原文"geometria"在希腊语中意为丈量土地、衡量大小，"几何学"本质上就是关于大与小、多与少的"界"学。可以看出，希腊哲学的一个重要特点就是以尺度、界限为工具，运用点、线、面、体等数理概念建立起相关的逻辑体系，就像黑格尔所说："希腊精神就是尺度、明晰、目的，就在于给予各种形形色色的材料以限制，就在于把不可度量者与无限华美丰富者化为规定性和个体性。"黑格尔对希腊哲学这一重要特征的概括是贴切的，但他同时妄评"东方无尺度的实体的力量，通过了希腊精神，才达到了有尺度有限度的阶段"[13]，显然也存在对东方哲学的不当认知。

希伯来－犹太思想及基督教传统是在自然与经验世界之上创设超自然的上帝及其神圣世界，以上帝为统纳，以约（Covenant）为媒介，设立了上帝与世界之间的创世（Creation）、上帝与人之间的天启（Revelation），以及在神主导下人与世界间的救赎（Redemption）等几种根本关系[14]，从而形成了一个形上与形下结合、经验与超验结合、基于现世又超越现世的神学思想体系。这一思想体系关于上帝与人之间"界"的设立与连接，蕴藏了犹太－基督教思想建构的关键奥秘，如果说"以色列存在的全部基础是建立在她同上帝的契约上"[15]，那么可以说契约的逻辑基础则是建立在"界"的思维基石上。

　　由上观之，儒、道、释、希腊、希伯来（含犹太－基督教）等东西方思想体系建构的思想起点、概念范畴、结构形态、价值指向等不尽相同，但在其思维认知的逻辑秩序里，无不以"界"为思想认知的逻辑起点和基本范畴，东西方不同思想体系在思想认知的逻辑底层呈现了根基性的相通。这里显示了一个基本的思想原理："界"是思维认知与认知对象之间发生的第一个交点，是先于有与无、一与多、阴与阳、时与空、有限与无限等东西方哲学范畴的一种基本的"元范畴"，同时也就是最初始的逻辑工具。"范畴"作为哲学基本逻辑工具的本质在此得到直接揭示，因为范畴（category）的原意即为种类、等级，是对类与数的基本界分，没有类与数（质与量）的基本界分，哲学及其他一切科学就无法对世界加以认知，所以说是界开启了认知世界的第一步、关键一步。"界"的元范畴意义和基本逻辑工具作用，贯通于哲学认知的全过程，蕴涵了差异（difference）、界域（realm）、界限、限度（limit）、境界（state）、界别、领域（kingdom）、端点、极（extremity，extreme）、界对、他异、阴阳（bipolar，alterity，the ying and the yang）分界、区分、界分（distinguish）、界定、界说、义界（define，definition）、边界（frontier，boundary）、界线（dividing line）、范围（range）、维度、方面、向度（dimension）、限定（restrict）、界尺、尺度、标准（ungraduated ruler，scale，standard）、界面（interface）、视界（visual field，horizon）、界隔、离间（separate，alienate）、关联、媒介（correlation，medium）、接界（border，interlinking）等等诸多意义和功用，涵盖了属性与现象、观念与概念、结构与质量、关联与变化、方法与工具、尺度与范式等本体论、认识论、方法论、工具论等方面的全部范畴与内容。东西方不同思想体系在思想认知的逻辑起点、基本范畴、基本工具、认知原理等逻辑底层的根基性相通，是发现和建构新时代人类不同思想体系普适性思想工具的逻辑基石和逻辑理据，以此为基原基轴，就有了在吸纳融会不同文明形态、不同思想思维优质要素的基础上，构建人类共通共享的本原性、基质性、时代性、普适性思想工具的充分条件和机理路径，就有了实现思想通约的根本可能和希望。

五、两个融通至关重要

当然，具备了条件和路径、可能和希望，并不意味着普适工具的生成和思想通约的达成，还要通过对人类不同文明阶段的不同思维方式及其思想成果的综合优化、融通升华，才有可能真正构建起人类新时代具有超越性的思想工具和通约机制，才能实现从不同的逻辑维度对事物不同属性价值的交互认知，从而才有可能真正达成不同文明差异性、多样化相统一的价值契约。这里有两个方面的融通综合至关重要。

首先是人类不同思维方式的融通综合。在文明演进的大尺度下，不同时期大致形成了原始思维、宗教思维、哲学思维、科学思维以及艺术思维等几种主要的思维方式，不同的思维方式在不同历史序列中勃兴昌盛，与人类特定的生存条件、社会演进、思维演化等复杂因素密切相关。原始思维以人的自然本能和万物有灵的世界观念对宇宙万物作出天真、神秘、象征、综合性的感知，既在人与宇宙的界分之间建立起直接本真的联系，也建立了人对自然的内在敬畏。宗教思维则在自然与经验世界的对面构建一个系统性的超自然的超验世界，以神、上帝、先知等宗教概念及其演绎为媒介，不仅联通宇宙自然和人的经验世界，而且对宇宙自然和经验世界的本质属性、终极意义加以神学义界；宗教思维对形上世界和形下世界、超验世界和经验世界的贯通认知表现出认知宇宙万物的整体观和完整的逻辑自洽，因而在众多卓有成就的哲学家、科学家那里，神学思维深刻地嵌入思想和理论底层。哲学思维与科学思维以理性逻辑认知世界，哲学思维更注重通过有与无、存在与非存在、阴与阳、时与空、名与实、一与多、有限与无限、质与量、变与不变、善与恶、必然与偶然、现象与本质、同一与差异、原因与结果、物质与精神、自由与必然等对辅范畴来推演思辨宇宙自然和人的属性、关系、终极等问题，体现出认知的思辨性、理论性和整体性；科学思维则更多地以分科分类的形式，通过观测、实验、假设、推理、验证、计算等方式，对自然万物和人的本体、属性、结构、存在状态等进行过程性的证明与证伪，体现出认知的逻辑性、阶段性、局域性等特征。艺术思维则明显地潜含了一定的综合认知特征——包括对神秘感悟、形象表达、宗教理解和理性认知等的综合，体现出形象性、模糊性、多解性的特征和意义。原始思维、宗教思维、哲学思维、科学思维和艺术思维等不同的思维方式贯通于不同文明的思想认知之中，既有历时性迭兴的时序特征，又有共时性的并存与相互间的交叉复合。一个值得重视的现象与问题是，伴随着异质文明体系及其思想方式与价值指向的分化与隔绝，即使在同一文明体系内或在其不同的文明阶段内，也会出现不同思维方式间的对立隔绝，从而造成不同思维方式在异质文明间与同质文明内叠加（superposition）分裂的复杂状态，这种叠加分裂既有其存在的历史必然性，又同时消耗和破坏了人类的认知效能。人类不同的思想方式从根本上讲是对应和适应了世界的差异化本质，这也表明了人类差异化认知的恒定与必然，而消解人类不同思维方式的叠加分裂，化用和建构起一个差异互补、圆融协同、自觉自洽的超越性认知机制，是走向思想通约、推动人类文明正向螺旋的一个关键。

其次是人类既有科学认知和学科体系的融通综合。近代以来，科学认知的细化和学科体系的创设极大地促进了人类认知水平的提升，无论对宇宙自然还是对人类自身，从宏观世界到微观粒子，从物理世界到心理意识，科学认知的层级与深度都是史无前例的。但无论从世界的整体性发展还是从逻辑认知的方法论角度言，学科的细分同时又带来了限制，它不仅限制人类对世界属性的整体认知，甚至破坏人类对世界本质的根本判断。专业人士被铸制成单一化的学科工具，以致常常只知其一不知其二，只知其为不知其何所为、所以为，盲人摸象成为这个时代的一种学科性认知特征。无论是数学、物理、化学、生物学、天文学，还是历史、神话、宗教、哲学、文学、人类学等，作为人类认知世界的特定工具和符号系统，其历史价值、未来作用都毋容置疑，但在应对文明最新进程，特别是在处理海量信息、信息聚集与信息骤变上，任一学科的单打独斗都显得失效失能。对科学认知和学科体系的融通综合不仅有了空前的紧迫性，且有深刻的逻辑必然性，亚里士多德曾把哲学分成"第一哲学"和"次于'第一哲学'的哲学"，认为研究"有"的本身及其秉性的学问为"第一哲学"，其他各种科学是"割取"了"有"的一部分研究其属性："有多少类实体，哲学就有多少个部分，所以在这些部分中间，必需有一个'第一哲学'和次于'第一哲学'的哲学。因为'有'直接分为许多个'种'。……数学也有各个部分，在数学的范围内，有一个'第一数学'和'第二数学'，以及一些其他相继的部门。"[16]亚里士多德对哲学与科学的层级之分，揭示了以"有"为本、"有"下有"种"、"种"下有"属"的逻辑序列，也揭示了世界万物的内在统一和整一逻辑。无论是哲学、数学还是物理学、化学、生物学、医学、法学、政治学、经济学、管理学、传播学、外交学等其他科学，其本质都是对事物之性与数、质与量的义界区分，只不过采用了特定学科不同的认知方式、概念范畴和路径体系。面对海量信息能量多维度的聚集、叠加、骤变，打破既有学科的认知界限，构建具有融通性、超越性的新认知工具和新认知机制，是人类获取对新世界属性的整体认知和本质判断的必然要求。

　　量子理论（Quantum theory）从描述微观世界的量子力学发展为适用和应用广泛的量子科学——量子信息、量子通讯、量子测量、量子计算、量子控制、量子生物等等，体现了量子论所蕴涵的基质性特征——量子论的原理性和工具性。量子论对微观粒子属性及其能量运动规律的揭示，突破了经典物理学对宏观物体及运动规律的揭示，特别在揭示和掌握不同于一般宏观物体的非连续、不确定、相关性等属性规律方面，量子论提出的量子纠缠、波粒二象性、态叠加原理等的意义已超越了对微观世界的描述，更具有普遍性的原理参照意义，比如平行宇宙论学说的提出等等；量子论的工具性体现在它从世界的微观根基出发，以量子为最小的能量单位，以物体的基本动力属性（位置、动能、动量）为参数系统，通过对数据、信息、域值、界限等的关联性认知，实现对世界运动之能量、概率、不确定性、非定域、纠缠联结、态叠变等属性规律的推演界说，这种界说贯通了微观与宏观、物质与非物质，呈显了不拘大小、不限定域的尺度工具意义。量子（quantum）一词源自拉丁语 quantus，原意为"有多少"，代表"相当数量的某物质"，其语义底层就蕴含了标尺、衡量等认识论的工具意义和价值。中文将"quantum"译为"量子"，与将"geometria"（希腊文有丈量土地、衡量大小之意）译为"几何"，有异曲同工之妙。量子理论的原理性和工具性表明，量子理论并不局限于物理学的学科范畴，而是一种超越了学科界限的、跨界融通的理论，并成为一种思考世界、认知世界的方法。量子论与哲学、数学、逻辑学甚至心理学等的内在相关性业已引起重视，虽然建构完善的有关宇宙自然的量子世界观和量子哲学的道路还很漫长，但量子论的原理性、工具性对构建人类普适性的思想工具不无重要启发意义。当然，关于量子理论的思想认知也并非完全是现代以来的新造，薛定谔甚至认为可以将此追溯到留基伯和德谟克利特的原子论，"他们发明了第一个不连续体——嵌在虚空中的孤立原子"。[17] 这也佐证了我们提倡回到思维根基、思想底层去寻找和发现普适性逻辑工具的必要和重要。

莱布尼茨（Gottfried Wilhelm Leibniz）在提出关于万物皆存差异的相异律时，据说宫廷的卫士和宫女们纷纷走入御园，试图寻找两片完全相同的树叶去推翻他，结果只能是徒劳的。只要差异性（differences）是贯通自然和人事的世界本质属性，是世界以物质和超物质形态存在的前提和方式，那么在理性原理的认知框架下，差异的界限与联结就永远是一个根本性、终极性的问题。因此，只有立足世界的差异化根基和本质，从"界"的认知原点、逻辑起点出发，融通人类既有的认知思维和既有的学科体系，吸纳人类共同的思想智慧，大幅度去枝除蔓，大尺度去繁就简，避免认知媒介和认知序列的扭曲变形，以根基性、开放性、融通性和逻辑自洽为要求，构建开放统一的基质性逻辑体系和通用性逻辑工具，形成一种思维共同体，才有可能形成通约性的价值系统及其度量标尺，才有可能将人类不同文明的思想成果和价值追求融通为差异化统一的生命共同体。

在这个信息加速膨胀、万物互联而又日趋分裂、文明演进而又扭曲偏斜的时代，在人类文明演化到信息时代这个空前的临界节点时，对轴心时代以来的思想体系、认知体系和逻辑工具发动一次根本的反思和整体的变革，既有时代的迫切性，也有充分的思想理据。人类的生理进化是有限的，而精神进化可以持续——虽然极其艰难，或许人类的认知尺度永远不及自然宇宙边缘，但当下"人类需要一场精神进化"[18]，需要一个与"同一个人类的历史"[19]相匹配的思维共同体和思想区块链，需要一个圆融、会通、循环、开放的认知模型和工具尺度，当然，要达致这个目标，尺度与价值的统一就显得格外重要。因而，这里的工具尺度就不是简单的纯工具，而是工具与价值的统一，用黑格尔的话讲，"尺度是一种关系，但不是一般的关系，而是质与量相互规定的关系"，"尺度是质与量的直接统一"[20]，这个统一的指向显然应该是也只能是人类普惠新文明——人类不同价值缓冲并存、共融谐调、共享普惠的新文明。

六、指向人类普惠新文明

普惠文明是在尊重文明差异的前提下，以文明通鉴与思想通约为路径，消融异质文明间的精神藩篱和价值抵牾，寻求人类最大文明公约数，构建的全人类共通共享共惠新文明，这也是人类共同命运前行的根本指向。指向普惠新文明是人类文明演进的重大变革和重要取向——不仅是认知体系、逻辑工具的通用普适，更是秩序原则、价值追求的通约共享，是从多发性分裂的自惠文明走向差异性融通的普惠新文明的转向和重构。

普惠文明的认知前提是世界的差异化本质。东西方哲学从世界本原和哲学根基上对世界的差异化做过极简化的界说，毕达哥拉斯学派认为"万物的本原是一。从一产生出二，二是从属于一的不定的质料，一则是原因。从完满的一与不定的二中产生出各种数目"[21]，这是从数的角度解说世界从本原的"一"到变化的"二"、再到多样化的"各种数目"的逻辑序列；希腊哲学还试图从水（Water）、火（Fire）、气（Air）、土（Earth）的"四根说"概括世界构成的多样化原理。中国古代哲学则试图用金、木、水、火、土的"五行说"来解释世界从一到多的构成逻辑。笔者曾在《两界书》系列著作中表达了万物以界为本的"界本论"思想，揭示没有界分和差异就没有世界万物，界分和差异既是世界存在的根本理据，也是世界前行的动力、万物协和的基质。

《周易·乾》有谓："《彖》曰：大哉乾元，万物资始，乃统天。云行雨施，品物流形；大明终始，六位时成；时乘六龙以御天。乾道变化，各正性命；保合大和，乃利贞。首出庶物，万国咸宁。"[22]这里从万物资始的乾元一统出发，论及经由云行雨施、品物流形的过程，以及乾道变化、各正性命的化分合正，最终只有"保合大和""万国咸宁"才是万物应有的价值指向；《道德经》特别强调"一"的意义："昔之得一者，天得一以清，地得一以宁，神得一以灵；谷得一以盈，万物得一以生，侯王得一以为天下贞"（39章），也是表达了对统一的价值肯定。毕达哥拉斯、亚里士多德等古希腊哲学家对"一"的命意（属性与意义）均有重要论述，到了新柏拉图主义的代表柏罗丁（Plotinos，普罗提诺），则以衔接古代且具现代性的思想表述了"统一"对万物存在的本质意义："一切存在的东西，包括第一性的存在，以及以任何方式被说成存在的任何东西，其所以存在，都是靠它的统一。"[23]柏罗丁的统一论依托但并未局限于他的上帝观及其太一说，而是有明显的世俗普遍意义："绝对的统一支持着事物，使事物不彼此分离；它是统一万物的坚固纽带，它渗透一切有分离成对立物的危险的事物，把它们结合起来，化成一体；我们把这个绝对的统一称为太一，称之为善。"[24]柏罗丁强调这个绝对统一的本质意义在于以坚固的纽带把"分离对立"结合起来，并把这种"统一"归同为"善"。黑格尔认为苏格拉底在他的意识中发展了一项积极的东西——"善","善的发现是文化上的一个阶段,善本身就是目的。"[25] 而亚里士多德则从事物"四因说"的逻辑出发讨论"善",把"善"作为本因、物因、动因之后的极因[26]。把"统一"与"善"作为世界万物的目的归宿,既显示了自然与人事双重目的的内在统一,也昭示了世界万物的终极价值,在此方面,东西方思想是完全相通的。这不仅是构建人类普惠新文明的根本理据,也是文明演进的根本目的和要求。

有西方学者把目的论称为"由未来所作出的决定"[27]。如何把哲学理据与未来目的转换成现实与成效,如何在统一与分裂、向善与向恶的纠缠中保持正向螺旋,是对人类的巨大考验。马王堆汉墓出土帛书所谓"抱道执度,天下可一"[28],蕴涵了对世界奥秘的东方智慧,对人类普惠新文明的建构或许不无启示。

七、关于《文明通鉴丛书》

《文明通鉴丛书》由深圳大学饶宗颐文化研究院主持编纂,旨在以文明整体观,通过对不同文明体系、文明形态和文明要素的比较通鉴,找寻人类文明的融通之道,集合人类文明的优质要素,以人类的共同智慧来回应人类文明进程中的共同挑战。《丛书》分辑出版,第一辑收录深圳大学饶宗颐文化研究院名誉院长、已故国学大师饶宗颐教授《中外文化钩沉》,饶宗颐文化研究院学术顾问、法兰西学士院院士、著名汉学家汪德迈教授《中国文化探微》,饶宗颐文化研究院特聘教授、著名哲学家成中英教授《中西哲学论》,著名法国哲学家高宣扬教授《法德哲学交流史》,饶宗颐文化研究院创院院长刘洪一教授《犹太文化要义》(修订本)著作五种。

2021 年 5 月 22 日　深圳湾

(本序主要内容以《构建人类普惠新文明:机理机制与逻辑工具》为题,曾刊于《中国比较文学》2021 年第二期)

注　释

［1］［4］［19］雅思贝尔斯《论历史的起源与目标》，李雪涛译，华东师范大学出版社，2018 年，第 238、8、223 页。

［2］在国际比较文学学会执委会会议暨国际比较文学高峰论坛（深圳，2019）、国际比较文学学会第 22 届大会（XXII. Congress of The ICLA）的两个主旨演讲中，我初步提出人类普惠新文明的相关观点。

［3］［22］陈鼓应、赵建伟注译《周易今注今译》，商务印书馆，2016 年，第137–138、6 页。

［5］士尔《两界书》，商务印书馆，北京，2017 年；竑一《两界智慧书》，商务印书馆，2018 年；士尔《两界书》，竑一《两界智慧书》，中华书局，香港，2019 年。

［6］［10］尚荣译注《坛经》，中华书局，2013 年，第 23、34、189 页。

［7］［9］［13］黑格尔《哲学史讲演录》第一卷，贺麟、王太庆译，商务印书馆，2009 年，第 131、130、177–178 页。

［8］刘国梁注译《新译周易参同契》，三民书局，台北，1999 年，第 2、116 页。

［11］［26］亚里士多德《形而上学》，吴寿彭，商务印书馆，2009 年，第15、7–8 页。

［12］欧几里得《几何原本》，利玛窦口译，徐光启笔受，第 6 页，中华书局，1985；利玛窦述，徐光启译，王红霞点校，上海古籍出版社，2011 年，第 26 页。

［14］Rosenblatt, Jason P. and Sitterson, Jr.Joseph C. ed.*"Not in Heaven"*: *Coherence and Complexity in Biblical narrative*, Blooming and Indianapolis：India University Press, 1991, pp.129–153。

［15］E.C.B.Maclaurin, *The Hebrew Theocracy in the Tenth to sixth Centuries B.C.* Angus & Robertson Ltd., 1959, p.26.

［16］北京大学哲学系外国哲学史教研室编译《古希腊罗马哲学》，商务印书馆1961 年，第 234、237 页。

［17］埃尔温·薛定谔《自然与希腊人 科学与人文主义》，张卜天译，商务印书馆，2015 年，125 页。

［18］John Huddleston, *The Earth Is But One Country*, Baha'I Publishing Trust，2013, p.36.

［20］黑格尔《逻辑学》上，杨一之译，商务印书馆，2009 年，第 67、358 页。

〔21〕北京大学哲学系外国哲学史教研室编译《西方哲学原著选读》上卷，商务印书馆，1981年，第20页。

〔23〕柏罗丁《九章集》Ⅵ 9.1，北京大学哲学系外国哲学史教研室编译《西方哲学原著选读》上卷，商务印书馆，1983年，第210-211页。

〔24〕黑格尔《哲学史演讲录》第三卷，贺麟、王太庆译，商务印书馆，2009年，第206页。

〔25〕黑格尔《哲学史讲演录》第二卷，贺麟、王太庆译，商务印书馆，2009年，第65页。

〔27〕H. 赖欣巴哈《科学哲学的兴起》，伯尼译，商务印书馆，2009年，第165页。

〔28〕《黄帝四经·道原》，陈鼓应注译《黄帝四经今注今译》，商务印书馆，2016年，第409页。

文字的左、右行与古代西戎

世界文字有左行、右行与下行之分。佛典的《普曜经》(*Lalitavistara*)谈到释迦为太子时，蜜多阿阇黎对他说：书有六十四种，涉及造字的传说。梁代僧祐首先比较胡汉文字的异同，提出文字有左行、右行及下行之别[1]。唐代道世的《法苑珠林》袭用之，述此事云：

> "昔造书之主凡有三人：长名曰梵，其书右行；次曰佉卢，其书左行；少者仓颉，其书下行。梵、怯卢居于天竺，黄史仓颉在于中夏。"

《普曜经》在三国时候蜀地流传有译本，这一造字故事，汉末已传入中国。梵书指婆罗谜文，佉卢文即驴唇书。俞正燮于《癸巳类稿》有一篇《佉路瑟叱书论》，佉路瑟叱即 Kharosthi 的译音。所谓"造书三人，次曰佉卢，其书左行。"佉卢字母是古印度流行的西北俗语，亦通用于新疆西北一带。近时尼雅还有大量资料出土[2]。

西方对于文字的左右行，有许多不同的传说，何以要从右到左？据说是由于神的坐位，以北极星 (pole-star) 为坐标，而太阳升于东方之右，而没于西方之左，起初有其宗教意味。远古苏美尔人的线形文开始是从右而左。到了巴比伦人虽然采用楔形文书写，却改变由左到右[3]。

印度谈文字起源，视右行、左行与下行合为一家。中印兼顾，可谓文字一元论。事实上吾国汉代大西北，左、右行与下行三种文字同时使用，胡汉兼行，僧祐合胡、汉为一冶而讨论之，深具远识。

丝路上皇古人种的成分，据人类学家根据出土头骨，大致从公元前十八世纪到公元初，由 7 个考古遗址接近 200 具头骨加以分析，有三种主要类型：

---

[1] 过去都认为始于《法苑珠林》，唐兰《中国文字学》论行款亦误说，辨详拙作《梵学集》。

[2] 林梅村：《沙海古卷》导论。

[3] G. R. Driver: *Semitic Writing* 第三版，1976 年，增订本。

一是孔雀河古墓沟头骨，具有明显的欧洲人种特征的鼻骨强烈突出的"原始欧洲人类型"；一是天山昭苏土墩墓地头骨，近欧洲人种的帕米尔—费尔干类型（又称中亚两河型）；一是楼兰墓地头骨的具有长狭颅形和狭面特征的"地中海人种东支类型"，说明地中海人种成分已进入罗布泊地区（韩康信：《西域丝绸之路上古代人种的成分》，《文物天地》1992：5）。

　　西北陶符使用的人们是何种族属，很值得再去推敲。远古中国，华族与戎族杂处，大西北的语言文字，想必有如今时有多种不同的语文共存。古西戎使用的语文其复杂性有待研究。汉代鄯善地区，流行佉卢文，过去新疆出土的佉卢文书，便有 760 多件，分别写在羊皮、丝绢、纸及木简上面。至若婆罗谜文资料亦不少，斯坦因（Stein）在玉门关捡得丝织物，上有墨书婆罗谜字，年代为公元前 61 年至公元 9 年之间，北凉石塔即用婆罗谜文刻造因缘经幢[①]，文字之左右行即其著例。

　　新疆出土佉卢文书，提到一种毛织物，名叫 kośava，意义是粗毛毯，出现很多次，亦写作 kojava，马雍认为 kośava 即汉语的罽毲[②]（《太平御览》708 引《通俗文》，《南州异物志》：罽毲以羊毛杂群兽之毳为之）。这一专名即渠叟的音转，由古代部落名的渠搜演变为丝织物的罽毲。按这类羊毛织物当即《禹贡》所谓西戎的织皮。

　　《尚书·禹贡》说："织皮、昆仑、析支、渠搜，西戎即序。"渠搜在《周书·王会篇》作渠叟。《穆天子传》中西方部族有巨蒐氏。隋裴矩的《西域图记》云："钹汗国在葱岭西五百余里，古之渠叟国。"《隋书·西域传》："钹汗国都葱岭之西五百余里，古渠搜国也。……去疏勒千里。"即采用裴说。唐之钹汗于高宗显庆三年以渴塞城为休循州都督。"（《唐书·西域传》）其地在今费尔干纳盆地。是古的渠搜国原在西域葱岭之西。《禹贡》西戎的渠搜常指此。渠搜之民在古代亦杂居于内地，我们看《汉书·地理志》，朔方郡之下有渠搜县，这正如安定郡有月氏道，上郡有龟兹县，其地为西域诸国民人内迁杂居之证[③]。

　　截至目前所知，彩陶上的刻划符号，以渭水河谷地带的老官台——白家文化遗址为最早——约 8000 年左右。白族聚落使用原始彩陶上之刻纹，

---

① 向达：《记敦煌出六朝婆罗谜字因缘经幢残石》，《向达先生纪念论文集》。

② 马雍：《新疆佉卢文书中的 Kośava 即罽毲考》，1980 年稿。

③ 蜀地与西戎，《诸葛亮集》载刘禅下诏，"凉州诸国王各遣月支、康居、胡侯、支富、康植等二十余人，诣受节度（页 895），酒泉侯奉世将婼（羌）月氏四千人"（赵广汉传）。

有圆点、方点、角星、直线、圆圈、波浪、山字、梳形等纹，有时以 3 个或 4 个以对称或对应方式布列于器内，其作 S 形纹者，以几个相同的 S 符号在器内列排列，梳形纹则如 E 形，由 3 至 5 道横线与竖线组成，又有似两文 M、F、E 三个符号，三分相应排列。石兴邦在他的论文《白家聚落文化的彩陶》中初次叙述，说这些可能是最古的图符（designs），为符号之嚆矢。详细资料尚有待于公布，再作研究。北首岭的 山、山山、～～ 的符号，似即承接白家而来，发展为半坡符号，后来南下伸展到江南一带。

远古的西戎只是一个总名，有如北方的异族统称为北狄。《史记·五帝本纪》："北逐荤粥"，《类篇》獯、猝字注云："北狄有五"。引李巡说："一曰月支、二曰濊貊、三曰匈奴。"竟把月支和匈奴亦包括于其中，很是笼统。在殷墟墓葬出土的人头骨，据测量观察，所知有若干不同人种：计蒙古人种、海洋类黑人种、少数高加索人种有二具。证明殷商时期已与中亚高加索民族互有往来。半坡人骨骼据研究结果基本属于蒙古人种（《半坡》页 240）。至于姜寨，其地本名岗寨，同治以前，住民皆姓姜。渭河上游有姜嫄祠，地称姜城堡。扶风县姜嫄，近年发现有书希腊字母之银饼，时代为西汉至东汉，必为月氏人所传入（《考古》1976：4）。

古代青海为西羌聚居之所，羌人亦充斥于关中，直至晋时尚然。车频《秦书》记苻坚时外夷部落情况说道："四方种人皆奇貌异色，晋人为之题目，谓：胡人侧鼻，东夷为广面、阔颈，北狄为匡脚面，南蛮为肿蹄。"《水经注·渭水注》：岐水东径姜氏城南，为姜水。按《世本》：炎帝长于姜水，是其地也。马长寿认为侧鼻即指高鼻的西域胡人。据马氏统计[1]，建元十六年（公元 380 年），关东长安西北……有氐人 20 万户以上。兴宁三年（公元 365 年）泾河上游、洛水上游五百里地区，驻有匈奴 4 万多部落。古时氐与羌联称，《诗·商颂·殷武》："昔有成汤，自彼氐羌，莫敢不来享，莫敢不来王，曰商是常。"氐与羌亦通婚，如苻坚是氐人，祖先苻洪，其母即为姜氏。川北古代氐羌民族亦使用此类符号已见上章所述，故知姜寨符号一直流存于羌戎区域，降至马厂期文化，许多符号都继续流行，像半坡的 K 形在马厂陶器亦出现。从广义名号称谓来说，用这些符的氏族，以西戎为主，概括言之，想必是没有问题的。

---

[1] 马长寿：《碑铭所见前秦至隋初的关中部族》，1985 年，中华书局。见萧方等：《三十国春秋》（《御览》卷 361 引）。

宇宙性的符号

一、十与胡巫

（一）半坡符号不能仅从甲骨文加以比附

文字起源的老问题，从安阳甲骨出土以后，有很多新的突破。对于殷以前文字的情况，多年以来，由于半坡、姜寨、乐都、马家窑……各地陶器上刻划、写绘符号的大量发现，给予人们不少新的认识，同时引出许多新颖的假说。一般运用甲骨文去解释陶符，可惜能够比对起来的为数不多，字形吻合的不过一些近似的数字，如 ϟ、Ⴓ 等形而已；乐都符号则几乎无法理解。

1988 年 11 月，我应邀代表香港中文大学中国文化研究所参加西安考古研究所举办的半坡卅周年纪念国际会议，会中印发《半坡遗址》画册，该书在"刻划符号总汇"里面说明云：

> 这是半坡遗址中发现的 22 种刻划符号，共 113 个标本。……有的考古家……试图把这些符号与我国商代的甲骨文联系起来。如下图首排的 丨、丨丨 分别被释为十、廿；第二排的 ×、十 被释为五、七；第三排的 丰 被释为最古的玉字。当然，这种解释，未必尽如事实。……

过去许多学人利用甲骨文字形与半坡稍类似的拿来比拟作出种种假说，最终仍被否定。最明显易见的：半坡的 丨 符号，大抵作 ϙ，与甲骨文"十"字朱书丨（小屯甲 870）中肥上下瘠有点不同，而廿字，甲文通作 Ⴗ，下有一笔相连，根本不对！半坡、姜寨出土的物品，有骨角器，而无玉器，虽然其他仰韶遗址偶有一二件似是玉器，是否 丰 为玉的形状，尚很难说。这批符号至今仍是一个哑谜。

关于半坡符号的研究，多年来已有林林总总各种不同的看法。我亦屡次参加过中外若干古文字学的讨论会，包括 1980 年 4 月在巴黎召开的"文字"（Écriture）国际会议、1982 年 9 月夏威夷的商史会议、1982 年香港中文大学的国际中国古文字学研讨会、后此在安阳当地召开的商代学术国际会议等等，这些会议后来辑有专刊问世。对于半坡符号的探索，不出从甲骨文或其他少数民族的文字加以比附，能吻合的仅有极少的例子，始终未能取得人们的信任。

北京大学裘锡圭在他的著作《文字学概要》中亦对那些把半坡类型的几何形符号，和古汉字之象具体事物形状的符号，拿来比附，完全不能同意。故此，我们非另辟途径不可。

近年若干新石器遗址陆续发现锲刻有符号的骨器和龟甲，如尚存有问题的陕西龙山文化骨器，与新发见的河南贾湖的龟腹甲，证明殷周以来用于占卜的龟甲兽骨上的文字，事实有七八千年遥远的渊源，使人们耳目一新，这说明契文的产生已萌芽于裴李冈文化时代，殷代的甲骨文已是极成熟的文字，从贾湖龟甲下至武丁之世，中间几乎相隔五千年，文字形成的过程还是一片空白，有待于以后地下出土文物的填补。

（二）新的途径

最引人入胜的无如周原西周建筑遗址中出土的蚌雕人头像，在他的头顶刻有一个十字（见图 1，采自陈全方《周原与周文化》。参尹盛平《西周蚌雕人头种族探索》，载《文物》1986：2；《中国古代人种成分研究》，载《考古学报》1984：2）

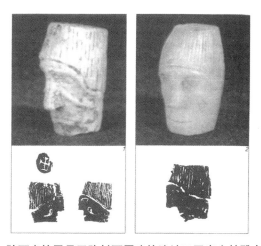

图 1　陕西省扶风县召陈村西周建筑遗址乙区出土蚌雕人头像

事实上和这个十的同形符号，其渊源可追溯到公元前5500年西亚哈雷夫（Halaf）的陶器上的符号，且不止一见。另在同属哈雷夫时期的女神肩膀上亦刻有这个十的记号，见图2、图3。

图2　哈雷夫陶女神肩部的十符号

图3　哈雷夫陶器的十符号

这个在陕西扶风召陈村的西周宫殿乙区遗址，发现蚌雕的人头像，头戴尖帽，头部只存大半，高2.8厘米，其人高鼻深目，系白色人种，其头顶有十字。说者谓是大月氏乌孙人种，居留于今甘肃、宁夏之间，与周

图4　月氏金器的卐符号

人常有来往。头刻十（巫）字可能是充任巫的职司。另外周原建筑的板瓦，绳纹阳面亦刻有十（巫）字。这二事都是近年关于巫的新资料。扶风案板坪仰韶遗址亦出土色目种人陶像。

这白色人种的族属，已有一些人加以研究。由于人头像头戴尖帽，故被认为是希腊史家希罗多德（Herodotus）笔下的尖帽塞（Sake）人。友人林梅村则认为吐火罗（Toxri）人，亦有这种帽子，在塔里木盆地及楼兰尼雅一带有大量发现，他举出的佐证是1918年阿富汗的西伯尔汗金丘发现公元前一世纪月氏人的遗存，其金器中有一件金剑鞘的边缘便镂刻许多个十字符号作为装饰，对于探索带有这个符号十的头像族属，提供了一个依据。我常细读 V. I. Sarianidi 的报告，这一金器上面镂刻的却是卐的符号，并不是十，卐是Swastika，不等于十，林君似乎没有弄清楚。参看图4［见 V. I. Sarianidi：《金山的宝藏》（The Treasure of Golden Hill）；《美国考古学刊》（*American Journal of Archaeology*），1980：4〕。

哈雷夫的地望接近土耳其，后代属于突厥区域，为西亚早期重要史前文化之一。其女神肩上所刻的十号，西方一般称为马耳他的十字形（Meltese Cross），出土地点是在今伊拉克北部的阿尔帕契亚（Arpechiyah）地方（这一资料，原来著录于 M. E. L. Mallowan 等考古报告的"伊拉克之二"，Arp. 页 81，兹间接采自 B. L. Goff 的《史前美索不达米亚的符号》书中插图）。据说女神肩上该符号，染以红色，即汉俗所谓涂朱，发掘者认为必有某种宗教意义。西亚陶器上的三角形或马耳他岛式的十字形符号，据云是代表丰饶（fertility）的吉祥意义。

至于卍的符号在西亚各地，流布尤为普遍，其来源可以追溯到公元前4000 年前在死海东北地区有名的泰利拉特——加苏尔（Telêilât Ghassûl）文化层中出现一石权杖头上带有卍字形（见 Mallon A. Koepped: *Telêilât Ghassûl* 的考古报告，1834 年，罗马出版）。世界上最先解读赫特（Hittite）象形文字的捷克考古家 B. Hrozny 尝说过：卍这一符号分布之广，要在中央亚细亚或西亚去寻觅它的踪迹和起源地点。

卍字在我国陶器上出现较迟，青海乐都柳湾马家窑文化马厂期和东北小河沿均见之。我于 1983 年 8 月在旅行青海以后，曾写《卍考》一专文，为扶桑故友三上次男教授颂寿。该篇被译成日文，刊于《三上次男博士喜寿纪念论文集》历史篇（太田有子译，1985 年 8 月）。我至今仍认为卍号必来自西亚，近年又搜集到一些补充资料。西方学人讨论符号（Symbols）的专书，像 G. d'Alviella、D. A. Mackenzie 和 J. C. Cooper 等人的著作都是很重要的参考文献。

十字在吾国甲骨文中出现数十次，大家都确认是巫术的"巫"字，已没有争论的余地。近时，我写过一篇长文讨论卜辞十字的各种涵义，该文中还没有讨论到十的字形和西亚的关系。

西亚十号刻于女神肩上，周原的白色种人则刻在头顶，分明同样是西方的习俗。我们用甲骨文来解释，周原白色种人是巫；如果从西亚的符号涵义来观察，十是代表某种吉利，也许另有它的神秘意义。殷周的十字和西亚的十，形构完全没有两样，令人惊异！阿富汗墓葬的墓主被认为是月氏人，出土金器几达二万件，属于公元前一世纪，剑鞘用许多卍号作为装饰，这个记号在吾国新石器时代流行甚广。我个人认为西亚的十和甲骨文十字的雷同，很值得研究。本文曾经美国梅维恒教授译成英文，并提供西方有关"巫"的新材料，具见此问题之重要性。

仰韶彩陶文化遗物，近期的研究，认为卡约至辛店、唐汪期的文化，应属于古代析支、羌人的遗存；又沙井期文化则为古河、湟之间小月支的遗物，即使不是羌人的文化，也应该是西戎和他们的部落的文化。所以，青海乐都和马家窑文化陶器上的记号，都可以看作西戎的遗物①。大月氏为乌孙种属，汉代居敦煌祁连山间，后乃西移，其人头刻有十（巫）字，证明西周时在宗庙供职的巫师，有月氏人充任，足见当时华夷杂处的情形。

再看四川茂汶的羌族石棺葬中出土的双耳陶罐，上面刻划符号有阴文和阳文，即宋人所称的款识。（《洞天清禄集》云：古器款居外而凸，识居内而凹。阳文即款，阴文为识。）从该遗址报告所列字表 27 个刻划符号之中：同于半坡的有丨+×↓，同于青海乐都的有卌∨+，又有一些和二里头相同，这说明四川茂汶居民与古代西羌有分不开的关系②。

事实上，与甲骨文字形相似的川×+丁丰等符号，都普遍出现于西亚乌鲁克（Uruk）地区，并非殷文字所独有。

半坡与姜寨文化相同，陶器上的符号亦复一致。在渭河流域，这类仰韶期的符号大都刻在黑线上面，《姜寨》报告提供第一期遗存的刻划符号，和柳湾符号是衔接的（图 5）。西周时期有白色人种充任巫职。他的头上刻有十字，但十字远源的同形符号，可以追溯到西亚哈雷夫的陶器。两者之间，可能存在着一点关系，但孰为先后，却很难质言。远古丝路，必有长期交往，非今日所能想象得到。但互有接触，当不能免，此中正透露一点长期以来被埋没的人类文化交流的消息，同时，亦是解决半坡各地符号哑谜的重要线索。

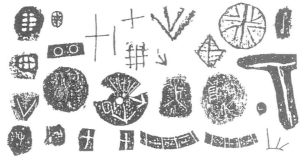

图 5　陶器刻划符号

---

① 俞伟超：《关于卡约文化和辛店文化的新认识》，《中亚学刊》第 1 期。

② 《四川茂汶羌族自治县石棺发掘报告》，《文物资料丛刊》1983：7；《甘肃西和栏档寺汀谈文化墓葬》（陶器上刻符），《考古》1987：8。

近东的苏美尔人最初使用线形图画记号，一向被目为世界最古的文字创造者，埃及的象形文圣书以及埃兰的图形文字，据说都受到它的影响，但半坡姜寨的年代是公元前4770至前4290年和公元前4673至前4545年，而苏美尔乌鲁克Ⅳ时期最早的年代是公元前3300至前2900年[①]。相形之下，半坡姜寨的年代还是比较早些。但哈雷夫的陶符却又比半坡古老得多了。

十一记号，亦出现于墨西哥的图文。向时于巴黎国家图书馆见所藏墨西哥古文字照片，有如图6，表示阳光四射，似象征一种有魔力的东西。十为巫字，这说明"巫"（十）这一符号，可能传播远及于南美。

图6　墨西哥发现的十文
（藏巴黎国家图书馆 Mexican 28、30、78）

二、卍在远东的传播

卍是世界流行最广泛最繁复的一个符号，是人类文化史上代表吉祥美好一面的具体而微的表识，有人说它是太阳的象征。在未有文字以前，这个符号在史前新石器时代早已普遍存在，且分布及于西亚、小亚细亚、希腊、印度……，又为世界不同宗教所吸收，形形色色的器物上都把它作为纹样使用，以代表吉利的记号。它的最原始形态尚无法弄清楚。但从后来不同地区采用而派生的情况来说，因为分别成为卍和卐两个不同方向，遂被划分为两个不同的符号；但在远古新石器文化遗物无论印度和中国陶器及印章上纹样所表现的情形看来，实在没有什么严格的区别。

青海乐都县柳湾墓地为黄河上游羌人原始文化之渊薮。自1974至1975年发掘，计齐家文化102座、半山类型144座、马厂类型318座。其中出土陶器属于马厂者4705件，而彩陶有208件，以黑、红两彩为主，花纹繁缛。最堪注意的为彩陶壶上绘有各种符号，写于陶壶之下股部或底部。马厂型陶已收集之符号有50余种，以"+"、"一"、"卐"为最习见。[②]

我曾经在火车上经过乐都。（《方舆纪要》卷六四："乐都城在西宁镇西

_____

① 《剑桥古代史》卷一，第二部《巴比伦之城市》第一节：苏美尔人，文字之发明者及其对于历史上的应用（Sumerian as inventors of writing and application of it to history）

② 《考古》1976：6，页376。

北二百三十里。"《水经注》："湟水径乐都城南又东径破羌故城南。"乐都水本为湟水别名，后周于此置乐都郡。又于北京中国历史博物馆和上海博物馆看见极少数的柳湾彩绘陶器，对于刻绘有符号的陶片，恨无机缘接触原物，不能加以描述。在马厂型的陶器上"+"和"卐"两个符号，出现特别多。马厂年代经碳 14 测定约为公元前 2415 至前 2040 年。卐字到底代表什么意思？这是很值得探讨的问题。

1983 年 8 月，我出席在兰州召开的敦煌吐鲁番学会议，顺道往青海旅行，于西宁市得到"青海省文物考古队"的盛情款待，参观该队于 1980、1981 年在民和县的新民公社发掘的一批属于马家窑文化彩陶共数百件。发见其中一件罐形器，腹部绘有四个卍号，为向来所未见，深喜眼福不浅。

关于柳湾的发掘报告，久已公布[①]，从《青海彩陶》一书细加观察，所载陶器图纹，具有卍号者甚多（见图 7）。该书所记马厂纹样，如再加以归纳，大致可分几大类：（1）卍形绘作单线，如该书图版 44、85、111 等；（2）绘作双线成卍、卐、卍者，如图版 84；（3）作变形成卍状者，如图版 98；（4）卍具有足状者；（5）卍号加上点画作为饰文，如上述民和县之卍（图 8）。

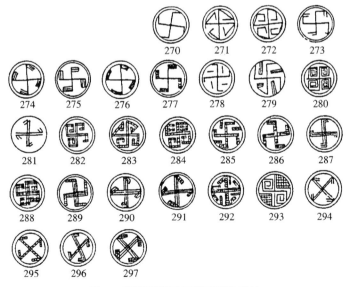

图 7　青海柳湾马厂类型彩陶纹饰

---

① 《青海柳湾——乐都柳湾原始社会墓地》。

（1）马厂类型蛙文瓮

（乐都柳湾 1975 年出土）

（2）马厂类型波折纹单耳长头壶

（民和县官户台 1974 年出土）

（3）马厂类型波折纹单耳长头壶

（民和县加仁庄 1977 年出土）

（4）马厂类型波折纹罐

（乐都县柳湾 1974 年出土）

（5）马厂类型回纹罐

（乐都县柳湾 1975 年出土）

（6）马厂类型菱形"卍"纹罐

（乐都县柳湾 1975 年出土）

图 8　马厂类型彩陶器的卍纹

中国境内近年考古的新发现，其他地方，如辽宁省敖汉旗的小河沿文化，据李恭笃、高美璇报告，在石棚山墓地出土四件陶器，其上有刻划、绘制的原始图画文字符号，在器物的肩和腹部发见 12 个符号（图 9），其中属于卍字型者有 7 个，大别可分 3 组，摹写如下[①]：卍卍 卍卍卍卍 ㄨㄨ，这和青海彩陶的卍纹，很是相似。甘肃境内寺洼文化像西和县栏桥遗址 M4 陶罐耳上有ㄑ号，年代为公元前 1335±175 年，约当商代中期（《考古》1987：8）。广东曲江石峡文化中层遗址所出陶器据说亦出现卍、卍的记号[②]。

图 9　石棚山墓地图画文字记号

关于卍这一符号，在希腊、印度及印欧语系的地区，流行最为普遍，过去世界人类学者已写过不少专文，加以讨论。远在 1929 年，D. A. Mackerzie 著《符号的迁移》（*The Migration of Symbols*），对卍字形状的种类及其分布，论述颇为详悉，参阅图 10。

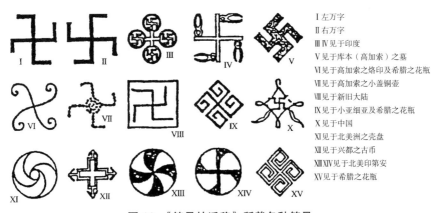

Ⅰ 左万字
Ⅱ 右万字
ⅢⅣ见于印度
Ⅴ见于库本（高加索）之墓
Ⅵ见于高加索之烙印及希腊之花瓶
Ⅶ见于高加索之小盖铜壶
Ⅷ见于新旧大陆
Ⅸ见于小亚细亚及希腊之花瓶
Ⅹ见于中国
Ⅺ见于北美洲之壳盘
Ⅻ见于兴都之古币
ⅩⅢⅩⅣ见于北美印第安
ⅩⅤ见于希腊之花瓶

图 10　《符号的迁移》所载各种符号

① 《中国考古学会第二次年会论文集》，页 149、150。
② 吴山：《中国新石器时代陶器装饰艺术》，页 342。

　　清季西洋学说输入以后，许多人著作，偶然亦讨论卍字，曹金籀的
《说卍》（《石屋文字丛书》）①、叶德辉的《郋园书札》，都是其著例，西方
学人像 Louis Gaillard 亦著有《十字与卍字在中国》（ Croitx et Swastika en
Chine ），于 1904 年（光绪三十年）在上海印行。

　　1939 年，王锡昌著《释卍》一文，详论卍字的意义及其源流，博采中
西学说，资料至为丰富。他的结论，认为卍为阿利安（Aryan）族所有的
符号。其流传的行迹，也不与阿利安族的迁徙相符合②。事实上阿利安人入
居印度以前，印度通用的银币上面已采用卍字作为标记。印度古钱学专家
Durga Prasad 说：

　　　　"非常明显的，在曼德笆（Mandapa）有卍符号，此图像是很著
　　　名的古代符号，它在 Mohan-jodaro 的图章上常常出现，也是一个世界
　　　通行的图像。(It is clearly the swastika symbol placed in a Mandapa. This
　　　figure is a well-known ancient symbol. It is seen on many Mohen-jodaro
　　　seals and is a world wide figure.)"

在印度 Nagpur 博物馆便保存有这样符号的银币，卍的外面加上一个方框，
即所谓曼德笆（Mandapa）③。

　　至于印度河谷发现的遗物，在马歇尔著《Mohenjodaro 与印度文化》
一书中所载卍的符号甚多，可与银币比较，证明出于一源（图 11）。向来
皆知中亚苏撒（Susa）所出彩瓶其上即有卍号④，其实，美索不达米亚远在
史前哈孙纳（Hassunah）时代已有卍（swastika）号：作手足状而与长发
人物俱作几何形图案⑤（图 12）。稍后的哈雷夫时代，悬饰上亦有卍形⑥（图
13），可见其渊源甚远。在中国则新疆沙雅出土的蚀花石髓珠，在方格内

---

　　① 说卍一文收在《石屋文字》中《籀书》之内，同治中元和曹氏刊本。
　　② 王氏文载《文学年报》，第 5 期。
　　③ Durga Prasad: "Classification and Significance of the Symbols on the Silver Punch-marked Coins of Ancient India". *Journal of Proceedings of Asiatic Society of Bengal*, new series VXXX. 1934, 文中图 110 的说明。
　　④ D. A, Mackerzie 书。
　　⑤ Beatrie Laura Goff, *Symbols of Prehistoric Mesopotamia*, fig. 35. New Haven, 1963.
　　⑥ 上书图 113，以上两卍变形的图案，据著者研究均确认为 Swastika，参看该书页 4、8、18 的说明。

作若干卍字形^①（图 14）。其年代较晚，据称相当于第二第三世纪，其时佛教已传入中国矣。

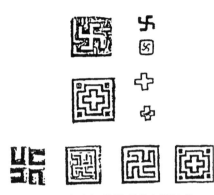

图 11　印度河谷发现的有卐遗物

图 12　哈孙纳时代卐符号

图 13　哈雷夫时代卐符号

图 14　新疆沙雅出土蚀花石珠卐符号

古代巴蜀铜带钩上有卐符号^②，与印度古银币完全相同，且有曼德笆。此带钩年代可能由战国至汉代。

研究古印度 Punch 印记银币的人们，每把 + 和卍两种符号相提并论，因为前者即所谓 Cross，后者是 Swastika，在印度非常普遍。故 C. L. Farli 说：在公元前 327 年亚历山大已在 Taxila 地方使用过这种银币。著名的 Curringham 认为在佛陀时代，这种银币久已流行，从那些银币可以看出在

<hr>

① 黄文弼《塔里木河盆地考古记》图版112，及夏鼐《我国出土的蚀花的肉红石髓珠》，《考古》1974：6。

② 刘瑛：《巴蜀铜器纹饰图案》1978 年油印本，此据彭静中：《古代巴蜀铜器文字试释》，《四川大学学报》转引。

阿利安人入侵以前不少史前时期的图形符号仍旧被保存着[①]。

卍的种类甚繁，后代有所谓左卍与右卐字的区别，前者梵称 sauvastika，后者梵称 svastika。但在公元前 2000 年，印度河谷出土的印章，两种都有之，卐见于马歇尔书 XCV396、397、398，卍见于 392，原无严格的区别。

卍符号出现于器物上，自以西亚为最古，印度河谷次之。中国则边裔地带的青海和辽宁的石器时代遗物亦有之。西亚的哈孙纳期，约在公元前 5000 年左右，在陶器上有两个卍号：

一作卐形

一作卍形

西亚有一以四个长发人摆成卍状中间写卍字，其形为卐。《青海彩陶》图版 44 的变形卍号作▓状，是同样写法的。小河沿符号一作"╬"和西亚有点相似，西亚陶片卍字多位于中心。据 B. L. Goff 研究美索不达米亚陶器上的符号的结论，他的意见卍是表示光芒，显示古代人的太阳崇拜。柳湾与小河沿陶器上的卍字号是否这种涵义，无从得知，惟形象上的完全类似很值得注意，它的年代比西亚后得多（参看表 1）。

表 1　西亚与中国的卍年代比较

年代比较表			
年代	遗址	遗物	
	巴比伦（近东）遗址		中国
公元前 7000 至前 6000 年	米哈迦尔（Mehrgarh）印度俾路支地区	陶器圆圈内有卐号	
约公元前 5000 年	耶尔莫（Jarmo）		
公元前 4000 年	死海泰利拉特（Telêilât）的加苏尔（Ghassûl）	石权杖上卍字。马隆书	
哈孙纳（Hassuna）期		卍作手足状	
萨玛拉（Samarra）期		亦有卍字状陶器	

[①]　C. L. Fálri: "The Punch Marked Coins: A Survival of the Indus Civilization." *Journal of the Royal Asiatic Society of Great Britain & Ireland*, 1935. p. 317.

续表

年代比较表			
年代	遗址	遗物	
哈雷夫（Halaf）期 欧贝德（Obeid）期 乌鲁克期及特斯尔期（公元前 3500 至前 2800 年）	苏萨（Susa）V 期	卍字 卍字	
			有卍纹之彩陶属于马厂期。青海马厂期陶器，公元前 2300 至前 2000 年小河沿文化，相当于大汶口中期公元前 3500 至前 3000 年。（《大汶口讨论集》页 317）山东大汶口期，陶文年代据邵望平说应在公元前 2500 年

参见 A. Parrot: *Suner*，页 90，第二章所附表，详细请参看下文《〈卍考〉续记》。

　　卍的符号在吾国新石器时代，分布地区，西则湟水流域，东至辽宁的小河沿，这些地方古时为析支及鲜卑活动之所。青海在东晋以后即为吐谷浑所据，吐谷浑慕容氏原为辽西之鲜卑，后西渡陇，以其为行国，故转徙漠外。吐谷浑尝得波斯马，生骢驹日行千里，故称为青海骢马。又湟中月氏胡，其先为大月氏之别，后乃西徙。青海陶器上卍这一记号所以特别盛行，必有它的道理。

　　我在上文举出阿富汗的西伯尔汗发现的公元前一世纪月氏人遗存之金剑鞘上布满排列很齐整的卐号饰文，可证明这一记号在月氏文物中普遍使用，有很重要的意义。我想剑鞘的卐号，必与希腊文化有密切关系（公元前一世纪已在亚历山大帝东征之后，亚历山大于公元前 334 年出征波斯，三年后占领印度和今巴基斯坦全境）。但青海陶器远在其前，则当另作解释了。

　　一向认为汉土吸收卍的观念，是通过佛教从印度传来。传说佛陀有三十二相，其一是胸上有卍字。西晋竺法护译《普曜经》卷三说："太子胸有卍字①。"后秦弘始时佛陀耶舍等译《长阿含经》，言佛三十六相，十六为胸有万字②。卍字已写作万。慧琳《一切经音义》云："卍字之义，唐云古祥相也。……大福德之相。"以卍代表吉祥。元魏菩提流支译《十地经论记》："菩萨胸中有功德庄严金刚万字相。"梁天监十五年刘勰撰《剡山石城寺弥勒石像碑》一长文有"当胸万字，信宿隆起"之语。南北朝此说已极盛。我在1984年3月游天台山经过该寺，后人补刻的碑石尚存。又佛教伪经乃有所谓《胸有万字经》者，苻秦释道安录，属于伪疑经类，见唐明佺等的《武周刊定众经目录》云："一名《胸现万字经》。"后出字书，如辽人的《龙龛手鉴》所收卍字，便有三种式样。

图15　太原晋国赵卿墓出土的铜小方壶盖上有卐纹

　　至于器物上用卍号作纹饰的，历代多有之，用意在表示吉利。西周铜器戲钟右舞部刻有卐形，子叔黑匠簋盖刻卐纹。山东枣庄出土战国早期越器戈内亦有卐纹，江陵太晖观楚墓彩绘豆盘亦以卐为纹饰（以上俱采刘昭瑞文，该文不曾公开发表）。1987年太原金胜村赵明（孟）墓出土铜小方壶盖正中有卐纹（见图15，参《太原晋国赵卿墓》）。他如河南陕县刘家渠唐开成三年墓，出土铜镜，上刻卐字，旁镌"永寿之镜"四字③。在广东惠阳新庵出土的宋代瓷碗，内有卐号④。下至明代卍号仍甚通行，《明史》六七《舆服志》："洪武三年，定教坊司乐艺青卍字顶巾。"万历青花瓷碟莲瓣形碗连用若干卍字作图案⑤。以上随便举一些例子，以见其概。

————————

①　《大正藏》3，页496。
②　《长阿含大本经》。
③　《考古通讯》1957：4，页17。
④　《考古》1964：4，页198，图版8之11。
⑤　Gammon House Art Gallery 藏品。

密教称卍字为万德印，四藏喇嘛教用卐号作右旋，而苯教则用卍号作左旋。云南丽江麽些文亦用卍字，在若喀地区，读为ｔⱽⳊⅈƷⱵＧⱵＳＹ¬ｌ，意义是千种百样；在北地一带只读为ＧⱵ，取上语的第三个音节，作"百"字解；在鲁甸，又改读为山Ⱶ，义为好[1]。此字有其宗教上的渊源，作为麽些文，必由西藏而来者。

云南普米族的刻划符号，亦有卍号。普米族的木垒子是正方形，在标记每个方面的木料，在表示南方有下列各符号：⅂ⱴ卍ＮⱵ（见尹汝娴：《普米族的刻划符号》）[2]。可见，卍字尝被该族采用作为南方的标记。云南普米族的卍号可能取自麽些族，源于藏文，形成的年代必甚晚。

Max Müller 研究卍字考证其繁，认为此 Svastika 乃代表春阳（Vernal Sun）以喻生命力[3]。这一符号遍及寰宇，亚洲及哥伦布以前之美洲均有之，今不具论。

中国文化史上卍号的意义非常重要，以前只知由于佛教的传入，今观青海、辽宁陶器已广泛地采用卍号，马厂为半山型之继续[4]。则卍号的出现，远可追溯到彩陶时代。在印度本部，阿利安人以前，印度河谷文化已普遍使用这一符号，西亚史前遗物所见则更在其前了。

图 16　东汉卍印章

北京故宫博物院藏《肖形印选》几何纹类有复线卍形印，经罗福颐鉴定，据称为东汉时物（见图 16）。

巴蜀铜带钩上卐号，或释作甲，因为汉印的"戎"字，有一体作𢧄[5]，细看所从的卍形，实是把甲字蜷曲取态，和戎字一样用为缪篆体势，所以有这样的形状。东汉永建七年洗，七年作卐（《金文续编》），又万字印作卐（《朝阳字鉴》"万"字下）。这些都是后代字形的演化。

B. L. Goff 说及萨玛拉出土的卐字形（Swastika），作四女散发状，此为苏美尔人陶器上所见公元前 5000 年之物（图 17）。比希腊、印度为早。

---

① 李霖灿:《麽些象形文标音文字字典》，1669 号及 1718 号。
② 《考古》1982：3。
③ W. T. Olcott. *Myths of the Sun*, p. 30l.
④ 甘肃博物馆:《广河地区坪半山类型墓地报告》，《考古学报》1978：2。
⑤ 汉印文字征十二、十七"左戎私印"。

图 17　萨玛拉盘，四女散发组成卍符号

　　Goff 说云：右旋卐字（Swastika）位于中心，为四只长翼长颈的水鸟环绕。每只鸟创造出同一波浪线的感觉，而且与"苏美尔和巴比伦的光芒和光柱相似，波浪线和鸟就是太阳的象征。每一只鸟背负一条鱼，而光线与鱼，鱼贯而列，在图像外围环成一圈"。

三、《卍考》续记

　　往日撰《卍考》一文，已刊于《梵学集》，频年续有新知，不避续貂之诮，补作后记。

　　《卍考》之撰写，主要目的在展开讨论佛教入华以前，卍字产生的事迹。对于欧亚各地所受卍这一符号的广泛影响，略去不谈，由于西方学人对卍的探索有极悠长的历史，论著浩繁，不用我们去费唇舌。比利时 Goblet d'Alviella 于 1891 年著《符号的迁移》，其第二章即为 on the Gemmadion or Swastika，全文共 50 页，事在一百年前，文中征引繁博，溯源于特洛伊（Troas）文化，谓：卍符号东由高加索传入印度，西则由 Mycenoe 而希腊、小亚细亚、马其顿、西西里、罗马，而微兰诺微（Villanova）文化亦出现卍号，传播之广，十八世纪，且远及冰岛。余所见此文为 1894 年印度政府翻印本，比一般常用的 1958 年纽约印本早得多。此文希望有人全篇为之译出，相信对国人将有极大裨益。

　　芮傅明君在其近著《中西纹饰比较》中，首篇即谈卍形纹饰。第一节提到前人以为卐字正式制定为万字，归功于武后，所据为晚出《一切经音义》、《翻译名义集》等论著。芮君复撰《古代中国卍考》一专文，刊于

《学术集林》卷五，讨论此说。

　　余于《卍考》文中早已指出刘勰在梁天监十五年为剡县石城寺弥勒像撰碑文，言及"当胸万字"。考《普曜经》卷三，竺法护译亦已说"太子胸有卍字"。这些事都早在武后长寿二年著卍字于天枢之前。因此，我们不能谓卍字之制定为万，始于武周，况武周时流行有《胸现万字经》，乃属伪经。事均后起，无庸深论。钱文忠《读梵学集》谓弘始间佛陀耶舍译《长阿含经》，卍已作万，故彼认为卍进入汉字体系，至迟必在后秦（《学术集林》卷五，页355），足见武周说之不能成立。

　　卍字见于殷代甲骨文字，共有三义：（1）天象。其卜辞云：何曰延雨……采𝔖，今日雀（阴），……庚雨［《合集》21013 =《缀合》79。此字位于（大）采之下，必指云气之象。是版字织小］。董作宾目为文武丁时期，实当为武丁时物。以小河沿陶文之卍证之，应是卍字。《尚书大传》：舜时《卿云歌》曰："卿云烂兮纠漫漫"（《御览》8 云部引）。此处卍字，可读为漫，状云气景象。（2）卍舞。卜辞云：乙酉……雨𝔖……雨……各云（雲）……雨。丙戌卜……𝔖舞，雨，不雨？丙戌卜，于戊雨；丁亥卜舞𝔖……今夕雨。（《合集》20974，图18）（3）人名。（《合集》21659）

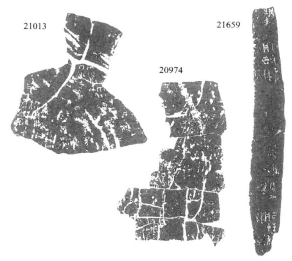

图 18　《合集》甲骨 20974、21013、21659

　　按𝔖舞当即万舞，殷卜辞字亦作万舞，见于《小屯甲编》：今日辛，王其田，亡灾。▱乎万舞。（甲 1585 + 1620，参《考释》页211）万字作万，屈万里据古玺定为万舞，可从。《诗·简兮》："方将万舞"，《商颂·那》："庸鼓有斁，万舞有奕"。《诗·毛传》："以干羽为万舞，用之宗庙山川。"殷人盛行羽舞。《合集》一条当是舞雩求雨之卜，卍舞即为干羽的万舞。卜辞中的力舞，锡圭论之已详，众所共悉。卍舞殆为万舞之异写，惜只有一见。

从上述甲骨文字所见卍字，可知远在殷世，卍与万、萬三文，互相通借。以卍为万，在契文已有此种现象，与佛教的卍字相，毫无关涉。甘肃境内寺洼文化遗物，如西和县栏桥遗址 M4 陶罐耳上有卍符，其年代为公元前 1335±175 年，约当商代中期。寺洼属羌人的文物（《考古》1987：8），证明殷代羌人与殷均已吸收此一符号，且已进入汉字体系之中，为时必甚久。

芮氏文中举出周仲丁壶及战国铜器狩猎纹壶，其上都有卍纹，但不十分类似。其实，子叔黑臣簠盖，刻有卍纹，虢钟右舞部刻卍纹，战国早期越器戈内亦有卍符号，江陵太晖观楚墓彩绘豆以卍为纹饰（均见刘昭瑞兄指出）。春秋晋墓小方壶亦有卍纹，足见上承殷代，此一记号流行之广。而卍形纹样与印度公元前 4000 至前 3500 年之米哈迦尔文明（Mehrgarh）陶器所见完全吻合，很值得研究。

近时印度考古学新知，比哈拉巴文明更早在次大陆俾路支；（Baluchistan）地区几次发掘中发现所谓米哈迦尔文明，出土有泥砖建成的储藏室，内有陶器和铜器，估计年代约为公元前 5000 至前 3500 年；又有男、女塑像，女带长发，男披缠头巾（turban），为首次发见。陶器出口输往伊兰，贝壳编制颈环出于近阿拉伯海之口岸。[参看 J. F. Jarrige 与 Meadow 的《印度河谷文明的履历》（ *The Antecedents of Civilization in the Indus Valley* ）]（图 19）。在俾路支与印度西北边界发掘出土一件绘有圆圈，内画一个 "卍" 号（参下文引悉哈论文）。这个记号在汉土西周、战国器物上非常习见 [1]。

印度大文法家波尔尼仙书中说卍号用为牲畜的耳记（ear-marking）。见于史诗（ *Ramayana* ）及《大战书》，这个符号代表吉祥，印度河谷文化亦已普遍使用，尽人皆知。阿利安人以前的印度，一般认为是达罗毗荼人的世界，近年印度天文学家悉哈（B. G. Sidharth）在他的《历法天文

---

[1] *Scientifie America*n, No. 243.1980.

学、天文年代与考古：关于古物及其科学的一个新观点》论文中，极力强调米哈迦尔文化的人们，已经把卐符作为主题的重要性。他主张阿利安人所遇的不是哈拉巴人，而是大夏人。他说："通过对印度南部发现的骸骨进行分析后，发现多是与地中海区居民或是高加索人种相同，这就揭穿了有关达罗毗荼人说的真面目。"我从前常举出卐这一符号在西亚分布邻近各地，一般追溯到公元前 4000 年于死海泰利拉特·加苏尔文化层中出现一石权杖，头部带有卐字形，又在阿富汗西伯尔汗（Shibergan）出土的金器近二万件，有一剑鞘上镂刻两行连续卐字作为纹饰，乃为公元前一世纪至三世纪月氏人的遗物，大概在公元前 323 年亚历山大死后，希腊大夏时代用连续卐字施用作器物上的纹饰，似乎是希腊人惯用作风，Iliod 所出的圆形器亦有此例。这个代表吉祥意义的卐字，月氏人亦广泛使用。一般所知，米坦尼—赫梯（Mittani-Hittite）文件上的神名，可与吠陀互证，吠陀经的首创者阿利安人事实亦复川流不息地由阿富汗逐渐南徙，今天考古学的新知告诉我们，卐这一符号在印度的诞生可追溯到公元前 3500 年的米哈迦尔（Mehrgarh）文化，它和安那托利亚（Anatolia）附近的 Nevali Cori 文化（公元前 7000 年）相衔接。

　　1891 年《符号的迁移》一书的作者，指出卐符在世界各地分布情状，惟波斯地区未之见。百年以来，考古学的推进，近东、印度、华夏的新知，大可补其不及。印度与华之间，卐符在殷代早已被吸收成为契文，与萬、万二字互相通用，远在佛典传入之前。而印度则哈拉巴文明所出见带卐符的印章，马歇尔（J. Mashall）的考古报告所见的方形外圈内有卐号，与 Rangpur 陶片上的 卐 符，亦非最原始之物，在此以前出现的有 卐 的陶文和汉土的虢钟、越戈一样，真是匪夷所思！

　　以前王锡昌认为卐号是来自阿利安人的文化，其实西亚在很早时候已有这一符号流行。近时所知西亚梭万（ES-Sawavan）时期的萨玛拉（Samara）文化，其第三层 R192 出上的彩陶片已见之如图 卐，同文化第三期后段又有此号见于罐底，如图 卐，又在乔加马米遗址的陶片上绘刻记号 卐。西亚这一记号从耶尔莫、哈孙纳、萨玛拉至哈雷夫都有出现，分明比希腊及印度的遗物为早 [①]。

<hr>

　　① 杨建华：《试论萨玛拉文化》，《考古学文化论集》1，页 242、245、247，北京文物出版社。

以前在死海东北泰利拉特·加苏尔文化发现石权杖上有卍字符号，见马隆（Mallon）著的书，十分有名（已见上述）。由这个卍号分布地区之广，论者以为中央亚细亚或西北亚或即是其起源点[1]。

为要探讨卍这　记号的来历，百年以来，世界学人已花去不少心血。1894 年，Goblet d'Alviella 在他所著《符号的迁移》一书中，总结希腊、意大利与印度各地发掘、采集所得到的各种器物带有不同类型的卍号，追溯到公元前十三世纪的古希腊称为伊诺斯（Ilios）的特洛伊文化遗物。由此在西方希腊文化影响下，从在意大利中部发现的公元前六至前五世纪伊特鲁利亚文化（Etruria），特别是微兰诺微文化层，所出的带卍字纹陶器，另一支在东方的高加索发展至于印度。

采用卍字作为器物上的装饰记号，在受到希腊文化濡染的印欧语系地区，流行甚为普遍。1998 年春天，我在澳大利亚悉尼大学参观考古系附属的 Nicholson 博物馆，见其陈列品有属于上述微兰诺微文化的陶罐，上有四个卍字纹（图 19，是图承悉尼大学 Nicholson 博物馆影赠，附此志谢），持与意大利所出的比较，出现同样记号，大抵有复杂的与粗率的两种形态，为贮藏火葬骨灰的东西。

图 19　悉尼大学 Nicholson 博物馆藏微兰诺微文化陶罐

卐和卍二个符号，西人依据希腊习惯称之为 gammadion。在盎格鲁－撒克逊人（Anglos-Sasons）称之为 fyl-fon，溯其字源，乃来自 Norse 之 fiöl（full 等量数）+ fot（foot）二文。

考古学材料方面，卐和卍二者似乎没有严格的分别，印度人称为 Svastika，由 sv = 好 + asti = 它是，意思是 "它是好的"。波尔尼仙（Panini）于文法书中提及它，作为家畜的耳记。*Ramayana* 史诗在 Bharata 开往锡兰的船队，其弓上带有 Swastika 的记号。有人认为它好像是印度第四阶级联结的标志，亦有视为火（agni）的象征，甚至可以代表 Indra，具见印度人对这一符号重视的程度。

---

[1]　谢德风译 Bedřch Hrozný 的《西亚、印度、克雷特的上古史》，页 27。

　　西藏的苯教，把卍和佛教的卐分开起来，而特别强调卍的意义，他们称为 gyung-drung，即所谓"雍仲"，以之作为苯教最高的象征。近时调查西藏阿里地区的日土县的古代岩画，即所谓任姆栋（藏语义为画面），五处有卐的记号，两处作卍形符号（任姆栋 13 号、恰克桑 1 号）[①]前者即佛教常见的 Swastika，后为藏语所称的雍仲，其一卍号刻于器皿腹部，下有奔鹿，其一卍号上下有太阳三个及新月一，光芒四射，复有大树，枝叶茂茂。岩画施以暗红色，据张建林研究，初步断定岩画年代早于吐蕃立国，可能出于大羊同国（即象雄）或太平国游牧部族之手，可以印证苯教的《十万龙经》、《空行智慧胜海传》等书，关于日、月、木、石祭仪祈祷的记载。而 Swastika 出现于早、中期，雍仲出现只在中晚期各一次，似说明藏人接受卐号在前。

　　1991 年调查西藏纳木错、扎西岛洞穴岩壁画，有二组动物，画上记卍字：（1）第 3 地点第 3 组最上端，绘书雍仲卍字，下为一马昂首疾驰；（2）第 5 地点第 2 组，在后壁与西壁相接处，上见一兽作奔驰状，下有一雍仲卍字，再下为二马。（图片见《考古》1994：7，页 609、614。）

　　纳木错蒙语称腾格里海，其义为天泽，地在当雄县西北。据藏文记载，此地旧属苏毗部落，郭周虎等调查认为此岩画应是当地远古牧民的生活记录，或与苏毗有关。

　　藏族祖字（gtsug）有顶髻、火神之意，藏人对火及火神非常崇拜，卍一符号在青海羌俗流行已极为普遍，卍符号后来演为藏族苯教之雍仲。藏族苯教祖师辛饶米沃（Gshen rab mi bo），其诞生于 stag gziq，有人以之比附大食（Tajik），似未得一般之同意。苯教的宇宙理论似与祆教颇多类似之处。卍号原来流行于西亚及印度，苯教吸收之自是顺理成章，加以发扬，成为独特教义。

　　成书于十四世纪的苯教史书有《雍仲本教目录》（*G. yung drung bon gyi bstan pa'i dkar chag*），1990 年拉萨北部曲贡出土铁柄铜镜，与斯基泰文化遗物十分类似，为葱岭以西文化交流物证。象雄王子幸饶米沃将旧有雍仲苯教，照佛教仪式建立一新教曰 gyer，成称为白教（杰尔），雍仲即以卍符号为标志。卍这一符号有永生、永恒之意。藏文称 G. yung drung 义训永固，为逆时针方向，与佛教的卍正为相反方向。其传说有所谓九层雍

[①] 《西藏日土县古代岩画调查简报》，及张建林《日土岩画的初步研究》，《文物》1987：2。

仲山。赤德松赞立第穆萨摩崖刻石，末书十一个卍（雍仲），即十一面观音之数。《唐蕃会盟碑》背面第 13 行："G. yung drung gi rgyal po chen po"，"此威德无比雍仲之王威煊赫"（页 43），《建札昭恭纪功碑》第 10 行："na nyi dbab par ɡ yuŋ druŋ"固若雍仲（页 83），菩提萨埵被名为雍仲萨埵（gyang-drung-sems-dpay），九、十三在苯教中都被目为吉祥的数字。

王家祐云："巴蜀图语有卍字，其一见于勺形带钩之上。又一见于广汉县高骈铺附近出土的铜烤炉的镂空花盖上，即以 4 个卍形组成。"（《巴蜀考古论文集》页 104 及《道教论稿》页 147）。巴蜀与羌及殷人多有来往，故卍号亦被吸收。以 4 个卍形作为一组，希腊微兰诺微文化陶器习见之。道教徒亦采用卍字为吉祥记号，详见万历三十五年《玄天上帝感应灵签》（《续道藏》60，45440）。

我再总结卍一符号在中国各地分布的情况，因为卍是火的象征，各地都普遍接受。东起蒙古及小营子，此为东胡之族，西则西羌、青海乐都彩陶最为普遍，族深入西南各地，故丽江麽些、纳西有卍之文字。蜀地板楯蛮亦盛行此一符号。巴蜀图语之卍，一见于勺形带钩，一见于广汉铜范。西藏古代苏毗时期岩画亦见此号，乃作卍。谓之逆时针，以别于佛教之卐（万），后来成为苯教的教徽，所谓雍仲者也。藏文作 g. yung-drung。云南普米族刻划符号亦有卍，戎深入中国腹地，山西太原赵卿墓出土方壶，其盖正中，由正反二龙形交织成卍形花纹。殷人文字亦接受陶纹之卍，而形稍绻曲，字应释万，其义有三：一为云彩，疑即缦云；一为万舞；又一为人名，辞云："卍归"。

四、⊕号与"羊"的联想——西亚原始计数工具

有关⊕符号的考证，是西亚文字起源一种最新的理论。⊕是在苏美尔泥板上最为习见的图形符号，用以代表羊，字音为 udu。通常又加一∨号，表示母羊作⊕。它是作一圆圈，其中加"+"形，但何以这样写？其中却有许多道理！

（一）从⊕号说起

文字的产生，自来即围绕着神秘的阴影，许多问题一时不能解答，中外是一致的。苏美尔人的线形文（linear writing）如何发明？始终亦说不清楚；自从 1966 年以来，Schmandt Besserat 女士对于⊕字的解释，大家认为

是一崭新的突破 [①]。

一般周知，西亚泥板上的数目字，有下列几种符号：

1 =	D	P
2 =	DD	PP
5 =	DDD DD	PPP PP
10 =	○ ○	4
60 =	D	P
600 =	▷	◁
3600 =	○	
36000 =	◎	
1/2 =	▷▯	

由于西亚行使 60 进制，60 即写一个"P"，60 又作▽，即▽的放大，有时把原形复写多一个圈。这些记号大体依据 Samuel Noah Kramer 的订正说法 [②]。数字何以作这样的形状。新的学说认为与泥具的标记（tokens）有关。近东地区环绕 Susa 一带，发现大量泥具，包括球状、锥形、棒条形、丸形等等，有的其上刻划"+"的符号，可以证知 D 与 ⊕ 等形状，实际即是泥具的写照。从前乌尔（Ur）地方亦曾发现⊗形的泥具，以此了解，泥板上常用的 ⊕ 字，即作为计算羊的单位。现在依据发掘所得，这些泥具可追溯到一万一千至八千年前，这样看来西亚符号文字的诞生，仍要比华夏为早。西亚最常见的羊字是如下面这样演化的：⊕→田→囯（楔形文）（n. 761 Falkenstein, *Zeichenliste*）。西亚的山羊传入华夏，现在所知，据称在庙底沟第二期文化已有山羊遗存 [③]。

图 20 是西亚杰姆代特·奈斯尔（Jemdet Nasr）出土列 144 号的泥板，上面三个 ⊕ 字即指羊，其他是数目字。图 21 是乌尔地方出土带 + 状的圆板，可以印证泥板上刻数的模样。图 22 是圆形及半圆形物上刻划标记在西亚各地分布的部分统计记录。尚有其他不同形状的文献，这里从略。这种繁多实物的出土，充分证明西亚泥板上频频见到的记数符号，即由此而产生，说明了人类最初文字起源出于刻划标记（incised signs），而记数的符号有所谓"bullae"的实物作为文字产生之过渡工具，实为极重要的物证。这一新学说对人类文字发生史提供一可靠的理论，可惜在中国似乎还未有人加以介绍，故略举其大要，以供吾国文字学家参考。这和西南民族流行的"刻木为符契" [④]，在未有文字以前的一种初步萌芽的助记手

---

① D. S. Besserat: The Earliest Precursor of Writing, 及 An Archaie Recording System and the Origin of Writing 二文。及 A. Le Brun 与 P. Vallat: L'origine de l'Ecriture à suse.

② Kramer: *The Sumerians*. p. 92，及 C. B. F. Walker: *Cuneiform* p. 29。

③ 何炳棣：*The Cradle of the East*，附录五。

④ 详细可看王恒杰：《边疆民族和考古"刻木"材料初探》，《向达纪念论文集》，页 566。

段，意义是很相似的。西亚这类实物对于具体说明苏美尔线形文形成的过程，很有贡献。图21其中圆形物 ⊗ 的形状和计算羊单位而作为"羊"的标识的 ⊕ 字，得到了充分的证明，尤为难得。（D. S. Besserat 的文章，见 Syro-Mesopotemian Studies 1/2 1977，7月份。图20、21、22、23均采自 Besserat 氏文。）

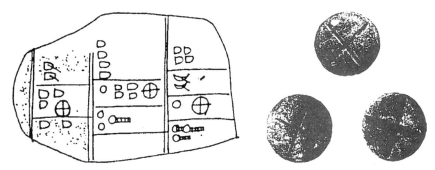

图 20　杰姆代特·奈斯尔 144 号泥板　　图 21　乌尔出土刻划十的圆板

青海乐都彩陶上有 ⊕ 一记号，向来不知其含义。柳湾出土的石纺轮，有 ⊗ 的形状上有刻符的 +（见图23）。这可能和西亚同样原初即是指羊的意思，后来被改制为纺轮。在中国，这种工具从未被人注意，似乎应该参考西亚考古家的意见，对于标记与文字符号有无关涉，再考察在吾国分布的情形。

半坡、姜寨未出现 ⊕ 的符号，但姜寨有石球、陶球，其用途是否同于西亚的球状物，还须进一步研究。

见于阴山岩画的符号，据说出现最多的就是"⊕"形。盖山林说："对于它曾有种种不同的解释，或认为它是宇宙的象征[1]"。他又说："早期毡帐画面，只有其象征符号作 ⊕ 形。在阴山岩画图20中有作 田 状的，在于羊群之中。"又西藏日土县日松区仁姆栋12号岩画的动物群中亦有这个 田 号。奇怪的是苏美尔的文字中 ⊕ 亦写作 田，与此相同。

此外，四川珙县僰人悬棺岩画中打 ⊕，⊗、○、⩘ 等符号，珙县的悬棺有人认为是都掌蛮的墓葬[2]。《华阳国志》卷三《蜀志》说："帝攻青衣，雄长僚僰。"古代的青衣国在宜宾一带，这些 ⊕、⩘ 记号似乎与羌人有关。陕西宝鸡的陶文上有 △△、△△△ 等记号，与乐都的 ⊕ 号，传播入川，为僰人

———————

① 盖山林：《从阴山岩画看内蒙古草原古代游牧人的文明》，《中亚学刊》1期，页36、47。
② 《文物丛刊》Ⅱ。

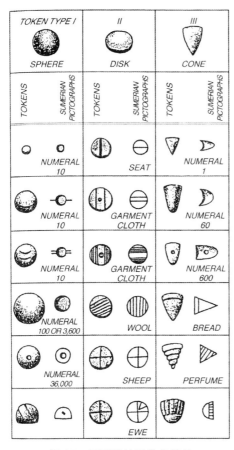

图22　西亚的计量单位符号

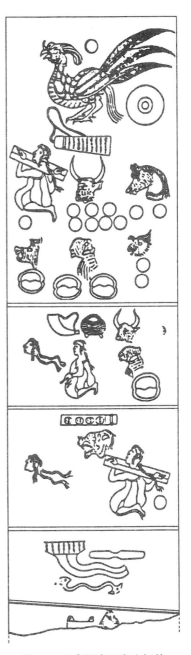

图23　柳湾出土有十纹石纺轮　　　图24　云南晋宁石寨山铜片

所采用，是很有可能的。

由上面这些⊕号在青海阴山地区、西藏大羊同（象雄）及四川各地出现的情况看来，可以想象西亚的代表"羊"的⊕号，似乎曾来过中国西北地区，传播甚广，大抵皆在羌人活动的区域内。

关于西亚用○◎表数的现象，不意在中国境内亦偶有出现雷同的情况。这即是向来引人注目的云南晋宁石寨山出土的铜片，我年前于昆明博物馆有机缘目睹原物，黝黑不堪，如果没有林声把它描绘出来是不易辨认的[①]。

石寨山所出铜片，上有图画文字，又刻带枷而辫发下跽的奴隶及鸡、牛各种动物。其间用圆圈作为表示数量之符号，与苏美尔线形文有类似之处。此为一种 Pictographs，大概西汉前期滇人尚使用之。其后，汉文流行，遂归于淘汰。石寨山出土镌汉文之印章有三："滇王之印"、"胜西"、"王罕私印"（《考古》1963：9，页483），即其明证。但他们尝经用圆圈表数，有○、◎、⊖三种，这种记数与苏美尔文字的记数法用各种圈式代表数字方法很相近。铜牌上划分界线，显然是苏美尔人用双线分割隔开的办法（见图24）。

（二）说⋀⋀

⋀⋀是姜寨第一期符号，止有一见，拓本19刻于缺黑彩宽带上，列号 T254 W158：1，报告图版100（C）之4。字有两角，显然是羊字的象形〔见图25（1）〕。

属于齐家文化的武威皇娘娘台第四次出土的陶器上面有四个羊头相间的纹样，形作⋁⋀；又有一个但作的（见《考古学报》1978：4），可证姜寨的⋀⋀，和它确是同一记号〔齐家文化距今3645±90至4130±105年。时代比半坡稍晚，可以下及于夏世。参看图25（2）〕。

姜寨第二期遗物，有陶塑羊头，高7厘米，似绵羊而眼圆突出〔《姜寨报告》上册图192，见图25（3）〕。据该报告，姜寨出土兽骨以羊骨为最多，是很可注意的。

---

① 林声：《试释云南晋宁石寨山出土的铜片上的图画文字》，《文物》1964：5，页23。

（1）姜寨一期陶

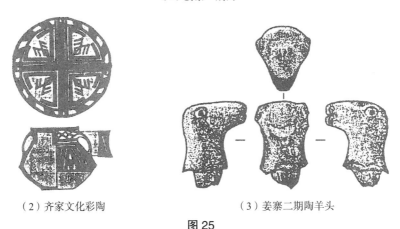

（2）齐家文化彩陶　　　　　　　　　（3）姜寨二期陶羊头

图 25

　　关于✕字一向有许多争论[1]。今以武威皇娘娘台的四羊相向说之，当是羊字。此作四羊相向，后人演为三羊开泰，以羊为祥，此一观念由来已久。陶器上羊的符号又有简写的，像 1959 年甘肃永靖莲花台辛店期在黑头咀所出的夹砂红陶，亦见个号[2]。羌族有戴羊角的习俗，故突出其形。

　　1982 年，甘肃西和栏桥、寺洼期墓葬，在漾水下游（武都县北）出土陶器上有刻划符号 21 种，见于 42 件豆罐，大都细线阴刻，或作粗线，十分珍贵（见表 2）。其中 1 ✕、10 ⅄ 可能即是羊的简体。其他同于半坡、姜寨的有 ➔、S、个 等符号，而 4 ✕ 则分明为卍字，与青海乐都亦属一系。寺洼、辛店、齐家文化都和卡约文化很有联系，与半山马厂均是氐羌先民的文化，所以陶器上的符号属同一系统。

---

① 张光裕：《雪斋学术论文集》，页 306—307。
② 《考古》1980：4，页 306。

表 2　甘肃西和栏桥·寺洼期墓葬出土陶器的符号

器物名称	器物号	刻划部位	摹文		编号
陶豆	M7：8	口沿上	1	2	1
双马鞍形口罐	M7：23	耳下关腹部			2
陶豆	M1：3	柄部	3	4	3
陶豆	M4：19 M6：50	豆柄部，双马鞍口罐耳外侧			4
陶豆	M4：17	底座内侧	5	6	5
双耳罐	M4：8	腹部			6
单耳罐	M4：6	耳下侧腹部	7	8	7
单耳罐	M4：2	耳下侧腹部			8
双马鞍形口罐	M3：2	耳外侧	9	10	9
陶豆	M3：6	柄部			10
陶豆	M5：7	盘腹外侧	11	12	11
双马鞍形口罐	M6：32	各型陶罐腹部，豆柄部			12
陶豆	M6：27	柄部	13	14	13
双马鞍形口罐	M6：17	耳外侧			14
双马鞍形口罐	M6：17	耳外侧	15	16	15
陶豆	M6：14	柄部			16
双马鞍形口罐	M6：10	耳外侧	17	18	17
双马鞍形口罐	M6：9	罐腹部及豆盘内			18
单耳罐	M6：3	耳外侧	19　20　21		19
陶豆	M5：8	各型罐腹部，豆柄部			20
双马鞍形口罐	M5：15	耳外侧			21

五、又记

盖山林的《阴山岩画》已由文物出版社印行。本文校稿时获见全书，知道盖君改释⊕为穹庐。他在解匈奴岩画时说道："散见于狼山地区岩画中的'⊕'形应即抽象化了的穹庐形象。以⊙表示外形，里面的十字表示其内的十字形木架。在磴口县舒特沟崖畔一处岩画中，竟有十个表示穹庐的⊕形。"（页350）他把所有的⊕形都说为穹庐。但我们看该书图700即作穹庐毡帐状，与⊕没有什么关系。在原书图1034羊群中有"田"字（图26），盖君说是代表陷阱，则有点矛盾。再看图27中的原图1219分明把⊕号来说明山羊，许多地方单独刻着⊕字。原图1107有二行蒙文，已经译出来，据说一是"道光十五年"，一是"同治十三年"，想是后人加刻的。又原图1111则在⊕的两边加上不同方向的卍字来表示祝福和吉祥。我认为岩画上的⊕形，如果看作羊的标记，比较讲得通，字形完全吻合，亦有来历，⊕本来即是西亚代表羊的符号。

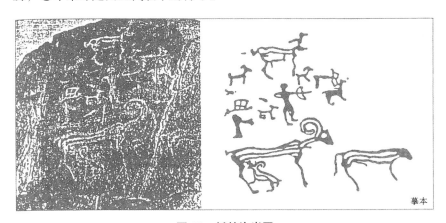

图26　托林沟岩画

盖君提出岩画有一些用圆圈或圆点记数的现象（参看图27中原图829），并引用苏美尔泥板来作证（页375）。可惜他不知道西亚有以⊕符号代表羊的悠久传统，我作这一点小小的补充，或者还有可取的地方。

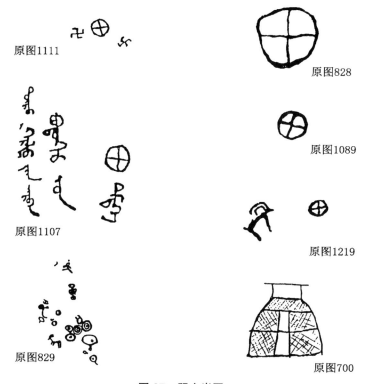

原图1111

原图828

原图1107

原图1089

原图1219

原图829

原图700

图27　阴山岩画

古陶符与闪族字母

——字母学的新探索

一、彩陶特殊"字母型"符号的提出

半坡系陶器上符号的探讨，近时古文字学家有进一步的看法。高明在他的《古陶文汇编》一书[1]里面便把陶符与陶文划分为两件东西，认为陶符只能产生一种标记作用，不能代替文字，陶文才是汉字的前身，二者之间既非一脉相承，也无因袭关系。他很大胆地指出：半坡一系的陶符是汉字以外另一系统具有标记作用的符号，所以称之曰陶符，不称之为陶文，以示别于文字。他这一见解，对那些以前坚持将半坡一系的陶符看作最古汉字滥觞说者，给以当头一棒。这类陶符实际应从甘肃秦安大地湾[2]算起，包括陕西半坡、姜寨、青海乐都等地见于彩陶上的符号，自成为一系。自近年老官台文化白家聚落的彩陶[3]出现，年代为八千年前，原始彩陶以符号类与点及线纹为主，作棕红色，其彩纹特色作相应排列，年代又推进一步。最有趣的是纹样中有 S 形纹及 M、F、E 三个不同符号，与字母特别接近，更堪注意。《侯马东周铸铜遗址》一书现已刊出，对于牛村古城的陶器刻符拓本经已完全公布，有待仔细研究。侯马东周晋国遗址[4]出现许多陶豆的豆盘上，每器皆刻划一个符号，和半坡系统符号的几何形结构约略相同（见表1）。

---

① 高明：《论陶符兼谈汉字的起源》，原载《北京大学学报》1984：6，收入《古陶文汇编》作为附录。

② 《甘肃秦安大地湾遗址 1978 至 1982 年发掘主要收获》，《文物》1983：11。

③ 石兴邦：《白家聚落文化的彩陶》，《华夏文明与传世藏书——国际汉学研究会论文集》1995 年。

④ 侯马市考古发掘委员会：《侯马牛村古城南东周遗址发掘简报》，《考古》1962：2；及《侯马东周铸铜遗址》油印稿，页 405—409。

表 1　侯马东周遗址陶器符号

高明又在《中国古文字学通论》论陶器符号说道："这种陶符出现的时代虽比汉字早，但看不出有什么发展，直到战国时期仍然停留在原始形状。汉字则不然，出生时代较晚，字体结构由象形会意发展到形声。"他举出郑州二里冈商代陶符 15 个、同地南关外刻划符号 9 个，以及侯马东周遗址陶器上的符号，事实与半坡姜寨仍是一样，毫无进展。他认为这些符号只是一种随意刻划，求其不与他人混淆即可。最近又在《学术集林》（2）重申前说。我的看法则有点不同：（1）陶符本身结构有它的规律和含义。所以有许多相同的式样，不是随意刻划的。（2）特别不同地区、不同时代，先后出现雷同的记号，这说明它的分布和出于传播。

高君学说，一般考古家颇接受之。高君特别指出："侯马东周晋国遗址出现在陶豆盘上，每器刻划一个符号……约四五十种，各地发现大同小异，这种陶符出现时代虽比汉字早，但看不出有什么发展，直至战国还停留在原始形状。汉字则不然。"严文明在分析《半坡类型陶器刻划符号》时采取他的说法，认为"这一见解是很精辟的，不过在文字产生以前的符号，同文字产生以后仍然存在的符号，还是有区别的，不同地区的符号也不一定属于同一体系"。

何以有这种现象，理由何在？高、严两君没有提出解释，我个人认为侯马牛村古城东周遗址，先时还是属于狄人的地方（晋地山戎、赤狄）。半坡系统的符号，大抵在戎、狄、羌人的地区仍流行着，从这一层看来，这种符号原始必为西戎所惯用。所以和汉字主体的甲骨文不同系统，我们可以简单地这样说，这些陶符是古代中国境内西北地区少数民族使用的一种表意记号，现在试以后代同样的单文记号表现于丁零、突厥地区的器物资料作比证，其中有许多符号正是一样的，可以追寻它们之间的蛛丝马迹的关系。

1940 年夏天，在前苏联南西伯利亚贝加尔湖区的卡拉斯诺雅斯克省内发现汉代中国式宫殿遗址，似是匈奴遗物。1941、1945 和 1946 年间，吉谢列夫（kiselev）率领考古队进行详细调查和发掘。该宫殿由十六个建筑物组成，而中央大殿的四周都有瓦当出土。两旁房屋的屋顶是用四方形的板瓦构成，板瓦上有记号，形作 Ⴤ Ʌ ♪ Ⴤ（见图 1）。吉谢列夫氏以为即古突厥叶尼塞（Yenisei）字母（如 Ʌ =I, Y）。据周连宽摘录吉氏意见，他以为："一方面是叙利亚北部亚剌米亚（Aramaia）文，通过花剌子模及粟特两种文字传播于东方。近年前苏联学者已从花剌子模钱币上证实这个渊源。另一方面又有本地固有的字母因素。……远溯至塔加尔——墓石上的符号，故板瓦上的符号是出于（汉代）丁零工匠之手。中国烧制板瓦时，丁零工匠亦参加。"今考《后汉书·乌桓传》王莽使严尤领丁零兵屯代郡。西汉时丁零人已杂处中国境内，但板瓦上之符号，如"Ⴤ"字见于半坡及二里头陶片，"♪"、"Ʌ"字均见于半坡、藁城、浮村、鸟旦山等地。此数文在中国远古时代早已出现，而板瓦乃出于中国宫殿，似未可遽目为叶尼塞文的字母。

北狄在远古的传说中，像《史记·五帝本纪》言黄帝北逐荤粥，合符釜山。（近代学人研究所得，公元前 3000 年 Oğuz 型人种已与咸海沿岸之文化及中国文化有所接触——见 Baheaddin Ögel 著《匈奴以前的中亚史》。）如谓古突厥之叶尼塞文在汉代板瓦上已有记录，然半坡及西汉南越陶文与古突厥字母何以竟多相似之处？当是此类字母之素材，部分采自华夏古陶文、钱币文，有如日本人创造字母时，其片假名、平假名即借用汉字为之。

半坡陶文当然是一种记号（mark），在叙利亚安那托利亚（Anatolia）的古代突厥建筑屋顶、坟陵上出现许多几何形记号，见于 A. Gabried 的 *Syria: Les Antiquites Turques D'Anatolie*，页 265（1929 年）所列出的，不少可供比较，有如图 2：此一字表 I. J. Gelb 已收入其《文字研究》（*A Study of Writing*）页 39，兹据原书影出，诸符号间或重出，其年代先后，原著未加详细整理订定，姑仍之。

Anatolia 一字源出希腊文，本训日出之地，以在希腊之东，代表东方。艾儒略《职方外纪》卷一《亚细亚总说》称亚细亚者，其地西起那多理亚，那多理亚即 Anatolia 的明代汉译名称。通指突厥地方。

图 1　俄罗斯西伯利亚贝加尔湖地区卡拉斯诺雅斯克省发现中国汉代宫殿
遗址的瓦当刻划记号

（此图与《四川汉画像选集》6 求盗像全同）

图 2　叙利亚安那托利亚的古代突厥屋顶和陵墓的几何形记号

兹将侯马东周陶符与图 2 突厥符号比较，有 11 个相同者，有如下列：

ＸＸＶＡＴＨѡＯΥ↑Ｍ

足见这类一时不易辨认之符号，分布之广，远及近东地区，且多雷同之处，当是出于传播，至堪研究。

二、腓尼基字母与半坡系陶符类似的一些问题

最令人惊异的，把西北半坡系陶符和腓尼基字母比对，形构相同的竟有 20 个之多，表之如次（表 2）。

这一系符号的特征，多数是由纵、横、圆、曲等笔画作几何形状的组合，很像西亚的线形文字，最突出的是其中若干符号竟和西方的字母完全一样，如Ｋ∀ΖＸ之类，在汉土古象形文字群中无法寻觅得其来历，故有人径称之为拉丁字母Ｋ字形、Ｌ字形、Ｔ字形等等[①]，我现在干脆把它突出来，称之为"字母型"符号。

（一）Ｋ与∀

其中最感兴趣的无如半坡 25 的Ｋ和 26 的∀。

Ｋ又作Ｋ，见于马厂陶器[②]，向来为人所忽略。

∀号在黄河流域后期遗物陆续出现：

　　　Ⱪ　二里冈

　　　⋈　郑州南关外

　　　Ａ　河北藁城西村，《文物》1979：6；河北磁县下七垣，《考古学报》1979：2

　　　⋊　江西吴城

　　　⋊　侯马东周遗址

---

①　林寿晋编：《半坡遗址综述》，1981 年，页 82，香港中文大学版。

②　《安特生考古记》图版 117，K5776 号。

表 2　腓尼基字母与半坡系陶文比较

音值	腓尼基字母	半坡系陶文（略举）
a	K Х（Sinai）	K₂₃ K马厂 Ⅴ₂₄
b		
c g	⅃ ⋀	⅂₁₀
d	⊐∃	⊘姜寨₂₆　O乐都
E h	∃∃ ∃∃	∃∃半坡₂₀、₂₁、₂₂　E E姜寨₁₀、₁₁
w	Y	Y半坡₁₃　Y二里头　杨家湾Y
E	⊕	⊕乐都
y	Z	Z半坡₁₈　Z姜寨₃₆
K	↓	↓半坡₁₅　↑秦安　↑秦安　↑半坡₁₄ ↑庄浪、乐都、吴城₄₇
L	ㄴㄴ ㄴ	ㄴ秦安　ㄴ半坡₁₂　ㄴ乐都
m	⌇	⌇秦安　M乐都　⌇宝鸡
n	⌇	⌇半坡₂₈　⌇辛店
s	ㆮ	ㆮ西宁卡寨　ㆮ半坡₂₃　ㆮ长安五楼
c	O	O乐都　O辛店
p	⌐ 7	⌐半坡₈、₁₀、₁₁
S	⍦	
q	Ꝺ	
r	⋂ ⋂	P秦安　⌐乐都
s˅	⌇	⌇辛店　⌇二里头
t	十 ✕	十秦安 半坡₁₇　十半山辛店 吴城₄₅ ✕半坡₁₆、二里头

形微有小差异，具见后来这一记号传播及于中原和东南地区。

K 和 Ⅴ 于半坡陶符分为二个，但它的字形与腓尼基第一个字母 A 完全一样，而倒 Ⅴ 在腓尼基字母是 K 的变形，基本是同一字母。在 Byblo-Phoenician 字母 A 作 K，到了 Sidon 与 Anstan Tash 即写作 ⋏。

印度原始文字婆罗谜文（Brāhmi），第一个字母ㅓ、ㅓ，即 K 的反写，它从北闪族腓尼基衍生而出。希腊字母亦然，早期字母 A 作 ㅓ，晚期作 K。一般字母学家都认为腓尼基字母 ⋖ = 希伯来语 N（'ālap），闪族呼牛为 alp，源于 Accadian 的 alpu，闪语系这一字成为第一字母，试比较其演变过程如下：

Accadian　　　　　　　　　　　　alpu　　　　　⇉

腓尼基（Phoenician）　　　　　　aleph

旧波斯（Old Persian）　　　　　'alep　　　　　［（a）

阿拉美亚帝国（Imperial Aramaie）àlef　　　　　↖

　　　　　　　　　　　　　　　　　　　　　　',「

叙利亚（Syrian） ōlaph 

腓尼基字母 A 是 aleph，B 是 beth（义为屋），希腊字母改读为 alpha、beta，并把二名合称为 alphabet，遂成为“字母”之称。追溯腓尼基文有关记录，这一字母常出现于下列各处：

（1）Tell-el Hesy 的陶片 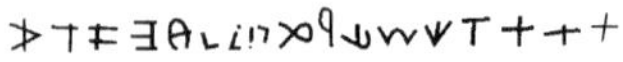

（2）巴基斯坦的 Megiddo 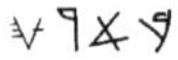

（3）Samania 屋宇记号 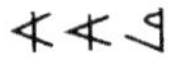

（4）Lachish 屋宇 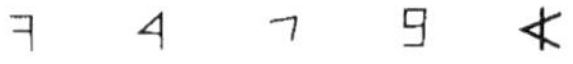

（h r g f a）

（5）Buraij 刻辞 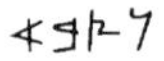

以上都带有字母或的记录[①]，的形状，与半坡各地陶符之，基本完全一样。

（二）十

次谈十号，半坡 17、姜寨 27、零口 7、李家沟、象山塔山遗址、河姆渡晚期地层出土猪咀形釜底下有十字纹[②]。

甘肃秦安[③]及寺洼山、侯马东周陶豆都有之。半坡的人面鱼纹盆上面亦有十字号[④]，南至河姆渡第一层陶鼎足亦有之（图3）[⑤]，《吕览·勿躬》：“大挠作甲子，容成作历。”六十甲子干支表屡见于殷虚刻辞，以十作为甲字，契文朱书甲的初形均作十（如小屯甲 870），十为十干之起点，可能取自远古的陶符。

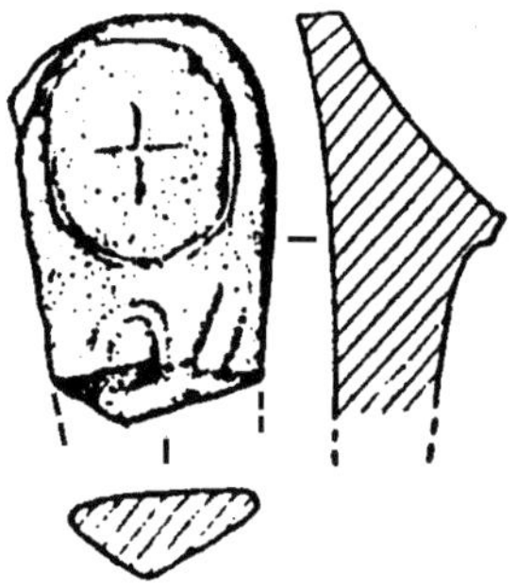

图 3 河姆渡陶鼎足十字纹

西亚这一符号尤为普遍流行，在古阿兰（Proto-Elamitio）有十，苏美尔线形文见于乌鲁克（Urnk）所出泥板，“十”号共 24 次。“十”于楔形文作，音 maš，表示多数。据说安那托利亚地方“十”是代表繁殖、富庶的记号。

---

① Driver: Semitic writing 页 99，图 45、60、68B、70、76。

② 《河姆渡遗址第一期发掘报告》，《考古学报》1978：1；象山塔山之十字纹，见蒋乐平《礼器鼎的渊源探索》图 6，《南方文化》1993：2，页 104。

③ 《甘肃彩陶》图版 1，1979 年。

④ 《文物》1978：10，页 68。

⑤ 《考古学报》1972：1。

图 4　Antalya 的 + 记号

近年西亚发掘 Belbasi，文化在 Antalya 地区出有一些 ✚ 的记号如图 4。✚ 复或写作双线 ✚，像鹳鱼斧，西亚在中巴比伦 Kassite 时代（公元前 1550—前 1155 年）的印章上面，刻这 ✚ 符号于星辰之上，王位坐于其下而正视之，所代表的意义尤为隆重。此与殷商约略同时，殷则以 ✚ 为甲，王的名号多取某甲为之，如上甲、大甲……甲既为十干之首，又有丰盛之义，为吉象之冠，故自古以来，陶器符号均用之，中外俱有同然[1]。

闪族字母中以"✚"为 t，从西奈（Sinai）、Lebéah、Tell-el-Hesy、Tell-ed-Duweir 以至腓尼斯（Byblian）各处刻辞都用"✚"作为字母 t（taw）[2]。

（三）Ⅹ

此字母于婆罗谜文为 na，A. H. Dani 在他所著《印度古文字学》中已有详细讨论。

秦皇寨及洛阳孟津小潘沟[3]俱见 Ⅹ 的符号，如图 5、6。

图 5　秦皇寨 Ⅹ 符号

图 6　孟津小潘沟 Ⅹ 符号

山西长治小神村仰韶陶盆亦有 Ⅹ 号，如图 7[4]。

---

① 大英博物院藏列 89128 的 Cylinder Seal。

② G. R. Driver: *Semitic Writing, From Pictograph to Alphabet*，图 81，1948 年，伦敦版。

③ 《考古》1978：4。

④ 《考古》1988：7。

ʃ于闪族字母是 h，如以闪语读之，或者是 ṇ ahna。

庙底沟亦见这类符号，如图 8。

我这一推测如有可能的话，对于通读这些符号，可提供一个假定方案。

图 7　山西省长治小神村仰韶遗存陶盆 ⅍ 符号

图 8　庙底沟 ⅍ 符号

（四）⅄

腓尼基字母 W 作 ⅄。偃师二里头夏代遗址第一期陶瓮，有此记号（见图 9）[1]。

半坡 13 及杨家湾亦有 ⅄ 号，四川茂汶羌族石棺葬陶坯刻文底部有 ⅄，则川北羌人亦行使之[2]。侯马东周遗址 ⅄，汉时西伯利亚板瓦有 ⅄，详见下文。

图 9　二里头遗址陶瓮

（五）⋈ ⋊

乌尔有 ⋈ ⋊，亦见印度河谷 139 及 Punch 货币；捷克国立博物馆陶文；伊朗西南陶文 ⋈。叙利亚及突厥（Anatolia）古器物建筑处出见，计有下列等形：⋊（3 见）、⋉（2 见）、⋉、。汉土西域及中原多处出现此一符号：新疆富蕴县唐巴拉塔斯岩画（《文物》1984：2）；内蒙狼山岩画（《文物》1980：6，盖山林文）；西藏日土县岩画（《文物》1987：2，张建林文）皆有之。

在中国境内：

1. 半坡系陶文 ⋊。

2. 陕西南郑龙岗寺园底钵（T11 ③：6）口沿黑彩 ⋈。（严文明：《半坡陶器类型》）

3. 宜昌杨家湾有 ⋈ 号二个，圈足器外底部。（《考古》1987：8）

4. 洛阳王湾二期文化，河南伊河苗湾彩绘有此符号。（《考古》1964：11）

---

[1]　二里头符号，见《文物》1975：6，页 30。

[2]　羌族自治县石棺刻文，见《文物资料丛刊》1983：7。

5. 甘肃永昌鸳鸯池，马家窑半山至马厂彩绘此号多处。(《考古学报》1982：2）

6. 青海柳湾、马家窑陶纺轮上刻此符号。(《柳湾报告》图 26）

7. 郑州南关外陶文有 ⋈。(高明文）

8. 东周侯马遗址，有 ⋈。

从西藏岩画 ⋈ 为一字观之，⋈ 与 ⋈ 应同是一文。西周铜器亦见 ⋈ 一符号（见刘昭瑞：《说锡》，《考古》1993：1。按西方语文 ⋈ 号亦作为字母，伊特鲁里亚（Etrusean）文 ⋈ 为字母 S。具见此一符号与闪族字母关系之密切。

从北闪字母孳生的婆罗谜文，其字母同于腓尼基者有人举出 11 个[1]，今再持与半坡系陶文比较，形构完全吻合者有如下列（表 3）：

Tha 的 ⊙ 形，很明显是由 ⊕ 演变，偃师苗湾陶符有 ⊙ 形，与此全合[2]。婆罗谜文草体有 X 一字母，音 ŋa（开口）[3]。在洛阳孟津小潘沟、秦皇寨的陶符竟有 X 一记号[4]。

表 3　婆罗谜文与半坡符号比较

	婆罗谜文	半坡陶符
a	⅄	K
ga	⋀	↑
Tha	⊙	⊙ 偃师苗湾
ya	↓	↓
La	ل	
Sa	↑	↑ $_{14}$
Ja	E	E $_{21}$

腓尼基人据说来自印度洋海岸，希腊文称之为 φοῖνιξ（phoinix），意义是棕榈（palm-tree），其民来自棕榈之乡，其名首出现于埃及文献，称为 Fn. hw，其年代约当公元前 1575 年，Ahmose 一世王（公元前 1580—

① A. H. Dani: *Indian Palaeography*，页 28。

② 苗湾，见《考古》1964：11。

③ A. H. Dani: *Indian Palaeography*，页 83。

④ 小潘沟，见《考古》1978：4。

前 1557 年）尝亲征其地。腓尼基之有字母，从 ABDO（公元前 1400 年）起至 Mesă（公元前 842 年）开始流行。新近的研究，可追溯到 Spatula 书体，约当公元前十一世纪。这是腓尼基字母正式诞生的年代。吾国陶符的产生，渭水流域白家村、北首岭、秦安、半坡、姜寨，年代之早于八千至五千年前，先于西亚的乌鲁克，自不待论，半山、马厂约当公元前 2700 至前 2000 年，青海乐都柳湾上下限为公元前 2000 至前 1400 年，即二里头年代为公元前 2000 至前 1400 年，都在腓尼基字母形成之前。

最困难的是各个陶符本身只是孤立的一个记号，没有上下文联系记录，末由窥测它的音、义。作为字母的要素，不只是字形，主要还在于语言的关系。仅有字形的相似，不过提供片面的类似，还不能正面解决问题，但出现这样极多数形构完全相同的现象，必须加以指出，以俟他日有新材料出现，再作解答。

众皆知腓尼基字母之前，尚有乌格烈（Ugarit）的字母泥板，见《叙利亚》（Syria）一书。年代为公元前十四世纪，相当于西亚米坦尼（Mitanian）时代，即吾华的殷代。1929 年初次发现于叙利亚北海岸，在巴勒斯坦又获二件：一为 Beth-Shemesh，一为 Tabor mount 的铜刀，文字从右而左，异于一般 Ugalite 的从左而右。据说稍变其形，作为书写 Hurrian 文字之用。虽然 Ugarite 先有字母，腓尼基人袭用之，但不采用其字母形态。Ugarite 字母共 30 名，取自亚述楔形文加以简化，构造编制极有规律，计有：◪◪（a）、◁（e）、◲（i）、◫（u）四元音，与古波斯文同一系统。腓尼基人创作的字母，近年经 J. B. Peckham 的研究，最早为 Byblian 书体，属于 Spatula 石棺铭刻，时代为公元前十世纪，其他都为公元前九世纪（详附录腓尼基字母表）。

三、半坡陶符与闪族字母

半坡系陶符最富有国际意义，其重要性在于提供与字母同形的原始可靠的考古学资料。字母的形成，向来说法，以埃及说较为人取信，然按之实际，符号形状全不相符；但腓尼基字母与半坡系陶符对比，却有二十个以上完全相同的形状。故我假定很可能古代闪族人与西戎通商。采用陶符以制字母，代替了楔形文书体，这类陶符在西亚彩陶亦极常见，同时出现，字母改进者采用陶符，据 Pickham 研究，希腊人从腓尼斯文字制成字母，可追溯至公元前十一世纪，而正式形成希腊自己字母传入 Tyre of Pyqmalion，则要到公元前八世纪，即周时代。K 与 ⟨ 二符在半坡同时出现，腓字母则 K 先于公元前十一、前十世纪出现，↗ 则初见于公元前1050年的 Sardinia，以后前八世纪见于 Nora、Bosa 碎片，方才流行，然后正式代替 K 符。在中国则 K 符又见于马厂，后来在黄河流域以及江西吴城都出现 ⟨、↗ 等符号。

Diringer 认为阿拉美亚（Aramaie）商人乃最早与印度贸易之媒介人物，故说婆罗谜文乃袭用腓尼基字母，婆罗谜文诞生在公元前七八世纪，所知资料，要到汉代方在西北流行，但秦皇寨及孟津、小潘沟、庙底沟都出现 X（ṇa）形符号，则可能很早已流行了。

从前 A. Moret 著《近东古代史》第三篇第五节:《自北方民族到波斯人》，云:"自兹以后，地中海东部流域时与西部流域接触，旧日东方之财富——五谷、酒、香料、丝织物、羊毛及亚麻、宝石、金银及铜——皆由中国及印度用腓尼基之船只运来，而交与蛮民，且传播于最远之民族。当公元前1000年，缘线状象形文字之简单化，腓尼基人即创一种字母，此真传布文化之利器也。"（页490）

阿拉米亚人（Aramian）之为东欧及非洲向陆路通商之主人，正犹腓尼基人之为海上霸王，故能以商业居间人之资格侵入东方。彼等采用一种字体，此种字体导源于腓尼基之文字，此种阿拉米亚字母以商业为之宣传后，亦为战胜全部东方，而逐渐代替象形符号与楔形符号焉。

中国何以不采用字母? 此一问题至今仍令人费解。西人语言学者，千方百计推测中国古代或有字母痕迹。蒲立本对十干十二支的解释，认为是子音，但既然如此，何以殷人只把干支用以纪日，数万片卜辞中，没有半点语言作用的意味?

印度哈拉巴文字，自马歇尔（Marshall）取与婆罗谜文（Brāhmī）比附，定其音读，认为是左行，有如波斯文及闪族系统文字。但婆罗谜文乃是右行，和印欧文字并无不同之处。马氏之说，至今犹难令人信从。

Diringer 曾列举十项理由说明婆罗谜文之诞生在公元前七八世纪最为恰当，远在印度河谷文字之后。婆罗谜字母略近腓尼基，亦使用早期阿拉美（Aramaic）字母，其属于闪族语系至明，故他认为阿拉米亚商人乃为最早直接与印度及雅利安贸易之媒介（见所著《字母学》（Alphabet）页262）。

印度古文字资料，一向认为自哈拉巴文化终结以后（大约由公元前

1550—前 300 年），有一段长远时间印度并无何种书写资料遗留，几乎全是空白。直至阿育王时代，才有婆罗谜文之 Edicts，乃采取 Pāli 语（约公元前三世纪）。婆罗谜文已有字母。例如以“十”为“K”，然后再加一符号于其头尾，故 ϯ 为 Ka，ϯ 则为 Ki……若加上子音，则另附其他符号，如十（Ka）旁加↓（ya）音，则为↕音 Kya，照此类推。南印度之 Tamil Nad 洞穴石刻，说者谓阿育王碑字即此之诡变形体（sophisticated varity）。在 Pondichery 地方有 Arikemedu 陶器刻文之发现，盖平民阶级如陶工辈所使用，此则为公元一世纪之物。

字母出于腓尼斯，现在所知最早 Byblos 的有关字母有几种可能：

1. 半坡陶符不少同于乌鲁克，知其与近东很早已有接触。

2. 半坡时代闪族人已有若干符号为字母之雏型，这时可能随西戎传入中国，闪族商人采用陶器上符号，以作字母。

半坡系陶符与闪族古字母竟有这样雷同的现象，应该怎样去解释呢？字母由图形文蜕变而来是一向沿袭相承的看法，把图形文字加以语言化是一桩异常艰巨的工作。闪族字母的形成，一般都认为出于埃及的圣书（hieroglyph）。

但埃及字母之构成，有它的道理和特殊结构：

（1）H 有 4 个 𓉔（h）　　像田塍隐处

𓎛（ḥ）　　像亚麻搓成之烛心，h 重音

𓐍（ḫ）　　像胎盘　如苏格兰之 loch

𓄡（h̠）　　像动物脏腑　如德语之 ich

（2）ς 各有 2　　𓋴、𓈙（š）

ḳ 有 2　　𓈎、𓎡（ḳ）

ṫ　　𓏏

d 有 2　　𓆓、𓂧（ḏ）

以字形论，状鸟者三：

𓄿　　ʒ 埃及鹫：以其地之特产

𓅱　　w 鹑

𓅓　　m

状植物而重形者　有：𓇋（i）与 𓇌（y）芦苇

状人身者，有：手 𓂝（c）（前臂），足 𓃀（b），口 𓂋（r）

状自然物者，有：𓈎（ḳ）山坡，𓈖（n）水，𓈙（š）湖

状动物者，有：　角蜓，　（d）蛇

状用物者，有：　（s）螺栓、折衣

似乎构成字母时候都有妥当之安排及其条理，不如一般论者之简单。

今观附录表 2，陶符与腓尼基字母比较表，百分之七十以上实同于汉土仰韶期彩陶上的符号，这说明很可能远古时期，西北地区闪族人与羌人杂处，通过商品贸易，闪族人遂采取陶符作为字母依据的材料。字母的制作用何者为素材，如何采择（adaption）是很费心思的。日本的カナ，是特别从汉字拣取而制订出片假名、平假名两套，构成他们的字母，这是历史上别国的字母取自汉字的例证。羌人的陶符不像圣书象形文和楔形文的声形复杂，简便易写，以后婆罗谜文以至突厥文等都步其后尘。

故友三上次男教授倡言"陶瓷之路"一说，我则认为彩陶文化时代，陶符的交流借镜，引出字母的发明，在人类文化史上更有重大的意义，陶符之被采用作为字母的形符，是远古陶器之路上文化交流不可磨灭的伟大成果。

在彩陶时代闪族人与古代羌人必屡有接触机会，故可产生下列诸现象：（1）闪语系字母形构与半坡及齐刀背文，几乎完全相同（见表 3）；（2）叙利亚古代器皿上之简单线形几何印记（simple linear geometric marks），亦多与中国古陶文及齐刀背文相同。

中亚与华夏同在彩陶文化孕育之下，贾人之往来，商品之稗贩，不免文化时有交流。在公元前 2000 年间，中国陶器货币之符号，若半坡之　、Ｋ，齐刀越陶之Ｐ等，在汉字中实所未见，而乃出于海西、远道异国之屋宇、陶器上之刻划符号，岂非咄咄怪事！

四、有关字母的讨论

字母构造之谜，百年以来，从事字母学者有种种不同的说法，大抵主要为埃及说，其次则有克里特说、史前几何形符号说（Prehistoric geometric signs Theory）、意符说（Ideographic Theory）、西奈说（Sinaitic Theory）等等。Diringer 氏于《字母学》书中已有详细论列，而主张字母之发明者必为叙利亚本土居民或操北闪族语之人民。

突厥文字，向以在西伯利亚鄂尔昆（Orkhon）河发现之《阙特勤碑》最为人所注目［金耶律璹《双溪醉隐集》取和林诗注所谓唐明皇开元壬申

（732）御制御书者］。中西学人考释至繁，其突厥文用 Runec 字体，亦华工所刻，此类字母西人称为 kök Turki scrip。据《回教百科全书》Fasc. O.，911 谓突厥文溯源于阿拉美亚字母，惟中经古粟特字母之介接，其间亦有出于自创之象形字，例如○（q）（↑）之为箭，（a）j（ㄢ）之为月，（ä）f（Ⅹ）之为屋云。今观箭形之↑，与半坡系陶符及南越陶文相同。（阙特勒）突厥文字有直行（vertical lines），说者谓其颇受汉字影响。又其子音如 K 有五式（1. ka；2. ky；3. ko 或 ku；4. kä，ke，ki；5. kö 或 kü），盖为一种混合音节字母（mixed syllabic-alphabetic）系统。

西方学者多谓突厥文乃原于粟特文（Sogdian）。考粟特族本居波斯帝国极北之地，于《火教经》称曰 Sughda，其族分布于石国（Samarkand）间，处今俄罗斯境内，希腊时代属于大夏（Bactria）。亚历山大帝东征攻克波斯，其种散居今北印度及蒙古。粟特文字亦如闪族语，纯用文书，其母音 a、i、u，有时亦不标出。粟特与突厥都是闪族语系的支派，杂居于中国西北。这正说明闪语字母何以与西北羌人陶符有密切关系的缘故。

1970 年，Hugh A. Moran 及 David H. Kelley 所著《字母与古代星历符号》（The Alphabet and the Ancient Calendar Sign）第二版既刊行，其出版人 William B. Daily 先生以书抵余于新加坡大学，属为评介，卒卒未有以应，惟导余留意字母之学。其书谓人类字母出于古代占星术之星宿符号。最困难者为字母形状与中国古文字之不易配合，举例言之，Moran 书中页 57，举出 Alpha 之∀、Ɐ 乃"形式上是闪语字，意义上是公牛头，相常于牛（an ox head in meaning and form in the Semitic character, corresponding to niu）。"然商代甲骨文，牛字实作⏚（丑则作ヨ，像手）完全不同。Moran 氏举 mem、m 之Ɱ，ⱱ，闪语的意义是水，是第 13 个字母（the 13th letter，meaning 'water' in the Semitic），以相当于汉语之"叁"（sam），然甲骨文叁皆作三，亦复不类。惟从陶符求之，则ⱴ见于半坡，亦见于刀文；Ɱ、ⱱ见于二里头，又见于崧泽及刀币文，故谓字形似 A、M 两字母之初文，出现于中国五千余年至二千年前之符号则可，谓其源于汉字之星宿名称则非。二氏留心汉土的材料，只着手于天文现象，惜未措意及此！

附　录

表 1　腓尼基字母表

（1）Old Byblian Inscriptions

（2）Ahirâm inscription from Byblos

（3）Colonial Phoenician inscriptions, before 800 B.C.

（4）Colonial Phoenician inscriptions, 8th Century B.C.

表 2　中国古陶文、刀文与腓尼基系统字母比较表

丰坡及其他陶文	明刀背文	PHON. VALUE	1400 B.C. 'ABDO'	1400 B.C. SHAFATBAAL	1200(?) B.C. ASDRUBAL	1200-1100 B.C. AHIRAM	1100 B.C. YEHIMILK	1100 B.C. RUEISSEH	1100 B.C. ABIBAAL	1100 B.C. ELIBAAL	842 B.C. MESA'
K ﹀	﹀ ﹅	'	K	k k	k	k k	k k	k	k	k	k
		b	z	q	₫	9 9	9 9	9	99	9	9
1 1	∧ 1	g	∧	∧	∧	1	∧		∧	∧	1
	▽ △	d	△	▽	▷	◁	◁	◁		△	△
∃ ⁓		h	∃			∃	∃				⊿
Ƴ	Y Y	w	Y	Y y	Y	Y Y	Y Y			Y	Y
	⊥	z	⊥	⊥	⊥	⊥	⊥				エ エ
		ḥ	日	日	日 日	日 日	日			月
⊕	⊖	ṭ	⊖	⊖	⊗				⊖
∫	⋏∫	y	乙	乙	乙	乙	乙 乙	乙	乙	乙
↓	↓	k	↓	↓ ↓	↓	↓	↓	↓	↓	↓	↓
L	L	l	(	(	∠	∠	∠	∠	∠	∠	∠
	ε	m	ξ ξ	ξ	ξ ξ	ξ	ξ	ξ	ξ	ч
	ς	n	ς	ς ς	ς	ς	ς	ς	ч	ч
	王 ‡	s	₮	₮	₮	₮	₮
⊕	⊙	ʿ	o	o	o	o	o	o	o	o
1	1 フ	p	フ	↗	↗	)⟩	)	フ	フ
		ṣ	₴	₤	₧	⊓
	φ ʒ	q	φ	φ φ		φ φ	φ φ	φ	φ	φ
		r	⟨	₫	⟨⟨	⟨⟨	⟨	⟨	₫
	w	š	w w	w	w	w	w	w
✕ +	+ ✕	t	+ ✕	+	+ ✕	✕	+	✕	✕

（据陶文、刀币背文及 *The Alphabet* 页 153 及 373 合制而成）

表 3　早期北闪语字母发展表

PHON. VALUE	1400 B.C. ʿABDÔ	1400 B.C. SHAFATBAʿAL	1200 B.C. ASORUBAL	1200-1100 B.C. AHIRAM	1100 B.C. YEHIMILK	1100 B.C. RUEISSEH	1100 B.C. ABIBAʿAL	1100 B.C. ELIBAʿAL	842 B.C. MEŠAʿ
ʾ									
b									
g									
d									
h									
w									
z									
ḥ									
ṭ									
y									
k									
l									
m									
n									
s									
ʿ									
p									
ṣ									
q									
r									
š									
t									

表4 中国刀币文拓片

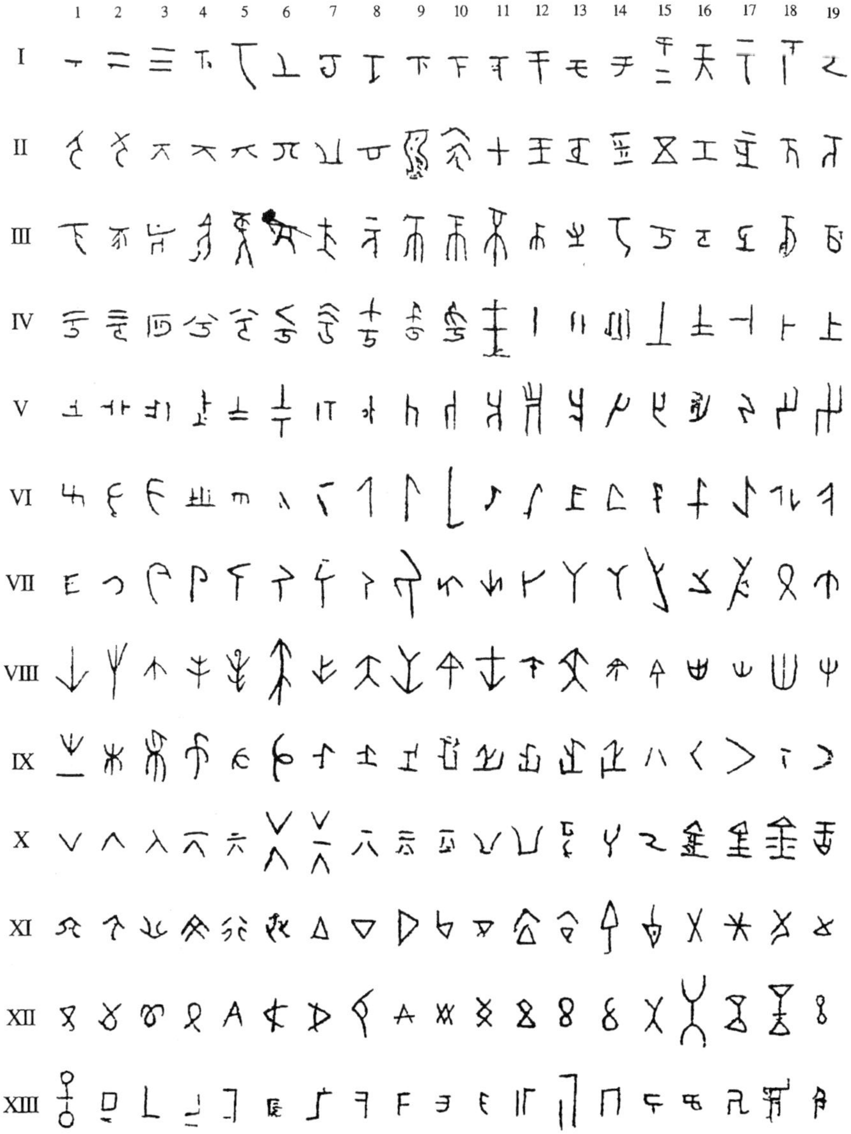
1 2 3 4 5 6 7 8 9 10 11 12 13 14 15 16 17 18 19
I
II
III
IV
V
VI
VII
VIII
IX
X
XI
XII
XIII

(1)

（2）

表 5　Râs shamrah syllabary

1.	⊢⊣	ʾa	16.	∿	Ḏ
2.	⊞	B	17.	⊢⊢⊢	N
3.	⌈	G	18.	⊠	Ẓ
4.	⫮	Ḥ	19.	⩔	S
5.	𝍫	D	20.	⫷	ʿ
6.	⧉	H	21.	⊢	P
7.	⊢ʇ	W	22.	⫯	Ṣ
8.	⧍	Z	23.	⊨	Q
9.	⊁	Ḫ	24.	⊯	R
10.	⊁	Ṭ	25.	⫰	I
11.	⫲	J	26.	⫳	Ǵ
12.	⊳	K	27.	⊢	T
13.	⫴	Š	28.	⧉	ʾi
14.	𝍫	L	29.	𝍫	ʾu
15.	⊬	M	30.	⪩	ś

表 6　乌格烈（Ugaritic）字母

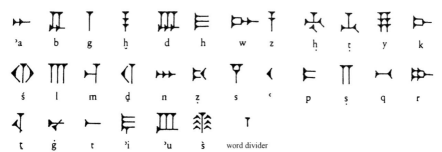

表7　埃及象形字母

Hierogl.	Meroitic Cursive	Phonetic value	Hierogl.	Meroitic Cursive	Phonetic value
𓆈	⌐			𐎀	⌐	ꞌ
	ʃ	e		⌐	h
	ı	ê		𐎁	h
	⌐	i		∥∥	s
	∥∥	y		ꞌꞌ	s
	𐎁	w		⌐	k
	⌐	v	Δ	⌐	q
⊞	⌐	p		ꞌ	t
	𐎁	m		⌐	te
	𐎁	n		⌐	tê
	⌐	n		ꞌꞌ	z
▭	▭	r			

（1）

Hierogl.		m	Hierogl.		m
		n			n
		t			t
		rw, 1			1
		w'			w
		s'			k
		wd'			z
		t'+h			te
		bh			tê
		m'', sw			e
		jh, jw'			ê

（2）

（3）

（4）

表8　旧波斯文

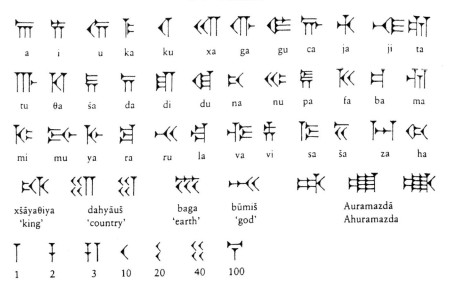

a	i	u	ka	ku	xa	ga	gu	ca	ja	ji	ta

tu	θa	śa	da	di	du	na	nu	pa	fa	ba	ma

mi	mu	ya	ra	ru	la	va	vi	sa	ša	za	ha

| xšāyaθiya | dahyāuš | baga | būmiš | Auramazdā |
| 'king' | 'country' | 'earth' | 'god' | Ahuramazda |

1	2	3	10	20	40	100

表9　埃兰文字

表 10　巴比伦文字

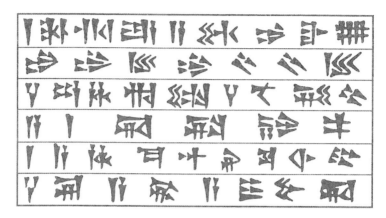

表 11　旧波斯文字

（1）①

（2）

————

　　① 是碑开始一句为 xa-ša-ya-a-ra-sǎ-a，即指波斯王大流士之子 Xerxes，以 \ 号为断句号。下文为 The Great King, King of King。此为 1752 年 G. F. Grotefend 首次破译。详细可参看 J. Bottéro 等：*Il était une fois la Mésopotamie*，页 21。

余　论

通过上列详细比较之后，我们可以说：西亚与中园古代的大西北，远古时候必有许多接触，才留下使用相同符号之种种交流痕迹，事实甚为明显。

华夏陶器上的刻符，由于出土具体情况很是明了，发见的层次经碳14和树轮的校正年代可以确知。最近的发现，一些符号产生远在八千年左右的老官台文化白家遗址已透露端倪。西亚在乌鲁克以前符号资料没有华夏那么丰富，西亚最新研究的突破，特别是对于 ⊗（udu）一符号的认识，引起世界学人普遍注意，中国方面向无人留心这一问题。我曾经指出青海陶轮上面亦有类似的情况。⊗这一符号在古代的畜牧地区以牧羊的主要生活条件，从西亚迤东及阴山地带使用这一符号是很广泛的。

Swastika 的卍号从西亚的哈孙纳、萨玛拉时代起经过漫长的时间，分布至广。吾国古代西北的羌人，以青海柳浪陶器上广泛使用，其复杂性与在一器物上写着卍记号作多次重叠图绘纹饰，这和意大利的希腊文化（约公元前八九世纪）的彩陶，几乎完全一致，而以卍号施用于金属品物作若干连续使用亦见于西伯尔汗（Shibergan）。公元前一世纪月氏人的金制剑鞘。佛教输入以后，卍号在中国传播更广，西藏古时象雄岩画和苯教更充分加以利用。以若干个卍字连续与希腊 Ilios 的圆状器相同。但其远源，应追溯至西亚，已为不争的事实。

十之为巫，殷代文字里已是司空见惯，由于扶风召陈乙区西周遗址出土的蚌雕人头像，系属于白色人种的大月氏（一说是吐火罗）头部刻有十字。证知西周当日充任巫职的人物有的竟是非汉族的月氏人种。但关于十一记号在古符号学上最早出现是西亚哈雷夫时期的彩陶，而且连续多次作为装饰记号，在同属哈雷夫时期的女神像在肩部上画十号与西周人头相同，凡此则远比商周年代为早。各地区陶器上形状的相同与广泛使用，现在已知道不仅仅是表面上的类似，应当有不少接触、交流，以至互相吸收、采择的现象。

我们现在应该打破这一界限，泯除过去所谓"西来说"或者"东传说"的旧观念，东西文化上的鸿沟，亟宜加以消除，再进一步寻求彼此间有关联的线索，这对于历史上广大的人类文明演进的了解，相信在不久的将来必有更重要的收获。

　　人类从远古以来，不同地区的部族和人民，即有频繁的接触。旧石器时代劈割器型式的互相模仿、吸收，打破了洲际的限制，近期考古家已证明这一桩事实。一入新石器时代，有了陶器的发明，生活方式由于长途旅行从事渔猎与游牧，进而改变为定居耕植，可是高山地区及沙漠地带的居民仍然以畜牧为生，逐水草而居，昔人称之为"行国"。他们本身是复杂多型的部族，彼此之间接触的机会较多，至于今时，像吾国大西北的维吾尔族、蒙古族依旧保留这种习惯，未能放弃。华夏民族如何传成？至今还是一个不易解答的历史问题。过去的"诸夏"观念，造成了汉族的自我夸大的意识，由今看来，是不必要的。其实"诸夏"的构成，自来即糅合四夷不同种族融会混同的结果。皇古以来的中国境内，民族的多元化、复杂性，相信比今日的五十六个不同民族更有过之而无不及的。

　　本文重点是讨论陶器上若干常见的符号，和世界不同地区远古同样形状的陶符与文字作比较研究，来窥测同样陶文在不同地方的分布情况，推寻彼此之间的交互错综和直接、间接之关系。撇开以前的"自我锢闭"的孤立态度，放开视野，从地域局部观点扩展为世界观点（from regional view to world view），这样来作"上下求索"的工夫，明知可能得到的是一种徒然而不易令人满意的结果，但这种求知的态度也许可以开拓读者的心胸，想必为那些不惜困而学之的人们所允许的。只是作者本人知识浅陋，又限以日力，牵涉问题非常复杂。从 1968 年起，我在新加坡大学开始，已着手从事这个问题，写了许多札记和短篇论文，未敢发表，又复学习几种不同语系的文字和语法，可说是枉费了三十年的摸索精力，至于最近才稍有信心。其中字母型符号提出，以供研究。并申论其与闪族字母形构雷同的现象，举出这一事实，以备字母学家再作进一步之探讨。

1991 年 11 月 16 日

比较占符号学

——陶符与苏美尔古线形文的初步比较

一、略谈比较资料的来源

古苏美尔人使用线形文字，最古文献大部分从乌鲁克（Uruk）地方发掘所得。在它的北面的基什（Kish）亦大量出现泥板，年代大约公元前3000年，一般称为杰姆代特·奈斯尔泥板。又在乌尔（Ur）掘得，称为 Ur 泥板，大约公元前 2700 年。此外在 Akkad 的 Faŕa 与 Abû Salābîh 发现的，约为公元前2600年，则为初期发展的楔形文字[①]。由于这些文字记录年代相当久远，故向来一般都称之为人类文字的始祖。但事实上，苏美尔人的线形文字，远比半坡姜寨实测年代为迟，贾湖更无论矣，详见表1。

近时发掘新材料，如 1984 年在 Tell Brak 地方出土绘有一羊（goat），一羊伴以数字标号 10（◉）十分简单，颇与乌鲁克相近，被认为西亚最原始的形象。除羊作象形以头部表示之外，可见记数法系统是很早已出现的[②]。

西亚这类象形线文纪录的原始报告有下列二书，最为重要：

（1）德国 A. Falkenstein: *Archaische Texte aus Uruk, Zeichenliste*, 1936。

（2）英国 S. Langdon: *Pictorgraphic Inscription, from Jemdet Nasr*, 1928。

兹再参用（3）法国 R. Labat: *Manuel d'Épigraphie Akkadienne*，1976年，第五次巴黎改订本。本文采用的苏美尔古文，即依据乌鲁克及杰姆代特·奈斯尔的材料，分别以 U.（乌鲁克 Uruk）、J.（杰姆代特·奈斯尔 Jamdet Nasr）、L.（立帕 Labat）三字母代表上列三书，并记所见页数，以

---

① J. Bottéro: *Mésopotamie: L'littérature, la raison at les dieux* p.92, 1987，巴黎。

② 图见 C. B. F. Walker: cuneiform, 插图 2。

备检查。

表 1

时期	西亚	中国		
公元前 7000 年	伊拉克东南（N.S. Iraq,）	贾湖文化		
公元前 6000 年	耶莫（Jarmo） 阿孙纳（Hassuna）卐 萨玛拉（Samarra）卐	老官台文化白家遗址 北首岭		
公元前 5000 年	哈拉福（Halaf）十	仰韶 文化	半坡类型（公元前 4770—前 4290 年） 姜寨（公元前 4673—前 4565 年） 宝鸡北首岭（公元前 4840—前 4085 年）	
公元前 4000 年	西乌伯德（W. Ubaid） 南乌伯德（S. Ubaid）	大汶口文化（公元前 3605—前 3355 年）		
公元前 3500 年	乌鲁克四期（Uruk IV）	良渚文化（公元前 3310—前 2340 年）		
公元前 3300 年	乌鲁克三至二期 （Uruk III-II）			
公元前 3250 年	杰姆代特·奈斯尔 （Jemdet Nasr）			
公元前 3200 年	苏路帕（Shuruppar）			
公元前 2900 年	乌鲁克一期（Uruk I）	马厂类型	永靖马家湾（公元前 2623 年） 乐都柳湾（公元前 2280—前 2255 年）	
		商代文化	二里头（公元前 1625—前 1450 年）	
		（公元前 1520 年）	藁城清江吴城（公元前 1530—前 1395 年） 小屯（公元前 1290 年）	

（I.T.G 在《文字研究》书末附文字树，认为汉字从印度河谷文字产生，很不正确，似应改正。）

　　苏美尔文与汉语在字形与语言结构上的关系，1913 年，牛津大学亚述学讲师波尔（C. J. Ball）著有《汉文与苏美尔文》（*Chinese and Sumerian*）一专著。在清末民初，汉族西来说风靡一时之际，此书颇受人注意，现已无人过问，惟其中有以米字比附华夏古文的帝字，自从刘复在《古史辨》第二册刊出《帝与天》一文以后，是说以 Dingir 与帝的字头发音相似，至今犹为中国学人所乐道（如张舜徽的《中国史论集》）。

（4）Ball 之书在英国印行。其书卷末附有苏美尔线形与汉字古文比较字表［A sign-list in which old forms (ku wên) of Chinese characters are compared with Sumerican congeners or Proto-types］，共收类似之字 105 个。表中所用的汉字古文大多出臆造，全无根据，殊不足取。惟苏美尔文部分，尚有可采者。本文亦略及之，简写作 B，记其编号，以供参考。

（5）1963 年美国耶鲁大学 Beatrice Laura Goff 著《史前美索不达米亚的符（记）号》（*Symbols of Prehistoric Mesopotamia*）一书，在图版部分有不少记号，今亦连类据取，可供采择。附书名简称：

1. U. 代《乌鲁克古铭记》，1936。
2. J. 代杰姆代特·奈斯尔的图形文字，1928。
3. L. 代 Labat 的《阿卡德铭文辞汇》，1976。
4. B. 代 Ball 的《汉文与苏美尔文》，1913。
5. S. 代 Goff 的《史前美索不达米亚的符号》，1963。

（一）与乌鲁克古文比较

半坡陶文，如果和苏美尔人之乌鲁克古文比较，亦有某些相似，略举如下：

半坡	乌鲁克		
∀$_{26}$	∢	F.U.402	
↓$_{15}$	←	F.U.389	
✳$_{29}$	✳，⋇	F.U.192	
｜$_{1}$	—	F.U.222	
十$_{17}$	十	F.U.234	乌鲁克共 24 处
丰$_{23}$	丰，丰	F.U.235	乌鲁克共 16 处
ㄣ$_{28}$	ㄩ	F.U.264，265	2 见
//$_{2}$	（二），//	F.U.（279）、490	
丅$_{3,4}$	丅	F.U.487	共 20 多处
S$_{9}$	S	F.U.864、865	

此根据 A. Falkenstein 所编 *Archaische Texte aus Uruk* 书中 Leicht erkennbare Bilder 之文字编号（简称 F. U.）。

总上表以十号所见最多，其次为丅、丰，半坡陶文统计，十共 7 见，丅 4 见，ｷ、ｷ各一见。// 12 见，↑、↓各二见，∀仅 1 见。

（二）与 Ball 书中附表相同者比较

		Ball字表摘记		中国
1	↑	Til (Tṁ), complete finished (⊢←⊣) Til (Tim) Ti, live (⊢⊣ Ｙ)	↑	半坡 14　二里头 6　二里冈 27　邢台 21　市庄村 4　华侨新村 38　其他
2	↑	E-dim (E-din) heaven (⊢⊣)		
5	↕	Kul, seed, spern (⊢←⊣) （精液）	↕	浮村 30
17	❋	Dingir (god)	❋	半坡 29　市庄村
20	❋	Esh-shu, grain		
25	↱	mu, mu-an, year		
26	ᵾ	she, Shug, Com, grain		
27	Ⅹ（Ⅹ）	Pap, father, Stand (might be, a tirpod)	Ⅹ	半坡 16　二里头 8　郑州南关 1　二里冈 14　张家坡、良渚、浮村 31　华侨新村 36
41	Ｌ	Bar to divine (✝)	Ｌ	半坡 27　厂华侨新村 19
43	Ｗ	Rin (bow man)	Ｍ	崧泽 43
47	∧,⌒	Shu, to go	∨	二里头 15，碧沙岗 12　浮村 28、29，华侨新村 26
66	/|	gi, dish one		
83	●	Mun, un, u, lord, king, high		
85	⊞	Kush, U, some Kinds of vegetable		
87	丅十	me, spell, charm Shib, to divine 十 inash, diviner (✝)	巫	
98	日（囚）	ga Esh | house		
101	廿（日）	Ba (a) rad （竿） Lu Stylus （笔）	Ⅹ	二里头 19

二、利用比较古文字学对符号作尝试解释

（一）|

半坡符号 157 例中（姜寨 72，半坡 65，李家沟 15，北首岭 3，零口、垣头各 1）|作一竖画多至 65 例，必有特殊涵义：苏美尔文∇亦横书作一及▻，音为 aš，aš 又为 istēn，它有时可代表行星（mul）的 Venus（拉丁语：金星）。AŠ 相当于汉土的大一。

西亚习惯以数字代表巨神，如以▲（10）表 Adad，以《（20）表 Shamash（太阳神），《《（30）表 Sin，⫷表 Ea，⫸表 Enlil 之类。

印度中部 Urdu 文字的元音|（a）↑（á）L（e）S（i）ϱ（o），以"|"字作为 a，可见"|"在语音上的重要性。半坡符号 24 种共一百多例，而"|"（一竖）的符号占 65 例，是什么道理，尚不明白。|即是一，在古人的意识中，一是一切的起点。

（二）↑

"↑"此一符号，流行最为普遍，汉土南北各地均有之。以二里头作双钩形为特色。列表之如下（表 2）：

表 2　中国各地↑符号发现地点

符号	地点	备注
↟	半坡 14 号	共 2 件
↑	庄浪徐家碾	
↑	二里头	
↓	藁城	
↡	二里头大口尊	
↟	同上第二层	
↟	城子崖	
↧	吴城 2	↓ 吴城 47 号
↑	邢台曹演庄	
↑	二里冈	
↑	同上大口尊	
↟	清江县吴城	
↑	吴县澄湖	

续表

↑	广州暹冈	
↑	广州淘金坑	
⋏	广州华侨新村	
↑	平乐银山 22 号	
↑	贵州威宁	
↑	广东始兴	
↓	广东梅县	
↑	宝鸡北首岭	
↑ ↓ ⇓	见半坡 14、15，姜寨 28	

西亚在群羊表中，S. Langdom 说←是 dead（死），音 uš。苏美尔人口语中"Ti"代表箭，亦解作生命，在字表上绘成矢形，只是拿来代表一个音符而已 [①]。*Ebla* 页 112 ↞是 Ti 'arrow' 用为 ti（6）life 的同义词，引杰姆代特·奈斯尔，第 22 号（公元前 2900 年？）：En-lil (grants) life with the arrow，but simply the sound "ti"，此说经 A. A. Vaiman 于 1974 年仔细讨论，已得到大家公认是矢镞形，同时亦代表 life（参看 Marie-Louise Thomsen: *The Sumerian Language*，页 21 注引）。早期腓尼基字母 K 作↓，突厥字母亦有↑。

商代金文作↑（父乙觯）填实。吴城陶文作⇑，绘其外廊。金文懋字所从之矛作↑（如《免卣》之）懋字乃取矛为声，以茂为义，矛、茂同音。

吉字契文多作或，字竝从↑↑⇑，因↑为利器，故引申为"利"，取懋盛之意，故得为吉利之吉。然则↑号原有取于"吉"之义。此契文之取自史前符号之又一例证。

（三）卌卌

半坡图见《岁月河山》页 66，西亚乌鲁克所见，共 16 处，形与此相同，腓尼基字母作音"S"。

---

① 　 J. Haukes and Sir Leonard Woolley: *Prehistory and the Beginnings of Civilization. History of Mankind*, volume I. New York 1963.

（四）ᚷ（21）ᚵ（22）ᚼ（20）ᚽ（刀文）

这一组符号见西北出土彩陶，邰阳县莘野作ᚽ。西宁卡窑彩陶有🦪🐚符号。台湾凤鼻头有ᚹ，长安灵台陶片有ᚼ，少一画，铜器符号ᚼ（7503）、ᚼ（7504）、ᚼ（郘爰卣37号）。印度 Rangpur 陶文有ᚼ，ᚼ为南 Iberian 字母，⊦⊦⊦南闪语字母（South Semitic Alphab），西亚北乌伯德（N. Ubaid）作ᚼ。

（五）丅，ᚼ，ᚼ，ᚽ

丅，见于半坡3、4，姜寨6，山西夏县下冯有丅记号。ᚼ、ᚽ等号见于半坡20、21、22，姜寨10、11、16、17、19，邰阳莘野。在 J.N 泥板，上列符号是所谓常见的熟语之类（passim），尤其是习见于羊表，每每丅与<⊢ᚽ三者互见，如 J.108 号记着　　　　又 123 版，126 板

丅音 me，楔形文是⊩⊢，义为决定（参考 J.314、L.218）。

（六）米，半坡29

甘肃永靖彩陶刻米号者甚多，我于半坡博物馆见此片，字形摹写如下：

马家窑彩陶有米图形（见《文物》1978：10引 Somman Strön 1956）。石家庄战国陶文有米字，分明与苏美尔习见的"神"字作❈，无甚分别。苏美尔文有繁形写作米，楔形文大抵作⊢⊣，有 an、il、ilu 诸音，又为 Dingir，往往作为天神名的区别字。安置于神名之前，有人说 Dingin 与 Tengri 为同源字。甲骨

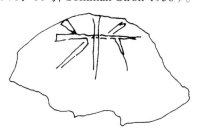

文燎祭之燎，省体与此形几乎无别，柴燎告天是也。故借米为燎。苏美尔文又一字同形作米及❈❈，三形相连，其义为星，音 mul，即 kakkabu，以指星宿，楔形文作❈⊢⊢，即由此字演衍而生（图1）。

（七）❉，半坡30

古苏美尔文有⊔，音 gur kur，义为量地（mesure agraire），殆与汉语之"区"相近，其异形又有作开❉⊔者，二里头陶文有⊣，与此形最相似，楔形文作⊣。

（八）❈❈

宝鸡北首岭壶文作累叠❈形状（该书页101），四川珙县僰人岩画有

符号。苏美尔文⚌⚌表示山区，音 kur，〼〽〼〼〼〼（F.244），若干作▲▼形，此字在巴比伦后期文字借苏美尔文以译大流士碑文云"lugal-lugal meš lugal kur kur mes"作〼〽［参《古陶符与闪族字母——字母学的新探索》附录表11碑刻上旧波斯文（2）图片］

图1　中亚陶器有米纹，下为该陶器纹饰展开图

图2　拉特·加苏尔所见陶器纹饰

（九）井

青海乐都符号。又一作▦，著于罐之腹部，见柳湾（《青海彩陶》167），出于湟中，属下约文化遗物。井和此字同一类型的有井井井井等，又较复杂的一个𢆶是为马厂期遗物（见柳湾图69），都由经纬线相错交织成文，可能是同一符号。

苏美尔文有下列诸文：井音kas，楔形文作田（La. 106）。二里头有井符号略近似。苏美尔文井与乐都全同，音šam，义为植物之区别词。异形又作▦▦（L. 144）。又一▦或作田▦（L. 224）音šik、šiq，义为毛料，羊毛，楔形文作田田。又一字形作▦，极像织皮。U 326 井引二条，其一文云"井𒀀王户"［北首岭陶壶彩版二（11）陶壶绘复杂编织纹］。

（十）

姜寨第一期（拓本18）刻于钵黑彩宽带之上（图3）［《姜寨》报告图版100（C）之3］，栏桥寺洼刻符3与此相同，惟倒写耳。及▦▦（La. 168、184），音še，训谷物。楔形文作▦，字有34例，其中如▦▦，▦形尤特异。

图3　姜寨一期陶器刻划符号

（十一）

此为大汶口符号，李学勤释字从丰从土，定为封字。但此符号还是图形，未可遽看成文字。

苏美尔文与此类似的有▦▦，音sar，每每作为植物名的区别词（La. 99）。又如▦▦二字，音为du，义为分娩、生殖、创作（enfanter）。作为神名dTu-Tu用时，即为日神marduk。楔形文作▦。又一字▦▦即代表稻谷女神的nidaba（déesse du grain）（La. 172）F. 112、113、114、115，其中▦字与▦形最相近。良渚玉器边缘有▦符号。

（十二）Ⅲ，姜寨第一期（拓本 11）

刻于钵黑彩宽带上（图 4），图版 100（C）之 1。又一作ⅢⅢ（拓本 10），乐都亦有Ⅲ及七二号。苏美尔文Ⅲ亦作目，音 gal，义为大、显要。楔形文作目ト（La: 156），F. 322a 列出Ⅲ字 –9 条、如苩，是指大星，Ⅲ号在古闪语为字母 ḥ 完全一样，М ∧Ⅲ◇即 s、r、h、n 即 šarḥum。

图 4　姜寨一期陶器刻划符号

（十三）目，为乐都符号

苏美尔文目目目音 dúr，Tuš，训坐着、找到。又目音 tuk，训衣服（L. 220、221）。作为 determinative 之一，字形原作目，楔形文习惯作目。

（十四）≋，西宁卡塞

≋庄浪徐家碾口形罐（寺洼期），苏美尔文≋≋音 hum，形与相近。州（La. 232），义为牲畜圈栏之垫草及厩肥，埃兰文平匚为 Shushi（即 Susa），像水流形，中文"水"字同作此状。闪语以⌇为字母之 S。

（十五）州，姜寨第一期（拓本 24）

刻于钵黑彩宽带上，图版 100（C）之 8 之残片。

（十六）州，半坡口沿符号（石兴邦文）、苏美尔文有州、州，音 pa，（La. 134 F. 296），义为枝杈。又有增加水点如州（La. 64），训沼泽之植物。又州（La. 76、59），音 zi、ze、se、si，义为生命、活。以此推知州之形，所加者即是水旁。

（十七）州州，姜寨 23、21、24（图 5、6）

苏美尔文有州又作州州，音 gab，义为植物一种。

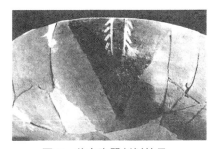

图 5　姜寨陶器刻划符号

图 6　姜寨陶器刻划符号

（十八）𫝈，姜寨一期（图 7），柳湾𫝈图 78 之 4，𫝈马厂 83。苏美尔文有 ✳，亦作 ✖、❈，楔形文为 ➤➤音 ḫal，义为秘密 Secrete（decisim），引申为占卜 bārû。

图 7　姜寨陶器刻划符号

（十九）十与▷◁ ▷◁

西亚在哈雷夫陶器上有十一记号（Symbol 图 66 之 6、7）。又在 Farma 的 4 层的 Warka，属于乌鲁克期的记号有下面▷◁ ▷◁一记号（Symbol 图 327）。前者半坡姜寨各地所未见，而十见于殷代甲骨文则为巫字，后者半坡与双鱼纹骈列者有𣬛一记号，中作 三（四画），当是一形之变。伊朗西南陶文有▷◁，Etruscase 文中▷◁为字母 S，与古希腊文王为字母 S 相同，苏美尔文丅音 me，训符咒、魔力（Spell，Charm），又读 Shib，训"卜"。又十音 mash，训占卜人（diviner），楔形文作╈。Ball 以汉字之巫与之对应，又以筮当之，此说足供研究。后来麽些文有𥄀（wei），义则为村子。

附录 苏美尔线形文与华符号同形之泥板文字资料，以供参考

401	N̄ [.]	[]=407 I 1	
	Ⅲ ǧN alleinstehend	2=624 Ⅱ 4, 1=625 I 2; 1=632 I 2, 2=643 I 2	
	2	629 I 3	
402	Ⅲ ǧN alleinstehend	1=629 I 2; 1=649 I 2	
	I alleinstehend	1=617 Ⅱ 4	
	Blau Denk. F Nr. 285		
	1	407 I 2	
	·	[]=546,2	
	10 ·	280 I 1	
	1+[]	280 Ⅱ 1	
		280 Ⅲ 1	
	1	280 Ⅲ 2	
	1	280 Ⅱ 3	
	1	418 I 1	
	1	418 I 2	

续表

390	IV alleinstehend 6+[ ]　　[?]	2+[ ] = 362,1 565
391	IV 1 1	252,4 105
392	IV 1 1 1	91,3 27 19
	IV alleinstehend weitere Zeichen nicht erhalten 1 10 30 3 1+[ ] III 15 +[ ]	10 = 310 I 2, ohne Zah- len = 315 Rd.; 1+[ ] = 362 3, 19 = 549 I 1, 1 = 555 I 2 5+[ ] = 510, [ ] = 510 Rs. 1 = 296 I 3; 1 = 389 III 2 1 = 97 II 1; 1 = 196,2 288,6 351 III 2 351 V 4 302 II 2 181 [ ] = 125 585 IV 14

续表

目	Ⅲ 1		609 Ⅰ 2
目		*ohne Zahlen*	606 Ⅱ 6
		"	602 Ⅱ 4
	20		585 Ⅱ 2
	60		585 Ⅰ 6
	20		585 Ⅰ 7
	80		585 Ⅲ 1
	11		585 Ⅴ 9
	10+[ ]		585 Ⅴ 12
	10		582 Ⅰ 3
	1		591 Ⅲ 1
目	Ⅲ ğ N 2		639 Ⅲ +2
487	Ⅳ *alleinstehend*	10=198 Ⅱ 2, 2=310 2, 3, 1=359 Ⅰ 6; 1=362, 4; *ohne Zahlen*=539 Ⅰ 4	
	1+[ ]		536 Ⅰ 1(?)
	10		310 Ⅰ 4
	4		480 Ⅰ 1
	2		480 Ⅰ 2
	2		480 Ⅱ 1

续表

⊢	Ⅲ *alleinstehend*	1= 609 Ⅰ5
		[]: 595 Ⅰ2
10		585 Ⅲ10
⊢	Ⅲǧ N *alleinstehend*	1=624 Ⅱ3; 2=649 Ⅰ1
1		624 Ⅱ6
1		631 Ⅰ6
5		645 Ⅱ2
	ohne Zahlen	624 Rs. Ⅱ4
2		632 Ⅱ1
3×		650 Ⅰ2
1		623 Ⅲ1
	ohne Zahlen	637 Rs.3
		ohne Zahlen =624 Ⅲ3; =625 Ⅱ4; =629 Rs.2; =631 Ⅱ7; [=641 Rs.Ⅰ]; =650 Ⅰ1,[=656 Ⅲ1].
	[..] *ohne Zahlen*	632 Ⅲ
60		621 Ⅱ1
275		626 Rs.Ⅰ
1		642 Ⅱ
2×		231

续表

续表

⟫→	Ⅲ ǧ N weitere Zeichen nicht erhalten	1+[ ] = 639 Ⅰ⁵1	
	2 ⟫→ ⟫→	622,5	
	Nebenform zum folgenden Zeichen		
111 ⟫⟫ ⟫⟫ ⟫⟫	Ⅳ alleinstehend	9 = 323 Rs. Ⅱ2, 23 = 328 Ⅱ1	⟫⟩
	1 ⟩ →	323 Ⅰ3	
	1 ⬡ →	323 Ⅰ̄3	
	1 ⊢ →	323 Ⅲ2	
	1 ⟨⟩ ⟫⟩	323 Ⅲ5	
	2 ⊟ ⟫	560 Ⅲ2	
	10 ⟫⟫ ⊏⊐	268 Ⅰ1	
	10+[ ] ⟫⟩ ⊥ ⟨ [:]	366 Ⅲ	
	1 ⬡ ⊕ ⟩ ⊏⊐	17	
	2 ⊢ ⟩ ⟩	80,1	
	1 ⟫→ ⊏⊐ ⊢ ▷	202	
	2 ⟫ ⊏⊐ ⊙ ⊿	8	
	2+ ⟫⟩ ⊏⊐ ⊕ ⟩⟩ ⟫	144	
⟫⟫ ⟫⟫ ⟫⟫	Ⅲ alleinstehend	2+ ⬡⬡ ⬡⬡ = 606 Rs. 1⁵	
	⟩ ⟩⟩	ohne Zahlen 599 Ⅰ3	
	⟨✳⟩ → ⟫⟩	" 601 Ⅲ	

续表

	III ǧ N alleinstehend	⌣ =632 X 4; 10=635 I 1; 70 =639 II 4ᵃ; 60 =A 652 R₅ I 1	
	40		351 IV 3
		ohne Zahlen	289 II
	458		335 R₅
	5		294 I 1
	180		149
	71 +[ ]		526 I 1
	3 r 3 ×		94,1
	10		433
	81 r [ ]	[.]	131
	16		193
	72		526 I 2
	2		506,2
	4		40
	2		480 I 2(?)
	6 + [ ]		179,2

续表

	80+[ ]	[.] 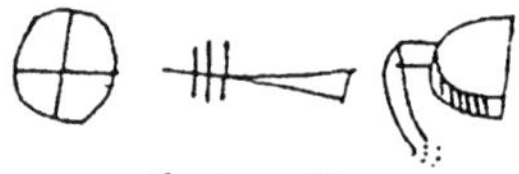	132	
	40	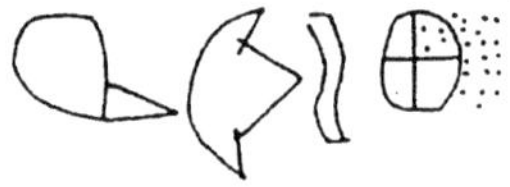	250,1	
	120		248	
	5	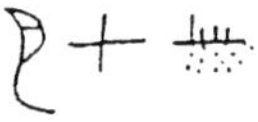	302 I 2	
	10	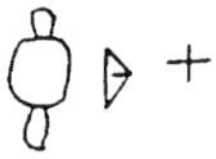	319 II 2	
	40	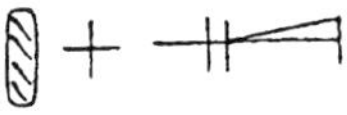	191,3	
	1	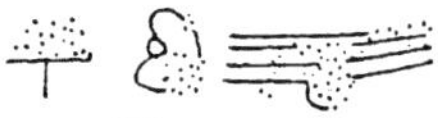	56,2	
	2+[ ]	[?] 	127	
	3+[ ]	 [?]	126	
	12+[ ]	[.] 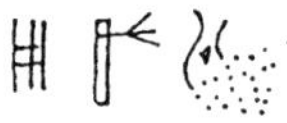 [.]	360 I 3	
	2+[ ]	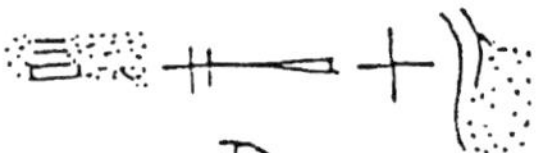 [.]	459	
	2		147	
	4	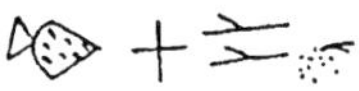	134	
	2		14	
	5	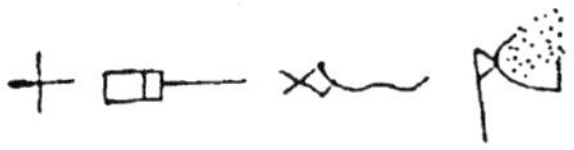	315,1	

续表

2		15
1		151

ǧN Nr. 35

F Nr. 42

vgl. Nr. 652　, Nr. 142

235	IV̄ alleinstehend	$3=212,2,7=295\,\mathrm{I}\,1,2=$ $301\,\mathrm{I}\,2(?),6=304\,\mathrm{I}\,1,$ $122=335\,\mathrm{I}\,1,60=335\,\overline{\mathrm{II}}$ $2a,3=378\,\mathrm{I}\,2,1=520$
		$\overline{\mathrm{I}}\,2,75=551\,\mathrm{Rs.}\,\overline{\mathrm{I}}\,1$ $[\ ]=186,1,1+[\ ]=325\,\mathrm{I}$ $1,10+[\ ]=414\,\overline{\mathrm{I}},22=$ $467,1,3+[\ ]=549$ $\mathrm{Rs.}\,\overline{\mathrm{IV}}\,1(?)$
	weitere Zeichen nicht erhalten	
40		246
1		537 IV̄ 1
		$3=164,1=463\,\overline{\mathrm{II}}\,1,[\ ]=$ $557\,\mathrm{I}\,2$
55		83,1
5		315,3
31+[ ]	[?]	521 I 1
1+[ ]	[ ]	182
9		516 Rs.
		$2=302\,\mathrm{I}\,3,10=475\,\overline{\mathrm{II}}\,1$

续表

殷代黄金及有关问题

三星堆所出的金器，卓绝无伦，最令人瞩目，计有下列各件[①]：

金虎　以纯金制成，全长 11.7 厘米，出自一号坑 11 号铜人头像内。昂首、卷尾，足向前伸，后脚蹲着，张口，双眼镂空，通身有模压斑纹，金光闪闪慑人。

金面具（罩）　出土青铜人头共有 50 件，饰金者三件。一号坑出一件，二号坑出二件。眼部镂空，镶金于额、鼻、口之上部及耳。希腊迈锡尼文化的金面具、金额带，与此可相媲美。

金杖　一号坑出土，残存局部长 142 厘米，直径 2.3 厘米，净重 500克，用纯金箔包卷而成，出土时已被压扁变形。出土时木芯已碳化，且被压扁。杖的上端安装一段线雕铜制青龙首形饰物。金箔表面平雕复杂图案，分为三组：一组刻四游鱼相向及两翔鸟，左右夹有对称两箭之状，似是表示矢鱼之礼（说见下）[②]；中间一组刻两人头戴冠，耳垂三角形挡下；另一组与祭祀坑所出 A 型铜人面部颇相似。似是王权之象征，中原出土文物向所未见。

金饰牙璋　悬挂神木之上。

金叶　似插于神树之上。

《韩非子·内储说上》："荆南之地，丽水之中生金，人多窃采金。"丽水有二说，一说是湖南的澧水[③]，一说是丽江，即出自旄牛区的丽水[④]。云南金宝山与西藏及其附近的女国，都是产金有名之地，旄牛即今之泸定，为若水所在，《汉书·地理志》蜀郡领十五县，旄牛为其中之一县。旄牛亦作

---

①　金器图见《三星堆祭祀坑出土文物选》。

②　参邱登成《广汉三星堆出土金器管窥》《三星堆与巴蜀文化》，页193；陈公柔:《〈曾伯霖簠〉铭中的"金道锡行"及相关问题》，《中国考古学论丛》。

③　后德俊《楚国科学技术史稿》，页 53。

④　徐中舒说。

牦牛、氂牛。吐蕃先世于此建六牦牛部，以之为名，丽水即牦牛河。吐蕃历史文书《赞普世系表》记聂墀赞普自称天神降临鹘砻地方，作为吐蕃大牦牛部之主宰。

大量产金地区，尚有吐蕃附近之女国。《大唐西域记》卷四："苏伐剌拏瞿呾罗国，唐言金氏，出上黄金，故以为名。"（《释迦方志》文同）梵文名 Suvarna-gotra，前一字即黄金，下一字为氏族。康藏为产金重镇，法国布尔劳瓦著《西藏的金矿》一文引《拉达克史》说冶金术萌芽于吐蕃王朝第九代布岱贡樑赞普（Spu-de-gung-rgyal）的时代，炼金术始于是时。又称吐蕃黄金即印度大战书的蚂蚁金（Paippilikor），图齐记载王陵墓八座，其中有 Hole 国王馈送之金人金马，乌仗国送的金铠甲，西藏及女国以黄金闻名于世[1]。今观三星堆遗址出土金器，蜀王国擅冶金术，远在其前历千载，不得让藏人之专美矣。

南越文王墓中金器如金花泡饰 32 枚，由金绿与小金珠焊接而成，此种微型焊合细工，在两河流域乌尔第一王朝（前 4000 年）已出现而流行于埃及克里特、波斯。南越王墓之银蒜瓣纹及细金花泡饰，分明来自西亚之工艺品[2]。三星堆的金杖、金虎是否当地所制，有无渗入外来技巧，尚有待于吾人之深入研索。

长 142 厘米之金杖为三星堆最值得研究之物。一般说此金杖为王权之象征。西亚 Sargon 时代在 Kharsabad 宫殿的壁画上其王 Sargon 即手持杖[3]，此为公元前 2000 年之事。埃及王则一手持钩杖，一手执鞭，此二者据说是保护神 Anzti 常用之物。mace 一词出自古法文，显贵者所执表示权威之杖。Rames II（前 1300）登极。吾华古代王者则秉钺以示威权，与此不同。

先秦产金，目前所知者，甘肃玉门齐家晚期火烧沟遗址出土金鼻饮金耳环等[4]，商代有河北藁城（金箔）、北京刘家河墓（金臂钏）、耳环、笄、山西石楼兰家沟（金耳环）、又永和下辛角村（金耳环，以上二者皆属光社文化），河南安阳侯家庄（黄金残片）。各处皆属零件，不关重要。《山海经》记出产黄金之山或水共 29 处，未及旄牛区之重要。包山楚简自 103 号至 119 号皆记黄金若干益之数，用以籴种。最多为 115 简记"彩金一百

---

① 耿升译西藏论文，《译文》第 4 辑。
② 《南越王墓发掘报告》，页 347。
③ *Sumer*，页 8、33。
④ 1976 年《文物考古工作三十年》。

益二益四十两"。彩金指砂金，以别于版金。《管子·轻重甲》记："楚有汝、汉之黄金。"1965 年湘乡楚墓出 3 块小金片，重 1.08 克。

产金之旄牛区遂有藏族山南雅砻河的泽当、穷结一带。以若水为中心，今西昌之雅砻江流域其地东岸犹有地名曰"金矿"。殷之舌方应释为邛，由三星堆出土之金杖证知，殷时蜀国已擅用冶金之术，雅砻江为若水即昌意降居之地，在殷时必以产金著闻，殷人远征邛方，且涉若水，邛人后亦归顺，殷之势力及于蜀境，西旄牛金产，可能自昔即为争夺之对象，武丁伐邛之举，谅与此有关。由是言之，"金生丽水"殷人必早有此种智识。

《隋书·西域传·女国传》记"其国出蜀马，恒将盐向天竺兴贩"。证明蜀与女国互有贸易。《太平寰宇记》引《华阳国志》云："涪县有孱山孱水，其源有金银矿，民得采之。"《汉志》广汉有孱亭。又云："旄牛县旄地也，在邛崃山表，邛人自蜀入，度此山其险难。"《清一统志》："旄牛故城在今雅州清溪县，周初有孪人从武王伐纣，后为羌地，汉初置县于此。"殷时蜀人必入旄牛采金无疑。

常璩《南中志》："博南县西山高三十里，越王得南沧水，有金沙，以火融之为黄金。"《后汉书·哀牢传》注引作"金沙洗取，融为金"。《续汉志》："博南界出金。"按阑仓水在《水经注》属若水之系统。

华夏自来未闻有 mace 的礼制。《周礼·伊耆氏》："共（供）王之齿杖。"汉代年七十受王杖，见《论衡·谢短篇》，杖上有鸠鸟为饰，谓之鸠杖。武威出土有"王杖十简"。说者谓鸠为不噎之鸟，老人不噎。凡此皆与三星堆之权杖无关，故三星堆金杖，为蛮夷之制，其来历尚待研究。

至于金杖上鱼带矢的图案，以前误以为树叶，经陈德安仔细观察实为矢形，余谓此当是古代矢鱼之礼。周原凤雏出土卜甲（H. 11：85）上契有：

七六六七一八。曰：其矢□鱼

张政烺引《左传》隐公十五年"公矢鱼于棠"一事加以解释，是也。

《南史》载南齐萧鉴曾发蚕丛氏之墓，其遗物有开明时的金蚕。以金蚕为葬，他书所记如陆翙《邺中记》："永嘉末盗发齐桓公墓，得金蚕数十箱。"

蜀郡蚕陵县，《成都记》云："蚕陵即古蚕丛氏之国。"《清一统志》："蚕陵废县在今松荫潘厅蚕陵山三营北蚕崖关，今成都府灌县西北。"

　　西亚与埃及冶金术发达甚早。《埃及史》上记其国中"黄金如尘"，Mitani 屡屡提出黄金的要求①。公元前 1500 年 Rames Ⅱ 的黄金制成工艺品，灿烂夺目，久已脍炙人口。三星堆出土最高铜人 1.8 米，重 9.8 百斤，是商司母戊大鼎之后最大的铜器。国际上古代铜像的只有埃及 Pepi 王一世（约前 2300 年），铜像高约 1.75 米可相媲美。Pepi 手执权杖，其他罕可比伦。《汉书·地理志》：左冯翊云阳县有休屠金人祠及径路神祠。孟康注："故休屠王有祭天金人像。""径路"即"轻吕"，乃外来语，人所共悉，休屠金人但知其坐高三尺而已。

　　西南地区出土古物，以带柄镜及蚀花料珠为外来之物，证明与西亚各地久有接触，略记如下。

　　带柄镜②，出带柄铜镜之地方：

　　①云南德钦县永芝、宁蒗县大兴岭墓地，短柄，长仅 2.5 厘米。

　　②西藏拉萨曲贡，203 号墓出铁柄铜镜。

　　③四川巴塘、雅江石板墓，四川荣经县"铜牌饰"实即带柄镜，与岷江上游同一文化系统。

　　蚀花料珠，出土地点有：

　　①云南江川李家山 24 号墓、石寨山 13 号墓皆见之。

　　②西藏高原③之"gzi"，treei 记藏人谓料珠来自伊朗④，非本地所制。

　　③雅鲁藏布江下游隆子县及林芝地区石棺葬亦出黑色条纹花料珠。

　　④四川冬笋坝 49 号墓出蚀花料珠。

　　⑤重庆马鞍山西汉墓亦出琉璃珠。

　　埃及与华似久有交往。近年新知，维也纳大学科学家研究埃及公元前十世纪的木乃伊上面之丝织物，据谓来自中国⑤。又陕西泾阳县戈国墓与铜器同出有纸草⑥。如是，三星堆冶金技术，有无与外来有点关系，仍有待于深入研究。

---

　　①　见 Breasted《埃及史》，页 334。

　　②　《考古》1975 年第 4 期，Pl.10；又《考古》1983 年第 5 期 Pl.4。参看张增祺文。

　　③　西藏拉萨曲贡村石板墓发掘简报（1990 年 9 月）。

　　④　霍巍《西藏考古新收获与远古川藏间的联系》。

　　⑤　《纽约时报》1993 年 3 月科学版。又李华《埃及发现公元前十世纪中国丝绸》，《丝绸之路》1994 年第 1 期。

　　⑥　详见泾阳高家堡戈国墓地发掘简报。

《太清金液神丹经》（卷下）与南海地理

一、天一阁钞本《太清金液神丹经》

香港大学冯平山图书馆藏有明皮纸蓝丝栏钞《道藏》零本《太清金液神丹经》三卷，合《太清修丹秘诀》，共二册。天一阁旧钞，原为嘉业堂刘氏所藏，现归港大。是册《天一阁书目》子部著录。卷上首行题"兴一"，即记《道藏》号数。查正统《道藏》现列"洞神部众术类"第五八二册（民国十三年八月涵芬楼印本），持与天一阁钞本校勘，钞本多有误字及误次。[①] 其文字微异者，如"叶波"钞作"菜波"，"幽简"钞作"幽蕳"，"或枝"钞作"或支"，余无甚差错。

二、《太清金液神丹经》之作者及时代

白云霁《道藏目录详注》云：

> 《上（太）清金液神丹经》，上卷言《金液神丹经》，文书上古书，义不可解，阴君作汉字显出之，合有五百四字，言神丹。中卷长生阴真人撰炼丹各法。下卷抱朴子述四海之内，八荒之外，殊方异域，考记异同，详而辨之。

此书卷上题"正一天师张道陵序"，卷中题"长生阴真人撰"。考张

---

① 天一阁钞本与正统《道藏》本之异文，列举如下：

因旅南行（钞作"难行"）。大奈（大"秦"之误，二本皆同）。诸导仙服、有所导引（钞两"导"字皆误为"遵"）。尚罔（钞误作"冈"）。薰陆（钞误作"董"）。

君房《云笈七签》卷六十五为《金丹诀》，内载"《太清金液神丹经》（并序）"，附"作六一泥法"、"合丹法"、"祭受法"，即《道藏》本此经卷上，惟不题"张道陵序"；又下为"太清金液神丹阴君歌"，至"诸有道者，可揽以进志也"止，不题阴长生撰，即此经卷中之上半。《道藏》本卷中于"以进志也"下接有"弟子葛洪曰：晋太兴元年岁在戊寅十月六日，前南海太守鲍靓向洪曰"云云一段，又记"鲍氏乃表元帝陈国祚始终之要，厌禳预防之势"，盖出伪托葛洪者所补记。①似张君房所见之《太清金液神丹经》与正统《道藏》本不同，否则自"弟子葛洪曰"以下，乃经君房所删削者也。《崇文总目》道书类有《金液神丹经》三卷，《通志·艺文略》诸子类道家有《金液神丹经》三卷，《宋史·艺文志》神仙类亦有《太清金液神丹经》三卷，书名卷数则与正统《道藏》本相符。《道藏》本此经卷下题"抱朴子序述"，其文云：

> 葛洪曰：洪曾见人撰南方之异同，记外域之奇生，虽粗该近实，而所履盖浅，甚不足甄四遐之妖逸，铭殊方于内目哉。洪既因而敷之。……
>
> 又邹阳书曰：今之九州，非天下之州，所谓九之一耳，四极之中，复有其八。世之学者，盖以为虚。余少欲学道，志游遐外，昔以少暇，因旅南行，初谓观交岭而已，有缘之便，遂到扶南。扶南者，方千余里，众以亿计……考其国俗，乃云自天竺、月支以来，名邦大国若扶南者十有几焉。且自大柰（秦）、拂林地各方三万里，其间细国往往而处者，不可称数也……至于邹子所云，陋而非实。但余所闻，自彼诸国，已什九州，其余所传闻而未详者，岂可复量。浩汗荡漫，孰识其极，乃限其数云有八哉。……

所言邹阳书当是邹衍，钞本及《道藏》本皆误。此可谓葛洪之"大'大九州'说"。彼认"古圣人以中国神州配八卦，上当辰极，下正地心，故九州在此，其余虽广，非此列云"，解释古代以天下为九州八柱之由，而对

---

① 《抱朴子》卷四《金丹》篇云："汉末新野阴君（长生）合此太清丹得仙，著诗及《丹经赞》并序。"卷三《对俗》篇："昔安期先生……阴长生皆服金液半剂者也。"此《神丹经》卷中托言阴长生撰者，当与此说有关。阴长生及鲍靓事，可参大渊忍尔著《鲍靓传考》，《东方学》第十八辑。

邹子之九大州说仍觉其隘。此缘自汉至吴，海外交通日盛，眼界大开，"世界观"自宜修正，固非前此可比拟也。其言"见人撰南方之异同"者，盖汉议郎杨孚著《异物志》，其后吴中郎康泰、宣化从事朱应出使扶南归国，康著《吴时外国传》，称《扶南土俗传》，朱应著《扶南异物志》，而万震亦撰《南州异物志》①，当为《神丹经》作者所寓目并取材者（详见下文）。是经屡见葛洪自述之语，如云"今撰生丹之国，纪识外邦，并申愚心，附于金液之后；常藏宝秘，则洪辞永全"云云。又如"人视我如狂，洪眄彼如虫"，于大秦国云"洪谓惟当躬行仁义"，罽宾国苜蓿山下"洪按此山必是长生之丘皁也"皆是。

关于葛洪《丹经》之来源，见于《抱朴子·金丹》篇云：

> 余考览养性之书，鸠集久视之方，曾所披涉篇卷以千计矣，莫不以还丹金液为大要焉……余从祖仙公（葛玄）又从元放（左慈）受之，凡受《太清丹经》三卷，及《九鼎丹经》一卷，《金液丹经》一卷，余师郑君则余从祖仙公子弟子也。……②

是葛玄所传《丹经》原分为《太清》及《金液》两种，今《道藏》本之《太清金液神丹经》合而为一。《太清丹经》一类见于著录者，《隋书·经籍志》子部医方类仅有《太清神丹中经》一卷，陶弘景《真诰》卷五引有《金液神丹太极隐芝》，又卷十二云"乞丹砂合九华丹是太清中经中经法"，似即指《隋志》著录之书。甄鸾《笑道论》引《道书》有《神仙金液经》，未知视此如何。后人踵事增华，造述日繁，亦有取《抱朴子》割裂演衍为书者，《御览》六六九道部十一引《西极明科》云"《上清金液丹经九鼎神圆太一九转大丹》等凡一百四十卷"。《道藏》第五九三册（斯字下）《抱朴子神仙金汋经》卷中卷下，即《抱朴子内篇》卷四《金丹》篇全文，又第五九八册（松字上）题葛稚川撰《金木万灵论》亦即《金丹》篇前段，同册《大丹问答》记晋道士郑思远授入室弟子葛洪事，凡此皆其著例。

---

① 参看侯康《补三国艺文志》、姚振宗《三国艺文志》。又沈莹、薛珝（薛琮子）并有《异物志》之作，皆吴人也。小川博有《南州异物志辑本稿》，《安田学园研究纪要》第二、三号。

② 大渊忍尔所作《葛洪传考》（冈山大学《法文学部学术纪要》第一〇号），未引证此《神丹经》材料，于此问题未曾论及。

　　陈国符《中国外丹黄白术考论略稿》云:"葛洪《神仙传》亦未述此经。《太微灵书紫文琅玕华丹神真上经》曰:'此(神)泥法既省约于金液九转之(土)釜。'按《抱朴子·金丹》篇据《金液经》述金液作法,但不用土釜。故此《金液》为《太清金液神丹经》之金液。又东晋华侨撰《紫阳真人周君内传》曰:紫阳真人周义山'乃登鹤鸣山……受《金液丹经》……'。按诸真传记载多系伪造,不必实有其事。但至迟东晋时,此经业已出世……又唐贾嵩《华阳陶隐居内传》卷中引梁陶弘景纂《登真隐诀》云有'《泰清金液》,此乃安期所传'。据此,是经至迟已于梁代出世。至葛洪在世时已有此书否,疑不能决。"[1]然又云:"葛洪,光熙元年(二十四岁),往广州,遂停南土,尝由日南往扶南。(其后因所闻见,记晋代南洋产砂之国,附于《太清通液神丹经》之后。)后返里。"今按此三卷本之《神丹经》,始见于《崇文总目》,张君房所见则无卷下全文,《政和证类本草》所出经史方书,亦未征引此经。遍考葛洪自序及隋、唐志洪之著作,亦无此书,是其出现甚晚。此经言葛洪曾到扶南,然《抱朴子·金丹》篇自道其足迹所至,有云"往者上国丧乱,莫不奔播四出,余周旋徐、豫、荆、襄、江、广数州之间",仅言中国本土而已,是不能使人无疑。考《晋书》(列传四十二)《葛洪传》云:

　　　　从祖玄,吴时学道得仙,号曰葛仙公,以其铸丹秘术授弟子郑隐。洪就隐学,悉得其法焉。后以师事南海太守上党鲍玄,玄亦内学逆占将来,见洪深重之,以女妻洪。洪传玄业,兼综医术。……至洛阳欲搜求异书以广其学。洪见天下已乱,欲避地南土,乃参广州刺史嵇含军事。及含遇害,遂停南土多年,征镇檄命一无所就,后还乡里。……元帝为丞相辟为掾……咸和初……(干宝)荐洪才堪国史,选为散骑常侍领大著作。洪固辞不就,以年老欲炼丹以祈遐寿,闻交阯出丹,求为勾漏令。帝以洪资高,不许。洪曰:"非欲为荣,以有丹耳。"帝从之。洪遂将子侄俱行。至广州,刺史邓岳留不听去,洪乃止罗浮炼丹。岳表补东官太守,又辞不就。……

洪南来广州,前后共两次。初次为参嵇含幕,次则欲为勾漏令,然洪实

---

　　① 　关于《金液丹经》,可参吉冈义丰氏《道藏编纂史》,73 页。

未赴勾漏任。①《晋书》本传多取材于《抱朴子外篇·自叙》（卷五十），《叙》云：

> 正遇上国大乱，北道不通，而陈敏又反于江东，归途隔塞。会有故人谯国嵇居道，见用为广州刺史，乃表请洪为参军，虽非所乐，然利可避地于南，故黾勉就焉。见遣先行催兵，而居道于后遇害，遂停广州……

本传《自叙》俱不载洪曾至扶南。嵇含继王毅为广州刺史，未至广而遇害②，事在晋惠帝光熙元年（公元306年），洪来广州亦在是年，时约二十四岁。③《神丹经》谓"少欲学道，志游遐外"，"因旅南行，初谓观交岭而已，有缘之便，遂到扶南"，使此书可信，则洪之游扶南乃值光熙间南来就广州参军任之后，本传所谓"停南土多年"时也。

《抱朴子》一书，据其自叙云"至建武中，乃定凡著内篇二十卷，外篇五十卷"。盖当晋元帝之世。然《神丹经》中卷论及太兴元年鲍靓之预言，又记太宁二年甲申有王敦之变，三年乙酉二月元帝崩，四年丙戌明帝崩，及（成帝）咸和三年苏峻之乱。考邓岳于咸和五年（公元330年）始领广州刺史，至康帝建元二年岳卒，其弟逸代之。④葛洪再至广州，为邓岳所留，旋忽卒，邓岳驰至已不及见。⑤是洪至迟当卒于建元以前。《神丹经》中言及咸和间苏峻事，似当作于晚岁，其记产丹诸国地理可能作于再度南来之时，则在《抱朴子》成书之后矣。证以《神丹经》下云："昔经眼校，实已分明也。余今年已及西，虽复咀嚼草木，要须丹液之功，而荏苒止足，显死将切近，小县之爵，岂贪荣耶？洪所以不辞者，欲结以民力，求其通路耳。将欲盘桓于丹砂之郊，而修于潜藏之事，此之宿情，禄愿俱集，永

---

① 明湛若水于正德七年二月奉命往封安南王，作《交南赋》（文见《广东文征》卷七十四），有句云："仍葛洪之丹砂兮，将博访乎勾漏，逢鲍靓于南海兮，余亦与之幽遘。"然洪实未赴任；详邝露《赤雅》卷三"葛洪未至勾漏"条。
② 参余嘉锡《四库提要辨证》"南方草木状"条。
③ 参陈国符《道藏源流考》（增订版），96页。
④ 吴廷燮《东晋方镇年表》。
⑤ 《太平御览》卷六六四道部六引《晋中兴书》记洪卒前与邓岳书事。

辞坟柏，吾其去矣。"如系洪手笔，当作于咸和六年求为勾漏令之后。[①]

　　葛洪著作不知名者，如《自叙》记其抄五经七史百家之言，兵事方伎短杂奇要三百一十卷；《黄白》篇记其外篇及杂文二百余处。[②]此经下卷关于外国丹砂药物，系自他书钞撮者，安知不在其列，惟极难确定。此经中记大秦一章言"昔老君以周衰，将入化大秦，故号扶南使者为周人矣"。又云"今四夷皆呼中国作汉人，呼作晋人者"，似出晋人撮录而托名于抱朴子，且必在王浮撰《老子化胡经》之后。

　　按用韵可以推定写作时代。《神丹经》卷下文字间有用韵处，兹录二段如次：

　　　　行迈靡靡，泛舟洪川。发自象林，迎箕背辰。乘风因流，电迈星奔，宵明莫停。积日倍旬，乃及扶南，有王有君。厥国悠悠，万里为垠。北款林邑，南函典逊。左牵杜薄，右接无伦。民物无数，其会如云。忽尔尚罔，界此无前。谓已天际，丹穴之间。逮于仲夏，月纪之宾。凯风北迈，南旅来臻，怪问无由，各有乡邻。我谓南极，攸号朔边。乃说邦国，厥数无原：句稚、歌营，林扬、加陈，师汉、扈犁，斯调、大秦，古奴、察牢，弁（叶）波、罽宾，天竺、月支，安息、优钱。大方累万，小规数千。过此以往，莫识其根。

另末段云：

　　　　众香杂类，各自有原。木之沉浮，出于日南。都梁青灵，出于典逊。鸡舌芬萝，出于杜薄；幽兰茹来，出于无伦。青木天竺，郁金罽宾，苏合安息，薰陆大秦。咸自草木，各有所珍。或华或胶，或心或枝。唯夫甲香、螺蚌之伦，生于歌营、句稚之渊。蒌蕤月支，硫黄都昆，白附师汉，光鼻加陈，兰艾斯调，幽穆优钱。余各妙气，无及震檀也。

---

　　① 大渊忍尔《葛洪传考》附《葛洪年谱》："成帝咸和六年（公元331）：年四十九，求为勾漏令炼丹，南来为广州刺史邓岳所留。康帝建元元年（公元343）：六十一岁，殁于罗浮，尸解。"是洪第二度南来栖迟粤地有十年之久。余嘉锡《疑年录稽疑》反对钱大昕说，以葛洪卒于咸和时，谓"洪求为勾漏令，本传不著年月，安知不在咸康以后"。

　　② 参《晋书斠注》卷七十二《葛洪传》"自号抱朴子，因以名书"下注。

　　观上文四字韵语，与万震《南州异物志赞》文体略同（《异物志赞》严氏《全三国文》七十四辑存贝、犀、象三篇）[①]，而用韵颇近"元、魂、痕、先、仙、删、寒、桓同用"之例，若何承天《上白鸠颂》、谢灵运《山居赋》、张融《海赋》、陶弘景《水仙赋》，大体即如此。[②]"众香杂类"句以下协韵有"南"、"枝"，"南"覃部字，是除阳声 –ng、–n、–m 通协外，又协阴声支部字[③]；疑有方音字存于其间，惟从用韵观察，此书决不晚至宋、梁以后，可以断言。

三、《太清金液神丹经》所记外国地理

象林　西图国

《太清金液神丹经》（下简称《神丹经》）云："象林，今日南县也。昔马援为汉开南境，立象林县，过日南四五百里，立两铜柱，为汉南界。后汉衰微，外夷内侵，没取象林国。铜柱所在海边，在林邑南可三里，今则别为西图国。国至多丹砂如土。"

　　按：《后汉书》卷一一六记"日南象林蛮夷二千余人，寇掠百姓。因置象林长史，以防其患"。《晋书·地理志》，日南郡统县五，首为象林。是所云"今日南县"者，"今"即晋时，象林为属于日南郡之一县也。象林今难确指为何地，大致属承天府日南界隘云山［《皇越地舆志》卷一。据马伯乐（Georges Maspero）《占婆史》，冯承钧译本，21 页］。

　　日南，汉武帝置郡。《晋书》六十七《四夷》："林邑国本汉时象林县，则马援铸柱之处也，去南海三千里。其俗皆开北户以向日。"又卷十五《地理志》："日南郡，秦置象郡，汉武帝改名焉。统县五：象林、卢容、朱吾、西卷、比景。"象林（县）下注云："自此南有四国，其人皆云汉人子孙，今有铜柱，亦是汉置此为界。贡金供税也。"《梁书》

---

　　① 万震《南州异物志赞》一类韵语，侯康辑录，尚有"合浦之人，习水善游"（《御览》卷三九五），"扶南海隅，有人如兽"（《御览》卷七九〇），可补严辑之缺。

　　② 参王力《汉语史论文集》，《南北朝诗人用韵考》，36 页。

　　③ 东汉《薛君碑》以南与尘、叹、君、营等叶，详《汉魏晋南北朝韵部演变研究》第一分册，62 页。

卷五十四:"林邑国者,本汉日南郡象林县,古越裳之界也。伏波将军马援开汉南境,置此县。其地纵广可六百里,城去海百二十里,去日南界四百余里,其南界,水步道二百余里,有西国(按国字应作图。说见下)夷亦称王。"此数条记象林事比《神丹经》为详,故录之以供参证。经云:"后汉衰微,外夷内侵,没取象林国",是时象林县已部分成为林邑,晋成帝咸康三年林邑国统治者范逸死,其奴范文篡位,葛洪之时林邑范文应尚未控制其地。

日南一名之取义,有须说明者。《水经·温水注》云:"林邑兵器战具,悉在区粟,多城垒,自林邑王范胡达始。……区粟建八尺表,日影度南八寸,自此影以南,在日之南,故以名郡。望北辰星,落在天际,日在北,故开北户以向日,此其大较也。"范泰(晔父)《古今善言》曰:"日南张重举计入洛,正旦大会,明帝问:'日南郡北向视日邪?'金郡有云:'中金城者,不必皆有其实,日亦俱出于东耳。'"此条叙日南命名之由甚悉。林邑于区粟地方建表测日影,如郦注说,似始于范胡达(公元380—413),李约瑟《科技史》第四卷据《文献通考》三三一以为更早之观测为九真太守灌邃攻范文时,事在349年。(该书275页,按灌邃名见《南史·林邑国传》不载此事。)然据《隋书·天文志上》:"案宋元嘉十九年壬午(公元442)使使往交州测影,夏至之日,影出表南三寸二分。何承天遥取阳城,云夏至一尺五寸。计阳城去交州,路当万里,而影实差一尺八寸二分。是六百里而差一寸也。"《隋书》之言如此。(李约瑟谓445年,何承天在交州与林邑进行实测,年次不符,承天以元嘉二十四年(公元447)免官,卒年七十八,445年承天已七十五岁,决无至日南之理。)可知日南一地,向来以之作为测晷影之实验地方。(观婆罗洲土人至今尚有树表竿测日影之俗,见李约瑟同书附图111。)

西图,他书作西屠。《水经注》三十六《温水注》引《林邑记》:"建武十九年(公元43)马援树两铜柱于象林,南界与西屠国分汉之南疆也。"[1]《初学记》六引张勃《吴录》:"象林海中有小洲,自北南行

---

[1] 樊绰《蛮书》:"安宁城,后汉元鼎二年,伏波将军马援立铜柱定疆界之所,去交阯城池四十八日程,汉时城壁尚存,碑铭并在。"此应建武十九年事,樊氏误记,唐马总又建两铜柱,见《岭外代答》卷十"铜柱"条。

三十里, 有西屠国人, 自称汉子孙, 有铜柱云汉之疆埸之表。"① 左思《吴都赋》:"乌浒、浪甋、夫(扶)南、西屠、儋耳、黑齿之酋, 金邻、象郡之渠。"刘渊林(逵)注引《异物志》云:"西屠以草染齿, 染白作黑。"《太平御览》卷七九〇引《异物志》文略同:"西屠国在海水, 以草漆齿, 用白作黑, 一染则历年不复变, 一号黑齿。"② 同上引《交州以南外国传》:"有铜柱表为汉之南极界, 左右十余国, 悉属西屠, 有夷民所在二千余家。"又引《外国传》:"从西图南去百余里, 到波辽十余国, 皆在海边。"《梁书·林邑传》:"其南界水步道二百余里, 有西国夷, 马援植两铜柱表汉界处也。"则作"西国", 藤田丰八据《御览》所引《南史》, 改正作"西图", 是也。《通典》卷一八八林邑国文略同。而作"有西屠夷亦称王焉, 马援所植两铜柱表汉界柱处"。又注引《林邑国记》:"马援树两铜柱于象林南界与西屠国分汉之南境。"合以上各条观之, 西屠在晋时日南郡象林县南境。汉之南极界有十余国, 悉属西屠, 则西屠亦非蕞尔之国。其俗为黑齿, 至产丹砂, 则《神丹经》所独载, 他书未言及。

　　丁谦《梁书地理志考注》:"西屠北距林邑二百余里, 在今中圻平定(Binh dinh)。西屠、西图, 同音异字。或云今 Chaudoe(朱笃)。"陈荆和云:"朱笃今南圻地, 位置近越棉边境, 坐落后江江口 180 公里之上游。"西屠所在, 以此说较合理。

寿灵浦

《神丹经》云:"出日南寿灵浦, 由海正南行, 故背辰星而向箕星也。昼夜不住, 十余日乃到扶南。"又云:"舶船发寿灵浦口, 调风昼夜不解帆, 十五日乃到典逊, 一日一夕, 帆行二千里。"

　　　按:寿灵浦, 他书作寿泠浦。《水经·温水注》:"究水北流, 左会卢容、寿泠二水。……又东, 右与寿泠二水合。水出寿泠县界。魏

----

① 《七修类稿》卷二三"辨证类",《天下郡国利病书》第二八册, 并有《铜林考》。《玄览堂丛书》本《海国广记》"安南古迹"项,《安南志原》"铜柱"条(1931年河内远东学院印本)记铜柱事, 可参看。

② 《山海经·海外东经》有黑齿国。《淮南子·地形训》有黑齿民。此处《御览》, 概据中华书局影本宋本(第四册), 下同。

正始九年，林邑进侵，至寿泠县，以为疆界，即此县也。"①又云："（永和）七年，（滕）畯与交州刺史杨平复进军寿泠浦，入顿郎湖，讨（范）佛于日南故治。"并引康泰《扶南记》："从林邑至日南卢容浦口，可二百余里。从日南发扶南诸国，常从此口出也。""灵"、"泠"同音。其地在今沱灢河地区。陈荆和云："寿灵即寿泠。越读前者为Tho-linh，后者为Tho-lanh，两者与沱灢（Da-nang = 大南）之欧名Tourane 甚近。"②

典逊

《神丹经》云："典逊在扶南南去五千里，本别为国。扶南先王范蔓有勇略，讨服之。今属扶南。其地土出铁。其南又有都昆、比嵩、句稚诸国。范蔓时皆跨讨服，故曰名函典逊。典逊去日南二万里。……舶船发寿灵浦口……十五日乃到典逊。"

　　按《御览》卷七八八引《南州异物志》："典逊在扶南三千余里，本为别国，扶南先王范蔓有勇略，讨服之，今属扶南。"当为《神丹经》所本。而《神丹经》作南去五千。疑"五"字为"三"之讹，《香要抄本》霍香条，及《香药抄》"里书"并引《南州异物志》："霍香出典逊，海边国也。属扶南。香形如都梁，可以着衣服中。"③

《洛阳伽蓝记》卷四："菩（原误'善'）提拔陀自云，北行一月日至句稚国，北行十一日至孙典国。从孙典国北行，三十日至扶南国。"

---

① 朱谋㙔《水经注笺》谓寿泠即《汉书·地理志》交阯郡之麊泠县。《晋书斠注》同，实误，辨详杨守敬《水经注疏》卷三十六，46 页。

② 周钰森《郑和航路考》谓："寿泠浦在今沱灢河及河口地区，《武备志》所附《外国诸藩国》交阯界之大灵胡山，《海国广记》作大琅瑚山，俱为'沱灢'之对音，而寿泠则其原音云。"按《水经注》之"顿郎湖"与大琅瑚应同为一名。

③ 《香要抄本》及《香药抄·里书》见日本《续群书类从》第三十一辑。《南州异物志》此条，宋本《御览》九八二引作"霍香生曲逊国，属扶风"，有误字。宋本《类聚》卷八一引作"霍香出海边国也"。通行本"海边国"作"海辽国"。各书互勘，知《御览》夺"海边"二字，《类聚》夺"典逊"二字及"属扶南"一句。"海辽"则明为"海边"之讹。《法苑珠林》卷四十九《华香》篇第三十三引《南州异物志》"霍香出典逊，海边国也。属扶满"，不误作曲逊与海辽，可据校正。参小川博《南州异物志辑本稿》（七）顿逊国条。《神丹经》于典逊之前，有记"扶南在林邑西南三千余里"一段。扶南事迹，伯希和有《扶南考》，陈序经有《扶南史初探》专著，考证已详，故今从略。

按"孙典"当为"典孙"之倒。典孙即典逊也。

典逊他书多作"顿逊",兹辑录如次:

《梁书》卷五四《扶南传》:"其南界三千余里有顿逊国,在海崎上,地方千里,城去海十里。有五工,并羁扶南。顿逊之东界通交州,其西界接天竺、安息徼外诸国,往还交市。所以然者,顿逊回入海中千余里,涨海无崖岸,船舶未曾得经过也。其市东西交会,日有万余人,珍物宝货,无所不有。又有酒树,似安石榴,采其花汁,停瓮中数日成酒。……(范蔓)自号扶南大王,乃治作大船穷涨海,攻屈都昆、九稚、典孙等十余国,开地五六千里。"[①]

《御览》卷五五六引《扶南传》:"顿逊国人或鸟葬或火葬。鸟葬者,病困便歌舞送郊外,有鸟如鹅,绿色,飞来万计,琢食都尽,敛骨焚之,沉之于海,此上行,必升天。鸟若不食,自悲伤,乃就火葬,取骨埋之,是次行也。"(卷三七五引同)

又卷七一九引同上云:"顿逊国有磨夷花,末之为粉,大香。"卷九八一引同上书:"顿逊人恒以香花事天神。香有多种:区拨、叶逆花、途致、各遂花、摩夷花。冬夏不衰,日载数十车于市卖之。燥乃益香,亦可为粉,以傅身体。"(《北户录》卷三引《扶南传》:"顿逊有区拨花、叶逆花、致祭花、名遂花、摩夷花,燥而合香末以为粉。"可以参校。)《御览》卷七八八引宋竺芝《扶南记》:"顿逊国属扶南,国主名昆仑。国有天竺胡五百家,两佛图、天竺婆罗门千余人。顿逊敬奉其道,嫁女与之,故多不去,唯读天神经。以香花自洗,精进不舍昼夜,疾困便发愿鸟葬,歌舞送之邑外,有鸟啄食,余骨作灰,罂盛沉海。鸟若不食,乃蓝盛火葬者投火,余灰函盛埋之,祭祠无年限。又酒树,有似安石榴,取花与汁停瓮中,数日乃成酒,美而醉人。"《艺文类聚》卷七十六所引略同,惟不及鸟葬并酿酒事。而云"香有区拨摩(夷)花,冬夏不衰,日载数千车货之,糁更香好"。与《御览》略同。

《通典》卷一八八与上引各书相同,次于扶南之下。惟述鸟葬较详云:"顿逊国,梁时闻焉。(原注:一曰典逊)在海崎山上。……其俗

① 此段文字,西方学者迻译及研究者颇多,有 Groeneveldt, W. P. (1879);Schlegel, G. (1889);Pelliot, P. (1903);Laufer, B. (1918);Luce, G. H. (1925);Braddell, Dato Sir Roland (1939)等,而以 Paul Wheatley 之 "Tun-Sun"(*Jras*, 1956)后出最精。

又多鸟葬。"文同《梁书》，惟谓"若不能生入火，又不被鸟食，以为
下行也"。《太平广记》卷四八二引《穷神秘苑》："顿逊国，梁武朝时
贡方国，其国在海岛上，地方千里，属扶南北三千里，其俗人死后鸟
葬。"又《御览》卷七八八引《唐书》："顿逊国出霍香，插枝便生，叶
如都梁，以裛衣。国有区拨等花十余种。"[1]典逊地望，向多异说。[2]惟
谓于今日马来半岛，学者无异词。Schlegel 考定为下缅甸南端之答那思
里（Tenasserim），费瑯说亦相同，颇为一般学者所接受。[3]P. Wheatley
谓顿逊为猛族（Mons）之国，建都于 Phong Tüh 与 Phra Pathom 之间。[4]
《梁书》称顿逊有五王。近年 H. L. Shorto 新说，谓 Mon 语，ɖuŋ =
Capital，汉名或表示 Proto-mon "ɖuŋ Sun" -Sun ɖuŋ= five cities（五城）。[5]
其说是。典逊，《武备志·郑和航海图》作"典那沙冷"[6]。《诸蕃志》：
"注辇国，北至顿田三千里。"冯承钧疑"顿田"为顿逊之讹。

都昆　比嵩

《神丹经》云："（典逊）其南又有都昆、比嵩、句稚诸国，范蔓时皆跨
讨服，故曰名函典逊。"又云："硫黄都昆。"

　　　　按：《梁书》卷五四《扶南传》："（蔓）自号扶南大王，乃治作大

---

　　① B.Laufer（*Ja* xii, 1918）谓此节出自宋孙甫之《唐史论断》，Wheatley 亦从其说（*Golden
Khersonese*，18 页，注三）。按《唐史论断》凡三卷，有《粤雅堂丛书》、《艺海珠尘》、《学津
讨原》、《学海类编》各本，实无此条，及《御览》所引《唐书》诸条。

　　② 顿逊所在，有若干异说：

　　（1）马六甲说——《明史》三二五《满剌加传》："或云即古顿逊，唐哥罗富沙。"黄佐嘉
靖《广东通志》卷六〇外志三夷情上"番夷"蒲剌加国条："顿逊在海崎山上……东界通交州，
即古哥罗富沙也。"哥罗即泰南之 Kra，此说实误。

　　（2）暹罗说——黄省曾《西洋朝贡录》暹罗条及魏源《海国图志》均主之。

　　（3）旧柔佛说——今人韩槐准《旧柔佛之研究》（《南洋学报》五卷二辑）。

　　（4）淡马锡说——方豪《中国交通史》第一册（210 页）。

　　③ 岑仲勉《中外史地考证》谓"里诸今地，假定由 Pakchan 河口北至 Tenasserim 行十二日
则由 Tenasserim 东北行至大湖附近应约三十日，与《（洛阳）伽蓝记》文恰符，此亦 Schlegel
说之有力佐证"（127 页）。

　　④ 见 *The Golden Khersonese*, pp. 17–30, 286, 292。

　　⑤ 见 H. L. Shorto: "The 32 Myos in the Nedieval Mon Kingdom"（*Bsoas*, vol. XXVI, p. 583.
London）。此条承陈荆和先生指出，谨谢。

　　⑥ 见向达校《郑和航海图》（中华本）1961，53、54 页。

船，穷涨海，攻屈都昆、九稚、典孙等十余国，开地五六千里。次当伐金邻国。"（《南史》卷七八文略同）屈都昆乃暹罗湾四国之一。《神丹经》引范蔓事略同此。范蔓事在康泰以前，扶南之古史也。《御览》卷七八八引《隋书》："边斗国（原注一云'班斗'）、都昆国（一作'都雅'，按鲍崇城本作'都军'）、拘利国（一作'九稚'）、比嵩国，并扶南、度金邻大湾，南行三千里有此国。其农作与金邻同。其人多白色。都昆出好栈香、藿香及硫黄。其藿香树生千岁，根本甚大，伐之四五年，木皆朽败，惟中节坚贞，芬香独存，取为香。"①《通典》卷一八八文字同。惟云："边斗国（一云'班斗'）、都昆国（一云'都军'）、拘利国（一云'九离'）、比嵩国，并隋时闻焉。"

都昆异名，除上举注语，亦作都雅、都军，一云都君（《太平寰宇记》卷三七七）。或作屈都昆、屈都乾及屈都。都昆出硫黄及藿香。《艺文类聚》卷八一引《吴时外国传》："都昆在扶南南三千余里。出藿香。"《御览》卷九八二引《吴时外国传》："硫黄香出都昆国，在扶南南三千余里。"注云："《南州异物志》同。"按《法苑珠林》卷四九，《政和证类本草》三"流黄香"条俱引《吴时外国传》文同。又《御览》卷九八一，引《吴时外国传》："都昆在扶南，山有藿香。"又引《南方草木状》："栈蜜香出都昆，不知栈蜜香树，若为但见香耳。"

屈都昆即屈都乾。其国史事，据《水经·温水注》引王隐《晋书·地道记》云："朱吾县属日南郡，去郡二百里，此县民，汉时不堪二千石长吏调求，引屈都乾为国。"又引《林邑记》云："屈都，夷也。"屈都一名则为省称。《晋书》卷九七《林邑国传》云："（范文）于是乃攻大歧界、小歧界、式仆、徐狼、屈都乾、鲁扶、单等诸国，并之。"（冯承钧译马伯乐《占婆史》及标点本《晋书》皆读屈都、乾鲁、扶单各二字为一国名。）《御览》卷七九〇引（《交州以南》）《外国传》云："从波辽国南去，乘船可三千里，到屈都乾国，土地有人民可二千余家，皆曰朱吾县叛民居其中。"又云："从屈都乾国东去，舡行可千余里，到波延州，有民人二百余家，专采金，卖与屈都乾国。"朱吾夥叛民人处都昆，其国必在日南郡隔岸。

① 今《隋书·南蛮传》无此文，岑仲勉云："或是张大素之《隋书》。"《通典》文同；惟作"有此四国"，多一"四"字。

屈都昆有关基本资料，不出上列各条，伯希和《扶南考》谓"都昆应在马来半岛"，其说甚是。日本藤田丰八谓在苏门答腊，山本达郎、桑田六郎、杉本直治郎诸氏均有异说，详见太田常藏之《屈都昆考》文中引述，兹不备列。《神丹经》云"硫黄都昆"，其地以产流黄香著名。"流黄"一名原出自巫语之 lawang（梵语丁香 Lvanga 同一语源）。马来出肉桂，流黄香即其属类。以香药而论，都昆地在马来是也。屈都昆亦省称曰都昆。关于"屈"字，向有两说，一谓"屈"如巫语河口之 Kuala（太田氏说）。一谓"屈"如梵语训地之 Ku（岑仲勉说）。至于地望，有 Trenggnu、Dungun 等说，皆以对音求之。其地当在马来亚东海岸，可以论定，殆即《汉书·地理志》之都元国，众家多同意此说。①

比嵩，他书或作北嵩。金刊本《政和本草》卷十二引《通典》云："次不沉者曰栈香，海南北嵩国出好栈香、藿香及硫黄。"按栈香《岭外代答》作笺香，一名煎香，为沉香别种。马来为肉桂产地，以香药言，比嵩当亦在今之马来半岛。《顺风相送》误昆为昆（作崑宋屿）云："正路有三个小屿，仔细行船，外有高下泥地。"自来为针路所必经。

《汉书·地理志》："自黄支行可八月到皮宗，"藤田丰八、费琅皆以皮宗当满剌加附近之 Pulau Pisang（甘蕉岛），即《郑和航海图》之崑宋屿，许云樵、Wheatley 俱谓皮宗即比嵩，惟甘蕉屿仅一小岛，比嵩为国名，应指马来半岛之南端。②

句稚国

《神丹经》云："句稚国去典逊八百里，有江日（按应作口），西南向，东北入，正东北行。大崎头出涨海中，水浅而多慈石，外徼人乘舶船皆铁叶，至此崎头，慈石不得过，皆止句稚，货易而还也。"

---

① 伯希和《扶南考》（*Le Fou-nan*，冯承钧译《史地丛考续编》，31 页）日本太田常藏氏之《屈都昆考》，见昭和三六年东京学艺大学《研究报告》一二，彼已在年前谢世，承其胤子 Koki Ota 君邮赠此文，附此致谢。太田氏以丁加奴（Trenggnu）比对都昆，似嫌纡曲。岑仲勉云："中亚语言 d 与 l 可互变，则都昆可为卢昆，今马来半岛有 Laccn，地在 Bandon（万仑）之南，以拟古之都昆，并无不协。"（《中外史地考证》，118 页）许云樵则从藤田丰八以都昆即《汉书·地理志》对都元国，以马来亚东海岸丁加奴属之 Kuala Dungun（俗称龙运）当之（《马来亚史》，77 页）。太田常藏《屈都昆考》亦以都元国即都昆是也。

② 见向达校本，50 页。岑仲勉又以比嵩拟 Pakchan（《中外史地考证》，126 页）音殊不近。许说见《马来亚史》，78 页。

按《御览》卷七九〇引《南州异物志》："句稚去典游八百里，有江口西南向。东北行极大崎头。出涨海中，浅而多磁石。"又卷九八八引同上书："涨海崎头，水浅而多磁石，外徼人乘大舶，皆以铁镍镍之。至此关以磁石不得过。"合此二条观之，即《神丹经》所本也。句稚去典游八百里句，"典游"，或作"与游"。（如陈运溶《麓山精舍》辑本《南州异物志》。）P. Wheatley 译作 Yü-yu，以为不可考。岑仲勉引《林邑记》"渡便州至与由"为证，然地望不合。今据《神丹经》，如"与游"乃"典逊"形近之误。

《御览》引《隋书》拘利国一作"九雅"。《通典》卷一八八云："拘利国一云九离。"《梁书》范蔓所攻克者有九稚，稚、离、雅，三字形近，"雅"必"稚"之讹，而"九离"又"拘利"之音转，"句稚"即"九稚"之异译。

句稚去典逊不远，《洛阳伽蓝记》曰："南中有歌营国……北行一月，至句稚国，北行十一日，至孙典国（即典逊）。"是句稚在典逊稍南，路程相距十一日，当在今马来半岛。《梁书·中天竺传》："吴时扶南王范旃遣亲人苏勿使其国，从扶南发，投拘利口，循海大湾中，正西北入，历湾边数国，可一年余，到天竺江口，逆水行七千里乃至焉。"（《南史》卷七十八同）拘利口当即《南州异物志》及《神丹经》之"句稚"，江口也。烈维（S.Lèvi）读《梁书》"投拘利"为一地名，以为即希腊 Ptolemy 地志书之 Takkola（此地名亦见巴利文大藏《那先比丘经》Milindapanha 中）。按《水经·河水注》引《扶南传》云：

发拘利口，入大湾中，正西北入，可一年余，得天竺江口，名恒水。

拘利一名，初见于此。原作"拘利"，《梁书》即本康泰说。杨守敬《水经注疏》以为《梁书》"投"字衍文，并云《南史》亦衍"投"字，《寰宇记》"南蛮二""南蛮四"并无"投"字。许云樵则读作"从扶南发，投拘利口"，以投字为动词。伯希和后悟烈维说为非。谓"据《水经注》卷一引康泰《扶南土俗传》作'拘利'而非'投拘利'。此拘利国已见前考，应以拘利为是"（《扶南考》附录三冯译本，44 页）。

拘利所在，许云樵以为即 Ptolemy 地图中之 Coli（或 Kole），即今甘马挽河（Kemaman River）口之朱垓（Chu Kai），岑仲勉则以为拘利即《通典》之哥罗，贾耽之个罗，今之 Kra 海峡[1]，均尚难确定；惟拘利当在马来半岛，则不成问题。

杜薄

《神丹经》云："杜薄，阇婆国名也。在扶南东涨海中洲。从扶南船行，直截海度，可数十日，乃到其土。人民众多，稻田耕种，女子织作白叠花布，男女白色，皆着衣服。土地饶金及锡铁，丹砂如土，以金为钱货。出五色鹦鹉、豕、鹿、犎水牛、犬、羊、鸡、鸭，无犀、象及虎、豹。男女温谨，风俗似广州人也。"

按《御览》卷七八八有杜薄国，引《唐书》云："杜薄国在扶南东涨海中，直渡海数十日至。其人色白皙，皆有衣服。国有稻田，女子作白叠花布。出金银铁，以金为钱。出鸡舌香，可含，以香不入服。鸡舌其为水（木）也、气辛而性厉，禽兽不能至，故未可识其树者。花熟自零，随水而出方得之。杜薄洲有十余国，城皆称王。"《通典》卷一八八文略同。此段文字与《神丹经》前半同。

《梁书·扶南传》："又传扶南东界即大涨海，海中有火洲，洲上有诸薄国，日东有马五洲。"《御览》卷八二〇引《吴时外国传》："诸薄国，安（女）子织作白叠花布。"又引《广志》："白叠毛织出诸薄洲"。是诸薄与诸薄，亦即杜薄。

《御览》卷七八七引康泰《扶南土俗云》：

诸薄之东有（马）五洲，出鸡舌香，树木多花少实。诸薄之东南有北擅洲，出锡，转卖与外徼。

诸〔转〕薄之东北有巨迹洲，人民无田，种芋。浮船海中，截大蚶螺杯往扶南。（按《艺文类聚》卷八四引徐衷《南方记》："……大贝出诸薄巨延州土地，采卖之。""巨延"即"巨迹"，同名异称。）

诸薄之西北有薄叹州，土地出金，常以采金为业，转卖与诸贾人，易粮米杂物。（按《御览》卷七九〇"波延洲"引《外国传》："从屈都乾东去，舡行可千余里到波延洲。……专采金卖与屈都乾国。""波延

---

① 许云樵说见《马来亚史》第三篇第五章，62—69 页。岑说见《中外史地考证》，121—125 页。按此实藤田丰八旧说，见其《前汉时代西南海上交通之记录》。

（诞）”与“薄叹”音近，地皆出金。或传译易名。）

　　诸薄之西北有耽兰之洲，出铁。

　　伯希和谓杜薄只能视为爪哇，则诸薄国东之马五洲，应求诸于今之
Bali。[1]今《神丹经》云：“杜薄，阇婆国也。”而《新唐书·南蛮传》：“诃陵，
亦曰社婆，曰阇婆，在南海中。”《岛夷志略》：“爪哇，即古阇婆国。”《唐
书·诃陵传》作社婆。《神丹经》、《通典》、《御览》引《唐书》均作杜薄，
冯承钧于《阇婆传》注称“杜薄”应是“社薄”之讹，说似可从（《南洋
交通史》，132 页）。则社薄当在爪哇岛上，而社薄、社婆，一音之转，皆
Java 之古译也。古爪哇实包有苏岛，《马可·波罗游记》即称爪哇为大爪
哇，苏岛为小爪哇，杜薄为唐以前爪哇古名，其所辖境必更广。

　　《北户录》崔龟图注引《南方异物志》：“鹦鹉有三种。青者大如鸟白，
白者大如鹅，五色者大于青者，五色者出杜薄州也。”又《御览》卷九二四
引《南方异物志》：“鹦鹉鸟……白及五色出杜薄州。”[2]同卷引《唐书》：“元
和十年诃陵国遣使献五色鹦鹉。”亦可为杜薄即唐诃陵国之旁证。

　　又鸡舌即丁香，产爪哇翠蓝屿，见《马可·波罗游记》。《唐书》杜薄
出鸡舌香，《法苑珠林》卷四九《华香》篇：“五马州出鸡舌香”，亦可见杜
薄之即爪哇也。藤田丰八云：“Moluccas 诸岛其土人呼鸡舌香为 Gaumedi，
音近‘五马州’，则五马州之义即鸡舌香岛，以其出产名之。”《御览》引
《扶南土俗》称“马五洲”，《法苑珠林》引《吴时外国传》作“五马州”，
“马五”乃“五马”之倒，[3]其说较伯希和之改“马五”为“马立”较胜。

　　陈序经云：“诸薄若为苏门答腊与爪哇一带，在方位上，北擸州与马五
洲是在小巽他群岛或是西利伯诸岛，薄叹洲既在西北，应在马来半岛，至
于巨延洲在诸薄东北，应是婆罗洲。”[4]按薄叹又作波延，以产金著，薄叹
殆为邦项（Pahang）乎？[5][《海录》：“邦项，古志多作彭亨……亦产金，而
麻姑所产为最。”邦项亦作溢亨（《明实录》永乐五年十月）、蓬丰（《诸蕃

---

　　① 伯希和《交广印度两道考》冯译本，90 页。谓“马五”应是“马立”或“马里”之讹。
《新唐书》婆利亦号马礼。

　　② 小川博《南方异物志辑本稿》，以为此条乃出唐房千里之《南方异物志》，非出万震书。

　　③ 藤田丰八之《叶调斯调及私诃条考》，何健民译本，58—569 页，又杉本直治郎书，
481 页。

　　④ 陈序经《扶南史初探》，148—150 页。

　　⑤ 岑仲勉亦以波延为彭亨，见《中外史地考证》，120 页。

志》）、彭杭（《岛夷志略》），与薄叹音相近。］

无伦国

《神丹经》云："无伦国，在扶南西二千余里，有大道，左右种桄榔及诸花果。白日行其下，阴凉蔽热，千余里一亭，亭皆有井水。食菱饭、蒲桃酒，木实如胶，若饮时以水沃之，其酒甘美。其地人多考寿，或有得二百年者。"

　　按《御览》卷七九〇有"无论国"，引《南州异物志》："无论有大道，左右种桃、枇杷及诸花果。白日行其下，阴凉蔽热。十余里一亭，皆有井水。食菱饭，饮蒲桃酒，如胶，若欲饮，以水和之，其味甘美。"《通典》卷一八八文略同。惟多"隋时闻焉"一句，在"扶南西二千余里"之上。《神丹经》当据《异物志》，惟易枇杷作桄榔。《通典》亦作枇杷树，而菱饭作麦饭。无伦地望未详。《神丹经》云："（扶南）北款林邑，南函典逊，左牵杜薄，右接无伦。"又云："自扶南顿（典）逊逮于林邑杜薄无伦五国之中"，其地在扶南之西，介于典逊、林邑间，不当远至天竺。或以无伦为缅甸之 Promc。[1] 此即有名之卑谬，八世纪骠国毗讫罗摩（Vikrama）王朝建都于此。谓其地在缅甸，似较合。有以印度贵霜王朝号茂伦者持相比拟，恐不可据。[2]

歌营国　蒲罗州

《神丹经》云："歌营国，在句稚南，可一月行乃到其国。又湾中有大

---

[1]　G. Goede's "Histoire ancienne des Etats hindouisés d'Extrême-Orient", p. 94. 山本达郎书评《セデス氏極東の印度化した諸國の古代史》（《东洋学报》三一卷三号）。

[2]　杉本直治郎曾辨《梁书·中天竺传》"其王号茂论"，与贵霜王号之 Murunda 及大月氏王"波调"之为 Vāsudeva 诸对音问题。茂论乃当时王号之固有名词（杉本《アジア史研究》I, 511—514 页）。太田常藏撰《揮、無論、陀洹就りて》（《和田博士古稀纪念东洋史论丛》，223 页），主无论国即乾陀罗国，无论即王号之茂伦。不知乾陀罗即叶波之改名，《神丹经》自有叶波国，故无论不得为乾陀罗国，且茂伦为王号，与无伦之为国名，显然二事，不得遽以牵合比附也。

　　太田氏以为《通典》言"食麦饭"，而《新唐书》骠条云"无麻麦"。故不从山本达郎说以无论为 Prome。

　　按《神丹经》原作"菱饭"，《异物志》写作"麦"，是不应作"麦"。故其说不可从。

　　许云樵以无论为 Bolor，即《高僧传·智猛传》之波仑（《南洋史》108 页，注一），地在 Kashmir。然《神丹经》自有罽宾国，且其地不应产桄榔，故"无论"地望，以缅甸说较为近是。

山林，迄海边，名曰蒲罗，中有殊民，尾长六寸，而好啖人。论体处类人兽之间。言纯为人，则有尾且啖人；言纯为兽，则载头而倚行，尾同于兽，而行同于人。由形言之，则在人兽之间。末（按《淮南子·地形训》'其人面末偻'。《高注》：'末犹脊也。'）黑如漆，齿正白银，眼正赤。男女裸形无衣服，父子兄弟姊妹，露身对面同卧，此是歌营国夷人耳。"

又赞云："唯夫甲香螺蚌之伦，生于歌营句稚之渊。"

按《御览》卷七九〇歌营国，引《南州异物志》："歌营在句稚南，可一月行到，其南大湾，中有洲名蒲类，上有居人，皆黑如漆，齿正白，眼赤，男女皆裸形。"（注引康泰《扶南土俗》，称其"大载而去。常望海，过则遮舡，将鸡猪山菜易铁器"。）当为《神丹经》所本。今以"中有洲名蒲类"一语证之，《神丹经》应于"名曰蒲罗"断句。

《洛阳伽蓝记》卷四："南中有歌营国，去京师甚远，风土隔绝，世不与中国交通，虽二汉及魏，亦未曾至也。今始有沙门菩提拔陀至焉。自云：北行一月，至句稚国，北行十一日，至孙典（即典逊）国，从孙典国北行三十日，至扶南国。方五千里，南夷之国，最为强大，民户殷多，出明珠金玉及木精珍异，饶槟榔。"（《御览》卷九七一引《洛阳伽蓝记》作"南方歌营国最为强大，民户殷多"。盖误扶南为歌营。）

《御览》卷三五九引康泰《吴时外国传》："加营国王好马，月支贾人常以舶载马到加营国，国王悉为售之。若于路失羁绊，但将头皮示王，王亦售其半价。"加营即歌营。《御览》卷七八七有"蒲罗中国"，下云："吴时康泰为中郎，表上《扶南土俗》曰：拘利正东行极崎头，海边有居人，人皆有尾五六寸，名曰蒲罗中国，其俗食人。"又卷七九一《尾濮下》："《扶南土俗传》曰：拘（原作枸）利东有蒲罗中，人人皆有尾，长五六寸，其俗食人。按其地并西南，蒲罗盖尾濮之地名。"（此按语非出康泰原书）亦《神丹经》之所本，拘利即句稚也。

按《通典》卷一八七云《南尾濮下》小注引《扶南土俗传》云："拘利东有蒲罗中，人人皆有尾……按其地并西南。蒲罗盖尾濮之地名。"是《御览》卷七九一此段文字乃袭自《通典·边防三·南蛮上》。其按语仅云：其地并西南，蒲罗下无"中"字。以《通典》同卷所见若附国、黑僰濮诸条按语为例，明"按其地并西南"句以下，乃杜佑之语。郑樵《通志》卷一九七亦有尾濮并注语，亦是钞自《通典》。

所引《扶南土俗》但作"拘利东南，有蒲罗，人皆有尾，长五六寸"，蒲罗下无"中"字，而按语作"按其地并在西南，蒲罗盖尾濮之地名"，比《通典》多一"在"字，语意较明。

从各类书所引观之，康泰《扶南土俗传》所言之"蒲罗中国"，虽《御览》两见，《通典》、《通志》皆复载，实际仅为同一来源，杜、郑按语皆称"拘利东有蒲罗，人皆有尾"，分明无"中"字，康泰原书今不可见，或原本无"中"字，但作"蒲罗"亦未可知。《御览》卷七八七始为标题作"蒲罗中国"。《神丹经》与《异物志》行文，多相类似，《异物志》云"有洲名蒲类，上有居人"。而《神丹经》云"名曰蒲罗，中有殊民"。其"中有殊民"句，与"上有居人"，及上文之"中有大山林"，正为同一句法。故《神丹经》原文，可从"名曰蒲罗"断句，将"中"字连下读。所云"中有殊民"者，谓其中有殊异之民，以其有尾故也。《神丹经》既言"歌营国在句稚南，可一月行乃到其国。其湾中有大山林，迤海边，名曰蒲罗，中有殊民，尾长五六寸，而好啖人。……此歌营国夷人耳"，可见蒲罗之殊民，宜在歌营国境内。再勘以《异物志》云"歌营国在句稚南，可一月行到。其南文（大）潜有洲名蒲类"，是蒲类之即蒲罗，不成疑问。至于殊民，《异物志》云："皆黑如漆，齿正白，眼赤，男女皆裸形。"《神丹经》云："末黑如漆，齿正白〔如〕银，眼正赤。男女裸形无衣服。"则蒲类洲上之裸民，自即蒲罗之殊民也。

加营国所在，藤田丰八《叶调斯调及私诃条考》谓即《岭外代答》之故临（Kulam），因该书有"大食贩马，前来此国货卖"之语，苏继顷以为故临之开发在唐中叶，且与故书所记斯谓之方位不合。曾举四事以驳藤田氏，而主张其地为南印度西部内陆之加因八多（Koimbatur）区域，其附近之地，有名 Koyampadi，或 Koyammuturu 者，歌营或加营即 Koyam，乃上举二名之省译。[①]伯希和则以为歌营决不可能在印度，否则月支马可以遵陆，无须舶载。谓加营当在马来半岛之南，并疑加营一名与诃陵（Kalinga）不无关系。[②]冯承钧颇从其说，谓歌营得为爪哇。[③]岑仲勉以《南州异物志》记歌营有州名蒲

---

① 《加营国考》（《南洋学报》，七卷一辑）。
② 《关于越南半岛的几条中国史文》（冯承钧译《南海史地考证译丛》，178 页）。
③ 《中国南洋交通史》，7 页。

头①，其上居人，男女皆裸形，谓此歌营即今 Nicobar 群岛（明代载籍称为翠蓝屿）。最重要之证有二：

（一）义净《大唐西域求法高僧传》："从羯荼北行十日余，至裸人国。……彼此舶至，争乘小艇，有盈百数，皆将椰子芭蕉及藤竹器来求市易，其所爱者但唯铁焉。"与康泰《扶南土俗》记裸人"将鸡猪山果易铁器"相同。

（二）《通典》卷一八八引《扶南土俗传》："加营国在诸薄国西。山周三百里，从四月火生，正月火灭。……人以三月至此山取木皮，绩为大浣布。"诸薄即今爪哇，日在其西，则宜在爪哇之西明矣。《海录》："呢咕吧拉（Nicobar）北行约半日许，有牛头马面山……山顶似有火焰。"此《土俗传》所以有火山之说。按薄剌州所以又名"勃焚"者，殆以此故。

是歌营不宜在印度，亦不在爪哇；以在爪哇西之群岛较为近是。

歌营国资料，除上述之《南州异物志》、《神丹经》、《洛阳伽蓝记》，《御览》引《吴时外国传》数条而外，尚有下列：

（一）与斯调及姑奴之距离。《御览》卷七八〇引《南州异物志》："斯调，海中洲也，在歌营东南可三千里。"《御览》卷十九〇引《南州异物志》："姑奴，去歌营可八千里，民人万余户。"

（二）与火山之距离。《艺文类聚》卷八〇引《玄中记》："南方有炎山焉，在扶南国之东，加营国之北，诸薄国之西。"（《通典》卷一八八火山条："……又有加营国北，诸薄国西，山周二百里，从四月火生，正月火灭。"与此文略同，已见上引。）

按斯调当在爪哇（说详下斯调条）。姑奴即是古奴斯调，地在印度境内。斯调在歌营东南三千里，可见歌营应在爪哇西北，可能指今苏门答腊群岛西北部地带。又火山在加营国之北，诸薄之西；诸薄亦即爪哇（阇婆）之异译，当苏岛之东南端，则在其西之加营，自指苏岛西北甚明。

加营国地位，既可确定在今苏岛西北部，而其更北诸岛，正与今翠兰

---

① 《南州异物志》之蒲类，岑仲勉引《御览》卷七九〇歌营国条作"蒲头"。头字实"类"字之误。

屿及晏达蛮群岛相接。疑吴、晋、六朝之加营国，其范围应包有呢咕吧拉（即翠兰屿）一带，故裸国之薄类洲，地属于歌营。《南州异物志》、《神丹经》所言，为不虚矣。

《太平御览》卷七八八"薄刺洲"条引《唐书》云："薄刺洲，隋时闻焉。在拘利南海湾中。其人色黑而齿白，眼正赤，男女并无衣服。一名勃焚洲。"所记亦与《南州异物志》相同，是薄刺州亦即蒲类州矣。

《通典》卷一八八有："薄刺国，隋时闻焉。在拘利南海湾中。其人色黑而齿白，眼睛赤，男女并无衣服。"又《册府元龟》卷九五七《外臣部》："薄刺洲在拘利南海中，一名勃焚洲。"记载皆同。藤田丰八谓"薄刺洲似即 Balus 之对音。义净《求法高僧传》之裸人国亦即指此"[1]。上举各书关于蒲类、蒲罗、蒲刺一名之异称，可列表如次：

蒲类洲	《南州异物志》，一引误作"蒲头"
蒲罗（中有殊民）	《神丹经》
蒲浪中国	《御览》引《扶南土俗》
蒲罗	《通典》按语，《通志》卷一九七引只作"蒲罗，人皆有尾"。
蒲刺洲	《通典》引《唐书》、《册府元龟》
蒲刺国	《通典》

观于上举异文，可见蒲罗地望为裸人国，殆无问题，康泰之蒲罗中国，亦即指此。《通典》、《通志》按语云："其地并在西南，蒲罗盖尾濮之地名。"此条原列于云南兴古郡尾濮间，因同属于有尾而兼食人之殊民，故引以为证，其意若谓蒲罗及云南兴古郡之尾濮，同在西方地方。蒲罗亦有尾之族，故认为即尾濮之地名。裴渊《广州记》永昌郡西南一千五百里有缴濮国，其人有尾，欲坐辄先穿地作穴，以安其尾，汉唐地理书钞辑本引《（太平）广记》（卷四百八十二），亦作缴濮。此处之蒲罗，自属地名。许云樵、岑仲勉谓蒲罗即巫语"岛"之 Pulau，与杜佑等说不合。许氏更进而称《御览》卷七八七引《扶南土俗》"拘利正东行极崎头海边有居人"，训"极崎头"为地之极端，相当于巫语之 Pulau Ujong，谓其地即今之新加坡。然崎字有二义，

---

[1]　藤田氏谓："此蒲刺似 Barusae, Balus 之对著音。义净之裸人国，阿剌伯人谓之 Lanjabalus。"（何健民译《南海交通丛考》，90 页）

闽、潮人音崎如 Kia，俗指陆峭之高地；而《集韵》"崎，曲岸也"。岑仲勉训"崎头"指海湾之突出者。《扶南土俗》称："极崎头海边。"《南州异物志》拘利条则称曰："极大崎头，出涨海中。"此自属通名，与马来、闽、潮语无关，应以岑说为是。至于巫语之 Pulau Ujong，据巫语专家称只有一小地名，位于马来半岛以北，与新加坡相去数百英里，宜许说之不为人所信也。

《御览》卷七八七《四夷部》八列目有"蒲罗中国"，又卷七八八国名又有"薄剌洲"，实为重出。许云樵《马来亚史》于"蒲罗中国"下标其别名曰"梁祚"。按《御览》卷七九一"尾濮"下有三条：一引《永昌郡传》，一引《扶南土俗传》（文见上引），一引"梁祚"。《魏国统》曰："西南有夷，名曰尾濮。"是梁祚乃作者名，《魏国统》则书名也。《隋书·经籍志》史部杂史类有《魏国统》二十卷，梁祚撰。祚北地泥阳人，卒于太和二年，事迹详《魏书·儒林传》。宋本《御览》（中华本，3508 页），三书俱提行分段。许书或据误本又读为"盖尾濮之地，名梁祚魏国，统曰西南"。句读及标点均非（原书 86 页），附为订正。许君解蒲罗之人有尾，其俗食人，引吕宋岛山中，高山省三底村之 Bontok 人，今尚为有尾民族[1]，而苏岛之峇峇人（Batak），犹存吃人风俗，则极为有趣。

《瀛涯胜览》裸形国条云："自帽山（pulo weh）南放洋，好风向东北行三日，见翠蓝山（Nicobar）在海中，其山三四座，惟一山最高大，番名桉笃蛮[2]（Andaman）山，彼处之人，巢居穴处，男女赤体，皆无寸丝，如兽畜之形。"（冯承钧《校注》本，34 页）岑仲勉以歌营即义净之裸人国，自羯茶（＝吉打 Kedah）北行至此约十余，《海录》言闽人居吉德（即吉打）者，常偕吉德土番至此，此地与马来半岛交通情形，可以概见。《海录》又云："由此又北行，约半日许有牛头马面山，其人多人身马面，嗜食人，海艘经过，俱不敢近。"牛头马面山或指桉笃蛮群岛，是其地向来有食人之传说，与蒲罗之殊民好啖人之习俗亦合。

林杨

《神丹经》云："林杨在扶南西二千余里，男女白易多仁和，皆奉道。用金银为钱，多丹砂、硫黄、曾青、空青、紫石英，好用绛绢、白珠，处

---

[1]　许氏据故菲律宾大学 Beyer 教授供给资料，有尾人之图片，载氏著《马来亚丛谈》，139 页。

[2]　桉笃蛮，《诸蕃志》作晏陀蛮，《武备志·航海图》作安得蛮。

地所服也。"

按：《御览》卷七八七"林阳国"引《南州异（物）志》："林阳，在扶南西七千余里，地皆平博，民十余万家，男女行仁善，皆侍佛。"又引康泰《扶南土俗》："扶南之西南有林阳国，去扶南七千里，土地奉佛，有数千沙门，持戒六齐（斋）日，鱼肉不得入国。一日再市，朝市诸杂米甘果石密（蜜），暮中但货香花。"《神丹经》取材于《南州异物志》，而改"奉佛"为"奉道"。"林阳"则作"林杨"。

《水经·河水注》引竺枝《扶南记》："林杨国去金陈国步道二千里，车马行无水道，举国事佛……"杨守敬《疏》："《外国传》称从扶南西二千余里到金陈，林阳则在扶南西七千余里，是金陈在扶南之西，林杨又在金陈之西也。"《神丹经》称林杨在扶南西二千余里，据《南州异物志》及《扶南土俗》，知"二"为"七"之讹。《神丹经》谓无伦国在扶南西二千余里，林杨故不能亦在扶南西二千余里也。

《水经·河水注》引康泰《扶南传》："昔范旃时，有嘾阳国人家翔梨，尝从其本国到天竺，辗转流贾至扶南，为旃说天竺土俗。"说者或以嘾阳为林阳之异译。[①]然嘾音徒感切，与林声母不近。林阳一名，亦见《御览》卷七九〇引《交州以南外国传》："从林阳西去二千里，奴后国，可二万余户，与永昌接界。"奴后国未详所在，以此条观之，其地接近云南，则林阳非在今之缅甸暹罗莫属矣。（太田常藏《屈都昆考》以奴后比拟缅甸附近之 Tagaung。）

陈序经撰《猛族诸国考》，引康泰资料，谓林阳即猛族所立之 Rammannadcca 或作 Rammanyadesa，desa 义为国或城，Rammanya 即林阳（或嘾阳）之对音，林阳在扶南之西，即指今暹罗或其一部分以至缅甸与马来半岛北都一带之地。[②]陈礦性引宇巴信氏说缅甸中部之毘

---

① 冯承钧以嘾阳与堂明为同名异译（《中国南洋交通史》，14 页）。杉本直治郎因以《元史》之毬阳，《岛夷志略》之淡洋比附嘾阳，然淡洋在苏门答腊，去扶南过远（484—487 页），兹不从其说。

② 陈序经文，见《中山大学学报》（社会科学）1958，2 期，74 页。又同氏著《扶南史初探》第十八章《扶南与林阳》，161 页。

岑仲勉谓依马来语 t 与 l 转读之理，则嘾阳可转为林阳。今克老地峡北有地名 Htayan 或即其地（《中外史地考证》，128 页）。尚乏确证。

太田常藏氏《屈都昆考》中对林阳国有详细考证，列举 G.H. Luce、D.G.E. Hall 等说。又谓林阳为缅甸 Telingana 之略音，由 g 变 j 复变为 y，说颇牵强。

湿奴城遗址地区，即古之林阳国，亦以林阳即 Ramanna 之音译，为猛族古国，其说是。粤音"林"读为收闭口之 m，与 Ram 正合。

加陈国

《神丹经》云："加陈国，在歌营西南海边国。海水涨浅，有诸国梁人，常伺行人劫掠财物，贾人当须辈旅乃敢行。"

又云："林杨加陈。"又云："光鼻加陈。"

　　按《御览》卷七九〇加陈国引《南州异物志》："加陈，在歌营西南。"《神丹经》所言较详。

　　"梁人"二字以下文推之，或指强梁之人。

　　加陈今地未详。①

师汉国

《神丹经》云："师汉国，在句稚西南。从句稚去船行可十四五日乃到其国，国称王，皆奉大道，清洁修法。度汉家威仪，是以名之曰师汉国。上有神仙人，及出明月珠。但行仁善，不忍杀生，土地平博，民万余家。多金玉硫黄之物。"

　　按：《御览》卷七九〇有师汉国，引《南州异物志》："师汉国，在句稚西。从〔句〕稚去，行可十四五日乃到其国，亦称王，上有神人及明月珠，但仁善不忍杀生。土地平博，民有万余家。"《神丹经》文字全同，盖据此。

　　师汉国皆奉大道，必为佛教国家。《神丹经》谓以有度汉家威仪，故名曰师汉国。如以对音言之，"师汉"与"Siha"音最相近，故"师汉国"即 Sihadípa，乃古锡兰之异译，支娄迦谶译《杂譬喻经》作"私诃叠"云："海中有一国，名私诃叠，中多出珍宝。"是也。亦作"私诃絜"、"私呵条"，伯希和考订为锡兰，精确无疑。"师汉"与"私诃"、"私呵"，亦是一音之变。《神丹经》称自句稚船行十四五日可到

――――――――――

　　① 苏继顾《加营国考》定加营为南印之加因八多之略称，遂谓加陈应在没来海岸，并假定为古里港南之 Kodunrilun。惟就《神丹经》所言道里次第，加陈不宜在南印。

师汉国，揆以道里，亦复相合。

扈犁国

《神丹经》云："扈犁国，古奴斯调西南，入大湾中七八百里，有大江，源出昆仑，西北流东南注大海，自江口西行，距大秦国万余里，乘大舶载五六百人，张七帆，时风一月乃到大秦国大道以中。"

　　按此条乃合下列诸记载缀成：

　　（一）《水经·河水注》引康泰《扶南传》："从迦那调洲西南入大湾中七百里，乃到枝扈黎大江口，渡江口径西行，极大秦也。"

　　（二）《御览》卷七七一引《吴时外国传》："从加那调州乘大（伯）舶，张七帆，时风一月余日乃入〔秦〕大秦国也。"（《北堂书钞》卷一三八引，略同。）

　　（三）《御览》卷七九〇有扈利国，引《南州异物志》："扈利国在奴调洲西南边海。"枝扈黎亦作拔扈利，《史记·大宛传正义》引《括地志》："昆仑山，水出，一名拔扈利水，一名恒伽河。"《河水注》引康泰《扶南传》："恒水之源，乃极西北，出昆仑山中，有五大源，诸水分流，皆由此五源。枝扈黎大江出山西，北流，东南注大海，枝扈黎即恒水也。"按恒河（Ganges）别名称 Bhāgīrathī，"拔扈利"即其对音，如枝扈利之"枝"，乃"拔"之写误。杉本直治郎谓：拔扈利可读作 Bat-gu-di，孟加拉传说于恒河地区呼为 Bāgdi，pāla 王朝铭文有 Vyāghratatī，Prākrit，（俗）语作 Vagghaädi，Bengali 语 Bāgdi，语作 Bāgdī，汉译作"拔扈利"。Bhāgīrthī 今称 Hughli，H=B 之转化。其说是。《神丹经》省称拔扈利为"扈犁"，与 Hughli 音尤相近。所言之大湾，即指孟加拉湾矣。[1]

　　《神丹经》谓"扈犁国，古奴斯调西南"。"斯"字因下文"斯调国"而衍。当作"古奴调"，与"迦那调洲"及"加那调洲"为一名之异译，详下"古奴斯调国"条。

---

　　[1]　黄楙材《西辅日记》："进扈枝黎江口，向东北行，曲折百余里，二点钟到卡里格达（Calcutta）。"又《印度劄记》"其南港口曰固支黎"，亦即扈枝黎之异译。

斯调国　炎(火)洲

《神丹经》云:"斯调国,海中洲名也。在歌营国东南可三千里。其上有国王,居民专奉大道,似中国人。言语风俗亦然。治城郭市里街巷,土地沃美,人士济济。多出珍奇,金银、白珠、琉璃、水精及马珂。又有火珠,大如鹅鸭子,视之如冰,着手中洞洞如月光照人掌,夜视亦然,以火珠白日向日,以布艾属之承其下,须臾见光火从珠中直下。……斯调洲土东南望,夜视常见有火光照天,如作大冶,冥夜望其火光之照也,云是炎洲所在也。有火山,冬夏有火光。"

又赞云:"兰艾斯调。"

按《御览》卷七八七有斯调国,引《南州异物志》:"斯调,海中洲名也。在歌营东南可三千里,上有王国城市街巷,土地浇(沃)美。"与《神丹经》前半相同。

斯调有火山及火浣布,屡见于记载。略举如次:

(一)《御览》卷七八七引万震《南州异物志》:"斯调国又有中〔火〕洲焉。春夏生火,秋冬枯死。有木生于火中,秋冬枯死,以皮为布。"

(二)《史记·大宛传正义》引万震《南州志》:"海中斯调州,上有木,冬月往剥取其皮,绩以为布极细……世谓之火浣布。"

(三)《魏志》卷三《少帝纪》裴注引《异物志》:"斯调国有火州,在南海中。……有木……采其皮以为布……投火中,则更鲜明也。"(《御览》卷八二〇引《异物志》略同。)

(四)《洛阳伽蓝记》卷四:"斯调国出火浣布,以树皮为之,其树入火不燃。"

(五)《通典》卷一一八引《扶南土俗传》:"加营国北,诸薄国西,山周三百里……取木皮绩为火浣布。""火洲在马五洲之东可千余里,春月霖雨,雨止则火燃。洲上林木得雨则皮黑,得火则皮白。诸左右洲人,以春月取其木皮,绩以为布。"

(六)《御览》卷七八六引《外国传》:"扶南之东,涨海中有大火洲。洲上有树,得春雨时皮正黑,得火燃树皮正白,纺绩以作手巾,或作灯注,用不知尽。"

(七)《艺文类聚》卷八〇引郭氏《玄中记》:"南方有炎山焉。在扶南国之东，加营国之北，诸薄国之西。……取柴以为薪，燃之无尽时，取其皮绩之为火浣布。"（《御览》卷八六八引略同。）

（八）《梁书·扶南传》："洲上有诸薄国，国东有马五洲，复东行涨海千余里，至自然火洲。其上有树生火中，洲左近人，剥取其皮，纺绩作布。"

（九）《山海经·大荒西经》郭璞注："今去扶南东万里有耆（者）薄国，东五千里有火山国……"

（一〇）《列子·汤问释文》引《异物志》："新调国有火州，有木及鼠，取其皮毛为布，名曰火浣。""新"字乃"斯"之音讹。

（一一）刘欣期《交州记》："波斯王以金钏聘斯调王女也。"（《御览》卷七一八引，《岭南遗书》曾钊辑本。）所谓火洲、大火洲、炎山、自然火洲、火山国，即《神丹经》所言斯调国东南之炎洲。

斯调国所产，除火浣布外，尚有盐、摩厨木、白珠、金床、染毡、琉璃等。

盐：《御览》卷七八七引康泰《扶南土俗》："斯调洲湾中有自然监（盐），累如细石子，国人取之，一车输王，余自入。"

又八六五引《吴时外国传》："涨海州有湾，湾中常出自然白盐，峄峄如细石子。"

摩厨：《御览》卷九六〇引《异物志》："木有摩厨，生于斯调……彼州之民，仰为嘉肴。"（《齐民要术》卷十、《证类本草》卷二三引略同。）

白珠、金床：《御览》卷六九九引《吴时外国传》："斯调王作白珠交结帐，金床上天竺佛精舍。……"又卷八一一引《吴时外国传》："斯调国作金床。"《北堂书钞》卷一三二引（朱）应《志》："斯调国王作白珠交结帐，遗遗天竺之佛神。"

琉璃：《御览》卷八〇八引《广志》："琉璃出黄支、斯调、大秦、日南诸国。"

染毡：《御览》卷七〇八引《（扶）南传》：斯调国有青石染毡，绛染毡也。

斯调之地望，学者讨论至繁。要以费琅及藤田丰八两家之说，最具影响。费琅以为斯调即叶调（Yavadvipa），亦即爪哇。藤田丰八撰《叶调斯调及私诃条考》，以为斯调乃私诃条、私诃叠之省略，亦即锡兰

（Sihadipa）。冯承钧不韪藤田之说，谓以斯调为私诃条之省称，未免牵强。以为叶调与斯调，非指一地，各书所记斯调，核其方位（按宜近诸薄国），与锡兰岛并不相合。东汉永建六年（公元 131 年）叶调国王入贡，自指爪哇，而斯调殆指爪哇东南之一岛。冯氏之说如此（《中国南洋交通史》，6 页）。今考《神丹经》言，诸薄为阇婆国，已指爪哇，则斯调当别为一地，应在今日东印度群岛，其地今日尚多火山也。如万丹国（Bantam）有火焰山（《海录》卷中），南海多火山，其地名 Gonung Api（义为火山）或 Tanjung Api（义为火岬）者不一而足，诸薄东五千里之火山国，可以万丹之火焰山当之。火浣布之传说[①]，已肇于汉（如《三辅黄图》"连昌宫"），其来源有西域（《华阳国志》，《搜神记》十三）南海（万震《异物志》）之异。鱼豢《魏略》谓出于大秦，张勃《吴录》则称日南之火鼠。魏文帝以为天下无火浣之布，著之《典论》。然晋太康二年，殷巨于广州牧滕侯处，见大秦所进火布，因撰《奇布赋》（《艺文类聚》卷八五）以纪其事。[②]火浣布本为石棉（Asbestos），乃矿物性纤维，张勃称为火鼠，乃误为动物性，犹之西方谓为火蛇（Salamander）也。若斯调国所产，诸书皆谓火山树木，则误为植物性矣。《御览》卷八二〇布帛部"火浣布"仅引《异物志》"斯调国出火木"一条。据上所考，斯调火山火布相同之记载，不止十事，咸称"斯调"，无一作叶调或私诃条者，足证藤田氏以斯调为锡兰即"私诃条"之省称一说之不确。且以火山所在观之，斯调宜在今东印度群岛明矣。斯调异文，仅《列子》释文作"新调"而已。

再《异物志》言"木有摩厨，生于斯调"[③]，费瑯以为"摩厨"即爪哇语之 Maja。《神丹经》记斯调所产有火珠，《御览》卷八〇三引《唐书》："婆利东有罗刹国……其国出火珠，状如水精，日午时以珠承影，取艾依之

---

① 参 B. Laufer, "Asbestos and Salamander, essay in Chinese and Hellenistic Folk-lore", *Toung Pao*, 1915.
谓火浣布起源在马来。
爱宕松男《馬哥孛羅遊記中の火浣布》（《东方学》二八辑），于景让译（《大陆杂志》三四卷八期）。
② 殷巨系于吴。祖殷礼吴零陵太守。父殷兴亦仕吴。巨事吴为偏将军。入晋，历苍梧、交阯二郡太守。
③ 石声汉《齐民要术今译》（第四分册）"摩厨"条，论摩厨非 Maja。又谓斯调不在太海，恐误。盖《南州异物志》明言"斯调，海中洲名也"。至《扶南土俗》之言"斯调州湾中"云云，亦可视为海湾，不得如石氏说为内陆海岸。斯调之必在南海，最要论证为斯调及杜薄附近皆有产火浣布之火洲；而杜薄之为爪哇，则诚不刊之事实。

即火出。"婆利即爪哇东之 Bali，此亦斯调地望当近爪哇之证。

隐章国

《神丹经》云："隐章国，去斯调当三四万里，希有至其处者。数十年中，炎洲人时乘舶船往斯调耳。云火珠是此国之所卖有也。故斯调人买得之耳。又有丘陵水田，鱼肉果稼，粢粱豆芋等。又有麻厨木，其木如松，煮其皮叶，取汁以作饵，煎而食之，其味甜香绝美，食之如饴。又使人养气，殆食物也。"

按隐章国一名仅见于此。其地与斯调通商，又产火珠，《唐书》称罗刹国出火珠，不及隐章国。

大秦国　拂林

《神丹经》云："大秦国在古奴斯调西可四万余里，地方三万里，最大国也。人士炜烨，角巾塞路，风俗如长安人。此国是大道之所出。谈虚说妙，辱理绝殊，非中国诸人辈作，一云妄语也。道士比肩，有上古之风。……始于大秦国人，宗道以示八遐矣，亦如老君入流沙化胡也。从海济入大江，七千余里乃到其国。天下珍宝所出。家居皆以珊瑚为税橺，琉璃为墙壁，水精为阶阤。昔中国人往扶南，复从扶南乘船，船入海，欲至古奴国，而风转不得达，乃他去，昼夜帆行不得息，经六十日乃到岸边，不知何处也，上岸索人而问之，云是大秦国。"

按《神丹经》大秦此段资料，略同于《晋书》卷九七《四夷传》之《大秦传》。《晋书》云："大秦一名犁鞬……居宇皆以珊瑚为税橺，琉璃为墙壁，水精为柱础。"《史记·大宛传正义》引万震《南州志》，亦称"居舍以珊瑚为柱，琉璃为墙壁，水精为础舄。"《初学记》卷二四引《南州异物志》："大秦国以琉璃为墙〔则〕也。"《御览》卷一八八引《南州异物志》："大秦国以水精为舄"，皆出自万震之书。《神丹经》此段所言之大秦，指海西罗马之大秦，可以无疑。故云"大秦在古奴斯调（即印度之迦那调州）西可四万余里"，夸言道里之远。又《神丹经》云："自天竺月支以来，名邦大国若扶南者，十有几焉，且自大秦、拂林地各方三万里。"拂林所在，世所熟悉，无待考证。拂林一名，隋裴矩《西域图记》序言："北道从伊吾经铁勒部、突厥可汗庭，度北流河水，至拂菻国达于西海。"说者以为拂林见于史籍之始。隋西域僧伽佛陀绘有《弗林图人物器样》一卷，见《佩文斋画谱》(卷九十五)。元朱德润《存复斋集》有《异域说》，言佛暴国"其域当日没之处，土地甚广。有七十二酋长，地有水银，海周围可四五十里"。《神丹经》以大秦与拂林连称，在天竺月支之外，此处之大秦，非指印度甚明。又赞云："青木天竺，郁金罽宾。苏合安息，薰陆大秦。"以大秦与安息并列，其指罗马明矣。杉本直治郎氏以为《御览》卷七七一引《吴时外国传》"时风一月余日，从迦那调州可至大秦"，疑里数未合，因谓大秦与南印度之 Dakshina 音近。[1] 冯承钧辈亦有相同说法，以大秦即《佛国记》之达嚫。今观《神丹经》本文云"地方三万里"，可以知其不然。况达嚫(Dakshināpatha)之境域，见于《大战书》(Mahābhārata)，原且不包括南印 Pāndyas 国，据 R. G. Bhandarkar 所考证，仅指说 Marāthi 语之区域 (见氏著 *Early History of the Dakkan*)。所指甚狭，安能与大秦地方三万里相比拟乎？达嚫与大秦牵混问题，说详余另文《达嚫考》。

《神丹经》此段文字，1937 年，Henri Maspero 尝译成法文，并附考证，谓此经乃伪托葛洪撰，间亦抄袭万震书，其记大秦事多不确，仍以其指海西东罗马之大秦也。[2]

《南史》卷六十八《中天竺国传》云："汉桓帝延熹九年，大秦王安敦遣使自日南徼外来献，汉世唯一通焉。其国人行贾往往至扶南、日南、交阯。其南徼诸国人少有到大秦者。孙权黄武五年，有大秦贾人字秦论来到交阯，太守吴邈遣送诣权，权问论方土风俗，论具以事对。时诸葛恪讨丹杨，获黝、歙短人。论见之曰：'大秦希见此人。'权以男女各十人送论。"此条每见征引，认为大秦早期与华来往之史实，主要由于商人之关系，孙权以黝、歙之短人赠秦论，短人即所谓僬侥(《说文·人部》："南方有僬侥人，人长三尺。")。诸葛恪领丹阳

---

[1]　见杉本直治郎《東南アヅア研究》I, 494 页，岑仲勉于《水经注卷一笺校》亦有是说。

[2]　"Un texte chinois sur le pays de Ta-t'sin (Orient romain)", *Mélanges Maspero*, vol. II (Le Caire, 1937).

后改题 "Un texte taoiste sur l'Orient Romain"，收入氏之遗书第三集 *Etudes Historique* (Paris, 1950)。

太守，讨平山越，在嘉禾三年（《吴志·陈表传》及《权传》）黝、歙
二县俱属丹阳都。于此二县获得僬侥矮人，而以赠与大秦商贾者，因
大秦一向传言有小人国，唐太宗子魏王泰《括地志》云："小人国在大
秦南，人才三尺，其耕稼之时，惧鹤所食，大秦卫助之，即僬侥国，
其人穴居也。"（王谟辑本）疑系权时已有此说，故权以短人示秦论，
而论答云"大秦希见此种人"。此亦大秦故事之趣闻也。

古奴斯调国

《神丹经》云："古奴斯调国，去歌营可万余里，土地人民有万余家，
皆多白皙易长大。民皆乘四轮车，车驾二马或四马，四会所集也。舶船常
有百余艘，市会万余人，昼夜作市。船行皆幡号鸣鼓吹角，人民衣服如中
国无异。土地有金玉如瓦石，此国亦奉大道焉。"

按《御览》卷七九〇有姑奴国，引《南州异物志》："姑奴去歌营
可八千里。民人万余户，皆乘四辕车，驾二马或四马，四会所集也。
舶船常有百余艘，市会万余人。昼夜作市。船皆鸣鼓吹角，人民衣被
中国。"《异物志》但称姑奴国，里数作八千。《神丹经》云："扈犁国，
古奴斯调西南。"而《御览》引《南州异物志》："扈利国在奴调州西南
边海。"《水经·河水注》引康泰曰："安息、月支、天竺至伽那调洲，
皆仰此（石）盐。"是其地宜在印度扈利之东。康泰云："从迦那调洲
西南入大湾可七八百里，乃到枝扈黎大江口。"故其地似在缅甸西南沿
岸。[①]

《神丹经》言"古奴调国"，除上引二条外，尚云："大秦在古奴斯
调西，可四万余里。"[②]

亦有但称"古奴"者，如云：

师汉、扈黎、斯调、大秦、古奴、察牢、叶波、罽宾。

昔中国人往扶南，后从扶南乘船，船入海，欲至古奴国。

---

① 岑仲勉又以迦那调为 Kra，可备一说。许云樵云："迦那调洲较拘利为近。"既言西南入大
湾，似在今缅甸西南隅。《正法念处经》有 Kanadvipa 一洲，为阎浮提旁五百小洲之一（《南
洋史》，105 页）。

② 古奴斯调，Maspero 译作两国："des royaumes de Kou-onu et de Sseu-t'iao (Ceylon)" (*Etudes
Historique*, p. 102)。

古奴，自即《南州异物志》之"姑奴"。

《洛阳伽蓝记》卷四："（菩提）拔陁云：'古有奴调者，乘四轮马为车。斯调国出火浣布，以树皮为之，其树入火不燃。'"苏继顾谓："今本《伽蓝记》有倒植，应作'有古奴调国'。"古奴调可还原为梵文 Kurndvipa，"调"字为梵文 dvipa 之省译，其义为洲，亦可训国。今按"古奴调国"一名，既揭有"国"字，仍存"调"字者，亦如康泰之"伽那调洲"，既称"调"而又呼"洲"也。《伽蓝记》自以作"有古奴调国"为是。

是知"古奴调国"，即"迦那调洲"或"加那调洲"，而"姑奴国"及"奴调洲"则为其省译（参扈犁国条引文）。《神丹经》之"古奴调国"与Kurndvipa 不合，斯字当为衍文，盖因"斯调"一名而衍也，表之如次：

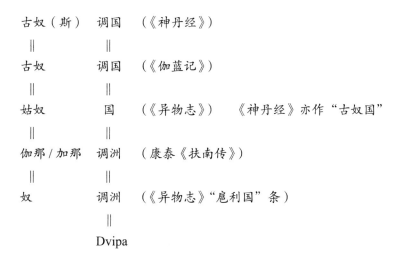

古奴（斯）　调国　　（《神丹经》）
‖　　　　　‖
古奴　　　调国　　（《伽蓝记》）
‖　　　　　‖
姑奴　　　国　　　（《异物志》）　　《神丹经》亦作"古奴国"
‖　　　　　‖
伽那／加那　调洲　（康泰《扶南传》）
‖　　　　　‖
奴　　　　调洲　　（《异物志》"扈利国"条）
　　　　　　‖
　　　Dvipa

察牢国

《神丹经》云："察牢国，在安息、大秦中间，大国也。去天竺五千余里，人民勇健，举一国人自称王种，国无常王，国人常选耆老有德望者立为王。三年一更，举国尊之，土地所出，与天竺同，尤多珍物，不可名字。察牢国人，自慕其地土，生不出国远行。人民安乐，国无刑杀，惟修仁义福德为业，其雍雍然也。"

按《御览》卷七九○有察牢国，引《南州异物志》："察牢在安息中间，大国也。去天竺五千里，人民勇健，举国人皆称王种。国无常王，国人常选耆老有德者立为王。三岁一更举。土地所〔出〕，与天竺同。慕其土地，不出国远行。”盖即《神丹经》所本。《御览》引“察牢在安息中间”，似当据《神丹经》于“安息”下补“大秦”二字。察牢令地不可考。以音求之，疑是车离国，见《后汉书》卷九八《魏略·西戎传》，“车离”作“东离”，云：“其国沙奇城，在天竺东南三千余里，大国也。其士气物类，与天竺同。列城数十，皆称王，大月氏伐之，遂臣服焉。”

叶波国

《神丹经》云：“叶波国去天竺三千里，人民土地有无，与天竺同。”

按叶波一名，见《宋书》及《梁书》。《宋书·南夷传》：“呵罗单国治阇婆洲，元嘉七年，遣使献金刚指镮，赤鹦鹉鸟，天竺国白叠古贝、叶波国古贝等物。”《梁书·中天竺国传》：“（天竺）左右嘉维、舍卫、叶波等十六大国，去天竺或二三千里，共尊奉之，以为在天地之中。”此条据原文，应是康泰出使扶南时，面询陈宋二人天竺土俗，而陈等回答如此，为三国时之记录。时天竺自以为居世界之中心，其左右十六大国，叶波即其一也，叶波之名，与《神丹经》相同。亦有作“业波”者，《魏书·西域传》：“乾陀（Gandhwa）国在乌苌西，本名叶波，为嚈哒（Hephthalites）所破，因改焉。其王本是敕勒（Tegin），临国已二世矣。”（《北史》卷九十七同）《宋云行纪》：“入乾陀罗国，土地亦与乌场国相似，本名业波罗国，为嚈哒所灭，遂立勑懃为王，治国以来，已经二世。”则又作“业波罗”，实为 Yopāla 之对音。业波则其略也。① 嚈哒侵乾陀罗，约当五世纪下半，此书仍称叶波国，则其资料写成应在此之前。沙畹于《行纪笺注》称：《太子须太挐经》谓太子为叶波国湿波王之子，业波、叶波似为同国之名是也。②

叶波既改称乾陀罗，《法显行传》作犍陀罗，《水经注》作犍陀卫，所引《释氏西域记》作犍陀越，玄奘《西域记》作健驮逻。其国包有

---

① 参周祖谟《洛阳伽蓝记校释》，1963，209—210 页。
② 沙畹《宋云行纪笺注》，冯承钧译本（《西域南海史地考证译丛》第六篇），42 页。

今巴基斯坦白沙瓦（Peshawar）附近之地。

罽宾国

《神丹经》云："罽宾国在月支西北，大国也。……外地人有石彦章者，久居扶南。数往来外国。云曾至罽宾，见苜蓿山，不能高大也。……洪按此山，必是长生之丘阜也。"

按罽宾，汉武时始通中国。《汉书·西域传》："其地西北与大月支，西南与乌弋山离接壤。"说者谓其地即今印度北部之 Kāsmira。烈维与沙畹合著《罽宾考》，谓"罽宾"之原音，应为 Kapil (a) 或 Kapir (a)。据希腊学者 Ptolémée 之地理著作，克什米尔名 Kaspêria，汉名以为罽宾，亦不足异。[①]

惟藤田丰八说以为汉之罽宾应在唐之建驮罗迤西，约与"迦毕试"（Kapis）相当（说见慧超《往五天竺国传笺释》）。《神丹经》："罽宾次于叶波（即健驮罗）之后，云在月支西北。"而月支在天竺北可七千里，此罽宾又在月支之西，是此罽宾不得为克什米尔，似可为藤田说张目矣。

扶南与罽宾之交通，他书不载，此条足补其缺略。

月支

《神丹经》云："月支在天竺北可七千里。驰马珍物如天竺。土地高凉，皆乘四轮车，驾四五或六七，轫之在车无小大，车有容二十人。有国王称天子。都邑人乘常数十万，域郭宫室与大秦相似。人形胡而绝洁白，被服礼仪，父慈子孝，法度恭卑，坐不蹲踞。如此，天竺不及也。或有奉大道者。中分地亦方二万里。多寒饶霜雪，种姜不生，仰天竺姜耳。无蚕桑，皆织毛而为纱縠也。犬羊毛有长二三尺者，男女通续用之。"

又赞云："萎蕤月支。"

---

① 《罽宾考》，见 *Journal Asiatique*, 1895。冯承钧译本（《史地丛考》，108—112 页）。其他罽宾有关重要之论著如下：

P. C. Bagchi, "Ki-ipn and Kashmir", *Sino-Indian Studies*, II (1946-7), pp. 42-53.

L. Petech, "Chi-Pin", *Northern India According to the Shui-Ching-Chu* 之附录 pp. 63-80, 1950, Roma。

　　按《史记·大宛传》大月氏国条《正义》引万震《南州志》："在天竺北可七千里。地高燥而远，国王称天子。国中乘骑常数十万匹。城郭宫殿与大秦国同。人民赤白色，便习弓马，土地所出，及奇玮珍物，被服鲜好，天竺不及也。"《御览》卷七九三引《异物志》："月氏俗乘四轮车，或四牛或八牛，可容二十人，王称天子。"凡此皆《神丹经》所本。万震《南州异物志》诸种辑本[1]，皆不及类书所引之"异物志"。今按《神丹经》多据万震书，疑此条《异物志》即《南州异物志》，如是则《南州异物志》辑本，可补者多矣。《汉书》卷九十六大月氏国治监氏城，《后汉书》作蓝氏城，在巴达克山（Badakhshān）地域。自张骞还汉后，大月氏逾妫水（Oxus）取蓝氏为都。此后大月氏则为吐火罗（Tokhares）矣。公元450年，其王南侵北天竺，乾陀罗以北五国，尽役属之。《神丹经》仍分叶波国与月支为二，所记资料，应在此以前。

安息

《神丹经》云："安息在月支西八千里，国土风俗，尽与月支同，人马精勇，土方五千里，金玉如石，用为钱。国王死，辄与铸钱。有犬马，有大爵。其国左有土地，百余王治别住，不属月支也。"

又赞云："苏合安息。"

　　按《汉书·西域传》："安息国，王死辄更铸钱。有大马爵。[2]其属大小数百城，地方数千里。……"当为《神丹经》所本。

　　古安息即指 Parhia 之 Arsacides，安息国名首见于《史记·大宛传》。赵汝适《诸蕃志》安息香条云："《通典》叙西戎有安息国。"仅引《通典》，不及此经。《梁书·中天竺传》："其西与大秦安息交市海中……苏合是合诸香汁煎之。"（即 Storax，产于小亚细亚。）《隋书·波斯传》载波斯产苏合。按安息当周隋之时为波斯萨珊王朝，故《隋书》称"波斯产苏合"，《神丹经》成书在前，故云"苏合安息"也。

---

　　① 有陈运溶辑本，《麓山精舍丛书》第二集；小川博《南州异物志辑本稿》（《安田学园研究纪要》第二、三号）。

　　② 《御览》卷七九三引作"有大马大爵"是。《汉纪·孝武纪》、《通典·边防》并同。

优钱

《神丹经》云："优钱在天竺东南七千里。土地人民举止，并与天竺同。珍玩所出，奇玮之物，胜诸月支。""乃说邦国，厥数无原。句稚歌营，林扬加陈。师汉虎犁，斯调大秦。古奴察牢，叶波罽宾。天竺月支，安息优钱，大方累万，小规数千。过此以往，莫识其根。"

又赞云："兰艾斯调，幽穆优钱；余各妙气，无及震檀也。"

　　按优钱他书作优钹。《御览》卷七八七引康泰《扶南土俗》："优钹国者，在天竺之东南可五千里。国土炽盛，城郭珍玩谣俗与竺司。"（按当作"天竺同"。）又云："横跌（鲍本作横跌）国在优钹之东南。城郭饶乐，不及优钹也。"《神丹经》似本诸康泰书，而三处并作优钱。且以"优钱"与"千、根"为韵，又一以"优钱"与"震檀"协韵，鄙见由用韵知其作"钱"，应较《御览》两处所引之作"钹"，更为可据。宋本《御览》于优钹国下接记横跌国，字并从金作"钹"，殆由"钱"转写为"钹"。他书引《御览》或作"优跋"，乃更误"钹"为"跋"矣。

　　横跌（跌）国，在优钱之东南，经考证与担袟、摸跌实同一地，即 Tamatipti（=Tamlūk）。[1] 优钱在天竺东南，与天竺同俗，必在印度境内，可能即乌爹（《岛夷志略》），即乌荼（《大唐西域记》）。汉译梵文，每以忧、乌译 u，如乌苌国（uddiyana）亦作"忧长"（梁宝唱《名僧传》）是其例。今吴语仍读"钱"字如 di，故优钱之为乌荼，似有可能。乌荼，梵文 Udra、Odra，Pakrit 作 Oḍḍa，乌荼必为 Oḍḍa 之对音。印度东海岸 Orissa 之古名也。

　　伯希和谓"摸跌"、"优钹"二名，似其原地名中有 Mahadelupat 之可能，但不知在何处。设所言之天竺系指印度，则其东南五千里之优钹国[2]，应在恒河以东，混慎出发之摸跌（指《御览》卷三四七引

---

[1] 《水经·河水注》引康泰《扶南传》"……恒水江口有国，号担袟，属天竺，遣黄门字兴为檐袟王。"
　　杉本直治郎考证担袟、横跌皆一名之异写，即《西域记》之耽摩栗底国。
[2] 杉本氏论"优钹"即印度之"羯罗拏苏伐剌那国"，以其在耽摩栗底西北七百余里。其地梵名 Karna（耳）Suvarna（金），谓优钹＝Su-Var，乃苏伐剌那之略称，说甚迂回（杉本氏书，501—511 页），今所不取。

《吴时外国传》记扶南之先，有摸趺国人混慎得神弓事），既在优钹东南，则宜在马来半岛东岸。[①]对于"优钹"一名无从复原。今《神丹经》三处作"优钱"，可资比勘之助，故余敢断言"钹"乃"钱"之误也。

《神丹经》所记诸国里程：

> 象林县过日南四五百里，立两铜柱为汉南界。
>
> 林邑南可三百里，为西图国。
>
> 出日南寿灵浦，由海正南行，昼夜不住十余日乃到扶南。扶南在林邑西南三千余里。
>
> 典逊，在扶南南去五千里。
>
> 典逊去日南二万里，扶南去林邑似不过三千七八百里。
>
> （舶船发寿灵浦口，调风昼夜不解帆十五日，乃到典逊〔高张四帆〕，一日一夕，行二千里。）
>
> 杜薄，阇婆国名也。在扶南东涨海中洲，从扶南船行，直截海度，可数十日乃到。
>
> 无伦国，在扶南西二千余里。
>
> 林阳国，在扶南西二（七）千余里。
>
> 句稚国，去典逊八百里有江口。
>
> 歌营国，在句稚南可一月行，乃到其国。湾中有大山林迄海边，名曰蒲罗，中有殊民，尾长六寸。……是歌营国夷人耳。
>
> 加陈国，在歌营西南，海边国。
>
> 师汉国，在句稚西南，从句稚去，船行可十四五日乃到国。
>
> 扈犁国，古奴斯调西南，入大湾中七八百里，有大江。自江口西行，距大秦国万余里，乘大舶载五六百人，张七帆，时风一时乃到大秦国。
>
> 斯调国，海中洲名，在歌营国东南可三千里。
>
> 隐章国，去斯调当三四万里。
>
> 大秦国，在古奴斯调西可四万余里。
>
> 古奴斯调国，去歌营可万余里。

---

①　见氏著《关于越南半岛的几条中国史文》，冯承钧《西域南海史地考证译丛》，171页。

察牢国，在安息大秦中间，去天竺五千余里。

叶波国，去天竺三千里。

罽宾国，在月支西北。

月支，在天竺北可七千里。

安息，在月支西八千里。

优钱，在天竺东南七千里。

按《通典》卷一百八十八海南序略，言"朱应康泰使诸国，其所经及传闻则有百数十国，因立记传。晋代通中国者盖鲜"。是未采及《神丹经》资料可知。其称隋时闻焉之国，计有投和、丹丹、边斗、都昆、拘利、比嵩、杜薄、薄剌、火山、无论等国，除投和、丹丹而外，均见于《神丹经》。《太平御览》卷七九〇南蛮诸国名与《神丹经》相同者，有无论、句稚、歌营、加陈、师汉、扈利、姑奴、察牢、西屠，均见《异物志》。卷七八七有蒲罗中国、优钹、斯调、林阳诸国，多见康泰《扶南土俗》，两书所列各国先后，不加伦次，不若《神丹经》之条秩有序，故略揭其书中所记诸国里程，列举以供参考。

四、丹经赞之香药资料

香药自海舶输入，盛于唐世。（《唐阙史》记兰陵崔公统成番禺，而夷占辐辏；至于长安宝货药肆，咸丰衍于南方之物，即其一证。）唐人因作《南海药谱》，词人李珣亦撰《海药本草》，而论香药贸易史者，追溯原初，仅及李唐而止。（如日人山田宪太郎所作《东西香药史》是。）此经之末有赞，载众香产地，乃极重要之香药文献，而未见引用。兹录原文如次，并略为注释。范晔撰《和香方序》，已云"苏合安息"（《宋书》卷六九），与此赞文同。众香杂类，各自有原。

木之沉浮，出于日南。

《御览》卷九八二引《南州异物志》："沉木香出日南，欲取当先斫坏树，着地积久，外皮朽烂，其心至坚者，置水则沉，名沉香；其次在心白之间，不甚坚精，置之水中，不沉不浮，与水面平者，名曰栈香；其最少粗白者，名曰系香。"《香要抄本》引略同。又《梁书·林邑传》："林邑国者，本汉日南郡象林县……出瑇瑁、贝齿、吉贝、沉木香……置水中则沉，故名曰沉香，次不沉不浮者，曰笺香也。"《政和证类本草》卷一二沉香条：《通典》"海南林邑国，秦象郡林邑县。出沉香沉木"。《本草纲目》卷三四引宋苏颂《图经本草》："沉香青桂等香，出海南诸国及交广崖州。沉怀远《南越志》云：交趾蜜香树，彼人取之，先断其积年老木根，经年其外皮干俱朽烂，木心与枝节不坏，坚黑沉水者，即沉香也；半浮半沉，与水面平者，为鸡骨香……"沉香，学名为 Aguilaria agallocha。

都梁青灵，出于典逊。

《香要抄本》引《南州异物志》："藿香出典逊，海边国也，属扶南，香形如都梁，可以着衣服中。"《香药抄·里书》引《本草纲目》卷十四引《嘉祐本草》略同。《艺文类聚》及《太平御览》亦引，然多讹夺；详前"典逊"条。又《御览》卷七八八引《唐书》："顿逊国出藿香，插枝便生，叶如都梁，以裹衣。"按都梁乃兰之别名，《御览》卷九八二引盛弘之《荆州记》："都梁县有小山，山水清浅，其中生兰草。俗谓兰为都梁，即以号县。"此言都梁出典逊，因藿香形似兰，故称为都梁也。石户谷勉《中国北部之药草》谓藿香似为印度之 Pogostemon purpurascens（沐绍良译本，100 页）。

鸡舌芬萝，生于杜薄。

《香要抄本》引《南州异物志》："鸡舌香出杜薄州，云是草花，可含香口。"《香药抄》引同。《御览》卷九八一引《南州异物志》作："鸡舌出在苏州，云是草花，可含香口。""在苏"自是"杜薄"之讹。同卷又引《吴时外国传》："五马洲出鸡舌香。"卷七八七"马五洲"条引康泰《扶南土俗》："诸薄之东有五洲，出鸡舌香，多华少实。"诸薄即杜薄也。《本草纲目》卷三四引唐陈藏器《本草拾遗》："鸡舌香与丁香同种，花实丛生，其中心最大者为鸡舌，击破有顺理而解为两向，如鸡舌，故名；乃是母丁香也。"又引苏恭《唐本草》："鸡舌香……出昆仑及交州爱州以南。"又引李珣《海药本草》："丁香生东海及昆仑国。"石户谷勉谓丁香即 Eugenia aromatica 之干制花蕾，鸡舌香则为其未熟之果实。

幽兰茹来，出于无伦。

无伦国见前。幽兰茹来，不详。

青木天竺。

《御览》卷九八二引《南州异物志》："青木香出天竺，是草根，状如甘草。"《重修政和证类本草》引同，《香字抄》、《香要抄本》、《香药抄》引略异。《御览》又引《广志》："青木出交州天竺。"徐里（衷）《南方记》："青木香出天竺国，不知其形。"《南夷志》："南诏青木香，永昌所出，其山名青木山，在永昌南三月日程。"[①]《本草纲目》卷一四引《名医别录》："木香生永昌山谷。（陶）宏景曰：此即青木香也，永昌不复贡，今皆从外国舶上来，乃云出大秦国，今皆以合香，不入药用。"《唐本草》："此有二种，当以昆仑来者为佳，西胡来者不善。"《图经本草》："木香生永昌山谷，今惟广州舶上有来者，他无所出。"按青木香盖 Saussurea laffa 之根也，原为 Kashmir 之土产。[②]

郁金罽宾。

《香要抄本》引《南州异物志》："郁金香，出罽宾国。国人种之，先取上佛，积日萎熇，乃弃去之。然后贾人取之。（《南史·中天竺国传》：郁金独出罽宾国，文亦相同。）郁金色正黄而细，与扶容（按：《御览》作芙蓉）华里披莲者相似。可以香酒，故天子有郁酒也。"《香药抄》引同。《御览》卷九八一引有夺文。《本草纲目》卷十四引作杨孚《南州异物志》。又《香药抄》引《遁麟记》："郁金者，是树名，出罽宾国。其花丛取花安置一处，待烂，压取汁，介物和之为香，花稻犹有香气，亦用为香也。"郁金香，学名 Cureuma Ionga Macrophylla。鱼豢《魏略》云大秦出郁金，《周书·异域传》称波斯国出郁金。证之《旧唐书·西戎传》，郁金出于天竺，通于大秦，此云"郁金罽宾"正合事实。

---

① 日本《续群书类丛》第三十辑卷八九四为《香字抄》。在第三十一辑之卷八九五为《香要抄》，卷八九六本为《香药抄》，卷八九六末为《香药抄·里书》，共四种。《南夷志》即唐樊绰《蛮书》，今本文字略异，参向达《蛮书校注》（1962），196 页。

② 参冯承钧《诸蕃志校注》（1940），125 页；《中国北部之药草》，沐译本，12 页。

苏合安息。

《御览》卷九八二引《续汉书》："大秦国合诸香，煎其汁，谓之苏合。"
《广志》："苏合出大秦；或云苏合国人采之，筌其汁以为香膏，卖滓与贾
客；或云合诸香草煎为苏合，非自然一种也。"《政和证类本草》卷一二引
陶隐居云："俗传云是师子屎，外国说不尔；今皆从西域来。"又引《唐本
草》："此香从西域及昆仑来。"冯承钧《诸蕃志校注》引 Hirth 及 Rockhill
说："今苏合香油乃 storax 油，产于小亚细亚之 Liquidambar orientalis 中。
古代中国所识之苏合，出大秦国。按希腊语名此物曰 sturaz，汉名苏合，
殆其对音，盖西利亚 styrax officinalis 之产物也。"《隋书》卷八三《波斯
传》载波斯产苏合。(按:《周书》五十《波斯传》同。波斯即安息。)《梁
书》卷五四与《南史・中天竺国传》云："其西与大秦安息交市海中，多大
秦珍物。……苏合是合诸香汁煎之，非自然一物也。"又云："大秦人采苏
合，先筌其汁以为香膏，乃卖其滓与诸国贾人，是以展转来达中国，不大
香也。""苏合安息"一语，刘宋范晔已言之。

薰陆大秦。

《本草纲目》卷三四引掌禹锡《嘉祐本草》："按《南州异物志》云：
'薰陆出大秦国，在海边有大树，枝叶正如古松，生于沙中，盛夏木胶流
出沙上，状如桃胶，夷人采取，卖与商贾，无贾则自食之。'"《御览》卷
九八二引《南方草木状》："薰陆香出大秦，云在海边，自有大树生于沙中，
盛夏树胶流出沙上，夷人采取，卖与贾人。"[①]注："《南州异物志》同，其异
香（按：为'者'字之讹）惟云：状如桃胶。"《香要抄本・香药抄・里书》
引略同。《御览》又引《魏略》："大秦出薰陆。"《广志》："寄六出交州，又
大秦海边人采与贾人易谷，若无贾人，取食之。"《政和证类本草》卷十二
引《唐本草》："薰陆香形似白胶香，出天竺单于国。"《本草纲目》引宋陈
承《本草别说》："西出天竺，南出波斯等国。……薰陆是总名，乳是薰陆
之乳头也。"《梦溪笔谈》卷二六亦云："薰陆即乳香也，本名薰陆，以其

---

　　① 今本《南方草木状》作："薰陆香，出大秦，在海边有大树，枝叶正如古松，生于沙中，
盛夏树胶流出沙上，方采之。"各书转引徐表《南州异物记》，或作徐里。按徐表、徐里，均
为徐衷之讹。参和田久德《徐衷的南方草木状について》(《岩井博士古稀纪念典籍论集》)。

滴下如乳头者谓之乳头香。"冯承钧《诸蕃志校注》："释注 ① 以乳香为华语 olibanum（frankincense）之通称，阿剌壁语名香药曰 luban，犹言乳。又以薰陆为译名，出阿剌壁语之 kundur，或梵语之 kunduru，末引《本草纲目》卷三四，摩勒香、杜噜香、多伽罗香三名。伯希和以为薰陆是华名，纵为译语，所本语言尚未详，要与阿剌壁语名无关系也。摩勒对音未详；杜噜如为梵语咄鲁瑟剑 turuska 之省译，然为苏合，而非薰陆；多伽罗对音是 tagara，乃为零陵香，亦非薰陆也。"

咸自草木，各自所珍。或华或胶，或心或枝。

唯夫甲香、螺蚌之伦，生于歌营、句稚之渊。

《御览》卷九八二引《南州异物志》："甲香，螺属也。大者如瓯，面前一边，直挠长数寸，围壳岨峿有刺。其掩可合众香烧之，皆使益芳，独烧则臭。甲香一名流螺，谓〔诸螺〕（原脱，据《香要抄》末补）之中流最厚味。"《香要抄》末及重修《政和证类本草》卷二二引略异。《御览》又引《广志》："甲香出南方。"《西京杂记》述赵飞燕女弟遗飞燕三十五物，有"青木香、沉水香、香螺卮"。香螺卮下原注："出南海，一名丹螺。"香螺卮当亦即甲香。

葳蕤月支。

《本草纲目》卷十二引《名医别录》："葳蕤生太山山谷及丘陵。宏景曰：今处处有之，根似黄精，小异，服食家用之。"李时珍亦云："处处山中有之。"不悉《神丹经》作者因何而谓葳蕤出月支也。

硫黄都昆。

重修《政和证类本草》卷三引《南州异物志》："流黄香出南海边诸国。今中国用者从西戎来。"《御览》卷九八二引《吴时外国传》："流黄香出都昆国，在扶南南三千余里。"注："《南州异物志》同。"又引《广志》："流黄香出南海边国。"（《齐民要术》卷十引《南方草木状》："都昆树，野生，二月花色仍连着实，八九月熟如鸡卵，出九真交阯。"都昆树当以产于都昆得名。）

---

① 按指 Hirth 及 Rockhill 之 *Chau Ju-Kua: His Work on the Chinese and Arab Trade in the Twelfth and Thirteenth Centuries, entitled Chu-fan-chi*。

白附师汉。

《证类本草》卷十一白附子条引陶隐居云"此物乃言出芮芮",按即蠕蠕。又引唐《本草》:"本出高丽,今出凉州以西,蜀郡不复有。"《本草纲目》卷十七引《海药本草》:徐表(裒)《南州异物记》云:"生东海新罗国,及辽东。苗与附子相似。"白附子究为何物,学者意见不一。[①]惟高丽新罗与师汉,东西遥遥,不知《神丹经》作者何以系合一谈也。

光鼻加陈。

加陈国见前。光鼻,不详。

兰艾斯调。

兰艾,不详,疑为兰草及艾纳之合称。《御览》卷九八二引《乐府歌》:"行胡从何来?列国持何来?氍毹五味香,迷送(按为'迭'之讹)艾纳及都梁。"都梁即兰。

幽穆优钱。

优钱国见前。幽穆,不详。

余各妙气,无及震檀也。

震檀,即真檀,梵名 Candana,参《诸蕃志》檀香条。

计《神丹经》末述及香药一十五种:除四种不详(幽兰茹来、光鼻、兰艾、幽穆),二种疑记载有误(姜蒩、白附),一种已见《宋书·范晔传》(苏合),余八种见《南州异物志》。

五、结论

(一)《神丹经》所据

昔 Henri Maspero 尝选译《神丹经》记大秦国事,并谓经文多出万震《南州异物志》;所言是也,惟未加阐述。本文三、四两节于《神丹经》各

---

① 参《中国北部之药草》,沐译本,43—44 页。

条所据，已有考释，因眉目未清，兹汇录如次：

（1）《神丹经》文与《南州异物志》相同者：

"扶南在林邑西南三千余里，自立为王，诸属国皆君长。王号炮到，大国次王者号为鄱叹，小国君长及王之左右大臣皆号为昆仑也。"——《御览》卷七八六引《南州异物志》，较略。

"典逊在扶南南去五千里……今属扶南。"——《御览》卷七八八引《南州异物志》，五千里作三千余里。

"（无伦国）有大道……其酒甘美。"——《御览》卷七九〇引《南州异物志》，无伦作无论，"种桃榔食菱饭"作"种枇杷食麦饭"。"句稚国去典孙八百里……水浅而多慈石。"——《御览》卷七九〇引《南州异物志》，"典逊"误作"典游"。

"大崎头出涨海中……慈石不得过。"——《御览》卷九八八引《南州异物志》，少异。

"歌营国在句稚南……男女裸形。"——《御览》卷七九〇《南州异物志》，较略。

"林杨在扶南西二千余里……皆奉道。"——《御览》卷七八七引《南州异物志》，略同。

"加陈国在歌营西南。"——《御览》卷七九〇引《南州异物志》，同。

"师汉国在句稚西南……民万余家。"——《御览》卷七九〇《南州异物志》，同，惟不及师汉之命名。

"扈犁国，古奴斯调西南。"——《御览》卷七九〇引《南州异物志》："扈利国，在奴调洲西南边海。"

"斯调国，海中洲名也……土地沃美。"——《御览》卷七八七引《南州异物志》，同，惟不及"奉大道"事。

"（大秦国）家居皆以珊瑚为棁橘……水精为阶苑。"——《史记·大宛列传正义》引万震《南州志》，同。《初学记》卷二四及《御览》卷一八八引《南州异物志》，不全。

"古奴斯调国，去歌营可万余里……衣被中国。"——《御览》卷七九〇引《南州异物志》，同，惟"古奴斯调"作"姑奴"，"万余里"作"八千里"。

"察牢国在安息大秦中间……不出国远行。"——《御览》卷七九〇引《南州异物志》，同。

"月支……土地高凉。""国王称天子……天竺不及也。"——《史记·大宛列传正义》引万震《南州志》，同。

"（月支）皆乘四轮车……车容二十人。有国王称天子。"——《御览》卷七九三引《异物志》，同。

（2）《神丹经》文采取《南州异物志》者：

"木之沉浮，出于日南。""都梁青灵，出于典逊。""鸡舌芬萝，生于杜薄。""青木天竺。""郁金罽宾。""薰陆大秦。""唯夫甲香、螺蚌之伦，生于歌菏、句稚之渊。""硫黄都昆。"——详"丹经赞之香药资料"。

"又有麻厨木……殆食物也。"——《齐民要术》卷十引《南州异物志》："木有摩厨，生于斯调国，其汁肥润，其泽如脂膏，馨香馥郁，可以煎熬食物，香美如中国用油。"《御览》卷九六〇引，及《本草纲目》卷三一引《本览拾遗》转引，文字略异，一作《异物志》，一作陈祈畅《异物志赞》。未悉确为万震书否。

（3）《神丹经》文与康泰书相同者：

"（杜薄）女子织作白叠花布。"——《御览》卷八二〇引《吴时外国传》，同。

"蒲罗中有殊民……而好啖人。"——《御览》卷七八九引康泰《扶南土俗》、卷七九一《扶南土俗传》，略同。

"扈犁国，古奴斯调西南，入大湾中卷七八百里……时风一月乃到大秦国。"——《水经·河水注》引康泰《扶南传》，《北堂书钞》卷一三八、《御览》卷七七一引《吴时外国传》，略同。

"优钱在天竺东南七千里，土地人民举止，并与天竺同。"——《御览》卷七八七引康泰《扶南土俗》，"优钱"作"优钹"，"七千里"作"可五千里"。

（4）《神丹经》文与《唐书》相同者：

"杜薄，阇婆国名也，在扶南东涨海中洲……皆着衣服。""以金为钱货。"——《御览》卷七八八引《唐书》，少异。

（5）《神丹经》文与《汉书》相同者：

"（安息）国王死……不属月支也。"——《汉书·西域传》，略同。

是《神丹经》作者于《南州异物志》取材独多，亦尝参据康泰书。又自附录之《地名异译表》，可知《神丹经》之地名，除见《南州异物志》及康泰书外，又多同于《洛阳伽蓝记》及《梁书》（《梁书·海南诸国传》

颇多原出康泰书）。

（二）《神丹经》在古地理研究上之价值

释道二藏，卷帙浩繁，今人虽知其为学界鸿宝，读者终鲜，而研习《道藏》者尤鲜。故《神丹经》一书，自法儒马伯乐于 1937 年将其中大秦国节译成法文，并附考证，谓此经乃伪托葛洪撰，其记大秦事诸多不确，且断为六世纪之作品；治域外地理者于此经鲜见引证。然此经记外国地理之重要，乃在于记载西南诸国里程，并排比其先后得一条贯。康泰、万震之书，既非完帙，类书所引，一鳞一爪，莫由审其经纬。此经大半钞自万震，其资料之素材，可信为依据三世纪之记录，不容忽视。此其价值一也。此经记扶南、典逊、林邑、杜（社）薄、无伦五国，而不及诃罗陁（宋元嘉七年入贡）、婆皇（元嘉二十六年献方物）、婆达（元嘉二十六年入贡）、槃槃（元嘉入贡）、丹丹（梁中大通二年入贡）、狼牙修（天监十四年遣使奉表）诸国，可见并无羼入刘宋以来之南海事迹，且从书中用韵观察，决不能迟至六世纪。此其价值二也。域外地理，古书记载简略，方向既多约略之辞，文献复稠叠，类相因袭，故莫切于鸠集相同之记载，互为校核，以定其从违。此经取材多自康泰万震，持与类书征引者参校，颇多可厘正者，如句稚国条可明宋本《御览》"与游"乃"典逊"之讹。又由崫犁国条，可证传本《洛阳伽蓝记》"古有奴调国"应作"有古奴调国"。此其价值三也。经末述赞众香产地，为早期香药史之重要文献。此其价值四也。于叶波国不称乾陀或乾陀罗，与《北史》所记本名业波正合。叶波为本名，因为哒所破，遂改焉，此事亦见《宋云行纪》，云于正光元年（公元 520 年）至乾陀罗国，可证《神丹经》写成年代，应前于此。其价值五也。由此五端，具见此经之值得重视。虽马伯乐曾论述于前，而探究未周，不妨再事研索。比年整理港大冯平山图书馆善本书，对此经发生兴趣，浏读《太平御览》，采辑益多，其东西学者对各地名曾论列者，略为引证推勘。以此经可提供当代南洋史家未用之资料，故不自量力，掇为斯篇。惜南海地理非所夙习，于地望所在，但取成说，加以评骘，而不敢妄断，徒有纂文之劳，实蔑释地之功。踳谬之处，俟鸿博之匡正云。

1961 年初稿，1969 年重录改定

附录　地名异译表

《太清金液神丹经》	《南州异物志》	《异物志》	康泰所撰书	交州以南外国传	《外国传》	竺芝《扶南记》	《林邑记》	郭氏《玄中记》
西图		西屠		西屠	西图		西屠	
典逊	典逊（又讹作与游）		顿逊（《扶南传》）			顿逊		
都昆			都昆（《吴时外国传》）		屈都乾		屈都	
比嵩								
句稚	句稚		拘利（《扶南土俗》《扶南传》）					
杜薄	杜薄（又讹作在苏）		诸薄（《吴时外国传》《扶南土俗》）	（诸簿）（诸转）				诸薄
无论	无伦							
歌营	歌营		加营（《吴时外国传》《扶南土俗》）					加营
蒲罗	蒲类		蒲罗中（《扶南土俗》）					
林杨	林阳		林阳（《扶南土俗》）			林阳	林杨	
加陈	加陈							
师汉	师汉							
扈犁	扈利		枝扈黎（《扶南传》）					
斯调	斯调	斯调	斯调（《扶南土俗》《吴时外国传》）					
隐章								
古奴（斯）、调古奴	奴调洲 姑女		加那调州（《吴时外国传》）					
察牢	察牢							
叶波								
优钱			优钹（《扶南土俗》）					

续表

杨衒之《洛阳伽蓝记》	姚思廉《梁书》	《隋书》（《御览》引）	《唐书》（《御览》引）	杜佑《通典》	《广志》	其他
	西图（今本讹作西国）					西屠（《吴录》《吴都赋》）
典孙（原讹作孙典）	典逊、顿逊		顿逊	典逊、顿逊		顿逊（《穷神秘苑》）
	屈都昆	都昆、都雅（都军）		都昆都军		都昆（《南方草木》）、都君（《太平寰宇记》）、屈都昆（《晋书·地道记》）
		比嵩		比嵩、北嵩		
句稚	九稚、拘利	九稚、拘利	拘利	九离、拘利		
	诸薄		杜薄、社婆（《唐书·南蛮传》）	杜薄、诸薄	诸薄	耆薄（《大荒西经》郭注）、诸薄（徐衷《南方记》）
				无论		
歌营				加营		
			蒲刺洲、勃焚洲	蒲刺、勃焚洲		勃焚洲（《抱朴子》）
						拔扈利（《括地志》）、固支黎（《印度劄记》）
斯调					斯调	斯调（《应志》）
古奴调（据范氏校本）						
业波罗	叶波					叶波（《宋书》《太子须挐经》）、业波（《魏书》）

说明：常见地名而诸书少异者，若扶南、林邑、大秦、天竺、罽宾、月支、安息，未列入此表。

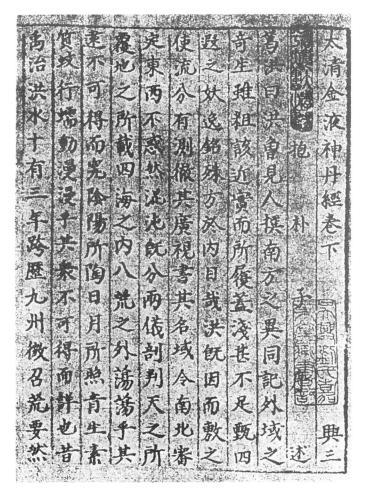

天一阁旧藏明钞道藏零本

后　记

日本学人颇怀疑《神丹经》为晚出伪书。

近日冯汉镛著《葛洪曾去印支考》（见《文史》三十九期，1994），列举葛氏书中言及印支特产与扶南土俗等，则力证其到过印支。谓其《仙药》篇言及日南卢容水中玉，卢容近灵寿浦，可能彼曾逗留过一段时间，且考出其航行路线系取道琼州、儋州线，可以参看。

宋帝播迁七洲洋地望考实
兼论其与占城交通路线

宋季帝昰播迁海裔，由潮而惠、而广，转徙于官富场及其附近（即九龙新界辖境）者凡九阅月，然后南走秀山，舟次井澳。元军追至七洲洋，帝欲奔占城不果，遂驻于化之硇洲。无何，驾崩。帝以弱龄，自井澳惊悸得疾，遂乃"海桴浮避，澳岸栖存"[①]。虽凌震有复广之讯，马南宝曾赋诗志喜，时帝舟实次于硇洲[②]，故遗诏谓"沙洲何所，垂阅十旬"。盖帝仍泊舟中，有谓其至广，如《二王本末》说，盖谰言也。

帝昰自浅湾（《新安县志山水略》："浅湾山在县南九十余里。"）走秀山，旋至七洲洋，盖欲往占城未果，故驻于化之硇州。秀山亦名虎头山，《筹海图编·广东沿海山沙图》有大小虎头山，俗又名虎头门。[③]自宋至明，船舶南往诸蕃，出虎头门，乃入大海。由粤航海，向分中路及东西路。

明王在晋《海防纂要》记广东中路云：

> 日本诸岛入寇，多自闽趋广。柘林为东路第一关锁，使先会兵守此，则可以遏其冲，而不得泊矣。其势必越于中路之屯门、鸡栖、佛堂门、冷水角、老万山（按即大屿山）、虎头门等澳，而南头为甚，或泊以寄潮，或据为窠穴，乃其所必由者；附海有东莞大鹏戍守之兵，使添置往来，预为巡哨，遇警辄敌，则必不敢以泊矣。其势必历峡门、望门、大小横琴山（按即横琴山）、零丁洋、仙女澳、九灶山（按应作三灶）、九星洋等处而西，而浪白澳为甚，乃番舶等候接济之所也，附海有香山所戍守之兵，使添置往来，预为巡哨，遇警辄敌，则亦不

---

① 陆秀夫《景炎帝遗诏》语。
② 参黄佐《香山县志·马南宝传》。
③ 见陈伯陶《东莞志·山川》。

敢以泊此矣。其势必历厓门、寨门海、万斛山、碙州（按即硇州）等处而西，而望峒澳为甚，乃番舶停留避风之门户也，附海有广海卫、新宁、海朗所戍守之兵，使添置往来，预为巡哨，遇警辄敌，则又不敢以泊此矣。①

此记广东沿海险要戍所甚详，盖本胡宗宪《筹海图编》卷三《广东事宜》中路条。《方舆纪要》（卷一〇一）广东"海"条引《海防考》文略同，而字作"硐洲"，当是"硇州"之误。关于香山线之仙女澳等处，宋帝自秀山南奔，曾经其地。

黄佐嘉靖《香山县志·山川》云：

> 九星洲山，九峰分峙，多石岩石屋，灵草石上，溜水甘美，为番舶往来所汲，曰天塘水。
>
> 零丁山，下有零丁洋。
>
> 小横琴山，下有双女坑。大横琴山，幽峻，为寇所伏。
>
> 深井山，即仙女澳也，亦名井澳，在横琴下。宋端宗御舟尝至此。（注云："景炎二年十二月，帝舟入海，至仙山澳；丙寅，风大作，舟败几溺，帝惊悸得疾，曾一却元兵于此。"）
>
> 三灶山，三石形似名。与横琴相对，皆抵南番大洋。

考《筹海图编·广东沿海总图》，东莞县虎头山南有九星洋，而吴川县南有七星洋，实为二地。又同书《沿海山沙图》，九星洋在官富山东南，大小虎头山之北。检罗洪先《广舆图》一"广东舆图"，东莞以南，香山之北，有"七星"及"虎头"二名并列，"七星"当是《山沙图》之"九星"。以"九星洋"与"七星洋"，自明以来即易淆混，故元将刘深追帝昺所至之七洲洋，向来因有二说：

（1）以为"七星洋"

《厓山志》云："丁丑，刘深追（帝）至七星洋，大战洋中，夺船二百艘。"黄佐《粤志》同。广东《阮通志·海防略图》说"七星洋在遂溪县南，与硇洲为掎角之势"。《明一统志》卷八十二《琼州府山川》："七星山

---

①　日本蓬左文库藏修德堂万历刊本。

在文昌县东滨海，山有七峰，状如七星连珠，亦名'七洲洋山'。"《文昌县志》因谓："七洲洋山在县东百余里大海中，七峰连峙，与铜鼓山相属，俱有石门，上有山，下有泉，航海者皆于此樵汲。元刘深追宋端宗获俞如圭（珪）于此。"① 张燮《东西洋考》考卷九《西洋针路》乌猪山，下条为七州山七州洋，引《琼州志》亦云："在文昌东一百里，海中有山，连起七峰。内有泉，甘洌可食。元兵刘深追宋端宗执其亲属俞廷珪之地也。"此《琼州志》乃万历以前所修者。

（2）以为"九星洋"

《读史方舆纪要》香山县井澳条云："九星洋在县西南，宋景炎二年，元将刘深袭井澳，帝至谢女峡，复入海至九星洋，欲往占城不果。《一统志》'海中有九曜山罗列如九星'，洋因以名。"按明《一统志》卷七八："九曜山在（广州）府城西海中，罗列如九星。宋郭祥正诗：番禺城西偏，九石名九曜。"此九曜山实在番禺西，若香山县乃有"九星洲山"（见黄佐《香山志》），顾祖禹引番禺九曜山以附会"九星洋"，实误。

　　按九星洲山在香山县，近仙女澳，具见上引黄佐嘉靖《香山志》。然黄氏于此条不书宋帝事。"七星洋"与"九星洲山"至易相混。"七洲洋山"据《明统志》地在文昌县，然元《经世大典》云："二十三日，沿海经略使行征南左副都元帅府丘追昺昺世杰等至广州七洲洋，及之，战海洋中，夺船二百艘，获昺母舅俞如珪等。"则以此七洲洋在广州，然《经世大典》所记时地，多极虚泛，如谓昺遁海外硐洲，即接言十四年九月五日福建宣慰使唆都言"南剑州安抚司达鲁花赤马良佐，遣人于福泉等处密探得，残宋建都广州改咸熙元年"云云。咸熙年号之误，自不待论，至谓其建都广州，亦非事实。寻彼所谓"广州"可能泛指广东境，故谓"广州七洲洋"一语。"广州"二字亦极空泛，恐不能执此以定七洲洋必属广州境也。

又考帝昺自井澳至七洲洋，各书所记，时地亦复多歧。

《宋史·二王纪》云："十二月丙子，昺至井澳，飓风坏舟，几溺死，遂成疾。旬余，诸兵士始稍稍来集，死者十四五。丁丑，刘深追至七洲洋，

---

① 道光《琼州府志》卷四上"山川"引。

执俞如珪以归。"

黄潜《番禺客语》自注云："遇风之日，新史（指《宋史》）以为丙子，《填海录》以为丙寅。"余考遇飓事，应以《填海录》所记"丙寅"为正，黄佐《香山志》深井山条亦以为"丙寅"（参看拙作《九龙与宋季史料》，33页），如是与《宋史》经旬余兵士稍集正相符合。《客语》自注又云：

> （御舟）入海，至七洲洋，欲往占城不果，遂驻硇洲镇。硇洲屹立海中，当南北道，隶化洲。

此云入海，至七洲洋，则此七洲洋当远在海外，非香山县在井澳附近之九星洲山。黄培芳《新会县志》卷一三《事纪》据《方舆纪要》改作"九星洲"，而云：

> 此云"九星洋"不知所本。……《纪要》引《一统志》海中有九曜山，罗列如九星，洋因以名。又云九星洋在香山县。据此，则九星洋与《经世大典》所云七洲洋之地正同，或因七九形近，故作七洲洋耳。

案《宋史·二王纪》、《经世大典》均作"七洲洋"，《厓山志》、黄《通志》则俱作"七星洋"。黄培芳之说实不可信。九星与七洲实为两地，《方舆纪要》之九星洋，误以为番禺之九曜山当之，自不待论。至据其改"七洲洋"为"九星洋"，殊属不必。

考"七洲洋"向来为往占城之要道。黄佐《通志》"海寇"条云"中路自东莞县南头城山佛堂、十字门、冷水角诸海澳"，其子注引（黄衷）《海语》云："自东莞之南亭门放洋，至乌潴、独潴、七洲三洋。星盘坤未针；至外罗坤申针，入占城。"《真腊风土记》总叙云："自温州开洋，行丁未针，历闽广海外诸州港口，通七洲洋，经交趾洋到占城。"

自粤泛海至占城，明正统间行人吴惠有日记（惠字孟仁，东吴人）书其事，见《震泽纪闻》及严从简《殊域周咨录》卷七"占城"条，而黄《通志》亦载其日记略云：

> 正统六年七月，奉使占城立嗣王。十二月，某日，发东莞，次日

过乌猪洋；又次日过七洲洋，瞭见铜鼓山；次至独猪洋，见大周山；次至交趾洋，有巨洲横截海中，怪石廉利，风横舟碍之即糜碎，舟人不胜恐。须臾，风急过之，次日至占城外罗洋、校杯屿口。廿九日，王遣头目迎诏宝船象驾，笳鼓填咽。……五月六日回洋。十五日，瞭见广海诸山，遂收南门，以还广东。……①

此七洲洋可望见铜鼓山，当在文昌县。明《一统志》七星山亦名"七洲洋山"，次条即为铜鼓山，云："在文昌县东一百里，俗传民尝于此山得铜鼓，因名。"吴惠所言之七洲洋，以铜鼓山证之，自即文昌县之七洲洋，亦即黄衷《海语》所谓乌潴、独潴、七洲三洋之一也。前人于"七洲"与"九星"两地，不能详辨；最可笑者，如陈伯陶《东莞志前事略》云：

> 按文昌东海有七洲洋，然刘深追宋师，必无舍广州而直抵琼州之理。惟《方舆纪要》引《一统志》云："九星洋在香山县南。"又云："海中有九曜山罗列如九星，洋因以名。"然则亦广州地也。今考《方舆纪要》："东莞县西南有乌猪海洋。"吴惠《日记》："正统六年，奉诏使占城，放东莞，次日过乌猪洋，又次日过七洲洋，瞭见铜鼓山。"则七洲洋去东莞不远。

此条有二大错：一是不知明《统志》九曜山乃在番禺，与九星洋无关。一是既引吴惠日记，则此已过乌潴之七洲洋，且可望见铜鼓山，自不能属于东莞，应在文昌。彼盖昧于西洋航路，亦不能深责矣。

考现存可据而较早之航海图，应推茅元仪《武备志》卷二百四十所附之"自宝船厂开船从龙江关出水直抵外国诸番图"，近人考证为郑和舟师集体之作，制成于洪熙元年至宣德五年间（见周钰森著《郑和航路考》），乃明初航海图。图中"九星"与"七洲"，明为两处（详看插图），不容混乱。今再综合言之：余所以断刘深追至七洲洋之地望应在文昌者，其理由有五：

（1）《宋史》、《经世大典》称"七洲洋"，《厓山志》、黄佐《通志》称"七星洋"，正与七星山及七洲洋山名称形状符合。

（2）香山之"九星洋"绝无"七洲"之名，郑和航图但称"九星"，可证。

（3）黄佐嘉靖《香山志》于九星洲山下不书刘深追帝昺事。

（4）《东西洋考》引万历以前《琼州志》，记刘深此事于文昌七洲洋下，可见万历以前，说者咸认为帝昺到过七洲洋。（可见顾祖禹之说为后出，且误九曜山为九星，故不可信。）

（5）帝昺意欲往占城，故经七洲洋。

有此五大理由，七洲洋应在文昌，可成定谳。

一般疑七洲洋不宜在文昌者，因其路途太远，此则不明当日针路里程，有以使然。考北宋时自屯门南至占城为时仅十日，《武经总要》前集卷二十一《广南东路》云：

> 从屯门山用东风西南行，七日至九乳螺州，又三日至不劳山（在环州国界。按即《唐书》之占不劳山，在占城），又南三日至陵山东。

再按之针路，《海国广记》所载：

> 自东莞南亭"用坤未针，五更，取乌猪山"。
> 自广州往暹罗针路。自乌猪山"用坤未针，十三更，平七洲山"。
> 又广州往爪哇，自乌猪山"用坤未针，亦十三更，取七洲洋山"。

十三更合 31 小时 12 分，五更合 12 小时，是自东莞南亭起航，至七洲洋山，需时共 43 小时 12 分（参看周钰森《郑和航路考》）。循针路而行，不过三日而已。

证以自琼州与广来往时间，据牛天宿康熙十五年修《琼州府志》云：

> 外路：徐闻可半日到。若达广州，由里海行者，顺风五六日，大海放洋者，三四日。福建则七八日，浙江则十三日，西至廉州四日。自儋州西行，二日可达交趾万宁县；三日可抵断山云屯县。崖州南行，二日接占城国。①

---

① 道光《琼州志》卷三《疆域》引。

是琼州至广放洋者，三四日可达，与吴惠所记发东莞，越两日可抵七洲洋，日程正合。牛津藏旧钞本《顺风相送》有 1639 年（崇祯十二年）大主教（Arch. Laud）题赠款，盖明人航海针经，次七洲山七洲洋，次于乌猪山、独猪山之中间。其福建往交趾针路："坤未针五更平乌猪山，用单坤针十三更平七洲山。"浯屿（即金门岛）往大泥（Patani）吉兰丹（Kelantan）针："用单坤五更取乌猪山，用单坤及坤未针十三更平七洲洋，用坤未七更平独猪山。"此七洲洋以七洲得名，即今海南岛以南之西沙群岛，为赴南洋必经之险地。吴自牧《梦粱录》所云"去怕七洲，回怕昆仑"者也。帝昰于景炎二年十二月丙寅，移井澳遇飓，是月陈宜中先往占城。丁丑，元将刘深追至七洲洋，是时帝殆欲往占城，故南趋七洲洋，则此七洲洋当为铜鼓山附近之七星山，可无疑义。砜洲去七洲洋不远，黄溍称："至七洲洋，欲往占城，不果，遂驻砜洲镇。"此由七洲洋可确定砜洲应即化州之砜洲，或当时闻王道夫人广，遂中止前往占城而留居砜洲耶？《厓山志》云："帝欲往居占城不果，遂驻次于化之砜洲。遣兵取雷州，曾渊子自雷州来。"又云："雷州既失守，而六军所泊居雷化犬牙处，非善计……遂以己未发砜洲，乙亥至厓门驻跸。"其自砜洲迁厓门，正因雷州失守，南往占城，有所不便。时士卒方散处雷、化二州之间。综观是时人地种种情形，砜洲自非在化州莫属矣。《武经总要》前卷二十一记宋时砜洲形势，谓："自化州下水至海口四日程。从州东至海三十里，渡小海，抵化州界，地名砜洲。入思广州，通江浙福建等路。"砜洲地形之重要于此可见。帝昰所以暂次于此岛者，意存观望，进而可回广州，退则可往占城。迨王用降元，沓磊浦为元兵控制，雷州又告陷落，供给路断，遂东折往厓门。诚如《新会志》云"取给于广石诸郡"，形势渐迫，不得不尔也。

余　论

（一）砜洲异文

明罗洪先《广舆图》卷一《广东舆图》吴川对岸有小岛曰"碙洲"，当是"砜洲"之误。隆庆刊本《筹海图编》称"万斛山纲州"，《海防纂要》作"碙州"，《方舆纪要》又作"碙州"，皆误。

（二）杨太后帝昺图像

南薰殿所藏宋代帝后图像有轴及册多种，自宣祖至度宗，自宣祖后至宁宗后。弘治刊《历代古人像赞》，但至宁宗。万历刊王圻《三才图会》亦至度宗而止。苦茶庵主人藏有碧江赵冕玉家传《赵宋一代帝后遗像》，内有帝昺，作僧像；又杨淑妃像，为各书所无，惟帝昰像缺。未审果如周密所言："锐下，一目几眇，未由勘验，是可惜也。"

（三）广州湾杨侯王庙

由黄佐《广东通志》观之，大屿山非宋帝驻跸之地，明儒已有定论。故今大屿山地区，西至昂坪，东极梅窝，绝无宋室遗迹，非若九龙之有二王殿，可以稽考。若东涌有杨侯王庙，建自清乾隆时（见《大屿山志·名胜》）。盖"侯王庙"广地多有之，而以广州湾之"杨侯王庙"建筑最为瑰伟。周密记厓山之败，陆秀夫、杨亮节皆溺海死焉，谓亮节道卒九龙，此乃陈伯陶之臆测，了不足信。广州湾亦有杨侯王庙，殆因二帝曾播迁化之硇洲，非偶然也。

附 宋王事迹略谈

九龙有宋王台，关于宋季史迹，兹分（1）宋季三幼主（帝昺、帝昰、帝昺）及其外戚，（2）宋帝行宫论述之。

三幼主年岁相若。帝昺即位仅四岁，失位时年六岁。帝昰在福州即位，年九岁，崩于硇洲，时十一岁。帝昺在硇洲登极，年八岁，厓门坠海时，年九岁。（《三朝政要》则以昰、昺同年所生，似不可信。）此三幼帝向来每被人混误，如《二王本末》一书即误称"广王昺"作"广王"（按昰应称益王）。后人图绘帝后遗像，或以帝昺作僧服，疑因帝昺而误。《元史·世祖纪》："二十五年，赵昺学佛法于土番。"宋旧宫人郑惠真诗云"唐僧三藏入天西"，即指其事。三帝皆不同母所生。帝昺为全皇后出，故贾似道主立嫡，得嗣度宗为帝。昰则杨淑妃所生。昺乃俞修容所生。淑妃即琴学大家杨守斋之女，赵氏族谱谓淑妃为杨镇长女，非是。守斋子杨亮节，原为福州观察使，帝昺之立，亮节以母舅居中秉权（《宋史》卷四五〇）。厓山败，亮节与陆秀夫皆溺海死（见《癸辛杂识》）。陈伯陶作侯王庙圣史牌记，谓九龙杨侯王庙即祀道病卒之杨亮节，余曾证其误，已得学人之同意。若帝昺舅即俞如珪，井澳之败，于七洲洋为元将刘深所俘。

《嘉庆一统志》卷四四二："端宗（即帝昰）自闽入广，行宫凡三十余所。"其详不可悉考。据《厓山志》及《新安县志》胜迹，"梅蔚山有景炎行宫"。官富场（今九龙一带）旧有二王殿村，后人于其附近建为宋王台。《新安志》宋王台条称"昔帝昺驻跸于此"，实误"昰"为"昺"。九龙旧有宋街、帝街、昺街。其实当端宗驻今九龙之时，昺只得称为"卫王"而已。又"二王"之号，因元人所修宋史，在《瀛国公本纪》之下附"二王"之事，可知"二王"乃沿元人之贬称。据《填海录》所载，端宗于景炎二年四月次官富场，六月次古墝（《厓山志》作"古塔"），至十二月，自浅湾移秀山，前后居九龙一带约有九个月，所经各地行宫，今亦莫考。其至秀山，元《经世大典》书中云："山上民万余家，有一巨富者，昰买此人宅作殿阙，屯驻其兵。"此出于当日探报，行宫在何处，亦不可知。自是帝遂入海，至井澳，因元兵南下追迫，唆多既大会师于官富（《元史·唆都传》），刘深又于井澳进袭，帝复因飓风，惊悸成疾。先是井澳之败，丞相陈宜中欲奉帝走占城，乃先往占城谕意，知事不可为，遂不复归（《宋史·宜中传》），帝因此不得往占城，乃留驻于硇州。无何，复薨于硇州。硇州所在，宋元人记载，如黄溍之《陆君实传后叙》、邓光荐之《文丞相传》、周密之《癸辛杂识》等书所记，乃在化州与雷州犬牙相错之处。其他孤悬海外，帝滞于此小岛者，目的欲往占城也（惟陈仲微《二王本末》作"硇川"，谓属广东之东莞县，与众说异）。硇州今属湛江市，1918年，法人 H. Imbert 曾在该地调查，发表一文曰《宋末二王驻跸硇州之研究》，载于印度支那书评（*Revue Indochinoise*）第二一卷第三号。据云该地有宋王村、宋王井及宋王碑，是其古迹之多，正可与九龙之二王村宋王台互相媲美。对于硇州一地望，可作最后之论定。卫王昺在硇州继位，改元祥兴，遂升硇州为翔龙县。其年宋将王用叛降元，硇州乏粮，时雷州又失守，张世杰以为泊居雷化犬牙处，非善后之计，遂自硇州徙居新会崖山。崖山地属广州，因升广州为翔龙府。在厓山之行宫，据《二王本末》一书所记，起行宫三十间，内正殿以杨太妃故立名慈元殿。以上即二帝在沿海播迁，经过各地建立行宫及其遗迹之可考者。

1962 年在香港西区扶轮社讲

按拙作《九龙与宋季史料》，主硇州不在大屿山应在吴川说。嗣见清吴宣崇亦撰《硇州即硇洲考》，末段云："《元史·世祖纪》（十五年）行中书言张世杰据硇州，攻旁郡未易平。"盖世杰时攻雷州，惟在吴川之硇州，故攻雷最近。且六军泊居雷化犬牙处，非吴川之硇洲又何处乎？《香山新会志》乃执陈仲微吴莱之误说，力争硇州属广州之东莞县，与州治相对第隔一水，真通人之蔽也（文献《广东文征》卷三六）。宣崇吴川人，为懋清之孙，著有《友松居文集》。

法人在硇州调查所得，译述如下：

> 在硇洲岛赤麻村之前门，犹存宋王碑。不幸因千载之风雨青苔剥蚀之故，碑上文字已不可辨。[①]

宋末二王驻跸于硇洲之地在马鞍山之下，此地今犹称曰宋皇村。
于赤麻村之附近，有井曰宋王井，其水甚甘。
土人谓有于田地底掘获巨大之木梁（poutre en bois），相传即宋室遗物。
又安南史籍有关南宋夫人事迹，兹附录二则：
（1）《大越史记全书》黎正和十八年岁在丁丑仲冬刊本（1697.12.13—1698.1.11）《本纪》，陈英宗兴隆二十年，元皇庆元年（公元1312年），卷六，二九 b—三〇 a：

> 六月帝还自占城。……加尊先帝先后徽号，及加封各处名神。立芹海门神祠。先是帝亲征，至芹海门（注：前曰乾。避讳改为芹）。〔仲侠按：李仁宗（1072—1128）讳乾德是也。〕驻营，夜梦神女泣曰："妾赵宋妃子，为贼所逼困于风涛至此，上帝敕为海神久矣。今陛下师行，顾翼赞立功。"帝觉，召故老问事实，祭然后发，海为无波，直到阇槃（即占城），克获而归。至是命有司立祠，时祭焉。

（2）《大南一统志》（维新三年：1909年，印本），卷十五，《义安省下·祠庙》：

> 芹海神祠在琼琉县香芹社。宋祥兴年间师溃于崖山，杨太后与公主三人赴海，忽飓风大作，漂泊于乾海门，颜色如生，土人为之立祠。

---

① H. Imbert: "Recherches sur le se'jour a l'ile de Nao-tchesus des Jeruiers empereurs de la Dynastie des Song", *Revue Indochinoise*, XXI (1918, Mars), n. 3.

A Nao-tcheou, il y a devant le village de 赤 麻 une stèle nommée 宋 王 碑, que la pliné. les embruns salins.

陈《史记》兴隆二十年英宗亲征占城，舟抵乾海门，夜梦神人曰……〔仲侠按：后与《史记全书》同〕……大捷，及还命加封赠国家南海大乾圣娘，增广祠宇。

黎洪德元年（公元 1470 年），圣宗亲征占城，舟过乾海门，诣祠密祷，风恬浪帖，直抵占境，克之。师还帝舟已过汴海，忽东风回帆，舟复至祠下，遂命登秩，增建祠宇，因名回舟处为东回村。

此后屡著灵应，递年腊月有竞舟会，观者如堵。本朝加封。今通国多有祠祀之。

杨淑妃像

宋帝昺像

（杨淑妃、帝昺两像俱见碧江赵冕玉家传"赵宋一代帝后遗像"，黄绳曾先生藏）

明刊《筹海图编》广东沿海山沙图之一

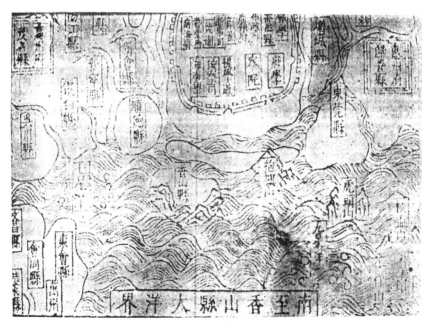

《筹海图编》广东沿海总图

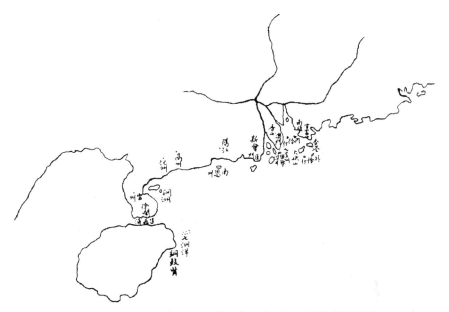

黄佐嘉靖《粤通志》所记宋季二帝由官富场南迁路线示意图

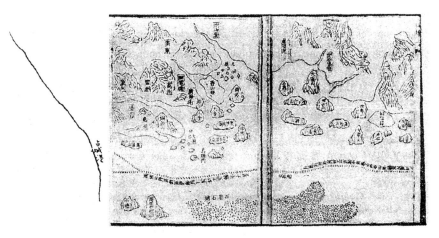

明洪熙至宣德间航海图之一段（见《武备志》）

SOME PLACE-NAMES IN THE SOUTH SEAS IN THE *YUNG-LO TA-TIEN*
（《永乐大典》中之南海地名）

Early Literature

Previous to the voyages of the Ming admirals Chêng Ho（郑和）and others (1403–1431) to the countries in the Western Oceans (Hsi-yang 西 洋), the main sources of Chinese information on the South Sea regions (Nan-yang 南洋) were in the monograph sections on foreign countries (外国传) of the *Sung-shih*（《宋史》） (1345) and *Yüan-shih*（《元史》）, the *Ling-wai tai-ta*（《岭外代答》）of Chou Ch'ü-fei(周去非) (1178), the *Chu-fan chih*（《诸蕃志》）of Chao Ju-kua（赵汝适)[①] (1225) and the *Tao-i chih-lüeh*[②]（《岛夷志略》）by Wang Ta-yüan（汪大渊） (1349–1350). The *Sung Hui-yao*（《宋会要》）, in its chapters on Foreign Barbarians (*Fan-i chuan*（《蕃夷传》）)[③] and tribute offerings during various dynasties (*Li-tai ch'ao-kung*（《历代朝贡》）), contained valuable information. Fragmentary data on China's foreign relations were also found in the *T'ang Hui-yao*（《唐会要》）, the *T'ai-p'ing kuang-chi*（《太平广记》）, *T'ai-p'ing huan-yü chi*（《太平寰宇记》）(c. 976–983) and *T'ai-p'ing yü-lan*（《太平御览》）.

[①] Chao Ju-kua, according to its foreword, would spend hours in studying maps of various countries, which shows the interest among the Chinese of those days in foreign lands and voyages. It is true that Chao was Superintendent of the Fukien provincial customs.

[②] See Hirth and Rockhill (1991: 61–69); also notes (*chiao-chu* 校注) by Fujita Toyohachi (藤田 丰八) (1915) on *Tao-i chih-lüeh*（《岛夷志略》）by Wang Ta-yüan（汪大渊）.

[③] The *Fan-i chuan* 蕃夷传 (Biographical notes on Foreign Barbarians) in the *Sung Hui-yao* is further proof of the popular interest in foreign affairs in China at that time.

Ch'ên Yüan-ching（陈元靓）collected the Sung data on foreign countries from various sources in his *Shih-lin kuang-chi*[①]（《事林广记》）, and Chou Chih-chung（周致中）did the same for the Yüan data, in his *I-yü chih*（《异域志》）.

The chapter on Barbarians (*Fan-i*（《蕃夷》）) in the Yüan work *Ching-shih ta-tiem*《经世大典》(*Yüan-wên-lei*（《元文类》）, ch. 41) only mentions the places which the Imperial envoy Yang T'ing-pi（杨庭壁）visited. A similar chapter in the *Huan-yü t'ung-chih*（《寰宇通志》）(*Wai-i*（《外夷》）, ch. 118)in its record of political events and products of various countries, contains a few errors[②] which are left uncorrected in the *Ta-ming i-t'ung chih*（《大明一统志》）, which simply repeats the same information.

There are four other books, no longer extant today, which according to their titles must have contained information on China's foreign relations. These were the *Hai-wai san-shih-liu kuo chi*（《海外三十六国记》）(Records of 36 countries) by *Ta hsi Hung-t'ung*[③]（《达奚洪通》）; the *Tai-tou*[④] *chu-fan chi*（《戴斗诸蕃记》）(Records of countries) by Chang Chien-chang（张建章）; the *Hai-shih-ch'êng kuang-chi*（《海使程广记》）(Reports of envoys sent on overseas missions) by Chang Lai（章僚）. (The above three are listed in the bibliographical section of the *Sung-shih*（《宋史》）) The fourth is *Chan-ch'êng kuo lu*（《占城国录》）(Records of the Champa kingdom) by author unknown（失名）; its title is found in the *Chih-chai shu-lu chieh-t'i*（《直斋书录解题》）.

[①] Several Yüan and Ming editions exist with variants in their texts. In the so-called new edition（新编）of 1325 it is said there are 21 countries between Champa and Djabirsa（茶弼茶）. See also Wada (1954).

[②] Errors such as taking 古里 for 班卒 or taking 忽鲁谟思 and 忽鲁母思 (Ormuz) for two different countries due to a minor difference in transliterating the name.

[③] About the year A. D. 760 the author visited the thirty-six countries between ch'ih-t'u（赤土）(Red Earth) and Ch'ien-na（虔那）. His book must have contained data of exceptional interest, some of which however seem to have been used in chapters 2 and 3 of the *Ling-wai tai-ta*（岭外代答）.

[④] Fêng Ch'êng-chün（冯承钧）(1937) and other geographers have mistaken *Tai-tou* for a personal name. I find in the *Ta-fa-sung*（大法颂）of Liang Chien-wên-ti（梁简文帝）(A. D. 503–551) the following couplet "戴日戴斗，靡不来王"："Sooner or later under the Sun and under the Bushel constellation, all come to the King's Court", where *Tai-tou* is simply a metaphor for the world.

Yung-lo Ta-tien (《永乐大典》)

Chüan (卷) 11907 of the *Yung-lo Encyclopaedia*, which was compiled by Imperial order and completed in A. D. 1407, is based as we shall see on the *Nan-hai chih* (《南海志》), and lists the products of various countries, followed by the name of the country where they were found. It is an important source of information, as we may gather from the following extract taken from the *Nan-hai chih*:

> Canton is where foreign ships assemble, with an abundance of valuable products from various countries... When our August Court covered all the countries within the four seas (圣朝奄有四海) envoys came with tribute from... far more countries than were ever recorded in previous gazetteers (前 志). Their tribute with their names follow...

The name *Nan-hai* (南 海) (South Sea regions) occurs in the titles of the following five monographs, the last one of which, as I shall show, is certainly the *Nan-hai chih* from which the *Yung-lo Ta-tien* (YLTT) copied its information. They are:

(i) *Nan-hai chün-lüeh* (《南海郡略》), anonymous (失名), about which see the *Yü-ti chi-shêng* (《舆地纪胜》), a Southern Sung geography completed in 1227 by Wang Hsiang-chih (王 象 之) and reprinted in 1855–1860 by Wu ch'ung-yüeh (伍崇曜).

(ii) *Nan-hai t'u ching* (《南海图经》) (1209) in 5 chüan by Li Mu (李木).

(iii) *Nan-hai hsien-chih* (《南海县志》) (1299) by Ch'ên Hsien (陈岘).

(iv) *Nan-hai hsien-chih* (《南海县志》) (c. 1247) by Fang Ta-tsung (方大琮).

(v) *Nan-hai hsien-chih* (《南海县志》) (1304) by Ch'ên Ta-chên (陈大震).

The classical expression *Yen-yu ssŭ-hai* (奄 有 四 海) (*Shu-ching* or Book of History II, 2, iv) could only refer to the Mongol world domination and not to the Sung period (993–1278) and therefore the first four titles above are to be eliminated as too early, leaving the last one as the only possible *"Nan-hai chih" of chüan* 11907 in the *Yung-lo Ta-tien*. Moreover the reference to the "previous gazetteers" (前志) in the quotation given above can only have originated in (iii), (iv) or (v) as we have no further gazetteers (*chih*, 志) until we come to A. D. 1609, and this would point again to Ch'ên Ta-chên's as being the YLTT *Nan-hai chih*. [1]

Customs offices. Much of the information on foreign countries and their products must have been originally compiled in the customs revenue offices of Fukien province[2] and of Canton. [3] It is practically certain that the lists of foreign countries in the *Nan-hai chih*, *Ling-wai tai-ta*, and *Fan-i* (《 番 夷 》) chapters in the *Kuang-tung t'ung-chih* (《广东通志》) (edited by Huang Tso (黄 佐) in 1558) are from the Canton Customs House. The place-names as recorded by the Fukien provincial customs are often transcribed with different characters, following the Fukienese reading instead of the Cantonese or Northern readings.

The data on foreign countries are not well arranged in either the *Chu-fan chih* or *Tao-i chih-lüeh*. Several ambiguous passages occur in the later work *Hsing-ch'a shêng-lan* (《星槎胜览》), allowing different interpretations.

Place-Names

The foreign countries (*kuo*, 国) in the *Nan-hai chih* are listed in the following order:

1. 交趾国	Chiao-chih	Cochin, Tongking
2. 占城国	Chan-ch'êng	Champa
3. 真腊国	Chên-la	Kamboja (Khmer)
4. 罗斛国、暹国	Lo-hu, Hsien	Lavo (Lopburi-Uthong), (Sukhothai)

---

[1]　The Peking National Library has 2 *chüan* which from part of a work entitled *Nan-hai chih* (《南海志》), about which see P'an Tsung-chou (潘宗周) (1939). *Pao-li-t'ang Sung-pên shu-lu*(《宝礼堂宋本书录》)Appendix, *Nan-hai P'an shih p'ai-yin pên* (《南海潘氏排印本》), and the *Chung-kuo li-lai pan-t'u-lu* (《中国历代版刻图录》).

[2]　In his *Yün-lu man-ch'ao* (《云麓漫钞》), Chao Yen-wei (赵彦卫) (Sung dynasty) says that the Superintendent of the Fukien Customs often went overseas to offer his merchandise in different countries.

[3]　In the annotations to his book *Tao-i tsa-chih* (《岛夷杂思》), Ch'ên Yüan-ching (陈元靓) (Sung dynasty) states that it is a copy of the official original in the Canton Customs House (此本符广舶官本). chêng Ch'ia (郑樵 , 1104–1162) in his *T'ung-chih-lüeh* (《通志略》), mentioned that Chao Hsieh (赵飀) wrote a book entitled *Kuang-chou-shih po-lu* (《广州市舶录》) (Canton Customs Records) — a pity that it was lost.

5. 单马令国	Tan-ma-ling	Tāmbralinga
6. 三佛齐国	San-fo-ch'i	Çrīvijaya (Sumatra)
7. 东洋佛坭国	Tung-yang Fo-ni	
8. 单重布啰国	Tan-chung-pu-lo	Tanjongpura (S. Borneo)
9. 阇婆国	Shê-p'o	Java

(The above nine are in the Nan-yang archipelago (南洋群岛).)

10. From Nan-pi (南毗) (Namburi), Ma-pa-erh (马八儿国) (Ma'abar) to Hu-ch'a-la (胡茶辣国) (Guzarat) are place-names in South India.

11. The remaining place-names go from Persia to Chi-tz'ŭ-ni (吉 慈 尼) (Ghazni, in present-day Afghanistan) grouped by geographical propinquity.

Countries under the suzerainty of others are listed under the suzerain power, for instance under Java come, first, Sun-t'ao (孙条) (Sunda in West Java), then Pa-li (琶离) (Bali Island), and at the end Ti-man (地漫) (Timor Island) to the east (in Malay east=*timur*).

The place-names in the *Nan-hai chih* correspond, nearly all, with those in the *Tao-i chih-lüeh*; though written with different characters they are however near-to homophones.

The preface of the *Tao-i chih-lüeh* by Wu Chien (吴鉴) is dated 1349 and indicates that the work was written later than the *Nan-hai chih* (1304), but as this list is no copy of the latter it must have been taken from another source.

Tung-hsi-yang (东西洋) (East and West Oceans). According to Fêng Ch'êng-chün (冯承钧), "The name Tung-hsi-yang first appears in the *Tao-i chih-lüeh*; it was not currently used until the Ming period, and probably designated the west coast of the Malay Peninsula and Sumatra—that is to say the eastern part of the Indian (*Hsi-yang*) ocean. "

But according to the *Yung-lo Ta-tien* it had been used earlier. The Tāmbraliṅga, Malay peninsula and Çrīvijaya (Palembang, Sumatra) regions were already known as the Hsiao Hsi-yang (小西洋) (Smaller West Ocean), whereas the Fo-ni region was called Tung-yang or Hsiao Tung-yang (小东洋) (Smaller East Ocean). The region between Tanjongpura (Kendawanga) and Java was called Ta Tung-yang (大东洋) (Greater East Ocean).

The Yüan date of the YLTT list. As the YLTT list of foreign countries is *pre-Ta-tê* (1297–1307) *of Yüan* — when Sukhóthai (Su-ku-ti, 速孤底) in Thailand was under the jurisdiction of the two principalities of Lavo (Lo-hu, 罗斛) and Siam (Hsien, 暹)—the latter two countries are listed separately for they were not united until A. D. 1349. Another indication of a Yüan date (and not Sung) for the YLTT list is that the San-fo-ch'i (三佛齐) kingdom is given as separate from Java, whereas Wang Hsiang-chih (1227) gives it as and independent country.

P'u-tuan. In YLTT, P'u-tuan (蒲端) comes after Mait (Ma-yeh, 麻叶)[①] and before Sulu (苏录). It has often been confused with P'u-kan (蒲甘) (Pagán). Though not mentioned in the *Chu-fan chih*, it occurs in the *Sung Hui-yao*, in a passage which says, "From Champa kingdom to Çrīvijaya (the sea voyage) takes 5 days, to Maït 2 days, and to P'u-tuan 7 days." Maspero (1925) places P'u-tuan in the Philippine Archipelago, but in the YLTT it comes under Tung-yang Fo-ni (north-east coast of Borneo), while P'u-kan comes under Champa kingdom — showing that P'u-tuan and P'u-kan are really quite distinct places. Wang Hsiang-chih (1227) places P'u-tan also under Fo-ni. There is a Fo-ni ko (佛坭国) in the *Sung Hui-yao* (p. 7764 iv, 8), where it is transcribed Po-ni kuo (渤泥国) in the *Chu-fan chih*. This Fo-ni or Po-ni is present day Brunei in Borneo[②], from the YLTT list. Brunei in those days ruled Manila (Ma-li-lu 麻里噜 =Maliru) and the Sulu Archipelago. [③]

P'u-kan (蒲甘) (*Pagán*). China in 1004 (Ching-tê (景德), 1st year) received tribute from Pagán, Çrīvijaya and Ta-shih (大食) (general term for the Arab countries) according to the *Chu-fan chih*, whereas the *Sung-shih* gives P'u-tuan instead of P'u-kan. Fêng Ch'êng-chün (1937) unnecessarily argues that this is due to a clerical slip of writing the place-name with a 甘 (*kan*) instead of a 端 (*tuan*). In fact they are quite different localities.

Tan-chung-pu-lo (单重布啰). In the first half of the 13th century, under

---

① Also written 麻逸 (Ma-i). In Cantonese 逸 is read *yat* as in Sun Yat–sen. See Wada Sei (和田清) (1942):《明代以前の支那人に知うれたるフイリッピン諸島》. *Tōashi ronsō* (《东亚史论薮》) .

② Brunei and Borneo are dialectal pronunciations of the same region, in part due to Arabic script which does not always indicate the vowels of a word. Brunei of today is a small stale in the big island of Borneo.

③ The Philippine Government now claims sovereignty over North-East Boreno, which by an appeal to an earlier jurisdiction might therefore claim sovereignty over Manila.

the Singhasari dynasty, the Javanese overran southern Borneo to which they gave the name Tan-chung-pu-lo, according to the *Chu-fan chih*. In his description of Sukadana (Su-chi-tan, 苏吉丹), the author of the *Chu-fan* chih refers to it as Tan-jung-wu-lo (丹戎武罗), which he says is a State of Robbers (Tsei-kuo, 贼国).[①] According to the YLTT, Tanjongpura — written Tan-chung-pu-lo (单重布啰)—unlike Brunei, ruled over the Ta Tung-yang. The *Tao-i chih-lüeh*, under the entry Janggala (Chung-chia-lo, 重伽啰) spells Tanjong pulo (单重布啰) (Tan-chung, 丹重) and lists it in the same line (Shiba 1914), or rather column, with Sunda (Sun-t'o, 孙陀) and Bali (P'êng-li, 彭里). Though we do not know exactly where Tanjongpulo was, there is a place-name Tanjong, according to the Chinese map of the Indonesian archipelago, in east Borneo where it may well have been located in the south-east corner of the island.

Dr P. Wheatley (1961: 12) says that Tan-jung-wu-lo (Tan-chung-pu-lo) is Chao Ju-kua's transliteration of Tanjongpura in the Majapahit chronicles; he gives the opinion of Prof J. O. M. Brock, who would locate the town or district in south-west Borneo, and adds that Dr Gibson-Hill still adhered to his earlier identification of Tanjongpura with the region of modern Banjermasin in the south-east corner of Borneo. This leaves the question still open.

Banjermassin (Wên-lang-ma-shên (文郎马神)). Tanjongpulo ruled over Pien-nu-hsin (遍奴忻) which might well be Banjermassin: *Pien-nu* could be *Banjer-*, with-*ma*-omitted.

A Question of Punctuation. There is a passage in the *Chu-fan chih* which poses a problem in punctuation. The unpunctuated passage is 西龙宫什庙日丽胡芦蔓头苏勿里马胆逾马喏居海岛中用小船来往. From the *Nan-hai chih*, I would say the place-names in that passage are:

Chu-fan chih	*Nan-hai chih*
(1) Hsi-lung-kung	= Sha-lo-kou
(2) Jih-li	= Chih-li
(3) Hu-lu-man-t'ou	= Hu-lu-mat-t'ou

①　Could he be referring to the Dyak pirates along this south Borneo coast, or is he venting a private grudge against the native traders who in their dealings had the better of the Chinese superintendent of customs?

(4) Su-wu-li   = Wu-li-sin (but should read Hsin-wu-li)

Though none of the above place-names can be identified, they nevertheless help to correct the following errors in Hirth and Rockhill's translation of the *Chu-fan chih*, due to their wrong punctuation of that passage. For example, while Hu-lu-man-t'ou is obviously a place-name, the translators (pp. 157–158) made out of it three places: Jih-li-hu (日丽胡), Lu-man (芦蔓), and T'ou-su (头苏).

Marco Polo. Though many place-names in Marco Polo's travels agree with the YLTT list, some in the YLTT list have been rather oddly rendered. Some YLTT place-names not given in ihe *Chu-fan chih* and *Tao-i chih-lüeh* are found in Marco Polo. For instance:

> Pu-ssŭ-ma (不斯麻) under Çrīvijaya corresponds to Basma in Java Minor
>
> Tan-na (靼拿) = Tana
>
> Chia-la-tu (加剌都) = Calatu
>
> T'u-fu (涂拂) = Dufar (Djofar)

Ming writers transcribe this as Tso-fa-erh (佐法儿) or Tsu-fa-erh (祖法儿), the Zhafar in Ibn Baṭṭūta, *Yüan-shih*. Here are a few correspondences between the YLTT and Mongol history:

Yung-lo ta-tien	*Yüan-shih*
Su-ku-ti (速孤底) (Sukhothai)	Su-ku-t'ai (速古台) (*Annuls of Ch'êng-tsung* (《成宗纪》)
Hu-lu man-t'ou (呼芦蔓头) (Kari mata)	Chia-li ma-ta (假马里答) (*Biography of Shih Pi* (史弼))
Pu-chih-kan (不直干) (with 干 not 千) (Pachekan)	Pa-chieh-chien (八节涧) (间) (*Monograph on Java*)
Pin-t'o-lan-na (宾陀兰纳) (Fandaraina)	Fan-ta-la-i-na (梵答剌亦纳) (*Economic Section* (《食货》)
Chia-i-wu (伽一勿) (Calicut)	Chia-i (加一) (*Momgmph of Ma'abar*). Ming writers transcribed Calicut in the *Tao-I chih-lüeh* as 古里佛 (Ku-li-fo)

Chu-fan chih and *Tao-I chih-lüeh*. Here are a few of the YLTT transcriptions written differently in the *Chu-fan chih* and *Tao-i Chih-lüeh* transcriptions.

P'an-t'an (盘檀) (Banda islands)　　Wên-tan (文诞) [*Tao-i*]

Wên-lu-ku (文鲁古) (Moluku)　　Wu-nu-ku (勿奴孤) [*Chu-fan*], Wên-lao-ku (文老古) [*Tao-i*]

Hsi-li fu-tan (禧里弗丹) (Salipatam)　　Sha-li-pa-tan (沙里八丹) [*Tao-i*]

The following reflect transcriptions influenced by Cantonese dialectal readings.

Shên-mo-t'o-lo (深没陀罗) (Sumatra). In Cantonese 深 is read *sam*.

Pin-ts'o (宾撮) which corresponds to Pan-tsu (班卒) (Panchur or Fançur). In Cantonese 宾 and 班 are pronounced alike *pan*.

K'uo-li-mo-ssǔ (阔里抹思) (Ormuz) corresponds to Hu-lu-mo-ssǔ (忽鲁谟思) of the Ming writers, who speak of Chêng Ho's calling there.

Copying mistakes also occur, for example with 间 (*chien*) instead of 干 (*kan*). This is a YLTT transcription for 八节间 (Pa-chieh-chien) which in the *Tao-i* is written 八节那间 (Pa-chieh-na-chien) (那 is an unnecessary insertion). In Cantonese 间 is read kan and 干 kong, in Ch'aochou dialect they are read alike.

In the YLTT list, most of the places between Guzarat and Ghazni (吉 慈 尼) are given, whereas only the tail-end of the sequence of names is given in the *Chu-fan chih*. Hirth (1911) and Duyvendak (1932) have already established the concordance of Chinese names with the places in Arabia, so I need not repeat this here.

References

CHAO JU-KUA (赵汝适) (1225). *Chu-fan chih* (《诸蕃志》). See HIRTH and ROCKHILL (1911).

DUYVENDAK, J. J. L. (1932). Ma Huan re-axamined, *Verfmndelingen d. Koninklijke (Nedert.) Akad. v. Weten-schappen te Amsterdam* (adf. letterkunde), 32 (3). See critical review by P. Pelliot (1993).

— (1939). Voyages de Tcheng Houo, in Youssouf Kamal, *Momunenta*

Cartographica , 4.

FĔNG CH'END-CHÜN (冯 承 钧) (1934). *Hsi-yü nan-hai shih-ti k'ao-chêng i-ts'ung* (《西域南海史地考证释丛》). Commercial Press, Shanghai. Includes a translation of G. Maspero's study of the Kingdoms of the Indo-China peninsula at the beginning of the Sung period (《宋初越南半岛诸国考》) (pp. 137–188).

— (1935). *Chêng Ho hsia hsi-yang k'ao* (《郑和下西洋考》). Being a Chinese translation of Pelliot's article in *T'outig Pao*, 30 (1933). See Pelliot's review in *Toung Pao* (TP), 33 (1936): 210–223.

— (1937). *Chung-kuo ana-yang chiao-t'ung shih* (《 中 国 南 洋 交 通 史 》). Shanghai. [See p. 208]

— (1940). *Chu-fan chih chiao-chu* (《诸蕃志校注》). Shin-ti hsiao ts'ung-shu (史地小丛书), Commercial Press, Shanghai.

FUIJTA TOYOHACHI (藤田丰八) (1915). *Tao-i chih-lüeh chiao-chu* (《岛夷志略校注》). *Hsüeh-t'ang ts'ung-k'o* (《雪堂丛刻》) edited by Lo Chên-yü (罗振玉).

HIRTH F. and ROCKHILL, trans. (1911). *Chau-Ju-Kua: his work on the Chinese and Arab trade in the 12th and 13th centuries, entitled Chu-Fan-Chi'*. St. Petersburg.

MASPERO, G. (1925). La géographic politique de l'Indochine aux environs de 960 A. D. *Études Asiatiques* (25ᵉ Anniversaire de l'Ecole Française d'Extrême-Orient), 2: 79–126, maps. Paris.

PELLIOT, P. (1933). Les grands voyages maritimes chinois au début du XVᵉ siècle, *TP*, 30: 237–455.

— (1935). Notes additionnelles aur Tcheng Ho et sur ses voyages, *TP*, 31: 274–314.

— (1936). Encore à propos des voyages de Tcheng Ho, *TP*, 33: 210–333.

SHIBA KENTARŌ (柴谦太郎) (1914). 重迦羅の位置に就いて吾人の見解 (Our view about the site of Chung-shia-lo, is location), Tóyó gakuhó, 4 (1): 93–113.

WADA HISANORI (和田久德) (1954). *Sōdai nankai shiryō to shite no tōizasshi* (宋代南海史料島夷としての雜誌) (*Tao-i tsa-chih*, a new Chinese source of

the history of the Eastern Archipelago and the coast of the Indian Ocean during
the Sung dynasty [960–1279]). *Ocha-no-mizu Joshi Daigaku jimbun kagaku
kiyo* (お茶の水女子大學人文科學記要), 5 (Sept. 1954): 27–43, with English
summary.

WHEATLEY, P. (1961). Geographical notes on some commodities involved in
Sung maritime trade, *Journal of the Malay Brach of the Royal Asiatic Society*,
32 (2).

The above paper was published in "Proceeding of the symposium on
Historical, Archaeological and Linquistic Studies in Southern China, S. E. Asia
and the Hong Kong Region" University of Hong Kong, Golden Jubilee Congress,
September, 1961.

附　记

此文作于 1961 年。据《永乐大典》广字号所引《南海志》，加以考证。
此《南海志》即元大德八年陈大震所辑《南海志》。《南海志》残本，藏北
京图书馆。原书现有广州市史志丛书本（广东人民出版社印行），并附杨
宝霖辑佚。

拙文为研究是书诸蕃国之首篇文字，不无开创之劳。其中暹国管上水
速孤底一条，丛书标点本误读上水速孤底为一名，应正。速孤底即速可
台，上水所在亦见马欢《瀛涯胜览》，黎道纲有详考，见泰京《泰中学刊》
1996 年号。

说艒及海船的相关问题

一、艒与海艒

新加坡的清代石刻木牌题记，上面记着一些船的名目，对于太平洋航海历史的探讨，提供相当重要的资料。碑记上捐款人题名，有的用船舶作为店户来看待。在拙作《星马华文碑刻系年》的引言中[①]，曾略述之云：

> 闽有下列诸名：船，如陈合益船，金益顺船；艒，如沈成仁艒，广德艒，瑞鹏艒；双层，如协利双层；甲板，如澄源甲板。以上据道光三十年（公元 1850）《天福宫碑》。琼则称为装，如沈成泰装，同利装史文开，益盛装黄学弼。以上据光绪六年庚辰（公元 1880）《琼州会馆碑》。

《天福宫碑》所见各"艒"字，所从的"舟"，下无一点，不见于字书。上年陈荆鸿博士来星洲，调查当地文物，与笔者相值，曾询及"艒"字有何根据，一时不能置答。后来见到更早的道光二十七年（公元 1847）峨嵘（星洲地名）《大伯公庙碑》，其中一行云"吗唭金长发艒捐银五大元"。其字分明从鸟从舟，方敢确定"艒"字亦即"艒"，只是俗写欠了一点。

艒字用作船名，已出见于南朝时代。《梁书·王僧辩传》云：

> 侯子鉴等率步骑万余人于岸挑战。又以艒舸千艘并载士，两边悉八十棹。棹手皆越人，去来辄袭，捷过风电。

此事又见《通鉴》卷一六四《梁纪》承圣元年（公元 552），作"以艒

① 新加坡大学中文学会《年刊》第十期。

舠千艘载战士”。《通鉴考异》引《典略》作“乌鹊舫千艘”[①]。

越人长于水战，舟师有“习流”之称[②]。这一传统，下至六朝，相沿未替，故《王僧辩传》的䴔舠，棹手都是越人。宋曾慥《类说》云：

越人用海鹘于水军。

《老学庵笔记》：“建炎中造船四艕海鹘船，长四丈五尺，为钱三百二十九贯。”《格致镜原》战船门引《海物异名记》：

越人水战，有舟名海鹘，急流俗浪不溺。

茅元仪《武备志》、《三才图会》、《四库全书》中，都有海鹘图[③]，宋时的海鹘，必是梁时䴔舠的演变，从文字学上加以解释，䴔即是鹘。《说文·鸟部》：“䴔，鹘䴔也。”又鹘字下注云：“鹘，鹘䴔也。”《玉篇·鸟部》：“䴔，止遥、丁交二切，鹘䴔。”《尔雅·释鸟》：“鵰鸠，鹘䴔。”舍人注：“鵰鸠一名鹘䴔，今之斑鸠。”张揖《广雅》：“鹘䴔，鷂鸠也。”鸟名的鹘䴔，即庄子《逍遥游》的鸴鸠，《经典释文》引崔譔云：“鸴读为滑鸠，一名滑雕。”字书像《说文》把鹘与䴔二字分开解说，单言鹘时，可指鹘䴔，单言䴔时，亦即指鹘。可见海鹘即是䴔舠。所以称船为海鹘者，以其船头低尾高，前大后小，如鹘之形，舷上左右置浮板，形如鹘的翼翅（《三才图会》四器用）。这是以象形来定名，那么䴔之名䴔，取义亦有同然，故䴔与海鹘应是一物。

《类篇》亦云：“䴔舠，船长貌。”宋丁度《集韵》上声二十九条：“䴔，䴔舠，船长貌。”以前的字书不说䴔是船名，这里才见䴔舠一词，乃是采自《梁书》。《玉篇》又有舠字，训“小船也”。《正字通》云：“船小而长者䴔舠。”显然是合《玉篇》的小船及《集韵》、《类篇》的“船长”二义以立训。许多船名往往是联绵字，像艒𦨴、舴艋、舥艚、艕艞之类，越的䴔舠正属同样的词性。安南人称舟曰 thuyê n-luó'n，依松本说，也许即是䴔舠，

① 胡三省《通鉴注》䴔舠云：“盖今之水哨马，即其类。”

② 《吴越春秋》徐天祐注。

③ 各图均载凌纯声先生《中国古代与印度太平两洋的戈船考》（《民族学研究所集刊》二六）。

鹚舡可能是古的越语。[1]

自明以来，战船的制度，有广、福之分。郑若曾的《筹海图编》卷十三兵船类，有广东船及大福船。福船高大如楼，可容百人，底尖上阔，尾设柂楼三重。广船视福船尤大，且以铁为之，福船不过松杉而已。[2]清时行走太平洋的福州帆船，高桅，船头图绘鹚首。[3]《厦门志》卷五《船政》：其桅高篷大者利于走风，谓之"舼仔头"。各省船只，本以颜色为识别。雍正五年（公元 1727）从高其倬奏，允开南洋贸易，九年，着各省船涂色，规定福建用绿色，广东用红色，浙江用白色。闽船绿色；峨嵋大伯公庙及天福宫碑文的鹚，是福建人商号航行闽海的船只，自然是绿头船了。

陈铁凡先生于 1975 年前后在马来亚一带访古，承知告曾得一木雕饰物，悬于庙门之前，初不知其名，后于其他碑刻见到其中有"善信祈福制仙鹚捐缘"事，因联想此饰物或为鹚。兹附他所赠此船状饰物图片，以供参考。

新加坡福建人坟山最早团体的恒山亭，有道光丙申年（公元 1836）该亭"重议规约五条"木牌记，有一段云：

> 恒山亭之香资，和尚于每月朔望日落坡捐化，而逐年唐船、暹船、安南船及外州郡船舨船、双层船等，平安抵叻者，公议唐船凡漳、泉者，每只捐香资宋（吕宋）银四大员。其船中人客募化多寡，随其发心。如暹船、安南船及外州郡之舢舨船、双层船暨各号等船，不论船之大小，但属漳、泉者，议定每只船捐香资宋银二大元。若属本坡之船，每年捐化香资一次……

这里所见的船名，又有舡舨船、舢舨船等。详见下文。

<hr />

[1]　松本信广《东亚民族文化论考》，355 页。
[2]　广船及福船插图，见凌纯声《中国古代与太平洋区的方舟与楼船》（《民族学研究所集刊》二八）。
[3]　图见田汝康《17—19 世纪中叶中国帆船在东南亚洲》。

图一

图二

马来亚仙鹪（木雕）

二、中国船名与太平洋语系

　　清洪亮吉在《卷施阁甲集》卷三有《释舟》一篇，网罗宏富，从语意观点来看，正是一篇有关船名研究的重要文献，可惜自来学人甚少注意。友人松本信广老教授对于船的历史研治多年，著有《船名及其传说》、《古代之船》、《论舶》、《论舢板名义》等文，收入《东亚民族文化论考》中。松本先生之说有略可补充者，兹述如次：

　　舶——舶字之出现，《御览》卷七六九引《南州异物志》"外域人名船曰船”，伯希和订正作“外域人名舶曰船”。按《北堂书钞》引此实作“外域人名船曰舼”。《庄子逸文》“以木为舟称卫舟大白”，司马彪注“大白，亦船名也”。《一切经音义》引彪注“海中大舩曰舶”。舶字亦省借作白。《华阳国志》记司马错率巴、蜀众十万，大舶船万艘（伐楚）。《一切经音义》二大舶注云：“音白。《埤苍》：大船也，大者长二十丈，载六七百人者是也。”《华严》第五十卷船舶注云：“音白。《埤苍》：舶大船也。《通俗文》：吴船曰艑，晋船曰舶。”《埤苍》为魏张揖所作，《通俗文》则晋李虔作。（《颜氏家训·书证》篇引阮孝绪、李虔，《初学记》亦引李虔《通俗文》，两《唐志》有李虔《续通俗文》二卷，洪亮吉《复臧镛书》辨李虔与伏虔同作《通俗文》事甚详。《华严经》此处所引《通俗文》晋船曰舶，自是李虔而非伏虔。）可见这里所谓晋船是指晋时的船名，但“舶”字的出现，远在其前。《日本书纪》皇极天皇纪元年，仍赐大舶与同（即舸，见《广雅》）。扶桑亦用“舶”字。

艨艟——《三国志·吴志·吕蒙传》卷：“蒙至寻阳，尽伏其精兵艨舻中，使白衣摇橹作商贾人服，昼夜兼行至羽所。”（宋本《御览》卷七七〇引《吴志》作“艟艑”。）张揖《广雅》：舸艟，舟也。《集韵》：舸艟，大艑也。吴杨泉《物理论》云：“夫工匠经涉河海，为舸艟以浮大川。”舸艟、诃艟与艨舻字通。这一名出现自吴地，南印度 Tamil 语呼船曰 kalam 或 kalan。[①] 马来语舟小亦名 kōlek，特指独木舟，可能由 kalan 稍变。艨舻、舸艟和 kalan 语音或者有关系。元阿拉伯人拔都他记当日所有印度和中国间的交通，皆操于中国之手，中国船舶共分三等，大者曰镇克（junk），中者曰曹（zao），第三等曰 kakam。[②] 按 junk 即艅，曹即艚，而 kakam 向不知为何译名，疑是 kalam 之转音。

帛兰——《后汉书·公孙述传》：“聚名甲数十万人积粮汉中。又造十层赤楼帛兰船。”章怀太子注：“盖以帛饰其兰槛。”似乎望文生义。《真腊风土记》小舟以巨木凿成槽，两头尖无篷，可载数人，名为“皮阑”。[③] 安南话称船为 plong、pluk，可能即是皮阑。梵语 plova- 为 raft（筏），音亦相近。

八橹——八橹一名始于赵宋。（徐玉虎君谓八橹为西晋之制，所据为

① 参 S. Singaravalu 氏 *Social Life of the Tamils*, p. 65 Means of transport。

② 注释家或谓 Zao 为舟之转音，Kakam 为货航之讹。

③ 《古今图书集成·考工典》卷一七八引《真腊风土记》。

《御览》引《义熙起居注》：卢循作八橹船。[①] 今按宋本《御览》卷七七〇舟部三舰条引《义熙起居注》实称："卢循新作八槽舰九枚，起四层，高十余丈。"《宋书》卷一《武帝纪》亦云："别有八艚舰九枚，起四层，高二十丈。"洪亮吉《释舟》亦同，惟作八艚舰，又引大艚及方艚，加以解释。是卢循所作者实是"八槽舰"，不是"八橹船"，徐君引误。)《梦粱录》称大小八橹或六橹，每船可载百余人。《宋会要辑稿》：四百料（一料即一石）八橹战船每只通长八丈（《食货》五〇之一一）。祝允明《前闻记》有大八橹、二八橹，又详《东西洋考》。《老学庵笔记》："建炎中平江造战船，八艣战船长八丈，为钱一千一百五十九贯。"亦作八艣，可见八橹名称之晚出。马来语船曰 Pĕrahu，说者或谓是八橹的对音，恐未确。[②]

舽舨——舽舶船一名，见新加坡《恒山亭木牌记》，亦作甲板。(《玉篇》：舽，船动貌，字又作舨。《广雅》：舺，舟也。) 伭语船曰 kebang，印尼语曰 kabang，都和舽舨是一音。

舲——《楚辞·九歌》："乘舲船余上沅兮。"《淮南子·俶真训》之越舲蜀艇，舲又作艋，见《广雅》《玉篇》。又《玉篇》："艆，海船也。"缅甸语呼舟曰 lai，泰语曰 lu'a，long。

须虑——古越语船曰须虑，松本谓即㑩㑩语之 s'le。[③]

兹将汉语船名，和太平洋各地语言中可比对的，表列如下，以待进一步的研究。

	Th	K	K. P	pl	l	s
太平洋语系	Thuyen-Luo'n	Kalam Kalan Kōlek	Kebang Kabang	plong pluk plova–	lai lu'a long	s'le
古汉语	鵃舠	艕舻、舸艒	舽舨	帛兰、皮兰	舲、艆	须虑

印度人对行船的知识，在 pāṇini 的文法书中所记，有 nau、udavāhana、Kāsika pañcha nau（五船）、dasā-nāu。[④]

---

① 徐玉虎《郑和时代航海术语与名词之诠释》"八橹船"条（辅仁大学《人文学报》第一期，259 页）。

② 日人《马来语辞典》认为 pĕrahu=prahn，源于梵语 bahtĕra。

③ 邱新民君改《越绝书》"须虑"，谓为"颁虑"之误，以"颁虑"当马来语Perahu，谓即"八橹"(《东南亚古代史地论丛》，94 页)。按《越绝书》不误。

④ 有关印度古代船名，参 V. S. Agrawala: *India as Known to Pānini*, pp. 156–157。

尚有 Bhastra［inflated（膨胀）skins］、Pitaka（coracle）、Utsanga（cumba）、
Bharata（float of wood）等。见图三。[1]

图三　Types of Boats: Bhastra (inflated skins)、Pitaka (coracle)、
Utsanga (cumba)、Bharata (float of wood)

按 Bhastra 乃所谓皮筏，中国记载用革囊渡水的故事颇多。

《水经·叶榆水注》："不韦县（今云南保山县）故九隆哀牢之国
也。……汉建武二十三年，王遣兵乘革船南下水，攻汉鹿茤民。"这些最早
乘革船的，乃是哀牢人。《北史·附国传》："用皮为舟而济。"（附国，今
四川、青海间。）《旧唐书·女国传》："其王所居，名康延川，中有弱水，
南流用牛皮为船以渡。"东女国在今昌都地区，此种用皮为船之习惯，通
行于西南。其后元世祖征大理至金沙江乘革囊与筏以渡江（《元史·世祖
纪》）。颇疑此俗先行于印度，西南边民沿袭之。黄河流域兰州至今尚以牛
羊皮筏为渡河工具，谓之吹牛皮，顾颉刚详为记载[2]，不知此俗在古印度及

---

①　Coracle 为一种圆形舟，外面蒙兽皮或油布，Wales, Trcland 有之。参 Hornell: *Primitive
Types of Water Transport in Asia*, F. R. A. S. 1946, pp. 124–142。

② 顾颉刚《史林杂谈初编》"吹牛拍马"条，及兰州皮筏国。按清黎士弘《仁恕堂笔记》
（《古学丛书刊本》）已言之。

阿富汗、古波斯均有之。［此种 floats-of-skin，亦称 mashkākhuvā，大流士（Darius）时代已用之。］

Bharata 即桴，古谓之箄，中国周秦时习用之。《后汉书·哀牢夷传》："建武二十三年，其王贤栗，遣兵乘军船南下江汉（应作之澜沧）。"李贤注："箄缚竹木为箄，以当船也。"《水经注》作"革船"。

三、船与考古学

近岁考古发掘及研究，对于船的知识，颇多增益。史语所之战国水上战迹图像鉴，人所熟知。以中国本土东南及西南各地区而论，有若干新资料，可供讨论，兹分域略记于下：

吴　武进奄城遗址，1957 年发见刀、镰两铁器在泥炭层之下，与几何形印文陶罐同出，有独木舟一只，长 11 公尺，乃春秋时物。见《江苏省出土文物选集》图九七说明。现藏北京历史博物馆。

越　浙江河姆渡漆器有刻花木桨，则七千年前已有船。鄞县甲村石秃头，1976 年出青铜钺，上有羽人划船纹样。二物均藏杭州博物馆。

湘　长江发掘第 203 号汉墓中有十六桨船模，船之两侧边沿平板上皆有钉眼。

鄂　1974 年，湖北江陵凤凰山西汉墓发现船模长 71 公分，宽 10.5 公分，有五桨。又竹简上书"大舟皆□廿三桨"。

粤　广州皇帝岗西汉木椁墓发掘所得。陶船模型舱船左右两边各有走道。自前舱至后舱两侧，有木板两块，左右对称。包遵彭在《汉代楼船考》中曾加以讨论。Joseph Needham 在 Science and China's Influence on the World 中有实物摄影两张。[1]

广州汉代城砖，划绘楼船形状。其船头低尾高，船尾有一大舵，与汉墓陶船相同。船身左边，连底舱有多层，为楼船极重要材料。[2]

蜀　四川于 1954 年在巴县冬笋坝及广元宝轮院发见数十座船棺葬，以

---

①　*The Legacy of China*, pp. 294–299, pl.27.

②　汉广州城砖楼船拓本，罗香林先生藏，见凌纯声氏《中国古代与太平洋区的方舟与楼船》图版五。

楠木凿成独木舟状，以为葬具。冬笋坝戈纹所见舟形作 ⚬ 形。[1]

滇 云南石寨山发见铜器（鼓）残片，上有划船羽人。棹手排坐船上，头戴长羽，耳带圆环，左右两边，操桨而进，每排如图四已不止七人。惜残缺无法知其棹手总数。越的艒舳，两边有棹子，可于是图想象其情状。附拓本如图四、图五。[2]

图四　羽人划船铜器残片（拓片之一约 1/3）

图五　羽人划船铜器残片（拓片之二约 1/3）

古文字学上的舟字，像殷墟甲骨文字中所见舟及从舟之字甚多，和舟字连在一起意义比较明显的，有"来舟"（《屯》乙七二〇三）、"得舟"（《缀合》一二三）、"矢（🔲）舟"（《屯乙》七七四六，义是陈舟）、"王其🔲舟于滴"（《后嗣》上一五，八）等记载，舟的字形皆作 🔲。

四川大学博物馆所藏万县发见的錞于，及《小校经阁金文》拓本的"三巳錞于"，其上都有船纹，其形如图六[3]：

---

① 冯汉骥《四川古代的船棺葬》（《考古学报》1958 年第二期），四川博物馆《四川船棺发掘报告》1960 年。

② 《云南晋宁石寨山古墓群出土铜铁器补遗》（《文物》1964 年第十二期，44 页）。

③ 川大錞于，载 1936 年《华西学报》五期，此据徐中舒摹写。

川大镎于　　　　镎于

图六　《小校经阁》

其一很像绘人操楫，悬有风帆等形状，⛵ 和 Wādi Hamniāmat 石壁的船形很相像。甲骨文有 ⛵、⛵ 等字[①]：

庚午卜𠂤贞，弱衣，⛵河，亡若？十月。（《京都》三二二〇）
贞勿令⛵，⛵，⛵⛵取舟，不若。（《缀合》三〇三）

这些动词，都是驾舟的意思，从字形可以看出来。《盘庚》中说："若乘舟汝弗济，臭厥载。尔忱不属，惟胥以沈。"殷人对于行舟，是多么小心的啊！

西亚在公元前三千年已使用船，苏末印章及其图形文字与楔形文，见于 Uruk 各地的泥板，字形有如图七、图八。[②]

图七　Uruk Shuruppak Umina Entemena Cudea Babylonian Assyrian

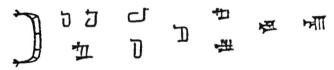

图八　A ship on a Sumerian seal c 3200 B. C. and the cuneiform sign for "ship"

---

①　岛邦男《卜辞综类》，462 页。
②　采自 G. Q. Driver: *Semitic Writing*, p. 48。

苏末古文献的 Gilgamesh 诗中有云：

After the Magan-boat had sunk，
After the boat "The Might of Magilum" had sunk.[1]

苏末楔形文记录言及大 mgilum 船自黑种人之 Me-luh-ha 国，运货物至 Akkad guay。又言及 man of meluhha ship，据近人考证 meluhha=meleecha（梵文）、milāca、milakka（巴利文），在 Satapathabrāhmaṇa 书中，meleecha 乃指南印度黑种之 Dravidian 族。[2]

这是西亚与印度航海船舶往来的最早记录。

四、伍子胥水战法之战船与后来海舶之进步

楚有水师，《左传·昭十九年》云："楚为水师以伐濮。"楚《缯书》六月云："曰虐，不可出平（师）。水平（师）不衔（率），元（其）吱。"可见楚国已有水军，相传伍子胥有一套水战法，《太平御览》卷三百一十五引《越绝书》云：

> 伍子胥《水战法》。大翼一艘，广丈六尺，长十二丈，容战士二十六人，棹五十人，舳舻三人，操长钩戈矛四吏仆射长各一人。九十一人当用长钩矛长斧各四，弩各三十二，矢三千三百，甲兜鍪各三十二。

又七百七十引《越绝书》云：

> 阖闾见子胥："敢问船运之备何如？"对曰："船名大翼、小翼、突冒、楼舡、桥舡，今舡军之教，比陵军之法，乃可用之。大翼者当陵军之车，小翼者当陵军之轻车，突冒者当陵军之冲车，楼舡者当陵军之行楼车也，桥舡当陵军之轻足剽定骑也。"

---

[1]　S. N. Kramer: *The Sumesiens* p. 227. 此根据他的英译。

[2]　参 Asko Paropla 等：*Decipherment of the Proto-Dravidian Inscriptions of the Indus Civilization* (first announcement, 1969)。

《文选·七命》"浮三翼"句，李善注引《越绝书》伍子胥《水战兵法内经》云：

> 大翼一艘长十丈，中翼一艘长九丈六尺，小翼一艘长九丈。

《汉书·艺文志》兵技巧家，有伍子胥十篇，图二卷，其《水战法》必在其中。从这些记载，可以推知春秋时战船的构造和设备的情形。

自汉以后，船舶的制造，日益进步，以下是历史上的重要文献：

汉："越欲与汉用船战逐，乃大修昆明池，列观环之，治楼船高十余丈，旗帜加其上，甚壮。"（《史记·平准书》、《汉书·食货志》同）

东汉：（公孙述）"造十层赤楼帛兰船"。（《后汉书·公孙述传》）

吴："扶南国伐木为船，长者十二寻，广肘六尺，头尾似鱼。……大者载百人，人有长短桡及篙各一，从头到尾，约有五十人作或四十二人。……"（《御览》卷七六九引《吴时外国传》）"外域人名舡。曰舡大者长二十余丈，高去水三二丈，望之如阁道，载六七百人。"（《御览》卷七六九引《南州异物志》）

晋：王濬伐吴，"乃作大船连舫，方百二十步，受二千余人，以木为城，起楼橹，开四出门，其上皆得驰马来往，又画鹢首怪兽于船首"。（《晋书·王濬传》）"晋船曰舶，长二十丈，载六七百人。"（《华严》，第五十引《通俗文》）

宋：卢循"新作八槽舰九枚，起四层，高十余丈"。（《御览》引《义熙起居注》）"（宋）公还东府，大治水军，皆大舰重楼高者十余丈。"（《宋书·武帝纪》）

陈："湘州贼陆纳造大舰，一名三王舰。……又造二舰，一青龙，一白虎，衣以牛皮，并高十五丈。"（《南史·王僧辩传》）

隋："杨索居永安，造大舰，名曰五牙，上起楼五层。高百余尺，左右前后，置六拍竿，并高五十尺，容战士八百人，旗帜加于上。"（《隋书·杨素传》）

唐："贞观廿年六月，于剑南道伐木造舟舰，大者或长百尺，其广半之。"（《资治通鉴》卷一九九）

宋："国（宋）初，两浙献龙船，长二十余丈。……岁久腹败欲修治，而水中不可施工。熙宁中，宦官黄怀信献计，于金明池北凿大澳，可容龙船，其下置柱，以大木梁其上，乃决水入澳，引船当梁上。即车出澳中水，船乃笐于空中，完补讫，复以水浮船。"（《梦溪补笔谈》二权智类）

近年在长江流域发现一些唐、宋、明船只的实物。

扬州施桥镇，在 1960 年 3 月，发现古代木船及独木船各一只，约为宋时物。木船以楠木制成，长 24 公尺，有五个大舱，船舷由四根大木以铁钉成排钉合而成。又唐独木船全长 13.65 公尺，存扬州博物馆（《文物》1961 年第六期）。又郑和宝船舵杆，在中保村发现，地点即是明朝宝船厂旧址（《文物参考资料》1957 年第十二期）。此杆全长 11.07 公尺，有人引用《明史》推测郑和宝船的长度为 44 丈，宽 18 丈。又据江苏外海沙船身长及落舱深度的比例，证明宝船厂舵杆所配合的船舶长应为 48 丈至 53 丈 6 尺（见周世德所拟郑和宝船示意图）[①]。然据《南京静海寺碑》，郑和下西洋的船，应是二千料海船和一千五百料海船，比《明史》记载较为合理，陈高华等即主是说。

由以上记载，可列成一表如下：

时代	船名	船长	船宽	船高	可容人数	棹手
楚	大翼	12 丈	1.6 丈			50 人
汉	楼船			10 丈余		
东汉	帛兰			10 层		
吴		20 丈	2 至 3 丈		600 人	50 人
晋	八槽舶	20 丈	方 120 步	4 层 10 丈余	2000 人	
隋	五牙槛			100 余尺	800 人	

按以人数论，晋船可容 2000 人实为最多。长度则晋舶有长至 20 丈者，与宋木船长 20 余丈者相仿佛。从上表观察，当西晋时候，造船业已有飞跃的进步。

J. Needham 先生曾寄贻所著 Abstract of Material Presented to The International Maritime History Commission at Beirut 一文，对于海上交通史论述至详。然近年新发见之材料，若泉州湾宋代海船之发掘及复原（《文物》1975 年第十期），广州秦汉造船工厂遗址之发现（《文物》1977 年第四期），使过去对船舶的看法，为之改观。从广州秦汉造船遗址之两个船台、滑板中心间

---

① 周世德《从宝船厂航杆的鉴定推论郑和宝船》（《文物》1962 年第三期）。

距，推知当日常用船之长度为 20 公尺左右，载重约 500 斛至 600 斛（合 25 至 30 吨）（《文物》1977 年第四期）。泉州宋船则全船残长 24.20 公尺，残宽 9.15 公尺，残深 1.98 公尺，而推知本船之排水量为 374.40 吨上下，估计此船水手在 50 人以上，与《宣和奉使高丽图经》所记每舟篙师水手可 60 人，最为接近（《文物》1975 年第十期，30 页）。可能即福船类型之前身。

余尝旅行印尼各地，登 Borobudur 佛庙，壁间雕刻 Ramayana 故事，描写帆船破浪渡海，船上复杂构造，可据以考察 9 世纪之船舶制度。又 Jogjakata 博物馆中，陈列古代船筏遗型甚多，对于研究太平洋古代船舶的形制 ①，尤有重大之帮助。

唐代海运，已极发达。唐刻石中，如《轻车都尉强伟墓志》，记"贞观十年将作大匠阎立德江南造船，召为判佐。廿一年，副处部员外郎唐逊造海舫一千艘"。《新唐书·阎让传》："字立德，复为大匠，即洪州造浮海大航五百艘，遂从征辽。"可见唐初造船术之情形。敦煌所出有《水部式》残卷，罗振玉撰跋，举出十一事，论唐代海师拖师水手之制，可补史志之缺（见《永丰乡人乙稿》，新印本《雪堂全集》初编一，283 页）。《钦定福建省外海战船图则例》一书，述后期之战船甚为详悉。又日本平户松浦史料博物馆藏唐船之图，为江户时代关于中国商船之资料，所有广东、福州、广南、厦各船图像，及暹罗船、咬嚼吧船等，均有详细说明（大庭修有专文研究，见关西大学东西学术研究所《纪要》五）。作者对此一问题，愧未能作深入研究，谨举出涉猎所及之零星材料，借供同好作进一步之参考。

---

① C. Edwards: "New World Perspectives on Pre-European Voyaging in the Pacific." 见 *Early Chinese Art and Its Possible Influence in the Pacific Basin*, vol. III, pp. 843–887。

古代香药之路

　　姜伯勤君谈敦煌与香药之路，举出莫高石窟文书之乾元寺科香帖（P·三〇四三号）及香药方（S·四三二九号）二事，进而谈及香料入华历史应推前：香药之路虽以南宋及元代为极盛，但应追溯到汉代与月氏人的交往。

　　余之看法更有不同。五千年前之红山文化，已发现有香炉一件，似国人对"香"的使用，施于祭祀，在古代已相当普遍。

　　香料入华之历史应再推前。香料来自印度及海外诸国，如《金液神丹经》言及香药产地，所记大致如下：

郁金——罽宾	白附——师汉
苏合——安息	鸡舌——社薄
薰陆——大秦	沉木——日南
菱蕤——月支	青木——天竺

又，《翻译名义大集》卷二四三，载有诸香名目共十三种：

（1）草河草　Vayanam

（2）零陵香（松香、甘松）Tagaraṃ

（3）栴檀（檀香）Candanaṃ

（4）丁香（沉香）Agaruḥ

（5）苏合香（兜罗香）Turuṣkaḥ（后汉时已有苏合香输入）

（6）沉香　Kṛṣṇāgaruḥ

（7）瞿叶香（多磨罗叶）Tamālā paṭṭram

（8）蛇心檀　Uragovsāra-Candanam

（9）随时檀　Kālānusāri-Candanam

（10）龙脑香（樟脑）Karpūram

（11）郁金香（红花）Kmikuman

（12）薫陆香　Kundüruḥ

（13）白胶香　Sarjarasaḥ

围绕古代香药之路问题，我在本文试提出两个问题来讨论。

一、郁方与郁金香

郁金香为外来贡品，《说文·鬯部》郁字下云：

> 郁，芳草也。十叶为贯，百廿贯，筑以煮之为郁。……一曰：郁
> 鬯，百草之华，远方郁人所贡芳草，合酿之以降神。郁，今郁林部也。

《周礼·肆师》郑注："筑郁金煮之，以和鬯酒。"《水经·温水注》云：

> 又东至郁林广郁县，为郁水。
> 秦桂林郡也。汉武帝元鼎六年，更名郁林郡。

郁水即古西江之名。郦注引应劭《地理风俗记》曰：

> 周礼郁人掌裸器，凡祭醴宾客之裸事，和郁鬯以实樽彝。郁，芳
> 草也，百草之华，煮之合酿黑黍，以降神者也。或说今郁金香是也。
> （一曰郁人所贡，因氏郡矣。[①]）

《御览》卷九八一香部引应说至"是也"，文同。应说乃杂采《周礼》及许慎语。汉儒都说郁金香是远方郁人所贡。

周初彝铭像《叔卣》说："赏叔梦鬯。"小子生尊说："易（赐）金、梦鬯。"即是郁鬯。九锡之赏赐，秬鬯一卣为其中之一。鬯是以"秬酿郁草芬芳攸服以降神"（《说文》许慎语）。《礼记·郊特牲》言："周人尚臭，灌用鬯臭，郁合鬯，臭阴达于渊泉。"这样用郁草和酒来灌祭，殷人已如此。卜辞鬯字多见，繁形有合匕（柶）鬯为一字作𩰊的，有从示作禩的，像两

---

① 《水经注疏》本，2982 页。

手奉鬯以祭。而郁字亦见于卜辞，于省吾已指出甲文梦字作𦥑，同于《叔卣》，证明即是郁字，其说可信。东汉武梁祠石刻山左次一兽只存后二足，右题一行云："皇帝时南夷乘鹿来此巨暘。"证之《宋书·符瑞志》："黄帝时，南夷乘白鹿来献鬯。"皇帝即黄帝，巨暘即鬯鬯，指郁鬯。则南夷进郁金香由来已久，且见之汉代画像石上。卜辞所见梦字异形甚多，最可贵的是出现郁方一地，兹录其文如下：

乙丑，王𦥑梦方（《合》二〇六二四）

……方……刿……梦方（《合》一一二五二）

𦥑方……一月（《合》二〇六二六）

又有往郁之文：

戊午卜𡧊贞　呼雀往于郁，戊午〔卜〕𡧊贞；勿乎雀往于郁（六九四六正大龟）

贞：王勿往于梦（《合》八一八五正）

贞：……令往梦（《合》五四二六）

贞：令往梦（《合》八一八二）

贞：令往㳄（寻）

贞：令往梦（《东》六三七）

据说近时研究，证明殷代铜器原料不少取自云南，详细报告，尚待公布。而英国所藏龟甲，实为缅甸龟（详《英国甲骨录》下册）。殷人与西南地区关系，有如此密切。如果这郁方是指汉的郁林郡，则殷人的足迹已及西南出产郁草的地区了。

《宋书》记范晔撰《和香方》，其序有云："苏合安息，郁金、奈多和罗之属，并被称于外国。"吴万震《南州异物志》："郁金者，出罽宾国，国人种之。"殷代已有郁方的地名，可推知郁金的传入甚早。盖从西南路线，由印度（身毒）输进吾国，证之殷墟出土龟甲，杂有棉布即土卢布，相当榜葛剌所谓兜罗棉。西南中印交通路线之陆道，既是古代丝绸之路，亦是古代的香药之路。乳香药物主要产于红海沿岸。广州南越文王墓及广西贵县汉墓均有出土遗物。《贵县罗泊湾汉墓》一书中从器志木椟详著其事，其器物上刻画"布山"二字地名，布山即今之贵县。

二、香炉原始

美国莱恩（Ellen Johnston Laing）氏曾研究敦煌壁画和画幡中的多件香炉。莱恩氏以为中国以外的地方很少有香炉的实例。又以为佛教徒借用了道教徒礼拜仪式用的博山炉，更换纹饰，直到魏隋时代，又流行矮脚香炉。[①]

其实，人类使用香炉，在西亚先史时代已甚流行。近东的诗颂有云：

> He hath prepared his spell for my mouth with a censer for those Seven,
> for clean dicision. ... A hawk, to flutter in thine evil face.

他们惯用一个香炉和七字的咒文来赶除邪魅。西亚咒语诗中言及右手执鹰隼（hawk），又有神鸦（raven）作为 god 之助手，以驱邪魅。庙底沟出黑陶鸮尊，殷墟出土有石鸮，阜新县出土有玉鸮有羽，此类鸮鸟，殆亦神鸟相佐辟邪之意。raven 亦如金鸟，西亚之俗或燃火执炬致祭。而殷人亦用𤇾，像人执火炬之形。西亚诗颂咸称神鸟、香炉及火炬（torch）之属，皆大神所赐贻我等者。

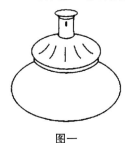

图一

吾国红山文化有坛、庙、冢，祭器有豆形缕孔薰炉（如图一），是中国熏炉最早资料可推至五千年前。且当时已使用薰香。《广雅·释天》："天子祭以鬯，诸侯以郁，卿大夫以苣兰，士以萧，庶人〔以〕艾。"这是古逸礼《王度记》的佚文，见《白虎通》卷五《考黜》及《周礼·郁人》贾疏。《正义》称："礼祫有秬鬯之草，《中候》有'鬯草生郊'，皆谓郁金之草也。"《左传·僖四年》记晋献公卜娶骊姬，其繇有云："一薰一莸，十年尚犹有臭。"薰即香草，《陈藏器本草》谓即零陵香。《御览》卷九八三香部薰香下引《魏略》："大秦出薰草。"又引《苏子》："薰以芳自烧。"以薰香焚烧，故有熏炉之制。马王堆出西汉熏炉，透雕孔，灰陶敷色加彩。[②]南越文王墓出土豆形陶熏炉，形制略相近。

---

① 参见莱恩《中国的供佛香炉和有关的供案陈设》，载敦煌研究院1990年《敦煌学国际学术讨论会论文缩写文》。

② 见《世界陶瓷全集》。

佛经中亦见有香炉。梁扶南僧伽婆罗译《孔雀王咒经》，后有"结咒界法"，言及五尺刀五口、五色幡五枚、镜五面、安息香、薰陆香等，并附有坛法图（见图二）。坛法图之中央即香炉。考印度火祭，神坛以砖砌成飞鸟形状，又以苏摩（Soma）酒致祭，正如周人用郁鬯，均富有刺激性，意正相似。

图二

连云港尹湾汉简，其（成帝）《永始四年（公元前13）车器杂簿》中，木牍的反面第四栏记载着：

薰毒八斗

又甘肃敦煌悬泉置遗址出土大量文书，内记药名的有编号 T·〇二一二四，一书"付子"，一书"薰力"，一书"细辛"。

薰力应译为薰陆（Kundürut），不成问题。薰毒之"毒"为"毒"之省笔。亦宜释"薰陆"。[①]

以上二事，可证薰陆香之东来，有陆路及海道二途。薰陆香亦称乳香，宋掌禹锡《嘉祐本草》："薰陆出大秦国。"《南方草木状》上言："薰陆出大秦国，其木生海边沙上，盛夏木胶出沙土，夷人取得，卖与贾客"。乳香药物，在南越文王墓及贵县汉墓均有出土。

西汉皇室宫中，大量使用乳香，且有专人司其职。汉宣帝时，有披香博士淖方成者。当赵飞燕入宫，成帝悦其歌舞，召入宫大幸，其女弟复召入。淖在帝后，唾曰："此祸水也，灭火必矣。"《通鉴》著其事于成帝鸿嘉三年（标点本，996页）。胡三省注："披香博士，后宫女职也。"

汉世学人，且有关于宫方著述，如经师郑玄即有《汉宫方注》（见《墨庄漫录》），宋洪驹父曾集古今香法。

上述郁鬯及薰陆等香之传入，古代中外香料，往来甚早，西汉时已极为普遍，滨海之尹湾木简有"薰毒"之记录，至于悬泉与西域之关系，更不必论矣。

---

① 参看张显成《西汉遗址发掘所见"薰毒"、"薰力"考释》，长沙吴简国际学术论文。

附 《回回药方》题辞

《回回药方》之受世界学人瞩目，由于其书对中外文化交流具有独特之意义。本书编者江润祥教授此一研究成果，必受到学术界高度重视，无待余之揄扬。江君以余喜谈中外琐事，嘱题数语，试拈一事论之。

《回回药方》卷三十"杂证门"谈及先贤札里奴西所造药物，据考证即指《医典》第五卷第一章所记伽里奴斯制之"郁金药膏方"，札氏即罗马帝国希腊医生盖仑（Galen，约 129—200）。回回方中有两个与郁金膏药有关之禄其方剂（Lakki，指松香树胶）。郁金，梵音为 Künkuman，题葛洪撰之《金液神丹经》称"郁金出罽宾国"。其实中国西南亦产之。广西郁林郡，汉武时置，本秦之桂林郡。《说文》："郁，芳草也。远方郁人所贡，今郁林郡也。"即以郁金得名，其水曰郁水，即今之西江也。东汉应劭《地理风俗记》："（周礼）郁人所贡，因氏郡矣。"（见《水经·温水注》）殷卜辞有地名曰郁方，字作𣓤，余年前著《谈古代香药之路——郁方与古熏香器》一文已细论之。广西贵县罗泊湾汉墓出土漆杯，题识勒"布山"二字，布山即郁林郡治所在，今之贵县，足见其地久属汉郡管辖之内。今检马王堆出土之《五十二病方》，中有一则云：

> 用郁，求□三物治胻炙伤

是汉初已使用郁香制药以治伤口。《本草》谓郁金主血渍，下气生肌止血。从长沙病方证知以郁金制药，远在罗马盖仑以前。《吐鲁番文书》：高昌国粟特康姓人买郁金。是原为汉产，回回药方更瞠乎后矣。

因知中外医学史药剂问题，仍有待于考古新资料之佐证，不易贸然定其先后。唐段成式记唐玄宗颁赐安禄山品物名单，内有"金石凌汤一剂及药量就宅煎"，赐药且可就宅煎吃，亦云奇矣。汉土文献丰富，好学深思之士如江君者，可致力者尚多。牢笼今古，发微阐幽，企予望之。

丙子重阳，饶宗颐

海道之丝路与昆仑舶

　　近年西北新疆地带，考古发见之资料甚夥，对于丝路在汉唐以来交通情形，已有丰富实物可为证明，世所共悉。如高昌县残纸有"在弓月举取二百七十五匹绢向龟（兹）"之语（《文物》1972 年第三期），尤觉有趣。

　　沙畹于《西突厥史料》中云："丝路有陆、海二道：北道出康居，南道为通印度诸港之海道，以婆庐羯泚（Broach 据冯承钧译本采用义净《大孔雀咒王经》译名）为要港。"又称罗马 Justin II 谋与印度诸港通市，而不经由波斯，曾于 531 年（梁中大通三年）遣使至阿剌伯西南 Yémen 与 Himyarites 人约，命其往印度购丝，而转售之于罗马人，缘其地常有舟航至印度（冯译本，167 页，据注云，见 Procope 著 de bello Persice，I）。从波斯的史料，可看出六朝时候，罗马与中东国家，对中国丝织品贸易的竞争，而且特别开辟海道作为丝路运输的航线。

　　《南齐书·南蛮传》赞说："商舶远届，委输南州，故交、广富实，牣积王府"，只言及商舶自远而至的事。自三国以后，海路交通发达，王室及官吏，掌握特殊的权利，喜欢从事这种厚利的海外贸易。像东晋义阳成王司马望的孙奇，"遣三部使，到交、广商货"（《晋书》卷三七《宗室》），即是较早的例子。《南齐书》广陵人《荀伯玉传》云：

> 世祖（齐武帝萧赜）在东宫，（伯玉）任左右。张景真使领东宫，主衣食官谷帛，赏赐什物，皆御所服用……又度丝锦与昆仑舶营货，辄使令防送过南州津。

这条极重要。费瑯（Gabriel Ferrand）所作《昆仑及南海古代航行考》征引汉籍四十二条，未尝及此（冯承钧译及近年陆峻岭《补注本》）。印度

Mysore 曾发现汉铜钱，足证黄支国即印度西汉与华已有往来。[1]昆仑舶一名，向来止采用唐代的记载，像武后时的《王綝传》，"迁广州都督，南海岁有昆仑舶，市外区琛琲"（《新唐书》卷一一六《王綝传》）。又《王方庆传》："广州每岁有昆仑乘舶，以珍物与中国交市。"（《旧唐书》卷八九）这二事屡见称引。但从《荀伯玉传》，可知南齐时已有昆仑舶在海上行走，且以丝锦为主要商品，由皇室的亲信兼营这种海上贸易。《梁书·王僧孺传》：

> 天监初……出为南海太守。郡常有高凉生口及海舶，每岁数至，外国贾人以通贸易。旧时州郡以半价就市，又买而即卖，其利数倍。僧孺乃叹曰："昔人为蜀郡长史，终身无蜀物，吾欲遗子孙者，不在越装。"

可见当日海舶与外国贾人交易情形，及蜀货向来为人垂涎的程度。越装之与蜀物，都是与外国互市的物品，才有这样厚利可图。越装的"装"，后来亦用作船只的名称，如琼州人的货船，都叫作"装"（参拙作《说鹘及海船的相关问题》，《民族学集刊》三三期）。南齐时期，昆仑舶载丝锦出口，这和罗马人于 531 年由海路输入丝物，年代完全符合。中西史事，正可以互相印证。昆仑舶中有黑种的骨伦人充当水手。慧琳《一切经音义》："海中大船曰舶……入水六尺，驱使运载千余人除货物，亦曰昆仑舶。运动此船多骨伦为水匠。"骨伦即昆仑的音转，人皆知之。慧超《往五天竺传》记波斯国，"亦泛舶汉地，直至广州取绫绢丝锦之类"。则唐时波斯人亦循海道从事丝绢贸易了。日僧元开撰《唐大和尚（鉴真）东征记》，（天宝八年至广州）"江中有婆罗门、波斯、昆仑等舶，不知其数，并载香药珍宝，积载如山，舶深六七丈。狮子国、大石国、骨唐国、白蛮、赤蛮等，往来居住"。当日船舶之盛，可以概见。

海道的丝路是以广州为转口中心。近可至交州，远则及印度。南路的

①　参 *Mysore Archaeological Report*, 1910, p. 44。又 "A Chinese coin Sirpur", 见 J. Numismatic *Society of India*, 1956, vol. XVIII, p. 66。Nilakanta Sastri 在他的 *A History of South India*: "Intercourse between China and South India by sea as early as the second Century B. C. is attested to by the record of Chinese embassy to Kanchi（黄支）and the discovery of a Chinese coin of about the same date from Chandravalli in Mysore."(1958, p. 27)

合浦，亦是一重要据点，近年合浦发掘西汉墓，遗物有人形足的铜盘。有陶器提筒，其上竟有朱书写着"九真府"的字样（《考古》1972 年 5 期）。九真为汉武时置的九真郡。东汉建武十九年十月马援入九真，至无切县，渠帅朱伯齐郡亡入深林巨薮，时见象数十百为群。援又分兵入无编县至居风县，斩级数十百，九真乃靖（《水经·叶榆河注》）。无切、无编、居风都是九真郡的属县，皆马援士卒足迹之所及。这个陶筒必是九真郡所制的，而在合浦出土，可见交、广二地往来的密切。合浦汉以来是采珠的地区，《汉书·王章传》称章死狱中，"妻子皆徙合浦。其后王商白成帝，还章妻子故郡。其家采珠，致产数百万"。《梁书·诸夷传》：（晋）简文咸安元年，"交州合浦人董宗之采珠，没水于底，得佛光艳"。佛的金身，沉在海底，竟为采珠人所获得，中、印海上往来，合浦当然是必经之地。而广州自来为众舶所凑，至德宗贞元间，海舶珍异，始多就安南市易（《通鉴》卷二三四）。

蜀布中细布的黄润，在汉代很出名，亦作为贡品。扬雄《蜀都赋》谓"绵茧成衽……筒中黄润，一端数重"，它是很精细，而需要盛以筒来保护的。司马相如的《凡将篇》且说"黄润纤美宜制禅"。《说文》："禅，衣不重也。"《释名·释衣服》："禅衣，言无里（裏）也。"长沙马王堆一号墓出土单衣三件，极为纤细精美，即是所谓禅。该墓所出遗策竹简，有二处言及闰字。一是第二七六号，文云："瑟一越。闰绵衣一赤掾（缘）。"一是第二七七号，文云："竽一越。闰锦衣，素掾（缘）。"其字作"闰"，"王"上有一横笔，释者谓是黄润的润之变体。细布的闰，可以制为内衣的禅，亦可作乐器竽、瑟的绵套。马王堆瑟衣，系以两重三枚经线提花方法织成图案（见该墓《报告》，51 页，图四四）。长沙的黄润细布，是否出自巴、蜀，尚无法证明。但长沙和广州乃咫尺之地，这样精美的丝锦，在汉以后一定是外国人采购的目标，成为昆仑舶和越装经营的货品，自然不成问题。由于马王堆墓所出丝织品的繁复及精致，令人想到扬子云《蜀都赋》所描写的蜀地丝织品质料之美，倍觉可信。难怪罗马人要开辟海道的丝路辗转往印度输入彼土。当日昆仑舶之为海上重要交通工具，从六朝到唐，一直是负起运输的任务，可想而知。

印度海上船舶形状，见于 Ajantā 第二石窟所绘者，为 6 世纪物（见附图）。又吴哥窟壁画所见船舶，图样至夥。P. Paris 著 Les Bateaux Des Bas-reliefs Khmèrs（见 *Bulletin De l'École Française D'Extrème-Orient*, Tome

XLI–1941. pp. 355–361），所收图版，不一而足。Khmèrs 人之船，即是昆仑舶，此类实物资料，更足珍视。

印度：海上船舶形状，见 Ajantā 壁画

中、印海上交通，Basham 已有详细讨论，兹不复赘。[1]

原载《历史语言研究所集刊》四十五本四分册，1974 年 6 月

---

[1] 参看 A. L. Basham: *The Wonder that was India*, p. 226，"Sea Trade and Overseas Contacts"。

塞种与 Soma（须摩）

——不死药的来源探索

一

嫦娥偷灵药是唐人诗常用的典故，灵药指不死之药，来头甚大，不是汉家独有可居的奇货，而是世界性的美丽而广泛传播的宗教上的佳话。

新出土的湖北王家台的秦简记录之殷易《归藏》，久已对学术界起了相当的震撼。就中有一卦说：

> 《归妹》曰：昔者恒我（娥）窃毋死之□〔奔〕月而与〔枚〕占□□（原列第四一）

传世的《归藏》佚文，马国翰辑本云：

> 昔嫦娥以不死之药奔月。

《淮南子·览冥训》好像取自《归藏》。文云：

> 羿请不死之药于西王母，嫦娥窃以奔月。

依据这相同的说法，加以推勘，可以补足简本《归藏》的缺文。东汉天文学家张衡在他的《灵宪》书中亦说：

> 羿请不死之药于西王母，羿妻嫦娥窃以奔月，托身于月，是为蟾蜍。（《太平御览》天部四引）

以前大家都认为这一故事是出于汉人的编造，实则殷易《归藏》的繇词已有之，足见其来源之远，在先秦很流行。《文物》2002 年第一期，刚公布的四川三台郪江崖墓有石刻的蟾蜍座，背托棺底，说明蟾蜍正是嫦娥的化身，可以长生不老，有起死回生的神力，可证张衡之说。蜀地出土文物，不少与蟾蜍有关，近时成都金沙遗址出土金器有蟾蜍形金饰片二件，为晚殷西周之物。更可推前，证明月中虾蟆的传说，殷代已在蜀地流行，与《归藏》可相印证。金沙村蟾蜍形金饰甚薄，发掘者推测可能是嵌贴于漆器上的饰物（图形见《金沙淘珍》，33 页）。不死药要取自西王母。《穆天子传》记周穆王宾于西王母，王母为天子谣曰"将子毋死，尚能复来"，亦使用"毋死"一词。西王母的地区，西北汧陇多有其遗迹。泾川回山有王母宫，在泾、渭、洛三河的交会处，其地古称为回中。秦始皇二十七年，巡陇西北地，至鸡头山，西过回中。东汉画像石，陕西米脂 1981 年发见的墓室竖柱有西王母、东王公及玉兔、羽人。山东嘉祥武梁祠石像西王母两肩有翼，身边羽人围绕，又有玉兔，可证《楚辞·远游》"从羽人于丹丘兮，留不死之旧乡"之说。西王母所在地即是不死的旧乡。我在 1977 年曾写过一篇《不死（amṛtā）观念与齐学》（《梵学集》），只引证吠陀梵语，举出《梨俱吠陀》第十，129，2《创造之歌》，以 mṛtyum 与 a-mṛtam 即死与不死相对而言，而未能追溯到波斯文献，现在再加以补充。

<h2 style="text-align:center">二</h2>

古波斯建国，在碑铭上每每提到 Sakà 族，即所谓塞种。在大流士一世的 Susā 铭文，E 第 24、25 行，和大流士一世的 Naqš-i-Rostam 铭文 A 第 25、26 行都记着二种 Sakà 族，列于 Hidus（印度）之后。

一是 Sakà hauma-vargà；

二是 Sakà tigraxaudà；

另一是 Sakà paradraiga（指海边塞种）。

在薛西斯（Xerxes）一世的碑铭 H 第 26、27 行，亦把 hauma Sakà 与 tigraxaudà sakà 分而为二，列于印度 Dahā 族之后。

Tigraxaudà 是一种戴尖帽的习俗，尽人皆知，至于 hauma-vargà 是指什么呢，塞种史家，在译述上列碑铭，只译作"崇拜 hauma 的 Sakà 族"，没有加以说明。

我们如果细心读 R. G. Kant 的《古波斯文文法》原书，在字汇（Lexicon）221 页 hauma-varga 条有如下的解说：

> hauma-varga-, adj "hauma-drinking" or "hauma-preparing": Elam.
> u-mu-mar-ga, Akk. ú-mu-ur-ga-', Gk. 'Auvpyiol. From hauma-, Av.
> haoma-, Skt. sòma-name of a plant, also a drink prepared from the juice of
> its crushed stems, to root Av. hau-, Skt. su-"press", + varga-, of unknown
> connections.

便可以明白波斯《火教经》的 haoma，即是梵文《吠陀》的 Soma。从字根来讲，Av. 的 hau-，梵文作 su-，是榨（汁）（press）的意思。因为 Soma 是从植物榨出的汁，饮之令人精神旺盛，是一种兴奋剂，可以长生不死。南朝陈时，真谛译《数论》经典《金七十论》，其第一偈注云："四违陀中说言：我昔饮须摩味故成不死，得入光天。"（原出 Rig-veda 8，48）这是最早出现的汉译，称为"须摩"，饮之不死。在波斯的世界里，haoma 的神圣地位比印度的 Soma 来得更高。就是至圣查拉图斯特拉（Zarathuštra）之所创造的 haoma，又称为 Horn。《火教经》的赞颂说 Hom 在世界创造过程之中，是由教主查拉图斯特拉缔造的，又是月桂树（Laurel）Gŏkarn 的象征符号，因为他能显示新生的不死力量（Immortalité）。①

《火教经》中致日神 Mithra（密多）的颂赞，有时提到 haomayōgava，即是 haoma-milk，文法上用不同的格，语尾略有变化，亦即是 Soma。又屡次言及我们要崇拜那仁慈行善的 Aməša Spentas，有时称 hapta（seven）Aməša Spentas，可译为七圣。Aməša=Amr̥tā，义即不死，亦指不朽，Spenta 谓有分量的人物，后来演变为官名的萨宝（Spàta）。②

梵文 Soma 有时亦写作 Sauma，由 \o 变 \au。印度 Soma 的神力，由 eagle（鹰）把 Soma 送给最上神 Indra。在《梨俱吠陀》之中，几乎接近一百二十篇颂来赞美 Soma 神，Soma 又名曰 indu，意思是 the bright drop（灿烂的点滴），汉译亦称为甘露。在 Avesta 经，haoma 有许多地方简直是

---

① 关于波斯时代 haoma 的功能和宗教上的地位，及其与吠陀的关系，请参看 M. Molé 的《古代伊兰的祭祀、神话及宇宙论》（《吉美博物馆丛刊》）。通过索引 Hom 一条，便可检得极多的材料。

② 参看 Ilya Gersheviteh, *The Avestan Hymn to Mithra*, 163 — 165 页的注释。

代表月亮。印度吠陀吸收波斯《火教经》的 Hom 和 haoma，演变为 Soma，代表一股不死的神力。Soma 是液体乳汁型之物，汉语所谓"一滴如甘露"。Hauma 既象征月亮，是从月亮取来具有不死神力的甘露。故此，我说所谓不死药，应该就是代表不死的 hauma 或 Soma。

Saka 族既有一支称为饮不死汁的 Saka，在波斯大流士的时代（公元前521—前486），相当于《通鉴》开始编年的周威烈王之前一百年左右光景。这时候的塞种人应尚居住在印度地区。但塞种人分明曾入居中国西北，《水经·河水注》："河水又西径罽宾国北，月氏之破，西君大夏，塞王南君罽宾，治循鲜城。"此说钞自《汉书·西域传》，"循鲜"应据《御览》引作"修鲜"。罽宾在今阿富汗喀布尔，河水安得西径之？《西域传》谓匈奴破大月氏，大月氏西君大夏，而塞王南君罽宾，塞种分散，往往为数国。自疏勒（今喀什）以西北，休循、捐毒之属皆故塞种也。又《乌孙国传》云："本塞地也。乌孙民有塞种、大月氏种。"乌孙故地在敦煌以西，天山以东，伊犁附近。乌孙既本为塞地，则塞种人足迹自可及于西北，正是西王母的地区，故有 amṛtā（不死）兼与奔月神话的产生，岂当时入居此地的塞种人即是波斯所称的 hauma Saka？西南夷有另一称为"附塞夷"者，是否即附属于塞种的夷人？《后汉书·西南夷传》哀牢夷王于光武建武二十三年，南下击附塞夷鹿茤，鹿茤人弱，为水所溺。附塞夷与其分散为数国的塞种有无关系？不可得知，全无资料，可以不论。惟四川三星堆和金沙遗址，出土大量金人面罩和金杖、金带，与 Uruk 文化女神像上带有金箔，及埃及王陵葬殓面具，上笼金面罩，形制完全相同。说者因谓西亚古文化曾为蜀人所吸收。如是，"附塞夷"亦可能即是塞种人南下之一支，尚待证实。

至于乌孙塞地，与从希腊人手中夺取的 Bactria 的 Asii 等四族的实际情况，应为今日的什么地方，因资料不足，而 Bactria 在古波斯文称 Baxtri，Akk. 作 ba-ah-tar，Av. bàxδã 与 Tochari，无从对音，其地自属今阿富汗，不欲详论。

三

1978 年，我发表《穆护歌考》，指出吐鲁番所出《金光明经》题记的庚午岁是公元 430 年，文中的胡天即指祆神，又引《晋书·载记》慕容廆

曾祖名莫护跋，可能出自波斯。这些说法已经逐渐为学人所证实，荣新江
在他的近著《中古中国与外来文明》屡有引述，所论只限于粟特的材料。
其实莫护跋的名称，应追溯到《火教经》和《梨俱吠陀》时代。从《火教
经》可知 moγu 来源的长远。

傅斯年在其《夷夏东西说》中，曾举出慕容廆以大棘城为颛顼之墟，
作为东夷历史的佐证，不知慕容氏源出自东胡，其曾祖名莫护跋，即《火
教经》习见 magavan 的音译。古波斯文后置语惯用 –van，音译为"跋"。
如有名之 aša-van、artà-van 诸例。aša 即梵文之 rta，表示正义，与 druga 之
为邪恶相反。Artà 表示战斗，波斯王者每以此为称号。由莫护跋一名，令
人推想慕容氏祖先必是波斯语系人种。近年中外讨论昭武九姓之安姓，甚
为热烈，大都引证唐代碑志，以论其先世有攀附汉族之嫌。其实，更前之
史料如陶弘景《真诰》之《稽神枢》，已明言颛顼父居于弱水。改《帝系》
之若水为弱水，以配合外来安息之安氏。可知此说不自唐始。慕容氏地区
正为唐代营州，故慕容廆及其家族可视为晋代之营州杂胡。我故谓此项史
事应再推前，不限于粟特史料，当可有更多的收获。

所谓祆教僧侣（mages）一向被认为是 Zoroaste 之弟子。在 Avesta 即称
为 moγu、magu。其神职主祭祀及赞唱解说 gàtha（圣诗），亦得称为 magavan
（详上举 Mol 书，70 页）。印度《梨俱吠陀》中称为 magha 及 maghavan，
如 RV. 1.11.3：Pàrvir indrasya ràtayo na ri dasyaüti àtayah/yadi vàjasya gomatap
stotçbhyo maühate magham // 因陀罗所赠予，其恩惠不同于寻常之歌赞，而是
一家畜组成之胜利品之馈赠。

《梨俱》中每言 Soma，促使大神因陀罗以 magha 给予人类（参上引书，
158 页），故 magha 亦与 Soma 有深切关系。

四

Saka 又称塞西亚（Scythian），原住黑海，种族不一，自归属波斯为
二十三邦之列，与东方似多有往来。考古学上的证据，最令人惊讶的，无
如齐景公墓，环绕着超过六百匹马的马阵，排列齐整，其方式恰如高加索
山的 Kostroraskajia 的墓葬。罗森以为齐制即仿自塞西亚的丧葬习俗。刘
向《别录》称齐威王用兵，大放穰苴之法，穰苴为景公时大将，败燕晋之
师。威王兵法，即取自穰苴兵法（《史记·穰苴传》及《七国考订补》"田

齐兵制"条）。岂穰苴时有塞种人参与军事行动？又临淄郎家庄春秋墓出土的角形水晶佩饰，也是模仿自塞西亚式。西亚带翼的半狮半鹫的畏兽型的金器，公元前 6 世纪已流行于秦、晋地带，说明西方胡人文化久已被人采用。[①]

波斯文化的东来，西域丝路之外，还有海路一道。我曾指出汉初临淄齐王墓的银器上泐刻"三十三年"字样，西汉无三十三年，当是秦始皇时代，说明秦及其更前时代早与波斯已有交通。

由海上漂流来的外国船舶[②]，带来了方仙道的灵药。《史记·封禅书》谓"自齐威、宣、燕昭使人入海，盖尝有至者，诸仙人及不死之药皆在。秦始皇东游海上，因有不死药之求，船交海中，因风不得而至"。塞种既有 hauma 的塞人，以"不死"为种族之号，影响所及，不死药的追求，愈为人所乐道，观齐景公问晏子古而无死之乐（《左传·昭二十年》）。齐鲍氏之制器的《鲍镈》有"用祈寿老毋死"之语，合齐景公墓葬之制，齐人久已濡染波斯文化之点滴。

尚有进者，汉武帝元鼎年间，由于栾大的大言不惭，自谓外来海中，见安期、羡门之属，不死之药可得，仙人可致，于是重新掀起求仙之事。及五年，始郊拜泰一，朝朝日，夕夕月则揖。其祠列火满坛。有司云"祠上有光"（《通鉴》卷二十）。这俨然是琐罗亚斯德教崇拜 Mithra 的情状。马小鹤在《摩尼教朝拜日夜拜月研究》文中有详细分析。他没有想到汉武郊拜泰一的礼仪，列火而且有光，光即是粟特语的 Roxšan。我疑心栾大可能在海上曾从塞种人学到一点火教的智识，为汉武说法。臣瓒引《汉仪注》云："郊泰时，皇帝平旦出竹宫，东向揖日，其夕西南向揖月，便用郊日，不用春秋也。"颜师古曰："春朝朝日，秋暮夕月，盖常礼；郊泰时而揖日月，此又别仪。"把这样简便的别仪，作为郊礼，当另有所本。《国语·周语》内史过说：

> 古者先王既有天下，又崇立于上帝明神而敬事之，于是乎朝日夕月以教民事君，诸侯春秋受职于王，以协其辰。

---

① 见《远望集》下册。罗森《中国的统一》（453—490 页）。

② 见拙著《由出土银器论中国与波斯、大秦早期之交通》。

匈奴亦有朝日夕月之事。西周以朝夕日月，配春秋二祭，这一礼制与波斯火教有些相似。

殷易《归藏》已有嫦娥奔月的故事。蜀地殷代流行金蟾蜍的信仰，蟾蜍可能即代表不死永生的标记。

屈原曾使齐，他的宇宙观可能受到齐学的影响。他说："与天地兮比寿，与日月兮齐光。"他在《天问》中屡次提到"不死"的问题：

> 夜光何德？死则又育？
> 何所不死，长人何守？
> 黑水玄阯，三危安在？延年不死，寿何所止？

第一是言月有死生，问月何得而能死而复生。闻一多谓尝得不死之药。第二是言东方的不死之乡。第三是问西方黑水之间的不死地区。三危山三青鸟居之，为西王母取食，见《西山经》。又《海内经》，流沙之中黑水之间，有山名三危之山，这即西王母所居的地方。屈原问三危在何处，何以有不死之方，正是《矞簠》所言的"寿老毋死"的问题，所以我说屈原的思想与齐国有一些因缘。

《矞簠》言"用祈侯氏，永命万年。矞仲皇母用祈寿老毋死，保虘兄弟用求考命弥生"[①]。器铭作长生不死的祈求。是器于同治庚午（公元 1870）出土于山西荣河县后土祠旁河岸（《攀古斋款识》）。考汉元鼎四年，武帝自夏阳东幸汾阴。十一月庚午，立后土祠于汾阴脽上。可能在汉时流传至晋地，必供奉于后土祠，故得于其地出土。

波斯与印度在宗教及语文，有密切渊源，治印度史者对于《火教经》与《梨俱吠陀》二者间之联系，本已耳熟能详，今之讨论，了无新意可言。haoma（Soma）之与月亦然，毋庸多作赘论。以不死相等于 amasa 与 amṛtā，在言语学上亦属老生常谈，故本文不欲多所引证，但指出塞种有善饮 haoma（Soma）之一族，且以此命名，其散居入处吾西北边裔西王母居地既是事实，而古代齐地葬俗，侈用马阵，同于高加索地之塞种。是自大流士以来，华与胡两种文化，接触自不寻常，未可等闲视之。谈中古时代中外文明之交流，正宜上推至更前时代。兹所揭论之"不死药"，仅是其

---

① 《金文集成释文》，239、240 页。

中一个例子而已。

2002 年 2 月　于香港

补记一

Haoma 一名，有人汉译作"豪摩"[①]，在北周萨保安伽墓刻在墓门额上的图像，作璀璨辉煌的圣火坛，祭桌上面，瓶中有豪摩叶及豪摩，盛以豪摩汁。这是 Haoma 表现于石刻上的见证。

《火教经》中致 Mithra 上神的颂赞，有时用代名词的"Whom"来代替 Haoma。求长生不老的祭司作 Haoma 祭时，唱诵音声，上彻三光，下绕九地，遍于七候（Seven times）。（八九号颂）

由于 Haoma 是第一位上穷碧落星辰的祭司，他从最高处，率先制造 Haoma 茎实（stalks），使 Ahura mazda（最高圣神）已得不死永生的颂赞，亦要从他那遥遥驰马似的阳光取得无上的庄严。（九〇号颂）

远古波斯人的信仰中，Haoma 神力的威灵，不可思议。我从 ILYA 氏所译的 Mithra hymns 中试取两篇，撷其大意，以供参考。

安伽墓简报，见《文物》2001 年第一期，517 页，图八——一六。亦见荣新江《中古中国与外来文明》，161 页。

补记二

贞观二十二年，王玄策破天竺，得方士那罗迩娑婆寐以归。自言有长生之术。太宗颇信之，令娑婆寐于金飙门合延年药，又发使诣婆罗门诸国采药。药竟不就，乃放还。及高宗即位，复诣长安，又遣归。玄策时为道王元庆之友（掌陪侍规讽之职）于显庆二年（公元 657）七月辛亥奏言："此婆罗门实能合长年药，自诡必成。今遣归，可惜失之。"高宗因李勣对，终不能。（《通鉴》卷二〇〇，高宗显庆二年；标点本，6303。）娑婆寐既是婆罗门，必娴习吠陀，深明 Soma 之义，故敢以长生不死药进。观王玄策之推举，谓"此婆罗门实能合长年药"，可见唐初一般人确有承认婆罗

[①]　姜伯勤《西安北周萨保安伽墓图像研究》，《华学》第五辑，14—36 页。

门的 Soma 为不死药之事。西印度与罽宾、波斯接壤。胡三省注引杜佑曰：
"天竺，塞种也。"颜师古曰："塞，释也。"按《通典》卷一九三边防九、
西戎五，天竺列于嚈哒之后。其注语甚长，有云："捐毒国……南与葱岭相
连，北与乌孙接，衣服类乌孙，随水草，故塞种也。"又引颜师古云："塞
种即释种也，盖语音有轻重也。"印度古属波斯辖境，见于碑铭。故唐代学
人以印度为塞种，其说很值得研究。

　　印度吠陀专家，近期研究结论，在公元前 2500 年至前 400 年期间，雅
利安先民已写成一些吠陀颂赞，从其原居地在乌浒河（Qxus）的 Balkh 区
域，施行宗教上简单的圣火和 Soma 崇拜，发展至于阿富汗邻近及 Panjab
（参 R. N. Dandekar："Vedic literature：a quick overview"，Bhandarkar 东方
研究所，2000，1）。Balkh 地应即 Bukhārā，《新唐书·西域传》称为"布
豁"，又名"捕喝"（《大唐西域记》）。慧超以为在安国境。《梨俱吠陀》
颂偈及雅利安族群之起源，即在塞种居地，Soma 崇拜之与 Saka-hauma 的
密切关系，不言而喻。唐人视天竺为塞种，自有它的充分历史根据。

　　近闻 Dandekar 教授遽归道山，教授著《吠陀目录学》若干巨册，贡
献至巨。余受聘至 Bhandarkar 东方研究所，得君之延揽。又同于 1980 年，
被法京最古老的 Asiatique 学会选举为永久荣誉会员，深感殊遇。谨以此文
为君纪念，识吾哀悼之忱。

2003 年 6 月饶宗颐附记

附

成都金沙出土蟾蜍形金饰　　　　　　　　蟾蜍形金饰
（2001 CQJC：215）（晚殷遗物）　　　　（2001 CQJC：217）

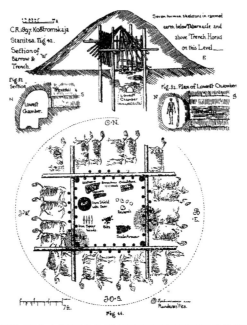

高加索山卡斯同卡加地区塞西亚墓平面及构造图

（《远望集——陕西省考古研究所华诞四十周年纪念文集》下册，陕西人民美术出版社，1998，477 页）

五号齐景公墓殉马坑西面南段（自南向北）

（《齐故城五号东周墓及大型殉马坑的发掘》，《文物》1984 年第九期，18 页）

由出土银器论中国与波斯、大秦早期之交通

由银器（Phialear）以论东西交通问题，著论者不乏其人[1]，惟考索汉文史科，仍多疏略，未能深入。尚须继续研究，有下列两项：古代华南与中东往来的历史背景，海上出入口岸有关文献的实际情况。以上二者，均有待于考释说明。诸家援引资料，各就其所知举出，未能作综合的叙述。今之著论，企图彻底作全面的检讨。

至于波斯金银器制作原委与对外流通，详细记录，中外学人著论甚多，已十分详备。现存美国的 Darius I 与 Xerxer I 的金碗及 Artaxerse I 的银碗，都作凹凸或水滴纹、叶瓣式，且有楔形文题识，在伊朗 Hamadan 出土刻有 Artaxerse I 名号的金银器皿，都是最早的波斯金银器。谈波斯银器的由来，必须追溯到这一时期。其实，三千年前西亚 Ur 遗址，已出瓣式金碗，璀璨夺目（Philadelphie M. 藏）。（图见 A. Parrot, *Sumer*, 160 页。）波斯艺术亦有它的远源。

中国方面，先是 1979 年山东临淄富把村西汉齐王墓出土瓣形银碗。其后 1983 年广东番禺南越王第二代赵眜墓亦出同样银盒，引起考古学家的注

---

① M. Pirazzoli-Sersterens: "Cultural Contribution of the Outside World to China: Interaction and Assimilation" 已举出齐地及南越银器（北京大学考古学系编《迎接二十一世纪中国考古学国际学术讨论会论文集》，403 页，科学出版社，1998。孙机《中国圣火》，辽宁教育出版社，1996。林梅村在 1998 年他的《汉唐两域与中国文明》书中《中国境内出土带铭文的波斯和中亚银器》注译一列举有关文献，十分详尽，可以参看，今不缕述。

齐银盒见《考古学报》1983 年二期，孙机《凸瓣纹银器》（《中国圣火》，139 页），齐东方《唐代以前的外来金银器》（《考古学报》），皆是重要论文。

意，有许多论文予以报道。[①]1984 年 9 月，在广东遂溪边湾村南朝窖藏出土一件分瓣银碗，在其口沿之外，刻有一行近似 Aramaic 铭记，已经多方研究，大家同意是粟特文。还有伴出一件鎏金的银钵，外部有精细动物和花卉的花纹。有人认为遂溪银碗口沿铭文，类似焉耆银碗上的文字，未确。银钵上纹样与韩国庆州皇南大冢北坟出土银钵相同（见东潮等《韓國の古代遺迹·新羅篇》1985，东京）。

去岁 12 月，余于役法京，曾持赵昧墓所出银盒照片，出示罗浮宫 Louvze Annie Canbet 女士，蒙其见告赵昧墓所出银盒，实际系由两个银盘组合而成。遂溪银碗口沿照片和拓本，亦经罗马史家认为是粟特文，已详日本吉田丰的论著。孙机书中亦有摹本，可以参考，见《中国圣火》，162 页。

孙机认为此类凸瓣纹银器是伊朗之安息朝的舶来品。遂溪银碗的粟特文，重 42 个币，属于九姓石国 sp 之物，已有姜伯勤先生的精细考证。（见所著《广州与海上丝绸之路》（1991），广东社科院；及荣新江"Cina e Iran"书评，《唐研究》卷三，54 页。）

一、先秦汉地与波斯关系之推测

最值得研究的是齐王墓所出银盘之一，其上刻有"三十三年"字样，考秦、汉帝王年号有三十三年之数者，只有秦始皇一人，故可推断这一银盘必是始皇三十三年以前外国所制，传入山东。

成书于秦世的《吕氏春秋》提及"大夏"之名，《古乐》云"大夏之西"，《本味》云"大夏之盐"，可能是指渴石山（Miyan-Kiss）的红盐。秦时人们对大夏想必已有相当认识。

始皇三十三年（公元前 214）相当于波斯 Artahanus 时代。《淮南子·人间训》：是年秦人利越之犀角、象齿、翡翠、珠玑，发动五十万人戍五岭，又北斥逐匈奴，既略取南越地，置桂林、南海、象郡。其辖境已达《汉书·地理志》所言的大秦入贡的日南障塞。秦人在南越地区大开拓疆土，《通鉴》胡注引《茂陵书》："象郡治临尘，去长安七千五百里。"韦昭注云：

①　朱非素《南海丝绸之路考古发现浅析》（北京大学考古学系编《迎接二十一世纪中国考古学国际学术讨论会论文集》，409 页，科学出版社，1998）。邓炳权《广州与海上丝绸之路》（《广东省博物馆开馆四十周年纪念文集》，145 页。王贵枕、王大文《从古代中外货币交流看广州海上丝绸之路》（同上书，155 页，广东人民出版社，2000）。

"今日南也。"《汉书·地理志》："郁林郡有临尘。"《高帝纪》颜注引臣瓒说与《茂陵书》相同。似秦时象郡治设在广西，尚未远及柬埔寨之象林。但西汉则日南郡象林已设有"候长"。尹湾汉墓出木牍四第二栏记"建陵侯家丞梁国蒙孟汗，故象林候长以功迁"（94 页），出现"象林候长"一名，可为佐证。《续汉郡国志》刘昭注："象林，今之林邑国。"是武帝以后，在今越南地区设有候长，可见当日对边徼之重视。

《水经·河水注》引古《纪年》："魏襄王七年四月，越王使公孙隅来献乘舟三百、箭五百万、犀角、象齿"。魏襄王七年为周赧王二年（公元前313），是时越人已利用犀牛、象牙为贡物，秦人之南征，垂涎此类异品，由来久矣。

以前我在《中国古代胁生神话》一文中，曾指出秦改称人民为黔首，好像是取名于 Dark-headed，似乎受到波斯流传西亚史诗中 Salmat qaqqadi 的影响。始皇二十六年更名民曰黔首（黔首之称，见二十六年诏版，及云梦龙岗秦简，为统一以后之事），故三十一年（公元前216）使黔首自实田（《通鉴》标点本，241）。秦分天下为三十六郡，这样的行政区划，好像借鉴于波斯大流士一世灭巴比伦后，创立二十行省。二十是神秘数字，古波斯文作彡，即重叠二个"十"字，相当于梵文的 vinsatim。波斯喜欢刻石记功，始皇亦屡屡出巡，立石以颂功德（此文见《燕京学报》新三期，北京，1997）。我的看法，在周、秦之世，国际活动，中外必有互相影响的地方。波斯器物，已经海路入华，加工制造，并刻上"三十三年"（公元前214）字样，此时波斯正进入 Parthian（安息）的 Antahanus 时代。

释氏传说，始皇时有外国沙门室利防一十八人来秦，见《广弘明集》卷十一法琳说及《历代三宝纪》。始皇与印度阿育王同时，阿育王收拾佛舍利，起八万四千宝塔。唐时傅奕说"塔经周世，终十二王，至秦始皇三十四年，焚烧典籍，育王塔遂废"。周时是否有佛塔，尚无明证，室利是梵文 Sri 的译音，佛教经过阿育王的倡导，传播入秦，亦非无可能之事。

佛教入华年代，现在研究成果，可以推前。如季羡林教授《再论浮屠与佛》文中，证知"浮屠"一名是取自大夏文的 bodo、boddo。鱼豢《魏略》中的《西戎传》谈到汉哀帝元寿元年（公元前2）景卢受大月氏王使伊存口授《浮屠经》，这里不称"佛经"而称"浮屠经"，再参证《牟子理惑论》说："于是上（指汉武帝）悟，遣使者张骞羽林郎中秦景，博士弟子王遵等二十人，于大月支写佛经四十二章。"及魏收《魏书·释老志》言及"开西域，遣张骞使大夏，还，传其旁有身毒国，一名天竺，始开浮屠之教"等记载。可推知初期译佛经乃在大月氏地区，"浮屠"之出自大夏语bodo，与张骞之使大夏亦有缘由。佛教的传入，至少应该推前至西汉时期。袁宏《后汉纪》卷十五引身毒《本传》曰"西域郭俗造浮图，本佛道"，其书佛与浮屠二名兼用。可见东汉时，浮屠与佛二名，同时使用。

关于化人（幻人）来华的年代，自来认为肇于西汉武帝元封六年，汉使抵安息，安息以大鸟卵及黎轩善幻人献于汉。故太初元年（公元前104）起建章宫，太液池内有条支大鸟之属。

但袁宏《后汉纪》云：

> 大秦一名犁轩，在海西。汉使皆自乌弋还，莫能通。……
> 及安帝元初中，日南塞外檀国献幻人，能变化吐火，自支解，又善跳丸，能跳十九。其人曰我海西人，则是大秦也。自交州外塞檀国诸蛮夷相通也。又有一道与益州塞外通。（《四部丛刊》本）

《后汉书·大秦传》则檀国作掸国，指今之缅甸。此为再一次之幻人东来记录。

《列子》向来是被目为伪书，在卷三《周穆王》篇开头便说：

> 周穆王时，西极之国有化人来。

其书异文，西极有作"西域"或"西胡"，把幻人写作化人。如是幻化人东来时代，可追到周穆王时，文中言及穆王西征，至于巨蒐氏之国，巨蒐献白鹄之血以饮王。

穆王西征事，详见《穆天子传》，从来被视为小说家言。近时王家台秦简出土《归藏》，谈到周穆王，文云"……师卦曰：昔者穆天子卜出师而枚占……"（429）。

证之传本《归藏》，言及穆王曰：

> 昔穆王天子筮卦于禺疆。
> 昔穆王天子筮于西征，不吉。
> 曰：龙降于天，而道里辽远，飞而冲天，苍苍其□。

可见战国以来，穆王西征之事，绝非无稽之谈，故《归藏》亦举其事，作为占卜的繇词。

穆传中的巨蒐氏，即《禹贡》"织皮、西戎渠搜"。其名亦见《周书·王书》篇，《大戴礼》之《五帝德》及《少闲》，《史纪·五帝纪》作渠廋。贾谊《新书·修政语上》云："（尧）西见王母，训及大夏、渠搜。"

武梁祠画像"来庭者"前题榜云："渠搜来。"《宋书·符瑞志》："渠搜禹时来献裘。"前人把渠搜属之夏代。《隋书·西域传》："钹汗国，都葱岭之西五百余里，故渠搜国也。"《御览》卷一六五引《凉土异物志》："古渠搜国当大宛北界。"其地望后来越传越远。

汉时朔方郡有渠搜县，这和张掖郡有骊轩县，安定郡有月氏道，上郡有龟兹县，都是因其族曾聚居而得名。佉卢文的 Kosava 即氍毹，织皮之一种，巨蒐、渠搜，即因出 Kosava 而闻名（见马雍《新疆佉卢文中之Kosava 即氍毹考》）。巨搜古国族，得佉卢文证明，其事实既存在，幻人东来之事，亦非子虚乌有。《列子》之穆王说，是有根据的。西域丝路交通，更早可推前至周穆王时代。

江上波夫曾从华佗使用麻醉药，推论幻人之事。引《魏书·西域传》"悦般国，于太平真君九年（公元 448）献幻人"，见石田乾之助博士《古稀纪念东洋史论丛》（1965，75—93 页），今由《周穆王篇》所载，与秦简《归藏》参证，幻人入华年代，可能更提前一些。

二、波斯大秦与汉交往之文献正确记录

正史及其他文献记载大秦与中国交往共有下列各次：

（1）前 128　西汉武帝元朔元年

张骞使大夏来，言通身毒国（印度）之利。

　　按《史记·西南夷传》云："元狩元年（前 122），张骞使大夏来。"《通鉴考异》云："按年表，骞以元朔六年二月甲辰封博望侯，必非元狩元年始归也。"兹从《通鉴·汉纪》卷十。

（2）前 105　西汉武帝元封六年

汉使西逾葱岭抵安息。安息发使，以大鸟卵及黎轩善幻人献于汉

（《通鉴》，696页）

按郭宪《洞冥记》云："元封三年（前108）大秦国贡花牛"。此误以安息为大秦。

（3）前115　武帝元鼎二年

张骞分遣副使通大夏、安息、身毒、大宛、康居、大月氏等国。（《通鉴·汉纪》卷一二，657页）

（4）公元87　东汉章帝章和元年

安息国遣使献狮子符拔。（《后汉书·西域传》）

（5）公元97　和帝永元九年

甘英使大秦，抵条支，临大海，至安息西界。（《后汉书·西域传安息国》）

（6）公元100　和帝永元十二年

冬十一月，西域蒙奇、兜勒遣使内附，赐金印。（《后汉书·和帝纪》、《后汉书·西域传》序）

（7）公元101　永元十三年

安息王满屈复献狮子及条支大鸟，时谓之安息雀。（《后汉书·西域传·安息国》）

（8）公元120　安帝永宁元年（袁宏《后汉纪》作安帝元初中）

十二月，掸国献乐及幻人。（《后汉书·西南夷传》）

幻人自言我海西人，海西人即大秦人。

（9）公元166　桓帝延熹九年

大秦王安敦贡象牙、犀角。（《后汉书·西域传·大秦国》）

（10）公元173　灵帝熹平二年

日南徼外国，重译来献。（《后汉书》）

（11）公元183　灵帝光和六年

日南徼外国，重译贡献。（《后汉书》）

（12）公元226　吴黄武五年

大秦贾人秦论来交趾，交州太守吴邈遣送诣（孙）权。（《梁书》卷五四）

（13）公元281　晋武帝太康二年

大秦使至广州，于滕侯献火浣布。

（14）公元 455　北魏太安元年

冬十月，波斯、疏勒并遣使朝贡。（《魏书》卷五）

（15）公元 476　承明元年

二月，库莫奚、波斯诸国遣使朝贡。（《魏书》卷五）

（16）公元 507　世宗正始四年十月辛未

呀哒、波斯遣使朝贡。（《魏书》）

（17）公元 517　肃宗熙平二年

四月，波斯、疏勒、呋哒朝献。（《魏书》）

（18）公元 521　正光二年

四月乙酉，乌苌国朝贡。

闰月丁巳，居密、波斯国朝贡。（《魏书》）

北魏时波斯遣使朝献，据《魏书·本纪》统计，自文成帝太安元年（公元 455）至孝明帝正光三年（公元 522）共有十次，皆当五世纪下半叶（见《文物》1983，八期，马雍《北魏封和突墓及其出土的波斯银盘》一文），今不复述。

安息、大秦的王名，见于汉籍为一般学者所提到的，有《后汉书·西域传》公元 101（和帝永元十三年）的安息王满屈（复）及同书《大秦传》的 166（桓帝延熹九年）的大秦王安敦，这二位屡屡见于中西交通史记载，为人所乐道。勘以波斯史籍，公元 51—75 年，为安息（Parthian）王 Vologeses 一世，77 年薨，安息发生内乱。由钱币得知，由其子 Pacorus 二世嗣位，Pacorus 死于 106 年左右，可见 101 年在位的安息王当为 Pacorus 二世。《后汉书》的"满屈"即是 Pacorus 的译音。Pacorus 亦称为 Pakor，即译音的略词。

安息人来华最早而在历史上闻名的人物是安清，亦称安世高，事迹见于康僧会所著的《安般守意经序》，他是安息王嫡后之子，让位于其叔父。马雍在所著《东汉后期中亚人来华考》有详细考辨，他指出冯承钧《历代求经翻经录：汉录》书中的安世高传所言不符事实之处。冯氏以安世高是安息王满屈二世（Pakor 之太子），他不甚赞同，另从罗马所见史实，论证世高不当是满屈二世之子。《阿育王传》由西晋"安息三藏"安法钦译（《大正》，50 册），"安息三藏"一名，说明安氏与译经工作有关。近时中外学人，对昭武九姓研究，诸多创获，粟特胡的安氏，更为讨论的焦点。《唐书世系表》云："后汉末（安息国）遣子世高入朝，因居洛阳"。出土安氏有关墓志，多数攀附汉俗姓氏书，拉上黄帝的关系，把汉地的姬水和西域的妫水（Oxus）连在一起，像《史诃耽墓志》所说"分轩丘而吐胄"、"掩妫水而疏疆"，大作其文章，又把安息与安国混淆，这大概是出于后代的附会，已有学人加以疏理，不用多费唇舌。（如 Antomiso Forte: *The Hostage an Shigao and His Offsping*，京都，1995；及荣新江《安世高与武威安姓》，收入黄时鉴编《东方与西方》第一集，上海；吴玉贵《凉州粟特胡人安氏家族研究》，《唐研究》第三卷，1997，295—338 页。）

至于安敦的年代是公元 166 年，查波斯史表 148—192 年在位者为 Vologeses II（二世），其时尚未进入萨珊王朝。萨珊王朝第一代是 Ardaser 大帝。

晋袁宏《后汉纪》卷一五《殇帝纪》末有一段关于大秦文字云：

> 其王常欲通使于汉，奉贡献，而安息欲以汉缯彩与之交市，故遮不得令通。及桓帝建初中。
>
> 王安都遣使者奉献象牙犀角、玳瑁，始一通焉。（《四部丛刊》宋王钰刊本）

大秦王安敦写作安都。查建初是章帝年号（公元 76—83），不当属于桓帝，二者必有一误。无论作安敦或安都，皆是 Antoninus 的对音。《后汉书》作延熹九年即西元 166 年。是时应是 Marcus 在位的第六年，Antoninus Pius 是 Marcus 大帝的义父，Marcus 在位时，受到义父安敦的陶冶，倡导容忍政术，有声于时。（参 M. Schofield: *The Cambridge History of Greek and Rome Political Thoughts*，2000。）《南史·蛮貊传》把大秦事系于桓帝延熹三四年。汉土史籍年代殊不一致，范晔《大秦传》之外，袁宏《后汉纪·南史》复有出入。袁宏一书，未见人引用，故提出讨论。

近时治中外交通史家，意见亦多歧出。林梅村说《后汉书》大秦王安敦当时的罗马皇帝是 Trajan（公元 97—117）（林著《西域文明》，13 页），与 166 年代不合。汪江及刘迎胜说大秦王安敦即 161 年至 180 年在位之罗马帝 Marcus Aurelius Antoninus，似较合理（《古代中国与亚非地区的海上交通》，36 页），安敦、安都，均是 Anton 的音译。Marcus 连署其父之名（《丝路文化·海上卷》，27 页）。

公元 224 年，安息已进入萨珊王朝，为 Ardashir I。孙权黄武五年（公元 226）正值这时期。《梁书》记有大秦贾人秦论来交趾。权差会稽刘咸送论，论乃送还本国。这说明在萨珊王朝初期，大秦与华商贸，已密切派人来往。是年孙权复遣朱应、康泰出使扶南。宋本《御览》卷七七一《舟部》引《吴时外国传》云"从伽那调州乘大（伯）舶，张七帆，时风一月余日乃入秦，大秦国也。"《水经·河水注》引康泰《扶南传》作"从伽那调洲西南，入大湾七八里乃到扶扈黎大江"，又引《吴时外国传》"从加那调洲乘大船张七帆，时风，一月余日乃入大秦国"。

扶扈黎江口是印度恒河口，当日船行海上，印度是必经一个站。《水经·河水注》又引竺芝《扶南记》云："安息国去私诃条国二万里。"

扶南的记录亦提到安息国，可见吴遣使至扶南，正因为扶南与印度至大秦，海上大舶往来已久，行程需一月以上，至公元 281 年即晋武帝太康二年，是时值萨珊 Bahnam II（二世）大秦国来献琛，道经广州，安南将军滕侯作镇于此。吴零陵太守殷兴之子殷巨，入晋，官苍梧、交趾二郡太守，适为滕的僚属，目睹贡品，火浣布尤奇，撰有《奇布赋》及《鲸鱼灯赋》二篇，流传至今，为大秦贸易史上留下宝贵的记录（文见《艺文类聚》八〇及八五，收入严可均《全晋文》卷八一）。《列子·汤问》："周穆王大征西戎，献锟铻之剑、火浣之布。"

5 世纪以后，银器出土，有北魏时代景明二年（公元 501）之银盘（《文物》1983，8）、银碗（《文物》1992，8），以上原物存大同博物馆。

1983 年，固原李贤墓所出天和四年（公元 569）银壶（见《文物》1985，11）。1988 年甘肃靖远出银盘（《文物》1990，5）。1976 年赞皇李希宗墓所出武平六年（公元 575）银碗（《考古》1977，6）。以上材料，均详齐东方《唐以前的外来金银器》文中，可以参考，不再缕述。

1981 年，山西大同市区郊出土北魏封和突墓志及波斯银盘，盘中人物据马雍考证，与萨珊朝第四代王 Bahram 一世相近。他列出北魏时，波斯遣使朝献于北魏凡十次之多，文中有详细考证。

现藏南京博物院题梁元帝萧绎的《职贡图》残卷（《文物》1960，7）已有许多人考证，可与《梁书·西北诸戎传》对勘。现存图迹有波斯国使图及题记。记中引释道安《西域诸国志》残文，十分可贵，末记："北万里即沉壜禀国。（中）大通二年，遣中经犍陀越奉表献佛牙。"据《释迦方志》下引梁图作㩵懔，应是拂菻。在同卷滑国使下有云：

波斯□子锦玉妻□□，亦遣使康符真同贡物。其使人幂头剪发，
着波斯褶、锦袴、朱糜及长靿靽（靴）。其语言则河南人重译而通焉。

波斯使臣康符真，当是康国人。北魏曾遣韩羊皮使波斯，波斯王遣使
献驯象及珍物（《魏书·西域传》）。隋虞弘仕茹茹，亦曾出使波斯（见
《虞弘墓志》）。此并为使波斯名字之可考见者。《后汉书·大秦传》称"其
王常欲通使于汉，而安息欲以汉缯丝与之交市，故遮阂不得自达"。大秦
通汉，屡为安息所阻挡，正如魏通波斯，屡为于阗国所格，情形相似。近
年来对昭武九姓在华之活动概况，如安氏、史氏等等，已有多家作专文探
讨，见《唐研究》卷三、《北大国学研究》卷七，对粟特人来华史迹更加明
了，今不复述。

三、外国贡品的象牙、犀牛与桂林郡的"封中"及交趾郡的"封溪"路线

文献上最早贡品的犀角、象牙是《竹书纪年》载魏襄王（前引二）七
年，即周赧王三年，越使公孙隅贡犀角、象牙。《战国策·楚策》楚王曰：
黄金、珠玑、犀牛、象出于楚。实际这些品物有的还是远道的舶来品。公
元前 312 年于波斯为 Seleucid 王朝，仍属 Parthian Arsacids 时代。《淮南
子·人间训》记秦所以戍兵五岭，正为垂涎于越的犀角、象牙、珠玑等物。
以公孙隅事观之，这些外来贡品可能在先秦时候，已有往来了。

南越王墓西耳室出大象牙五支，成堆叠放，被确认为非洲产。漆盒内
的乳香，为红海之物（《西汉南越王墓》上，346 页及附录 14）。犀角则
1960 年广州三元里马鹏岗一号墓出犀角十五支。其他南越地区，陶制犀角
板型有 1955 年广州东山梅花村二号墓出四支陶犀角、五支陶象牙，最长
者 49 厘米，而广西贵县、梧州及长沙都有之，贵县秦时为桂林郡治，长沙
贵族亦从南越引进海外珍品。赵佗上汉文帝书明言："附贡白璧一双、翠鸟
千、犀角十、紫贝五百、桂蠹一器、生翠四十双、孔雀二双。"这张贡单里
面有"犀角十"，可见当日如何珍视。一直到东汉季年，士燮为交趾太守
四十年，经常派人进奉珠宝犀、象、蕉、龙眼，无岁不至。

沈怀远《南越志》云："象牙长一丈"（《御览》卷八九〇引），似有点
夸大。

《东观汉记》:"章帝元和元年（公元 84）日南献白雉白犀。"（《御览》）

魏文帝黄初二年（公元 221）魏向吴求雀头香、大贝、明珠、象牙、犀角、玳瑁、孔雀、翡翠、斗鸭、长鸣鸡。（《通鉴》，2197 页）

明帝青龙三年（公元 235），帝使人以马易珠玑、翡翠、玳瑁于吴，可见魏吴之间，这类珍异外来品物，还有极高的交换价值。然《江表传》云:"魏文帝遣使于吴求象牙，群臣以为非礼。"

云南晋宁古滇国——号与—二号墓，各出一件镀锡凸瓣纹铜盒，形制与赵眜墓十分相似。该地博物馆负责人承认这两件都是外来银盒的仿制物。滇王降汉事在公元前 109 年，即汉武帝元封二年，郭昌、卫广发巴蜀兵灭靡莫以临滇，滇王举国降，于是以为益州郡，赐"滇王"王印（《通鉴》，686 页）。晋宁出土有滇王印。滇墓这一凸瓣纹铜盒必制于元封以前，与南越墓之物，相距为时不会太远，这说明波斯银器可从日南徼外传入，早在张骞使大夏以前，已有贾人来往。同时，证明《后汉纪》所说"又有一道与益州塞外通大秦"一说之正确。《三国志》卷引裴注引《魏略》言"大秦既从海北陆路，又循海而南，与交阯七郡外夷北。又有水道通益州永昌，故永昌出异物"。当日四川的出产，可至永昌，再由此出口以至大秦。

马王堆出土的驻军图与地形图，标有"封中"二字，位于贺江流域地带，据考证该图当作于赵佗发兵攻长沙边邑之后。佗出阳山关，攻破桂阳，攻入九疑山区。显示桂阳是争夺要地。秦人所以要设置桂林郡。《淮南子·人间训》记秦人进军五路。一路塞镡城之岭，是从湘桂交界的越城岭南下，一军守九疑之塞，即沿湖南潇水经萌渚山岭，贺江以进入越人腹地。封中当在封水区域，汉属苍梧郡，在封水之阳有封阳县。又广信原为封川县，俱因封水得名（参陈乃良《封中史话》，广东省地图出版社，2001）。《水经·温水注》:"郁水又东迳苍梧广信县，漓水注之，又东封水注之。"又云:"封水出冯乘县广西谢沐县东界牛屯山，亦谓之临水，其地为临贺县。"封中当在此一带。前汉置交州，其交阯刺史治交阯郡之嬴陵。元封五年，移治于苍梧之广信（见《水经注》引《交广春秋》）。东汉时一度移治交阯郡之龙编。建武十六年（公元 40）麓泠县雒将之女徵侧，与妹徵通反，九真、日南、合浦（俚）皆应之，凡略六十五城。马援出征，缘海而进，自九真以南，随山刊木，千余里至浪海上，大破之。浪海一地，据《通鉴》胡注云"其地在交阯封溪县界"，是则交阯郡之封溪地。

向来谓马援平交阯，奏分西里置封溪、望海二县。东汉于此置封溪，乃由马援所奏而增设。

考封溪县实为蜀安阳王南来治所。《广州记》云：

> 蜀王子将兵讨骆侯，自称安阳王，治封溪县。后尉佗攻破安阳王，令二使典主交趾九真二郡人。（《史记·南越传》引）

由此一事观之，尉佗势力亦曾远及于此封溪地；马援兵之所至，赵佗早已奄有其境，故与外国接触较易，观南越王眜出土及广西罗泊湾一号墓出土的铜提筒，其带羽人船纹者，与东山文化骆越地区的铜提筒，几无二致。其乳香、象牙已证验为非洲由海路输入，以及银盒与金花泡饰等物之为舶来品。汉武帝征和三年（公元前90）西胡月支献香四两，死者未三日者，熏之即活（《海内十洲记》）。已详南越墓《报告》，不必缕述，今另试就封中、封溪二地历史背景作一探讨。

耿舒谓"马援类西域贾胡，到一处辄止"。援卒后，谮者谓其交趾时载还皆明珠文犀。交、广之间，向来官吏无不垂涎贡品，况援为征伐胜利者，自不必须此类之贿赂，特越地进奉之品必多，以贾胡比之，可谓讽刺之甚。

《续汉书·礼仪志》引吴人（丁孚）《汉仪》云："大鸿胪食邑九真、交趾、日南者，用犀角长九寸以上，郁林用象牙长三尺以上。"象牙、犀角之用途，在掌诸侯及四夷归义蛮夷，交广远人受其统辖，所以使用犀角象牙独多，料皆出自贡物。《御览》卷九八〇引范氏《计然》云："犀角出日南郡，上价八千，中价三千，下一千。"可见当时之价值。

班固论汉武之事业云："开七郡故能……睹犀布、玳瑁则建珠崖七郡；感蒟酱竹杖别开牂牁、越巂；闻天马、葡萄，则通大宛、安息。"指出开疆拓土，完全因异珍奇货的诱惑，可谓一语中的。

沈约《宋书》卷九七《蛮夷列传》云："若夫大秦、天竺，迥出西溟，二汉衔役，特艰斯路。而关货所资，或出交部，泛海凌波，因风远至。……通犀翠羽之珍，蛇珠、火布之异，千名万品，并世主之虚心，故舟舶继路，商使交属。"海上交通的盛况，所记全符合事实。

远至海南岛振州，犀角、象牙至唐代仍为海贾商品，《太平广记》卷二八六幻术部引《投荒杂录》："海南振州，袭掠海贾犀角、象牙、玳瑁仓库数百。"《通典》一八四："延德郡振州（理宁远县）土地与珠崖郡同。隋置临振郡，大唐置振州。"

四、日南徼外与日南障塞

《后汉书》记大秦王安敦自"日南徼外"来献贡物。《汉书·地理志》云：

> 自日南障塞徐闻合浦，船行五月有都元国……自武帝以来，皆献贝。有译长属黄门。以应募者，俱入海市明珠、璧琉璃、奇石异物、费黄金杂物前往。

远自大秦（罗马），近则印度，从南方进入汉土，日南是最重要的门户。由于日南在汉代是交州刺史所辖最南的一郡，在今越南境内，东汉末年，交州成为中亚胡商聚居移植的地方。"康僧会先世是康居人，世居天竺，其父因商贾移家于交趾。"魏甘露初（公元256），月氏僧支疆梁，从内地到交趾，译出《法华三昧经》。交州成为佛教输入基地之一，聚集了不少的胡人。《三国志·士燮传》记"燮兄弟并为列郡，雄长一州，偏在万里，威尊无上，出入鸣钟磬，备具威仪，笳箫鼓吹，车骑满道，胡人夹毂焚香者常有数十"。士燮的父亲士赐为日南太守，燮为交趾太守、卫将军、龙编侯。兄弟壹为合浦太守，䵋为九真太守，武为海南太守。士氏一家族控制着整个交州的冲要，政治经济都在其掌握中，西来的胡人想必定要和他们通关节，是很自然的事。黄初七年（公元226）士燮卒，吕岱南下，把士氏一家铲除，是有他的政治目的。吴黄武五年，分交州置广州，虽然为期甚短，这样措施，分明是为了分薄交州的力量。《通鉴》卷五八："交趾土多珍贵，前后刺史无清行，财计盈给，辄求迁代，故吏民怨叛，执刺史及合浦太守来达。三府选京令东郡贾琮为交趾（州）刺史，加以招抚。"〔东汉灵帝中平元年（公元184）〕可见向来交趾、合浦太守，被视为肥缺，以其与国际贸易有关，利之所在故也。

《汉书》称"日南障塞徐闻、合浦"。何以谓之障塞？障塞是边徼设防的所在，西北通西域设有障塞，西南的海路亦然。障与塞同义。《说文·阜部》：陉，塞也。隔，塞也。障，隔也。三字互训。西北丝绸之路，设塞多至不可胜数。《汉书·地理志》敦煌郡广至县有昆仑障。延光二年，敦煌太守张珰上书作昆仑塞。法显《佛国》记载所经敦煌有塞，东西可八十里。障可称曰塞，合称则曰障塞。是徐闻、合浦在武汉帝时，被看作日南的障塞，其地必有设防及关口。汉志称"有译长属黄门"，是其地又设有翻译人员，隶属中央的黄门所管辖。黄门属少府。颜师古注："黄门之署，职任亲近，以供天子，百物在焉。"唐人所载，汉置左右候官，在徐闻县南七里。

遂溪与徐闻

广东遂溪的边湾村于 1984 年 9 月 20 日出土陶罐，内有波斯银币二十个及银盒等物。据称出土时不少一二百个。在此之前，广东地区亦两度出土波斯萨珊朝银币。

（1）英德泷洸镇出土破银币三枚，属卑路斯（Prouz）（公元 457—483）时期，伴出墓砖文云："武帝齐永明元年大岁己卯（公元 483），明帝建武四年（公元 497）大国。"

（2）曲江南华寺山坡出九片剪开的波斯银币。

从遂溪北上至英德、曲江，何以有这些波斯币出土？主要是由于东汉章帝时新开了陆道，大司农郑弘奏开零陵桂阳峤道。因汉时交趾七郡转运多循海道，七郡是南海、苍梧、郁林、合浦、交趾、九真、日南。七郡入贡转运，皆从福建东冶（泉州）泛海而至，有风波之险阻，郑弘乃奏开峤道，此出《后汉书》卷一三郑弘传（《通鉴》）系其事于章帝建初八年（公元 83）。自是遂成陆路上入贡之孔道，如临武长唐羌奏交趾七郡献生龙眼之贡道，即走此一路线。南朝时，由遂溪北上，当即取峤道北进。乃取陆运而非海运。今据郑弘所奏，交趾七郡入贡，在章帝之前，乃从东冶泛海而至（洛阳）。东冶，胡注引《太康地理志》："后汉为东侯官，今泉州闽县。"近时考古所得，冶旧址在福州城北冶山，出有绳纹砖瓦及瓦当（见《闽越冶城地理的历史考古问题》，载《考古》2000 年一一期）。东冶是汉时海路一个中间转口站。

遂溪在今湛江市西南，隋开皇十年置铁把县。唐天宝元年（公元 742）改名遂溪。古代应属徐闻所辖。《元和郡县图志》："雷州徐闻本汉旧县。"又云："海康、遂溪二县亦徐闻县地。汉置左右候官，在县南七里，积货物于此。备其所求，与交易有利。故谚曰：'欲拔贫，诣徐闻'。"《舆地纪胜》卷一一八引作"至徐闻，可致富"。向来此一说，足见其在国际贸易上的地位。《通典》卷一〇四：“雷州，秦象郡地，二汉以后并属合浦郡地。梁分置合州。大唐置雷州，或为海康郡。领县三：海康、遂溪、徐闻。”唐时，遂溪与徐闻分而为二县。在雷州徐闻五里乡二桥村，采集汉代遗物有“万岁”二字瓦当。1988 年发掘面积有八千余平方米的城址，据考证即西汉徐闻县治遗址。

郦道元《水经·温水注》描写徐闻情状云：

> 大海中，南极之外，对合浦、徐闻县。清朗无风之日，遥望朱崖州，如囷廪大。从徐闻对渡，北风举帆，一日一夜而至，周回二千里，径度八百里，人民可十万余家，皆殊种异类……

历历如亲履其境。

朱庐与朱师

1984 年海南岛乐东县出土“朱庐执刲”银印，蛇钮。已有许多学人著文讨论。执刲即执圭，为楚爵名。朱庐为《汉书·地理志》合浦五县之一。详杨式挺《朱庐执刲银印考释》（《岭南文物考古论集》，357 页）。

广西合浦望牛领汉墓，亦出土“劳邑执到”蛇钮印，琥珀制（广西壮族自治区博物馆藏）。

1980 年在珠海市外伶仃石涌湾采集遗物，这陶罐口沿肩部刻有“朱师所治”四字（见邓聪著《珠海文物集萃》，256 页）。考《晋书·地理志》：“交州合浦郡汉置，统县六：合浦、南平、荡昌、徐闻、毒质（琩）、珠官。”《宋书·州郡志》：“合浦县，孙权黄武七年（公元 228），更名珠官郡，所统县有合浦长、徐闻长、朱官长、荡昌长、朱庐长（吴立）等。”

刘宋泰始七年（公元 471）春二月，宋分交广置越州，治临漳。刘昫云：“宋分珠官郡置临潭郡，及越州，领郡三。”沈约《宋志》作临障，宋白《续通典》作临瘴，萧子显云：“临漳郡本合浦之北界也。”

是时朱官应属越州所管。

南越地区，屡有古玺印出土，如越南出土的“胥浦候印”即其著例。胥浦是汉代九真郡的治所。

查南交候长可考者，表列如下：

合浦郡	徐闻	汉置左右候官
苍梧郡		有苍梧候丞印
九真郡	胥浦	有"胥浦候印",鱼钮,越南清化 Thanh Hoa 出土。(Brussels 博物馆藏)
日南郡	象林	象林候长,见西汉尹湾简牍。

以上现存交广印信带"候"官名者 34 例。"候"的取义,日本吉开将人有文详细讨论(见所著《岭南古玺印考》,前、中、后三篇。《东洋文化研究所记要》136 册、137 册、139 册)。

合浦郡朱官,汉志作"朱庐",续志作"朱厓",银印作"朱庐"。"朱师"可能指合浦的朱官,朱官县地方官师所制陶器,故刻上"朱师所治"款识,其器流传至珠江口,尚待证实。

朱官一名,有时亦作珠官。

《晋志》"毒质"乃瑇(玳)瑁的异写,"珠"和"瑇"都是以特产为地名。

遂溪银碗口沿确是粟特文。考粟特从北魏以来屡次入贡,见于《魏书》本纪,计有下列记载:

> 世祖太平真君五年冬十二月(公元 444)粟特国来朝。
> 高祖皇兴元年(公元 467)、四年(公元 470)粟特朝献。

遂溪银器是南齐时之物。这一时期,粟特人入贡频繁,在南方自然亦有交往贸易。

五、青州与海外交往

法显于晋义熙八年(公元 412)七月十五日由耶婆提(印尼)船飘至青州长广郡登陆。和他约略同时的另一僧人佛驮跋陀,亦从交趾附舶循海风飘至青州东莱郡。最可注意的是宋元帝元嘉中(公元 424—453)有僧启奏文帝资给遣沙门道普,将书吏十人西行寻经,至长广郡舶破,道普伤足而卒(见《高僧传卷二》)。《高僧传》作者慧皎说:"道普本高昌人,经游西域遍历诸国……善梵书备诸国语,游履异域,别有《大传》。"(《大正

50 页，三三七上）道普是高昌人，他先已曾游历各国，故派他西行寻觅《涅槃经》后部分。可惜他的传记没流传下来。但从这一件事看来，有很重要的认识：

（1）南方政权可以在魏人统治下进行海外活动。

（2）刘宋时，青州长广郡似乎是一个出海往来的关口，故可从此附舶上船西行。

（3）佛驮跋陀从交趾来此，法显亦在此登陆，可见当时的商舶，经常来往。

南方的交趾和东面的青州都有口岸设备，为商舶出入管理机构，我们从另外一条史料，可透露其中消息，《魏书》郦道元的父亲《郦范传》说青州镇将伊利，表告他造船市玉，与外贼交通。外贼必指外国人，郦范官青州刺史，以地方官仗权力与外勾结，从事贸易走私，而且造船舶，被人控制贪污罪，可见青州和交趾遥相呼应，自来是外国船舶必经的海口。

结　语

本论文主要重点，总结史志上的波斯、大秦与华早期交往的记录，通过出土银器的所在地说明古代彼此往来的时空关系，在不完整的记录下，推究出一些实际情况，主要的看法有下面数事：

（1）撇开陆上丝绸之路不必去详细讨论，专从海上交通来看问题，南北有两个地方，交州与青州在早期是很重要的站口。印度的商舶在南朝时代经常来往，已是司空见惯的事。

（2）齐王墓出土银盘有秦始皇"三十三年"文字，说明先秦已有海上交通，与外国往来年代应该推前。

（3）日南郡的设置，成为南海对外的障塞，和西域上的障塞设备同等重要，是对外的关防。有翻译官隶属帝室私人机构的黄门所辖，可能交易出入有奇异珍品，中央必要加以管制。故此在交州任职的官吏往往是个肥缺，自东汉以来屡有贪污事件发生，如合浦太守来达，即其一例。青州亦然。北魏郦范被人控告"造船市玉，与外贼交通"即其明证。当时地方官吏可以制造船舶，必从事走私贸易可知。

（4）遂溪银器铭文，经中、日、西方学人辨认确是粟特文。在南北朝时候，粟特商人充满西北市场。高昌文书的《高昌内藏奏得称价钱帐》

（七三 TAM 五一四）正可说明一切（残帐见钱伯泉文（《西北史地》1992年第三期，46 页；荣新江文见《欧亚学刊》第二期）。买卖双方都是粟特人。遂溪银器是粟特文，可见南方日南障塞，亦是粟特人从事贸易的地方。

陆路上的交通路线，当以高昌国为一关口，是必经之路，近时我看到荣新江写的《高昌王国与中西交通》一文，提供不少西北地区出土的残帐和名册，可以看到当日中外来往的实际情况和输入舶来品的名目，最重要的是当地对外来客的供应、约束、管理、接待制度。我在上面引道普在长广郡出海，慧皎的《高僧传》引用他的《大传》的记载，可惜新江没有注意到，其重要性有三项：

（1）可知高昌人与南方政权亦时有交往。

（2）高昌僧人久已习知印度的宗教学术情况讯息。

（3）南方皇室由于宗教上的宽容，亦可通过商舶出海的关口去进行文化交流而没有外交上的限制。

这一条材料是高昌人在 4 世纪中扮演东西交通的角色，道普的《大传》没有流传下来，是对外交通史料极大的损失。

附　谈大秦与琉璃、璧琉

上引《汉书·地理志》记日南障塞："应募者，俱入海市明珠、璧琉璃、奇石异物。"据鱼豢《魏略》云：

> 大秦国：赤、白、黑、黄、青、绿、绀、缥、红、紫十种琉璃。

（《御览》八〇八珍宝部七）

《吴历》云：

> 黄龙、扶南诸外国来献琉璃。（同上引）

《广志》云：

> 琉璃出黄支、斯调、大秦、日南诸国。（同上引）

《玄中记》云：

> 大秦国有五色颇黎（玻璃），红色最贵。（如上）

颇黎与琉璃自是一物，汉代以来，主要出产以大秦为大宗，经印度（黄支）扶南海道以入华。《梁四公子记》载有扶南大船从天竺国来卖碧颇钟的故事。《说文·玉部》珋字下云："石之有光者，璧珋也，出西胡中。"璧珋即是璧琉璃。一般谈古代出土玻璃，都说璧琉璃出自梵语的 vaidurya，几无异议。惟关善明在他所著的《中国古代玻璃》中《琉璃与费昂斯（faience）》一节提出异议。认为公元前 1 世纪罗马建筑家 Vitruvius Polio 在他的记述中，称玻璃物质为"色流离琳"（cacruleum），或许即是璧琉璃的对音，很有见地。从《魏略》诸佚书所载，琉璃主要出产于大秦，从海路经印度、越南传入。武梁祠壁题记有璧琉璃。琉璃一名，又见于扬雄《羽猎赋》。《吴国山碑》且以璧琉璃为符瑞。璧琉璃自是外来胡语。与罗马的关系，值得再进一步研究。

附　记

池田温在《东亚细亚文化交流史》书中第三部《前近代东亚纸的国际流通》一章言及晋太康五年（公元 284）大秦以三万幅蜜香纸入贡，说见嵇含《南方草木状》（《百川学海》本）。门人马泰来曾撰《南方草木状辨伪》，指出此条屡为西儒夏德等所征引，乃由《拾遗记》卷九张华造《博物志》，武帝赐"侧理纸"万番所讹传，不足为据（文见《香港大学中文系集刊》一卷二期，1987）

安南古史上安阳王与雄王问题

安南古史，与中国载籍，颇可互证，而大体相符，鄂卢梭（L. Aurouseau）论之详矣。[1]顾其古代传说，史料缺乏，令人感到棘手。其中有两个异文歧出极不易解决之问题：一为雒王与雄王之异文，一为伐雒越之蜀王子安阳王，是否为实录。关于前者，法儒 E. Caspardone 曾撰 "Champs Lo（雒）et Champs Hiong（雄）"一文，刊于 1955 年《亚细亚学报》（J. A. p. 462），所论容有未尽。关于后者，日本藤原利一郎氏有《安阳王与西呕》一文，主张蜀王之蜀字，可能为"呕"字之讹，蜀之征骆，实为西呕之征骆，此说既出，颇博得东南亚史专家之同意[2]；惟细核之，实难凭信。因汉籍言及安阳王者不一而足，而《日南传》尤为重要。《日南传》为向来谈安南古史者所未征引，不可不详论。又"雄"王之称，在安南后出史书，别有其意义，不可概目为"雒"王之讹。因撰此篇，为治东南亚古代史者进一新解焉。

一、史源之检讨

向来讨论雒越问题，仅知利用两处材料，作为研究之依据。

（一）《水经注》卷三十七《叶榆河注》："水自麓泠县东迳封溪县北。"

---

[1]　见鄂氏《秦代初平南越考》（La Premjere Conquete chinoise des Pays annamiles）（冯承钧译本）。鄂氏文章，引起不少讨论，除法儒马伯乐于 1924 年通报为撰书评外，中国学人有下列各文：

（1）吕思勉《秦代初平南越商榷》，见《国学论衡》第四期，又见《燕石札记·秦平南越》上下。

（2）岑仲勉《评秦代初平南越考》，见中山大学《史学专刊》第一卷第三期，1936，后收入《中外史地考证》。

（3）饶宗颐《秦代初平南越辨》，见《南洋学报》第六卷第二辑，1950。

[2]　见许云樵主编《东南亚研究》第三卷，27 页，1967。

《交州外域记》曰：

> 交阯昔未有郡县之时，土地有雒田，其田从潮水上下，民垦食其田，因名为雒民，设雒王、雒侯，主诸郡县，县多为雒将，雒将铜印青绶。后蜀王子将兵三万来讨雒王、雒侯，服诸雒将，蜀王子因称为安阳王。后南越王尉佗举众攻安阳王。（中略，文见后。）越遂服诸雒将。

（二）《史记·南越传》"索隐"姚氏按语引（广州记）：

> 交阯有骆田，仰潮水上下，人食其田，名为骆人。有骆王、骆侯，诸县自名为骆将，铜印青绶，即今之令长也。后蜀王子将兵讨骆侯，自称为安阳王，治封溪县。后南越王尉佗攻破安阳王，令二使典主交阯、九真二郡人。寻此骆，即瓯骆也。（《广雅丛书》本《史记索隐》卷二十五）

此两书所引，鄂卢梭于《秦代初平南越考》注云："可参照黄恭《交广记》及《安南志异》所引的《交阯城记》。姚氏所引之《广州记》，撰者未详。"考晋裴渊、顾微，宋刘澄之俱著有《广州记》，不知属于何家。王谟辑《汉唐地理书钞》，列为裴渊之书，其谓安阳王治封溪县，前汉志交阯郡无封溪。《续汉郡国志》封溪建武十九年置。《旧唐书·地理志》："武平下云：吴置武平郡。本汉封溪县。后汉初，麓泠县女子徵侧叛，攻陷交阯，马援率师讨之，三年方平。光武乃增置望海、封溪二县，即此也。"封溪，东汉初马援始请置县，非南越时所有。曾钊跋刘欣期《交州记》，谓"封溪，晋志属武平郡，宋志无，则刘欣期当为晋时人"。不知封溪建县于马援平越之后，《宋志》武平太守领县六，文缺，只存三名，不必无封溪也。

《索隐》引《广州记》末有"令二使典主交阯、九真二郡人"一句，勘之《叶榆河注》麓泠县下云：

> 《交州外域记》曰：越王令二使者，典主交阯、九真二郡民。后汉遣伏波将军路博德讨越王，路将军到合浦，越王令二使者赍牛百头、酒千钟及二郡民户口簿诣路将军，乃拜二使者为交阯、九真太守，诸

雒将主民如故，交趾郡及州，本治于此也。

如是"二使"一语亦见于《交州外域记》，足见其与《广州记》有互钞复出之处。《汉书·地理志》交趾郡麊泠县下云"都尉治"，盖麊泠即汉时交趾郡治之所在。

又《索隐》所引《广州记》，别本《索隐》或作"姚氏按《益州传》"。关于《交州外域记》及《益州记》二书之来历，有加以检讨之必要，试详论之：

（一）《交州外域记》

此书作者不明，《水经注》曾引用多次：

《温水注》九德县下	见杨守敬《注疏》卷三十六，52 页下
《叶榆河注》麊泠县下	同书卷三十七，12 页上
封溪县下	同书卷三十七，14 页上
嬴陵县下	同书卷三十七，17 页下
九德县下	同书卷三十七，18 页下

再查《太平御览》征引交州有关各史籍，未见《交州外域记》一名，是其亡佚已久。张燮《东西洋考》卷十二逸事考引作《交阯外域记》，"交州"作"交阯"；又同书卷一《形胜名迹·雒王宫下》，引作《交州异域记》，此据惜阴轩本"外"字作"异"，书名微有不同。《安南志略》越王城条引作《交州外域记》，此据陈荆和校本。陈校引内阁文库本作《交阯外城记》，静嘉堂本及大英博物院钞本间有异文。知鄂卢梭所谓"交阯城记"，即出于此，"城"乃"域"字形近之误，非别有一史源也。

章宗源《隋书经籍志考证》史部著录有《交州外域记》，作者未详。其撰写年代据《水经注》九德县下云《交州外域记》曰："交趾郡界有扶严究。"究者，竺枝《扶南记》云："山溪濑中谓之究。"究即川也。按《宋书·州郡志》武平郡吴建衡三年讨扶严夷，以其地立。此书言及扶严事，是应作于吴建衡以后，殆为晋人所撰。

（二）姚氏按语引《益州传》

《史记索隐》中引用各注家之说，有"姚氏云"及"姚氏按"等注，如：

落下闳下"姚氏按《益部耆旧传》"(《天官书》)。

公玉带下"姚氏按云云"(《武帝纪》)。

《高帝纪》"鸿门"下"按姚察云",《孝文帝纪》"元元"下"按姚察云",可见姚氏乃指姚察。《隋书·经籍志》有姚察《汉书训纂》三十卷,《索隐》即采自此书。察仕梁陈至隋,卒于大业二年,事见《陈书》本传。[①]

有关益州之著述,姚察之前,实有多家[②],详张氏之《古方志考》。《蜀中广记》卷九十六李膺《益州记》条,先是谯周、任豫、刘欣期各有《益州记》。查刘欣期又著《交州记》,言及安阳王事。《吴都赋》注引其一条"一岁八茧蚕出日南"。其人颇熟悉南中及交广事迹,疑姚氏所引之《益州传》即刘欣期之《益州记》,但称"记"为"传"耳。地书名曰"传"者,如燕盖泓撰之《珠崖传》,是其例。

二、早期汉籍中之安阳王史料——《日南传》及其他[③]

有关安阳王事迹之汉籍,鄂卢梭谓《交州外域记》一书乃最古之记录。又谓与此相近之文,又有《安南志略》引之《交趾城记》。[④]其所知资料,至为贫乏,其实"交趾城记"即"交州外域记",非为二书,说已见前。余考上述诸书外,又有《日南传》、刘欣期《交州记》、宋沈怀远《南越志》、梁刘昭《续汉郡国志注》、李石《续博物志》等书。其中《南越志》为人所悉知,E. Gaspardone曾加讨论,其余较少人注意,尤以《日南传》为新发现资料,兹分述如次:

(一)《日南传》文云:

南越王尉佗攻安阳王。安阳王有神人皋通,为安阳王治神弩一张,一发万人死,三发杀三万人。他(佗)退遣太子始降安阳,安阳不知

---

① 鄂卢梭以"姚氏按"之姚氏,即撰《交州记》之姚文咸,实误。岑仲勉已辨之,详岑著《中外史地考证》,56页。

② 有关益州著述,参何守度《益州谈资》,《学海类编》本。

③ 本节内容曾以"《日南传》考——安南古史上安阳王资料"为题,由陈荆和译成日文,载于庆应大学《史学》,1970年2月。又载《选堂集林·史林》,中华书局香港分局,1982年。

④ 见鄂氏《秦代初平南越考》注八九。

通神人，遇无道理，通去。始有姿容端美，安阳王女眉珠悦其貌而通
之。始与珠入库，盗锯截神弩，亡归报佗。佗出其非意。安阳王弩折
兵挫，浮海奔窜。

此文见《太平御览》卷三四八兵部弩所引，陈禹谟刊本《北堂书钞》卷
一二五神弩亦引用之。考《隋书·经籍志》，两唐书《经籍志》、《艺文志》
著录均有《日南传》一卷，撰人未详。《御览》卷八九〇引有万震之《南洲
日南传》。（文云"扶南王善射猎，每乘象三百头，从者四五千人"。）又同
书卷十一天部引《扶南日南传》（文云"金陈国入四月便雨……"。），一于
《日南传》前益"南洲"二字，一益"扶南"二字。万震吴人，丹阳太守，
著有《南州异物志》，近年小川博有辑本。[①]《日南传》如为万震所作，则
为吴时作品，是时吴与扶南通使，康泰朱膺并有撰记。《日南传》之载安阳
王事，盖吴时传入中土者。有关安南史籍源流，法人考核至详[②]，惟对《日
南传》则未之及。

（二）《水经·叶榆河注》云：

……后南越王尉佗举众攻安阳王，安阳王有神人名皋通，下辅佐
为安阳王治神弩一张，一发杀三百人。南越王知不可战，却军住武宁
县。按《晋太康记》，县属交趾。越遣太子名始降服安阳王称臣事之，
安阳王不知通神人，遇之无道，通便去，语王曰："能持此弩王天下，
不能持此弩者亡天下。"通去，安阳王有女，名曰媚珠，见始端正，珠
与始交通。始问珠，令取父弩视之，始见弩便盗，以锯截弩讫，便逃
归报南越王。南越进兵攻之，安阳王发弩，弩折遂败。安阳王下船，
逐出于海。今平道县后王宫城，见有故处。《晋太康地记》县属交趾。
越遂服诸雒将。马援以西南治远，路遥千里，分置斯县治。

此文前引《交州外域记》，记雒王、雒侯、雒将，而接书安阳王故事，终
以"越遂服诸雒将"句，似全文皆出自《交州外域记》。惟中间插入按语
二条，两引《晋太康记》以说明武宁县、平道县皆属交趾郡。王先谦《合

---

①　小川博《南州异物志》辑本稿，在《安田学园研究纪要》第二、三号。

②　关于安南史籍源流，可参 E. Gaspardone 著 *Le Ngan-Nan Tche-yuen et son Auteur*，见《安
南志原》卷首，该书 1931 年河内远东医院版。

校本水经注》引全氏（祖望）按语云"九字注中注"，以此为《水经注》中之夹注。兹因原文起讫难明，故但题其出处为郦注。《东西洋考》十二逸事考引此亦作《水经注》文。按前汉《地理志》交趾郡县十，无武宁及平道二县。《水经注》引《太康地记》谓两县并属交趾，然《晋书·地理志》交趾郡有武宁而无平道。《宋书·州郡志》交趾太守下武宁令，吴立。又九真太守下亦有武宁令，云吴立，何志：武帝立。《太康地志》无此县而交趾有。总之，武宁乃吴时所置县，晋初属交趾郡，与《太康地记》合。毕沅于《经训堂丛书》辑《晋太康三年地记》，采"平道县属交趾郡"一条，即据郦注。

《南齐书·州郡志》平道县在武平郡，武宁县在交趾郡。《旧唐书·地理志》云贞观初，以武宁入龙编，又云："平道，汉封溪地。"故知郦注所记安阳王宫城在今平道县，实即后汉之封溪也。

郦注此条，记安阳王故事，比《日南传》为详。倘其材料果出于《交州外域记》，则与刘欣期之《交州记》同属于晋时人之作。

神弩之神话，在印度支那一带，自昔已颇盛行，如 Ramayana 颂所记十车王子能折湿婆（Siva）之巨弓，即其一例。

安阳王故事涉及南越王赵佗，《史记·南越传》但记赵佗之孙名"胡"，《日南传》等则载其太子名"始"，《交州记》又称赵曲为佗之孙。凡此均不见于《史记》，尤可珍异。

（三）刘欣期《交州记》文云：

> 安阳王者，其城在乎（平）道县之东北。林贺周相罙通徐作神弩。赵曲者，南越王佗之孙，屡战不克，矫托行人，因得与安阳王女婿媚珠通，截弦而兵，既重交一战而霸也。

此见《北堂书钞》卷一二五神弩条引。孔广陶校注云《水经注》卷三十七《叶榆水注》引刘《交州记》其城十三字作"有神人名"四字。"罙"作"皋"，"徐"作"治"，无"赵曲"以下。陈本改引《日南传》，事同而文异。按刘欣期《交州记》有曾钊辑本，刊于《岭南遗书》，此条失收，可补其缺。欣期书中言及李逊征朱厓事，当为东晋太元以后人所作（详曾钊跋文）。

（四）梁刘昭《续汉郡国志注》文云：

> 交阯郡，武帝置，即安阳王国，雒阳南一万一千里。

按《安南志原》城郭故址引此。文云："越王城……又名可缕城，古安阳王所筑也。……故址犹存。"刘昭云"交阯即安阳王国"是也。

（五）李石《续博物志》文云：

> 交州安阳王有神人名皋通，为安阳王治弩一张，一发杀三百人。[①]

（六）元王恽《秋涧大全集》卷十《下濑舡歌》自注引《南越志》：

> 尉佗时安阳王治交阯，有神人曰皋通造神弩事。

由上知安阳王事，始见于《日南传》。各书均有明确记载，安阳王实有其人，不成问题。姚氏（察）之按语，非采用《广州记》，即引自《益州传》，安阳王为蜀王子，故《益州传》得记其事，是蜀王之"蜀"原自无误。

太史公《南越传》赞云："隆虑离湿疫，佗得以益骄；瓯骆相攻，南越动摇，汉兵临境，婴齐人朝。"此段为韵语。"瓯骆相攻"乃赵佗以后之事，故南越只得系颈俯首，盖言其内乱也。藤原氏说蜀王原为句王，句即西区，按篆文蜀字与句字形相去甚远，既无异本可资佐证，且对《史记》本文殊觉难解，故其说不易成立。

三、雄王及其有关问题

《交州外域记》言雒田、雒王，《索隐》引《广州记》及《益州传》其字略异，作骆田、骆王。至刘宋沈怀远《南越志》乃作雄田、雄王。

---

① 《古今图书集成·边裔典》卷九五亦引《续博物志》此条。

《南越志》共八卷，《隋书·经籍志》著录，原书久佚。[①] 见于他籍征引，言及雄王事者，有《旧唐书》、《太平广记》、《太平寰宇记》。

（一）《旧唐书》卷四十一《地理志》安南都护府平道县下引《南越志》云：

> 交阯之地，颇为膏腴，旧有君长曰雄王，其佐曰雄候，后蜀王将兵三万讨雄王灭之。蜀以其子为安阳王，治交阯。其国地在今平道县东，其城九重，周九里，士庶蕃阜。尉佗在番禺，遣兵攻之。王有神弩，一发杀越军万人。赵佗乃与之和，仍以其子始为质。安阳王以媚珠妻之，子始得弩毁之。越兵至，乃杀安阳王，兼其地。

（二）《太平广记》卷四八二交阯条：

> 交阯之地，颇为膏腴，徙民居之，始知播植，厥土惟黑壤，厥气惟雄，故今称其田为雄田，其民为雄民，有君长亦曰雄王，有辅佐焉，亦曰雄候。分其地以为雄将。（自注出《南越志》）

（三）《太平寰宇记》卷一七〇《岭南道平道县下》引《南越志》与《旧唐书》，所引全同。惟多“以其田曰雄田”一句，又作“后蜀王之子将兵三万讨雄王灭之”（据乾隆万廷兰刻本）。同书同卷交阯县下安阳故城下引《南越志》云：

> 交阯之地，最为膏腴，有君长曰雄王，其佐曰雄候，其地为雄田。后蜀王将兵讨之，因为安阳王，治交阯。尉佗兴兵攻之。安阳王有神人曰皋通佐之。（中略）安阳王御生文犀入水走，水为之开。《抱朴子》云通天犀一尺以上刻为鱼形，御以入水，水当开三尺。故神弩之事出于南越也。

---

① 沈怀远见《宋书·沈怀文传》，前废帝时为武康令，后坐事徙广州，所著《南越志》，原八卷，见《隋书·经籍志》著录，久佚。商务印《说郛》本，只收二条．王仁俊《玉函山房辑佚书补编》、叶昌炽《蠹淡庐丛稿》皆有辑本，马伯乐（Maspero）著有《论沈怀远南越志》，见河内《远东校刊》1916（1）及 1918（3）。

按安阳王御生犀入水事，亦见《越史略》卷一"国初沿革"。《御览》卷八九〇犀部引《抱朴子》云"通天犀角南人名为骇鸡"，不及安阳王事。惟《大南一统志》卷一五乂安下，"安阳王庙"引《越史外纪》云："王讳泮，巴蜀人，在位五十年，因失龟爪神弩，为赵佗所败，南奔持七尺文犀入海。世传高含社暮夜山，是其处也。"犹能确指其地，此种古迹，殆出后人所假造。

《南越志》诸书所引均称雄王雄田，且对雄田二字，予以特别解释。

按古书"雒"与"雄"二字混淆，由来已久，如吴王孙雒，亦作王孙雄，清人考证多认"雄"为"雒"之误，《墨子·所染》篇即其一例。卢文弨云："今外传吴语王孙雄，旧宋本作王孙雒，《墨子·所染》同。"孙诒让《闲诂》云：

> 隶书"雄"字或作"雄"，与"雒"相似，故"雒"讹为"雄"……《韩子·说疑》篇有吴王孙颁，"颁"即"雄"之讹，则其字本作雒，益明矣。

此与雒田雒王之作雄田雄王，正同一情形。

越南史镨，记述此事，大都作雄王；亦有作雒王者。《大越史记全书》卷一《鸿庞纪》云：

> 貉龙君……封其长为雄王。

《雄王纪》云：

> 雄王之立也，建国号文郎国。……文郎王所都也。置相曰貉侯，将曰貉将。……世主皆号雄王。

《蜀纪》安阳王云：

> （安阳）王既并文郎国，改国号曰瓯貉国。初，王屡兴兵攻雄王……雄王谓王曰：或有神助，蜀不畏乎。……

又《徵纪》：

> （王）姓徵，讳侧，本姓雒。峰州麓泠县雒将之女。

又卷四前《李纪》，夜泽王附注："世传雄王时，王女仙容媚娘事。"（据日本明治一七年埴山堂翻印本）

吴士连《大越史记》于"雄王"概作"雄"，与《南越志》同；于雒侯雒将，则不作"雄"，而作"貉"，且附注云：

> 貉将后讹为雄将。

但于雄王，则如旧，不云有误。

其他越南史籍，如潘清简《钦定越史通鉴纲目》，黎崱《安南志略》、《越甸幽灵集》等均称雄王。亦有作貉王雒田者。《安南志原》：

> 雒王宫，交阯有貉王，筑文郎城。

同书引《西越外纪》云：

> 交州土地古称雒田，其实沃壤（原作坏误）。

"雄"与"雒"并见，说者咸谓"雄"字即"雒"之讹，"雒"字他处异文尚有作颌、硌及雌者，实亦形近之误，附辨如下。

各书所引"雒"字，计有三误：

（一）误作"颌"

陈荆和《交阯名称考》，谓《东西洋考》卷一形胜名迹及金溪究两条所引"雒"字均作"颌"，"颌"字非"雒"之转误。彼力证"颌"与"鳄"通，主张雒民即颌民，亦即鳄民，古所谓鲛人也。[1] 查陈先生所依据者，乃《丛书集成》排印本，《集成》所据则为惜阴轩本，余检李锡龄校刊之《东

---

① 《交阯名称考》，见《台湾大学文史哲学报》第四期，79—130页。按颌字同额，五陌切，与雒无关。

西洋考》（即惜阴堂丛书本）雒王宫条引《交州异域记》各字均作"雒"，又金溪究条下引《水经注》并作"雒"，无作"颔"者，此《丛书集成》排印时，刻字错误，不足为据。

（二）误作"碓"

《大越史略》于雄王作碓王（《守山阁丛书》本，《皇朝舆地丛书》本），碓为雒之误，杉本直治郎已详辨之。[1]

（三）误作"雌"

戴裔煊《僚族研究》引《太平寰宇记》卷一七〇平道县下，误雄侯为雌侯，按余所见乾隆刊本《太平寰宇记》，原作雄侯，无误。[2]

以上为显而易见者，雒之作颔，作碓，及雄之作雌，均为一误再误。

附表：

雒田，雒民，雒王，雒侯，雒将	《水经注》引《交州外域记》
骆田，骆人，骆王，骆侯，骆将	《史记·南越传索隐》姚氏引《广州记》，及《益州传》
雄田，雄王，雄侯	沈怀远《南越志》（《旧唐书·地理志》引，《太平广记》卷四八二引，《太平寰宇记》卷一七〇平道县引）
	（以上中文史料）
雄王	黎文休《大越史记》（1272）
雄王	黎崱《安南志略》（1307—1339）
碓王	《大越史略》（1380）
雄王貉侯，貉将	吴士连《大越史记全书》（1479）
雄王	按此处"雄"、"貉"并见《岭南摭怪鸿庞传》（1492）[3]
雄王	潘清简《钦定越史通鉴纲目》（1844）
	（以上安南史料）[4]

---

① 碓王为雄王之误，杉本直治郎氏有详辨，见《东南亚细亚史研究》，713页。

② 戴裔煊《僚族研究》，见《民族学研究集刊》第六期。

③ 《岭南摭怪列传》，前者黎朝洪德二十三年（公元1492）序，余于法京所见者，为P. Demiéville教授藏旧钞本，近有开智书局排印本。

④ 关于安南后出史书、沿革，可参杉本直治郎《东南亚细亚史研究》（增订本），89页，《安南正史系统表》。

自《南越志》将雒王、雒侯、雒将，写作雄王，其后越南史籍及神话著述似本诸《南越志》，大都称推其长者为雄王，故相传十八世皆称为雄王，其名有如下列：

泾阳王（陆阳王）	雄贤王（貉龙君）	雄国王（雄麒）
雄晔王	雄牺王	雄晖王
雄昭王	雄昈王	雄定王
雄曦王	雄桢王	雄武王
雄越王	雄英王	雄朝王
雄造王	雄毅王	雄璿王

（共十八世，至璿王为蜀所灭）

此一系列雄王之名，见于《鸿庞纪》，当出于假托，不成疑问。然考《岭南摭怪》记其祖先所自出之《鸿庞传》云：

> 炎帝神农氏三世孙帝明，生帝宜，南逐五岭……生禄续……帝明奇之，使嗣帝位，禄续固让于兄，明帝立帝宜为嗣，以治北方，封禄续为泾阳王，以治南方，号其国为赤鬼国。泾阳能入水府，娶洞庭君女，曰龙女，生崇揽，是貉龙君。……貉龙君教民衣食，始有君臣尊卑之序。……帝宜传帝来以治北方，天下无事，因念及祖帝明南巡狩，接得仙女之事，乃命蚩尤作守国事，而南巡赤鬼国。……帝来北还，传帝榆罔，与黄帝战于板（阪）泉，不克而死，神农遂亡。……龙君久居水府……思归北国……黄帝闻之惧，分兵御塞，母子不得北归……生得百男……将五十男归水府，分治各处，五十男……居地上分国而治……妪姬与五十男居于峰州，自推尊其雄长为王，号曰雄王，国号文郎国[①]。其国东夹南海，西抵巴蜀，北至洞庭，南至狐孙精国（自注今占城）……世相传皆号雄王而不易……乃令以墨刺为水怪之状；自是蛟龙无咬伤之患。百越文身之俗，实始于此。……盖百男乃百越之始祖也。

---

① 文郎国，《太平寰宇记》作文狼国，见卷一〇七峰州条云："峰州古文狼国，有文狼水。秦属象郡。"《水经注》三六："朱吾以南，有文狼人，野居无室宅。"文郎当即文狼，《越史略》卷一称越有十五部落，文郎九真居其一。

此段神话，杂糅中国古史各方面传说而构成。13 世纪黎文休所编，15 世纪
（1479）潘孚先、吴士连等补修之《大越史记外纪全书》卷一鸿庞氏，19
世纪（1844）阮朝《钦定越史通鉴纲目》，并存此说。据称吴士连即依《岭
南摭怪》编写《鸿庞纪》。兹就此一传说，试加以分析如下：第一，禄续
让兄，类似虞仲与吴太伯故事。第二，帝明南巡狩而接仙女，类似帝舜与
湘夫人。第三，雄王世世以雄为号，有如楚人世系皆以熊为号，雄即是熊。
第四，其国境北届洞庭，正是古三苗氏的地区。第五，百男即附会百越之
百。考中国古史分为炎黄二大系统，越南神话托始于神农氏，属于炎帝系
统，一如楚与吴越，故其古史乃袭楚吴越旧说加以改易捏造而成。其龙君
神话，则以越人崇拜蚊龙之故。《淮南子·主术训》云："昔者神农氏之治
天下也……其地南至交阯。"中国古史已言交阯在神农氏版图之内。

　　由是言之，安南史家所以据《南越志》称曰雄王、雄田，一因《南越
志》言"厥土惟黑壤，厥气惟雄。故今称其田为雄田"。既给予雄字以新
颖之解释，而《鸿庞传》则云"自推尊其雄长为王，号曰雄王"。故十八
世皆以雄为号。楚国历代之君，自熊绎以下皆称熊，熊与雄同音。苗人自
称曰雄，疑受楚熊氏之影响，如湘西红苗自称曰果雄（Ko σioŋ）[1]，严如熤
《苗防备览》云："呼苗曰果雄。"果为字头，如句吴之句，乃语词，雄即
是熊也。越南先代史家疑以雄王比附楚之熊氏，楚人世世称熊，彼亦世世
（十八世）称为雄某，仿效楚国历史，将雄王与楚史混而为一。雄王世系之
构成，疑越南史家受到楚世系之暗示。

　　尚有进者，《岭南摭怪》企龟传，记欧貉国安阳王为巴蜀人，命其臣作
弩。以安阳王属于欧貉国，弩之文化与越发生甚密切之关系。沈怀远《南
越志》又载："（粤）龙川有营洞，有铜弩牙流出……父老云越王弩营处。"
（《御览》卷三四八弩部引）弩之产生源于楚国，楚人陈音述弩的故事云：
"楚有弧父，生于楚之荆由，习用弓矢，以其道传于羿，羿传逄蒙，逄蒙传
于楚琴氏。琴氏传之楚三侯，所谓勾亶、鄂、章，人号麇侯、翼侯、魏侯
也。"（《吴越春秋》卷九《勾践阴谋外传》）是楚弩之兴，已在熊渠时代。
近年长沙发见弩机极多，一般人已相信弩起源于楚的说法之可靠。[2] 故欧貉

---

　　① 见凌纯声《湘西苗族调查报告》。
　　② 神弩问题，参唐美君《台湾土著之弩及弩之分布与起源》（台大《考古人类学刊》第一一
期，5–34 页，1958）。又楚弩详高至喜《记长沙常德出土弩机的战国墓》（《文物》1964 年六
期）。

之神弩，亦属楚所传来。雄王若干代之名称，既仿楚之熊氏，由是可见古代雒越文化和楚文化关系之深。

四、骆越考

（一）骆（雒）越一名之始

骆的名称，说者每举《史记·南越尉佗传》为初见资料。[①] 然《吕览·本味》已言"越骆之菌"。

高诱注云："越骆，国名；菌，竹笋也。"《史记·南越传》言赵佗事云："财务赂遗，闽越西瓯骆役属焉。"（《汉书》卷九五《南粤传》同）

旧注如《史记》裴骃《集解》云："案《汉书音义》曰骆越也。"

司马贞《索隐》云："邹氏云又有骆越。"按邹氏即指邹诞生。

颜师古《汉书》注："西瓯即骆越，言西者以别于东瓯也。"

《后汉书·马援传》："自后骆越奉行马将军故事。"又云："得骆越铜鼓。"李贤注："骆者，越别名。"

《舆地志》（《国策·赵策》高诱注引）："交阯周为骆越。"

故《安南志略》十一谓"骆即交阯"，即本是说。《吕览》称"越骆"以越字居前，汉时则习称骆越，以越字列后。

《汉书·贾捐之传》"骆越之人，父子同川而浴"，与《马援传》同称为骆越。

（二）瓯越联称

《国策·赵策》："夫剪发文身，错臂左衽，瓯越之民也。"此语亦见《史记·赵世家》。《索隐》引刘氏（伯庄）云："今珠崖、儋耳谓之瓯人，是有瓯越。"此以瓯在今之海南岛。《山海经·海内南经》："瓯居海中。"《周书·王会》："正南瓯、邓、桂国、损子、产里、百濮、九菌。"

又有倒称越沤者。《周书·王会》："越沤鬋发文身。"字又作"沤"。

（三）西瓯骆与瓯骆

《尉佗传》称"西瓯骆"，依颜注即为骆越，佗与汉文帝书云："其西瓯骆裸国亦称王。"（按裸国为通称。如《吕览》谓禹南至裸国之乡，即其例。）

---

① 杉本直治郎《东南亚细亚史研究》一，28 页，《西瓯骆的分析》。

《汉书》则作："蛮夷中西有西瓯，其众半赢（嬴），南而称王。"不再加"骆"字，是西瓯骆亦即西瓯。《淮南子·人间训》言秦兵杀西呕君译吁宋，西呕自即西瓯。高诱注："西呕，越人；译于宋，西呕君名也。"

西瓯骆又称瓯骆。《史记·南越传》："越桂林监居翁谕瓯骆属汉。"《汉书·南粤传》称"粤桂林监居翁，谕告瓯骆四十余万口降，为湘成侯"。又《建元以来侯表》："湘成侯监居翁以南越桂林监，闻汉兵破番禺，谕瓯骆民四十余万降侯。"（《汉书》卷十七《侯表》同）

《汉书·景武等功臣表》："下鄜侯左将黄同，以故瓯骆左将斩西于王功侯"（亦见《史记·侯表》）。此若干条仅称曰"瓯骆"。

（四）小结

兹析言之，瓯骆越之名称，由上讨论结果，可得要点如下：

（1）称西瓯者以别于东瓯，西瓯亦作西呕。（《淮南子》）

（2）汉时称骆越，秦称越貉。骆越一地，以贾捐之、马援著名。

（3）越为大名。

加瓯于前后曰瓯越（《国策》）或越瓯（《王会》）。

加胳于前后曰骆越或越骆（《吕览》）。

以瓯代越，再加骆号，则曰瓯骆（《南越传》），或西瓯骆（《史记·赵佗传》）。

联二名则称西瓯骆越（《旧唐书·地理志》）。

东汉时骆越一名，似泛指越南地，可视为交阯之别名。《水经·叶榆河注》称朱鸢（县）雒将子名诗索，麊泠（县）雒将女名徵侧为妻……攻破州郡，服诸雒将。此指徵侧夫妇原为雒将也。又同书记安阳王（蜀王子）来讨雒王、雒侯，服诸雒将。雒于此处皆作为大共名；《广州记》字作骆。故《索隐》云"寻此骆，即瓯骆"也。《资治通鉴》卷四十三记马援平徵侧事云："峤南悉平。援与越人申明旧制以约束之，自后骆越奉行马将军故事。"此数语即本《后汉书·马援传》。胡注引《林邑记》曰："日南、卢容浦通铜鼓外，越铜鼓即骆越也。"此条勘以《水经·温水注》引《林邑记》原文应是："浦通铜鼓外，越安定黄冈心口，盖借度铜鼓，即骆越也。"胡注删节，几不成语，标点本《通鉴》亦有错误（1394 页），安定乃汉晋交阯郡所统之一县。《郡国志》作"定安"，吴将吕兴督交阯军事封定安侯，即此"越安定"句，越应训跨越与通字均是动词，非地名之越。卢容称浦者，《交州记》云有采金浦温水注引康泰《扶南记》曰："从林邑至日南卢容浦口可二百余里。"卢容乃汉晋日南郡所辖之一县（《晋志》云"象郡所居"）。此处《林邑记》指铜鼓一地亦为骆越之所在。《马援传》云"善别名马于交阯，得骆越铜鼓，乃铸为马式"可证。建武十九年马援上言："往麊泠出贲古，击益州，臣所将骆越万余人，使习战斗者二千兵以上。"（《水经·叶榆水注》）此非通指交阯内民族不可，与《马援传》、《通鉴》"自后骆越"句用法正同。《水经·夷水注》引此文正作"马援上书臣谨与交阯精兵万二千人"，足见骆越即交阯之异称。故知东汉时骆越一名，与原来雒田、雒将之雒，固无二致也。

　　西瓯，有人认为即"西于"，杉本直治郎及陈荆和皆持此说。惟有可疑者，黄同以瓯骆左将斩西于王，西于自当别于西瓯骆，因西瓯骆即瓯骆，乃一大名，西于则为一小区域也。西于在《汉书·地理志》为交阯郡十县之一，见《水经·叶榆水注》云"西南迳西于县"。《马援传》援奏言西于县户有三万三千。李贤注："西于县属交阯郡，故城在今交州龙编县东北。"黄同之时，西于王所辖，当与汉之西于相等。是"西于"不能同于西瓯，毋庸深论。

结　语

　　从上文研究结果，可得要点如下：

（1）《史记索隐》姚氏按引《广州记》一文，又作"见《益州传》"。

（2）鄂卢梭所言之《交阯外城记》，即《交阯外域记》，亦见《交州外域记》，非别有一史源。

（3）安阳王事迹，以《日南传》所记为最早，其次又有《水经注》（引《交州外域记》）及刘欣期《交州记》。

（4）安阳王事，见于《益州传》、《日南传》，不得以蜀王之蜀乃区（呕或瓯）字之讹。

（5）刘宋沈怀远《南越志》开始将雒田雒王写成雄田雄王，其说甚早，故唐宋地理志书皆沿之，作雄王。

（6）安南史籍最早如《大越史记》，成于1272年，据《南越志》作雄王，其后《安南志略》、《大越史记全书》均从之，其《鸿庞纪》且造为雄王十八世之名称。

（7）汉籍于雒王之雒字，有误雒为颕（如《丛书集成》本之《东西洋考》），为碓（如《守山阁丛书》本之《大越史略》），俱为一误再误。

（8）雒越为百越之一，越为楚灭，故吸收楚文化。十八世俱称雄王，实受楚世系名熊所影响。又弩为楚文化特征，雒越有神弩，亦受楚文化濡染之证。

（9）骆越名称，非始见于《尉佗传》，最早出《吕氏春秋·本味》篇，惟称为越骆。

（10）加瓯字于越之前后，可称瓯越，字亦作沤，倒称曰越沤。以瓯代越，再加貉号，则曰瓯骆，或西瓯骆。

骆田、骆王见于《交州外域记》为较早史料，当然为瓯骆之骆。自《南越志》误作雄王以后，安南史家已视如楚国之熊王，以熊与雄同音故也。

《南越志》言蜀王将兵三万讨雄王而灭之，战国时蜀为西方大国，故其王能统兵三万远征交阯（参徐中舒《巴蜀文化初论》），此似因秦人破郢，系先入蜀，然后由蜀出兵取巫黔中郡，卒以灭楚，故交阯传说，以为蜀王灭取雄王，此雄王正为影射楚熊王，从可知矣。故越南古史传说，部分取自楚国历史，加以渲染。由是言之，谓越南古文化，亦即楚文化之旁流支裔，自无不可也。

本年六月杪，余在香港，与陈荆和先生谈及安阳王问题，曾举出《日南传》一书资料，陈先生谓此发前人所未发。返星以后，因将早期汉籍中安阳王记录，撰一短文寄之。彼即译成日文，于1970年2月份庆应大学《史学》第四十二卷第三号刊出，读者可取本文与之互参。

1969 年 10 月下旬，附识于星洲。1978 年 9 月改定

附一　论安阳王与西于、西瓯

陈荆和先生于庆应大学《史学》第四十三号发表《安陽王の出自について》一文，论安阳王来历，谓可能由西亏讹写作蜀。甚感兴趣。经细心寻绎，仍觉有难通之处，兹再缕陈如次。

（一）西亏与蜀

藤原教授之说，主张西句→西呕→西瓯，由蜀讹作蜀。今陈博士新说易西句为西于，以为西于→西亏→罗→蜀，亦从形讹立论。按蜀字见于晚

期金文如蜀罜戟字作𩵋（《三代吉金文存》二〇,二上），上部从横目，谓其上半从西，殊乏证据。

（二）西瓯不等于西于

陈先生往年在《交阯名称考》（《文史哲学报》第四期）中，从杉本直治郎教授之说，谓西瓯相当于汉代交阯郡所属之西于县，以"于"与"瓯"音相近故也。按《汉书·地理志》西于县仅为交阯郡十县之一。至若西瓯即为瓯骆，《史记索隐》引姚氏（察）按语《广州记》："后有南越王尉陀攻破安阳王，令二使典主交阯、九真二郡人，寻此骆即瓯骆也。"是安阳王瓯骆地区，最少应包有汉交阯、九真二郡之地，与西于仅为交阯郡之县，大小不侔。

《旧唐书·地理志》贵州条云："党州，古西瓯所居。"郁平县云："古西瓯骆越所居。"潘州茂名云："古西瓯骆越地。"可见广东西江南部贵县茂名一带，尚为瓯雒杂居之地，则西瓯何得只为狭小之西于？

西于一名，最早见于《史记·建元以来侯者年表》：

> 下鄜侯。元封元年四月丁酉侯左将黄同。元年，以故瓯骆左将，斩西于王功，侯。

《汉书·景武等功臣表》略同。

由上文黄同原为瓯骆故将，因征伐西于王有功，可见西于之异于瓯骆。西于乃南荒一小国，黄同既斩其王，汉遂以之置西于县。《后汉书·马援传》奏言西于县户三万二千请分为封溪望海二县，许之。黄同当（武帝）之时，西于王所辖，宜与西汉置郡后之西于县及马援所言之西于县相若。西于，《晋书·地理志》属交阯郡（汉置）十四县之一，在赢陵之下，武宁之上。《宋书·州郡志》西于令属交阯太守十二县之一。然《旧唐书·地理志》爱州，"无编，汉旧县，属九真郡。又有汉'西于县'，故城在今县东所置也"。是汉之"西于县"，乃在无编县之东境。

章怀注谓西于故城，在龙编县东。据《郡国志》，龙编、西于二县俱属交阯郡，无编则属九真郡。当以李贤说在龙编东为是。东汉初，交阯郡共十二城，据马援上表，时西于一县，户已有三万二千。顾西于只是一县，其疆域当不同于拥有四十余万兵之西瓯甚明。

（三）西瓯之区域及其历史

颜师古《汉书》注云："西瓯即骆越，言西者以别于东瓯也。"观《史记·南越传》赵佗称："其东闽越千人众，号称王，其西瓯骆裸国亦称王。"其东其西相对为文。方言："西瓯毒屋黄石野之间曰穆。"郭璞注："西瓯，骆越别种也。"又："东瓯之间谓之蔘绥。"可见西汉时，西瓯与东瓯厘然有别。故西瓯正所以别于东瓯，颜说甚是。

西瓯之众甚盛。《史记·建元以来侯者年表》："湘成侯居翁，以南越桂林监，闻汉兵破番禺，论瓯骆兵四十余万降，侯。"其封在武帝元鼎六年五月壬申，《史记·南越传》记：

> （元鼎五年）使驰义侯，因巴蜀罪人，发夜郎兵，下牂柯江，咸会番禺。
>
> （元鼎六年冬）楼船（杨仆）居前，至番禺。……会暮，楼船攻败越人，纵火烧城。……城中皆降伏波（路博德）。……苍梧王赵光者，越王同姓，闻汉兵至，及越揭阳令定，自定属汉。越桂林监居翁谕瓯骆属汉，皆得为侯。……驰义侯所发夜郎兵未下，南越已平矣，遂为九郡。

居翁本为南越之桂林监，番禺既破，遂晓谕瓯骆降汉，时瓯骆拥有兵四十余万众（《汉书》作"三十余万口降汉"）。西瓯在南越降汉后，即相继投降，俱在元鼎六年。若西于王一名，至武帝元封元年始出现，在瓯骆降汉之后若干年。西于在建武时仅有户三万二千。而瓯骆当南越末期有兵四十余万，故从名称出见之先后，及户数之多寡、地域之广狭观之，西于之非西瓯，其事固甚显然也。

方赵佗之盛，"闽越、西瓯、骆皆投属，东西万余里"。此为《史记·南越传》语。佗攻破安阳王，必在此时。故《索隐》钞姚氏（察）按语，引《广州记》"后南越王尉佗攻破安阳王"，即系于此语之下。安阳王之灭亡年代，安南史家列于秦二世二年（公元前208），似出于推测。然《史记·南越传》"西瓯役属"，次于吕后崩后，则未必在二世时。又"其东闽越，其西瓯骆裸国皆称王"二句，乃为孝文帝元年后事。陆贾使南越，赵佗上书与文帝，原文如下：

且南方卑湿，蛮夷中间，其东闽越千人众号称王；其西瓯骆裸国
亦称王，老臣妄窃帝号，聊以自娱。

此际安阳王已为赵佗破灭，佗亦窃称帝号，南越王国遗物近年已有发现，若广州华侨新村、淘金坑西汉墓所出，有赵安玛瑙印、赵望之铜印、李嘉孙熹玉印，其人必南越之臣僚。又有"食官第一"之陶鼎、刻"常御第廿"之陶罐，赵氏僭号后之制度，可窥见一斑。今由赵佗此书，知西瓯骆在佗灭安阳王之后，盘踞于番禺之西，势力强大，为一大国，与东之闽越遥遥相对。赵佗全盛时且役属之，但西瓯骆仍是一独立国。安阳王之破灭，在赵佗上书文帝之前，故赵佗书中所举之西瓯，与安阳王了不相涉，自不得谓安阳王即西瓯之王或其王子也。《汉书·赵佗传》作"蛮夷中，西有西瓯，其众半赢（裸），南面称王"，少一"骆"字，西瓯即是西瓯骆，自无问题。

近年广西平乐银山岭出土战国墓葬，考古学家谓其地即属西瓯（《考古》1980，2）。随葬品有成套兵器，以铜扁茎短剑集中最多，为其特色，可证越俗之"好相攻击"（《汉书·高祖纪》），故"其民好剑，轻死易发"。《汉书·地理志》谓银山岭于战国属楚与百越交界之境，秦为桂林郡地（见《通典》卷一八四）。长沙汉墓出土洮阳长印，楚怀王时之鄂君启金节作邨阳，《汉书·地理志》谓洮阳属零陵郡，观金节所载交通路线，楚人之驿传关卡，已达桂林，即西瓯部落，早已在楚控制范围。秦灭六国，置桂林郡，此地必为西呕君译吁宋所领，故监禄凿灵渠与越人战，越人皆入丛薄中。《淮南子》记其杀西呕君译吁宋，而秦尉屠睢亦被杀，两败俱伤。银山岭所出兵器有刻江（江国）鱼（鱼复）铭文之戈，及屠陵（《汉书·地理志》属武陵郡）铜矛，说者谓此一戈一矛乃秦军往楚地带至岭南之兵器，可能是西瓯之战利品（详《从银山岭战国墓看西瓯》一文），此即秦与西瓯交战之物证。秦亡后，桂林又属南越，故居翁为南越之桂林监，监即沿秦之官号，史称是时西瓯役属于赵佗，说自可信。

（四）安阳王与瓯骆

安阳王与蜀之关系，《水经·叶榆水注》引《交州外域记》称为"蜀王子将兵三万讨雒"。《史记索隐》姚氏（察）按语引《广州记》或《益州传》字作骆，有断语云：

寻此骆，即瓯骆也。

蜀王子讨服骆王、骆将，据有其地，因自称为安阳王。如姚察说，雒等于骆，亦即瓯骆，亦即西瓯骆，是此讨服西瓯骆之安阳王，其原必非西瓯王子可知，否则何必将兵来讨西瓯，自己攻击自己，于理难通。骆即骆越，秦以前已有其国。《吕氏春秋·本味》篇云"越骆之菌"是也。(《逸周书·王会》作"越沤，鬋发文身"。)《淮南子·人间训》："秦尉屠睢所杀之西呕君译吁宋。"其事在始皇三十三年（公元前214），亦在赵佗破安阳王之前。谓安阳王为西呕君译吁宋之后嗣，殊无明证。[1] 安阳王所攻之骆，即是骆越，当即《吕览》及《淮南子》之越骆及西呕，《王会》之"越沤"。况《交州外域记》、《益州传》、《广州记》及沈怀远《南越志》均称安阳王原为蜀王子，皆无异说，虽后世安南史家为立《蜀纪》，又言安阳王姓蜀讳泮，不知何据；然蜀为秦灭，安知无余裔负隅于西南，如楚既灭，尚有庄屩之留在滇池者乎？

依上辨证，可得结论如下：

（1）以蜀为西亏之合文，在字形上缺乏根据。

（2）西于一名，始出见于武帝元封元年，已在安阳王破灭之后。

（3）西于王故地，汉置西于县，为交阯郡十县之一，与西瓯之广大地区不合。

（4）"西瓯骆裸国亦称王"一语，出于赵佗致汉文帝书，知安阳王灭后，西瓯仍是一王国。

（5）安阳王攻骆（西瓯），据有其地，可见彼必非西瓯王子。

由是言之，西瓯不等于西于，安阳王亦不可能是西瓯王子。如是，谓"蜀王子"之安阳王，即"西于王子"，其说恐难成立。从《史记·南越传》史实观之，既多违异，不敢苟同，故不殚烦缕，再为申辨如上。

附表：

周	越沤（名见《王会》）广西平乐银山岭战国墓应即其遗址之一。

---

① 藤原氏云："如曰蜀为西呕之误，《交州外域记》所载的征骆，就当成西呕之征骆，与《史记》'呕骆相攻'一句相符。"径以安阳王谅系译吁宋之子。按蜀征骆须在赵陀称霸以前，而呕骆相攻乃在南越垂亡之际，时代不合。

秦	越骆之菌（名见《吕览》）
始皇三十三年	西呕君译吁宋为监禄所杀，秦尉屠睢亦被越人所杀。（《淮南子·人间训》）
汉	秦灭后，赵佗自立为南越武王。高后崩后，佗以财物遗闽越、西瓯骆役属，东西万余里。佗攻破安阳王当在此时，与"瓯骆役属"语相符。
孝文帝元年	是时越南之西瓯骆裸国亦称王（见《赵佗与文帝书》）。西瓯亦为一王国。
武帝元鼎六年	南越桂林监居翁谕瓯骆兵四十万降汉。
元封元年	故瓯骆左将黄同斩西于王，"西于"一名出见始此。

1980 年改订

附二　秦代初平南越辩

法人鄂卢梭（Aurousean）撰《秦代初平南越考》（冯承钧译本），谓秦人初次用兵南越之年代，在公元前 221 年，即始皇二十六年，平定天下之岁，首命尉屠睢略取越地。此事初见《淮南子·人间训》，为中原与岭南交涉最早之记载。关于尉屠睢伐越之年，百粤方志皆冠于前事略之首，与各书系年略有出入。兹就诸书所载，加以评释如下：

（一）异说

（1）始皇二十六年

此说法人鄂卢梭主之，他书所未载，辩详下。

（2）始皇二十九年

郭棐万历《广东通志》，系屠睢攻越于是年，系越人杀屠睢于始皇三十二年。（原书未见，据光绪《广州府志·前事略》转述。）

（3）始皇三十二年

张镜心《驭交记》云："始皇三十二年，秦师及南越人战，秦师败绩。后遣赵佗任嚣击平之，置三郡。《淮南子·人间训》：尉屠睢将楼船之士，攻越，监禄凿渠运粮，深入越地，越人击之，秦兵大败。至是遣嚣等略取陆梁地，为桂林、南海、象郡。"（《粤雅堂丛书》本）

（4）始皇三十三年

《大越史记外纪》卷一："丁亥，始皇三十三年，秦发诸道逋亡人赘婿贾人为兵，使校尉屠睢将楼船之士，使监史禄凿渠运粮，深入岭南，杀西瓯君译吁宋。略取陆林地，置桂林、南海、象郡。越人皆入丛薄中，莫肯为秦虏，相置桀骏以为将，而夜攻秦人，大破之，杀尉屠睢，秦乃以任嚣为南海尉，赵佗为龙川令，领谪徒五十万人戍五岭，嚣佗因谋侵我。"

（5）始皇三十四年

光绪《广州府志·前事略》，案云："屠睢事不知在何年，而系《淮南子·人间训》文于始皇三十四年，筑长城及南越地语之下。"

（二）评议

屠睢事，《淮南子·人间训》载之最详，原文云：

> 秦皇挟录图，见其传曰："亡秦者，胡也。"因发卒五十万，使蒙公杨翁子将修城，西属流沙，北击辽水，东结朝鲜，中国内郡，挽车而饷之。又利越之犀角象齿，翡翠珠玑，乃使尉屠睢发卒五十万，为五军，一军塞镡城之岭，一军守九疑之塞，一军处番禺之都，一军守南野之界，一军结余干之水。三年不解甲弛弩，使监禄无以转饷。又以卒凿渠而通运粮，以与越人战，杀西呕君译吁宋。而越人皆入丛薄中，与禽兽处，莫肯为秦虏，相置桀骏以为将，而夜攻秦人，大破之，杀尉屠睢，伏尸流血数十万。乃发适戍以备之。

此事亦载《史记·主父偃传》，文云：

> 使蒙恬将兵，以北攻胡，辟地进境，戍于北河，蜚刍挽粟，以随其后。又使尉佗屠睢，将楼船之士，南攻百越，使监禄凿渠运粮，深入越，越人遁逃，旷日持久，粮食绝乏，越人击之，秦兵大败。秦乃使尉佗将卒以戍越。当是时，秦祸北构于胡，南桂于越，宿兵无用之地，进而不得退行十余年。（《汉书·严安传》文同）

《汉书·严助传》云：

> 臣闻长老言，秦之时，尝使尉屠睢击越，又使监禄凿渠通道，越

人逃入深山林丛，不可得攻，留军屯守空地，旷日持久，士卒劳倦，越乃出击之，秦兵大破，乃发适戍以备之。

《淮南子》所记事，《史记·始皇本纪》不载。伐越年代，诸书均出臆测，人各一说，纷纭难究。窃谓淮南虽未明言其年，然有一事足为考证之关键者，即伐越与伐胡，其事并提在"见河图亡秦者胡"一语之后。考《始皇纪》，"三十二年始皇从上郡入。卢生奏录图书曰：'亡秦者胡也。'乃使蒙恬发兵三十万人，北击胡"。录图为三十二年事，以勘《人间训》，则屠睢伐越，决不能在是年以前所云二十六年及二十九年，两说可不攻自破。至蒙恬击胡事，《史记·蒙恬传》、《史记·匈奴列传》俱未明言何年。《始皇纪》于奏录图书下云"使蒙恬发兵三十万人北击胡"，似为三十二年事。然《六国表》三十三年叙略取陆梁为岭南三郡下，即书"筑长城河上，蒙恬将三十万"，是知伐胡伐越，同为三十三年事，《始皇纪》因河图语连带叙及耳。即令三十二年始皇见河图遂有伐胡伐越之令，部署出兵，必经相当时间之准备，可能迟至明岁三十三年。《驳交记》系屠睢事，于三十二年，据《淮南子》立说。《大越史记》系于三十三年，则参《史记》立论，二说较近是，而所差一年，何者为确，惜书缺简脱，故记不书月日，一时难以证实。惟屠睢伐越，必与伐胡同时，则可以断定。《广州府志·番禺县志》前事略据《史记·主父偃传》严安上书，谓"蒙恬攻胡，事在始皇三十三年，则屠睢攻越似亦三十三年事"，殊为有见。则屠睢伐越不能为三十二年以前事，可无疑义。乃引据淮南语者，截去上文，言其果而置其因于不顾，难怪于年代诸多悖谬，如鄂卢梭之说，即其一例也。

鄂氏之言云：

《淮南》此文，是中国初平安南最古记录，此次远征，分为五军，应为公元前221（始皇二十六年）始皇派往平服百越。统领主将，名称屠睢，秦兵开始胜利，后停顿三年。此三年是221至219（始皇二十八年）。屠睢以粮道不通，进取不易，所以三年不解甲弛弩，凿兴安渠。……据史汉记载，适戍为逋亡人赘婿贾人，其事在214年（始皇三十三年），而于同年设置三郡，如是第一次远征期间，从221年至214年。（二十六年至三十三年）（据冯承钧译本删节）

鄂氏所提证据，有二事值得讨论者。

（1）《始皇纪》："二十六年，地东至海，暨朝鲜。西至临洮羌中，南至北向户。"鄂氏据沙畹《史记译注》说，北向户即日南，因谓秦对五岭以南至安南之侵略，于二十六年至二十八年，已在进行。

（2）《史记·尉佗传》云："秦时已并天下，略定扬越，置桂林南海象郡，以谪徙民，与越杂处，十三岁。"此表示始皇在公元前 221 年（二十六年）时，已开始略取南越，并谪徙民，在公元前 214 年（三十三年）设置三郡。

鄂氏执此二事，为二十六年屠睢已南来攻越之证，至公元前 214 年（三十三年）始设置三郡。苟如是说，则秦兵自二十六年伐南越，至三十三年置郡，前后经略凡八年。无论《史记·始皇纪》绝不载二十六年屠睢南来事，而《淮南子·人间训》明言伐越为始皇于览河图之后，且与蒙恬伐胡同时。鄂氏据《淮南子》为证，而未细察原书上下文，割裂其语，殊为失考。至《尉佗传》秦并天下略定扬越置岭南三郡事，乃史文简略，将定扬越与置三郡两事一笔带叙。前人曾误据此，谓岭南三郡置于二十六年，说见附辩。抑此扬越乃会稽，非岭南之陆梁地。《史记·王翦传》云："秦因乘胜，略定荆地城邑。岁余，虏荆王负刍，竟平荆地为郡县。因南征百越之君。"下文接言"二十六年尽并天下"。《始皇纪》云："二十五年，王翦遂定荆江南地，降越君，置会稽郡。"是秦并天下时所定之扬越，即王翦平荆江南地所降之越。其地后为会稽郡，与南海绝无关系。诚如鄂氏之说，以秦并天下所定之扬越为屠睢所略之南越，然伐扬越之主帅，为王翦，而非屠睢。且扬越之君已降，故得以其地为会稽郡，非如南越之桀骜不驯，至杀屠睢，流血漂卤，其非一事彰彰明矣。吕思勉曾驳正鄂氏说，亦谓"《尉佗传》略定扬越，乃指秦灭楚后平江南地"，其说是也（吕驳文见《国学论衡》第四期）。至北向户之说，则更不可为据。古人每侈陈疆界之广博、声教之远被，如《尧典》云"羲叔宅南交"，《五帝纪》言"南至于交阯"，所谓北向户，亦作如是观，不足为始皇于二十六年时已经略岭南之证。

综上论之，鄂氏定秦初平南越在始皇灭六国之年，其误自不待论。秦击越，《吕成公大事记》亦言在始皇三十三年，与鄙说合。郭棐万历《广东通志》系其事于二十九年，当是据《淮南子》"三年不解中弛弩"一语，加以推测，以三十三年平南越置三郡，假定越人杀屠睢在其前一年，如是再上推三年即为二十九年。不悟依《淮南子》定说，则击越当在三十二年见河图之后，自身矛盾，无怪《广州府志》讥郭氏为臆断之词也；而《广州府志》系于三十四年，比三十三年迟一载。考阮元《广东通志》，虽录《淮南子》文于三十四年下，然于三十三年已书赵佗与屠睢同来攻越，则三十三年是，而三十四年非也。

《史记·始皇纪》："三十三年，发诸尝通亡赘婿贾人，略取陆梁地，为桂林象郡南海，以适遣戍。"《六国表》、《通鉴·秦纪》同。又云："三十四年，适治狱吏不直筑长城及南越地。"《集解》引徐广曰："五十万人守五岭。"按《淮南子·人间训》，尉屠睢发卒五十万，分五路以攻越。徐广引屠睢五军之数，以说谪戍之数，徐氏之意，盖以两者为同一事也。按《汉书·严助传》，淮南王谏伐闽越书载此事，而无发卒五十万之语。《人间训》发卒攻越与攻胡，人数均为五十万，然《始皇纪》称蒙恬发兵三十万，相差二十万，以彼例此，伐越五十万之数当为溢辞甚明。

《晋书·地理志》："交州，禹贡扬州之域，是为南越之土。秦始皇既略定扬越，以谪戍卒五十万人守五岭，后使任嚣赵佗攻越，略取陆梁地，遂定南越以为桂林南海象郡等三郡，非三十六郡之限，乃置南海尉以典之，所谓东南一尉也。"按此条以谪戍卒五十万人，符屠睢所领之数，又以五岭即五路兵，盖用徐广说，惟将谪戍与使任、赵攻越分为二事，则因《淮南子》记屠睢败后，有"乃使尉佗将卒戍越"一语，从为之辞耳。

又伐越将帅，各书所记，有三说：

（1）尉佗屠睢——《主父偃传》："秦使尉佗、屠睢攻越。"

（2）尉屠睢——《淮南子·人间训》、《汉书·严安传》："使尉屠睢攻越，使监禄凿渠……秦兵大败，使尉佗将卒以戍越。"

（3）任嚣赵佗——《晋书·地理志》："秦使任嚣、赵佗攻越。"

诸说颇有出入。注家有谓《主父偃传》"尉佗屠睢"佗字衍文，如钱大昕《考异》是也。（王先谦《汉书补注》及《番禺志》从之。）有谓《严安传》"尉佗将卒戍越"尉佗为任嚣之误，使嚣戍越，因为南海尉，佗应以偏裨与行。如沈钦韩《汉书疏证》是也。有据《主父偃传》，谓攻越乃赵佗与屠睢，而非任嚣与佗，如阮元《广东通志》是也。考赵佗虽真定人，然来粤已久。（《番禺志》云："汉文帝元年佗上书云'老夫处粤四十九年'，自文帝元年上数四十九年，为始皇二十年。"）则屠睢攻越，佗或曾与其役。《史记·主父偃传索隐》，佗及屠睢二人分注，则《史记》文无误，谓佗字为衍文，尚无的证。梁玉绳《史记志疑》云"南越无尉佗攻越事，乃尉屠睢"，说亦未可信。屠睢败，乃以佗将卒戍越，佗来粤已久，时盖以佗代将耳，非睢死后始遣其南来也。）吕思勉云："《尉佗传》，佗秦时仅为龙川令，及任嚣病且死，召佗，被佗书行南海尉事，佗因以自王，安得有将兵攻戍越之事，更安得当始皇时，即止王不来？"按吕氏徒依佗本传，以佗官南海龙川令，必在南海置郡后，故有是说。不悟据佗上书，佗来粤已久，攻越自为可能之事。吕氏又谓"略地遣戍同在一年，即适筑亦在明年，安得有所谓三年不解甲弛弩者乎？淮南谏书，自言闻诸长老，明非信史"。（按《严安传》但云"旷日持久"，则《人间训》所云"三年"三者仍约辞耳。）

附论　南海置郡之年

南海置郡之年有二说：

（一）始皇三十三年。

（二）始皇二十六年。

《始皇本纪》、《通鉴》并云："始皇三十三年，略取陆梁地，置桂林、南海、象郡。"是此三郡置于始皇三十三年，史有明文。钱大昕乃云："前所置之三十余郡，与后置之三郡，统以三十六郡该之，因谓南海三郡，亦在二十六年始并天下时置。"引《尉佗传》"与越杂处十三年"，及《王翦传》"南征百越"语为证。广东志书如郭棐万历《广东通志》亦以南海置郡在始皇二十六年，光绪《广州县志》、《番禺县志》前事略为之解云："《尉佗传》言秦并天下略定扬越，不言某年，但云与越杂处十三岁。其下文云'至二世时，南越（按应作南海）尉任嚣死'云云，自二世元年上数十三岁，为始皇二十六年，正合秦并天下之岁，故旧志以为始皇二十六年置南海郡也。"

按以二十六年置南海郡，说殊难成立。故洪亮吉《与钱少詹书》，早持异议，谓"秦分三十六郡，在始皇二十六年；而岭南三郡之置，则在三十三年，相距尚八年，必不预为计及"（《卷施阁甲集》）。而钱氏所引《王翦传》南征百越，谈氏阶平云乃指会稽郡，其说甚确。故知南海三郡实置于始皇三十三年，不独非二十六年所置，且亦不列于二十六年所置三十六郡之数也（参看刘师培《秦四十郡考》）。

钱穆曰："三十五年除直道，道九原，抵云阳，堑山堙谷，直通之。九原之名，始见。然蒙恬于三十二年取河南，三十三年斥逐匈奴，而九原置郡，盖有待于三十四年，或迟至三十五年。可知九原之置郡既然，桂林象郡南海，亦无不然。史言三十三年，略取陆梁地，为桂林象郡南海三郡者，特终言其事，未必其事之竟于是年也。三十四年谪戍南越，即继略地而来，然则此桂林象郡南海三郡者，抑或陆续置，在三十四年，乃竟迟至三十五年。"（《秦三十六郡考补》）此说亦无的据。考明黄佐《广东通志》以屠睢为南海尉，史禄为南海监，列于职官。吴颖顺治《潮州府志》亦云"南海尉屠睢"。然《淮南子》及《汉书·严助传》但称曰尉屠睢，曰监禄，仅著官名。故阮元《通志》驳之云：《汉书》但云尉屠睢监禄，不知为何郡之尉监，但引《淮南子》屠睢为越人所杀，则置南海郡时，屠睢已死，焉得有为海南尉之事乎？"今按，屠睢攻越，是否以他郡之尉，领衔前来？抑三十三年攻越时，越虽未平，然时已置郡，而以屠睢即行南海尉事？惜书阙有间，难以遽断，姑阙疑。

越南出土"归义叟王"印跋

1936 年越南北部 Thanh-hoa（清化）之 Tât-ngo 地方发现金印一，高 2.5 公分，广 2.2 公分，文曰："晋归义叟王。"P. Daudin 君尝为文考证[1]（《越南发见金印考》，载《印度支那研究会集刊》卷十一之二，1936）。余在法京，Piragzoli-t'serstevenes 夫人以抽印本见遗，文中于"归义"一词举证甚详，惟于"叟"字仅据《辞源》为说，试为补证。

叟者，《后汉书·光武纪》建武十九年章怀注引《华阳国志》云："武帝元封二年，叟夷反，将军郭昌讨平之，因开为益州郡。"又《华阳国志》四："谷昌县，汉武将军郭昌讨夷平之，因名郭昌，孝章帝改为谷昌也。"《晋书·地理志》谷昌县属宁州建宁郡，西汉叟夷根据地盖在此。

赵彦卫《云麓漫钞》云："古印文有汉叟邑长。"《说文》叟作㲃。《书·牧誓》注："西蜀，叟。"孔颖达曰："叟者蜀夷别名。"宋人已获睹叟长汉印，且为考证矣。1963 年云南昭通洒鱼河古墓出土"汉叟邑长"铜印，正方，驼钮。[2]《三国志·蜀志·诸葛亮传》裴注引《汉晋春秋》载《后出师表》云："賨、叟、青羌散骑、武骑一千余人，此皆数十年之内所纠合四方之精锐……"是叟与賨及青羌俱为蜀军成员。三国时将叟兵者，则有刘焉（《后汉书·刘焉传》："遣叟兵五千助之。"）、吕布（《董卓传》："布军有叟兵内反。"）。

《蜀志·张嶷传》云："初，越巂郡自丞相亮讨高定之后，叟夷数反，杀太守龚禄、焦璜。"又《李恢传》："……恢案道向建宁。诸县大相纠合，围恢军于昆明。……后军还，南夷复叛，杀害守将，恢身往扑讨，钮尽恶类，徙其豪帅于成都，赋出叟、濮耕牛战马金银犀革，充继军资。"据嶷传所载，叟夷以北徼捉马最骁劲，其种落至三千余户。魏蜀之世，叟与

---

[1]   "Notes sur un cachet en or dicouvent en Annam"，载于 *Bulletin de la Societé des Etudes Indochinoises Nouvelle Série*, Tome XI, No. 2，ze trimestre 1936。

[2] 《凉山地区古代民族资料汇编》，23 页。

賨、濮并为南中劲旅，以骁勇善战闻。汉高募賨人平定三秦，叟亦賨之比也，而服叛靡常，晋氏安抚之，故授以"归义叟王"之印。

晋时，叟之种落未详，惟宁州乃于晋武帝泰始七年分益州初置。至太康三年又废宁州入益州，立南夷校尉以护之（见《晋书·地理志》）。叟之归义，或在此时乎？惠帝太安二年复置宁州，又以建宁以西六县别立为益州郡。《晋书·李特载记》："惠帝以梁州刺史罗尚为平西将军，领护西夷校尉、益州刺史，督……广汉太守辛冉等七千余人入蜀，李特甚惧。其后，冉购募特兄弟，特与弟骧改其购云：'能送六郡之豪李、任、阎、赵、杨、上官及氏、叟侯王一首，赏百匹。'流人咸往归特。"叟王名称复见于此。厥后宁州为李氏所据，李寿且分六郡为汉州，故知叟王之归义于晋，当在武帝时也。《华阳国志》云："太宁元年（东晋明帝，公元 323）越嶲斯叟（叟）反，攻围任回及太守李谦，遣其征南费黑救之。咸和元年夏，斯叟破。"斯叟以叟为名，必为叟之种人。同书又称"夷人大种曰昆，小种曰叟，皆曲头木耳环铁裹结"。后代谓之木耳夷（《太平寰宇记》卷八〇嶲州，《酉阳杂俎》卷四）。

新疆 1954 年在沙雅县什格提汉代遗址，出土有"汉归义羌长"印篆文卧羊钮一个，《金石索》载有"晋归义羌王"一印，与"归义叟王"印文例正相同。《史记·建元以来侯者年表》壮及众利侯下俱云："以匈奴归义。"西汉以来，四夷归服者，俱得称"归义"，赐以印绶，晋人盖袭其制也。[1]

Cachet grossi trios fois

Empreinte du cachet (grandeur naturelle)

---

[1] 图见《新疆出土文物》，7 页。

阮荷亭《往津日记》钞本跋

阮荷亭《往津日记》稿本一册，原为戴密微教授家藏，后以赠余。书中所记，起（翼宗）嗣德三十五年（公元1882，即清光绪八年）十二月八日，迄三十六年（公元1883）十二月二十九日。一年之间，自香港至天津途中所闻见，逐日为记。时法越纠纷，荷亭衔命，至清廷谒李鸿章，请求代为伸理。书中记李合肥于1883年4月22日抵金陵，不日于沪驻节，与法使德理固折冲尊俎，即为此事。

当日所往来之人物，若广西唐景崧、广东伍廷芳，在中越外交史上，均甚重要。他如当时香港、广州、天津、烟台各地实况[1]，与海上交通[2]及招商局船政，足为近代史提供重要资料。至于记官吏之酬酢，天津洋枪队之操演，广州之机器局（同治十二年设），谀闻佚事，尤能引人兴趣，皆由目击，洵为实录。而行文之条畅雅洁，犹其余事也。

七月二十九日（8月31日）记马铁崖递交上海电报，内叙"顺安汛炮台已为法兵船攻克，我国与他讲和等语，余等不胜愤恨。我国与法之事，原由中朝来文，愿为调停，又召余等至津询问，乃讲说既不能成，又畏缩趑趄，不肯以兵船相授。……中朝不能保护藩封，不知何辞以自解于天下也？"可见其时清廷对越南已无能为力，读此不胜慨叹。

阮荷亭即阮述，其名见于唐景崧之《请缨日记》中。景崧于光绪八年壬午七月，以吏部候补主事上书言越事，八月被派往云南，著有《请缨日记》。日记起光绪八年壬午七月初九日，至十二年丙戌二月。书中记（八年）十二月初八日：

> 往拜陈叔讱、阮述、陶登进及船政衙门。[3]

---

[1] 记香港开埠四十年后之设备及物价。
[2] 记上海旅馆长发栈上下二层共百二十四房，住客常数百人。
[3] 《请缨日记》卷一，20页下，据文海本，下同。

又云：

> 至阮述衔，则陈设稍华，去岁曾充贡使入都者也。

十二月初九日记云：

> 阮述送肉桂、豆蔻、碑揭、妙莲、苇野诗集。妙莲为国王女弟，
> 曰梅庵公主……苇野为宗室，曰仓山公。〔颐按此误。苇野乃阮绵宾，
> 仓山为阮绵审，非是一人。〕古文骈体诗词俱可观。①

十二月初七日，唐景崧作《上（曾）沅帅交阮述带呈书》云：

> 窃景崧于十二月初四日行抵富春。初六日经越南王派其礼部侍郎
> 兼机密院陈叔讷、内阁参知阮述前来探慰。据云派出阮述赍国书三本，
> 随马大使赴广东投递。一呈台辕，一祈转咨礼部理奏，一祈转达合肥
> 傅相。②

此唐景崧自记光绪八年十二月初八日与阮述交往之经过。证以阮氏此日记
开端云：

> 嗣德三十五年（即光绪八年）腊月八日……同机密院员外黎登贞
> （碧峰）、内阁侍讲阮借（梦仙）、笔帖式杜富肃。偕清官唐景崧、马
> 复贲往香港、广东公干。（19 页）

人物时间均吻合。马大使即马复贲。荷亭《日记》自注："马复贲铁崖。安
徽人。即用大使衔充办广东机器局。"（19 页）又于唐景崧名下注云："薇
卿，广西人。翰林散馆，分派云南。年前述奉使至燕，曾与相识。"（19
页）文中作者自称名曰"述"，可见荷亭《日记》即阮述所作。时述正官
内阁参知。《日记》云：

---

① 《请缨日记》卷一，201 页上。
② 同上书，20 页上。

初七日，海关署幕客李佩之过访。询称南阳人。（33 页）

又：

初三日，李佩之以《荷亭图》并怀庆所出大元山药二物送赠。佩之工绘事，近日住在馆中，为周观察〔馥，官至山海关道〕绘我国地图，稍暇则过余笔谈。闻余有《家山图》，故仿其意，画之以赠。（40—41 页）

自注："奉使日，湖北伴送陈蓝洲所绘，即画余'千里荷风香不断，板桥西畔是吾家'诗句也。"（41 页）蓝洲为陈豪之字，仁和人，又号迈庵，自署墨翁，山水近戴醇士，事迹见《寒松阁谈艺琐录》卷三。阮述自号荷亭，盖由此诗句而得名。又《日记》："初七日，黄琴沧借观《每怀吟草诗集》。"（44 页）自注："余年前奉使诗。"（44 页）又十五日记："黄琴沧以所作诸集题词① 遗余，余以尺牍谢之。"（45 页）二十四："（梅小树）谓余诗于岳阳、晴川诸作，寄托遥深，令人折服。"（36 页）是述自作诗集名曰《每怀吟草》，其作品亦有足观者。

书中屡言以苍山、苇野诗文集赠送清朝人士，而《日记》卷端有同庆（公元 1887）丁亥苇野老人序文。苇野即阮绵寊，苍山即阮绵审。明命十九年，封皇十子绵审为从国公，皇十一子绵寊为绥国公。绵审、绵寊，俱以汉文学名。而绵审之词，清季大词家若谭献、况周颐并加推许。谭著《箧中词》，既选录其作品；况著《蕙风词话》称："绵审号白眉子，有《鼓枻词》一卷。咸丰四年，越使过粤，遂传入华，善化梁莘畬在粤督幕，曾录存之。"其后郭则沄著《清词玉屑》，亦书其事（见卷五）。越南倚声家享誉于中土者，仅此一人。绵审之《苍山诗集》，有王先谦评，日本内阁文库有其书。余考况蕙风之推重阮氏，实由其同乡状元龙启瑞所影响。龙氏《汉南春柳词》有《庆清朝》：

序云：今年冬，越南贡使道出武昌，其副使王有光以使国六臣诗集来献，且求删订。余以试事有期，未之暇，略展阅数卷而封还之，其中有越国公绵审及潘偗，诗笔之妙，不减唐人。如"茶江春水印山

---

① 自注："苍山、苇野、妙莲诸集，并《每怀吟草》拙习，均有题跋。"

云"，"画屏围枕看春山"，皆两人集中佳句也。乃录其数十首，并制
此词，以寓辅轩采风之意，因见我朝文教之遐敷焉。

蝇楷书成，乌丝界就，天南几帙琼瑶。茶江印水，殊人佳景偏饶。
曾记画屏围枕、春山淡冶似南朝。风流甚，锦囊待塍，采笔能描。

摹到盛唐韵远，但宋元人后，比拟都超。知音绝久，今番采入
星轺。一自淡云句邈，使臣风雅总寥寥。同文远，试登赫乐，聊佐
咸韶。①

苍山之词，极为清寓，得龙氏之表彰，非偶然也。至绵宾之《苇
野合集》，1966 年余于法国国家图书馆得读之。卷一有"诗词合乐疏"，略云：
"臣尝受业于礼臣故申文权，与臣兄绵审，乃知宫商有一定之音，而制辞与
合乐二者各别。制辞者不必知宫商，而合乐者必不可不知宫商。"按申文
权事迹，《大南列传》二集有传（《诸臣传》十八）。《疏》又云："填词者，
诗之苗裔；诗词即乐之表里。"又卷三有《词选跋》："言其于词家不必尽
废，亦不敢滥。"又与仲恭《论填词书》云："闻君言子裕著《词话》，间及
仆词，加以评语。"具见越南词学渊源之一斑。苇野词尚未之见，其诗则循
香山、梅村、渔洋一路②，七绝颇有风神云③。

《苇野合集》前有王先谦序。先谦《虚受堂诗》卷十三有"越南国贡
使阮思僴书卷，为李幼梅题"④。按阮文富北宁东岸人，御赐名思僴，1868
年如清。著有《如清日记》，《大南实录》乙编列传卷二有传。郭嵩焘"赠
越南使臣阮懦夫侍郎"二绝句，其一云："群阮风流笔粲花，年年使节走天
涯。纵横王会图中见，天下车书自一家。注：去岁阮君思僴奉使过湖南，
于君为宗人，诗笔绝高。"（《养知书屋诗集》卷十一）于思僴倾服尤深
至焉。

越人书法，亦为汉土所珍重。今观荷亭《日记》，所至每为人书楹
联。曾从"贡生张逊先就访笔谈"（46 页）。逊生即名书家张祖翼也。在天
津致馌之候补知县劳乃宣，即《等韵一得》作者，德人 R. Wilhelm 之所从

---

① 自注：淡云微雨小姑祠，康熙朝高丽使臣诗也。《清名家词》龙启瑞《汉南春柳词》，10
页，香港太平书局版。
② 集中如"南琴曲"学长庆体。
③ 其《新岁书感示同人》百韵，尤见工力。
④ 注云："阮早过长沙，与幼梅相得。"

受《易》也。① 其往来酬唱者，津门则有梅宝璐小树②，香港则王韬紫诠③，皆一时名士。小树称苇野诗文气息甚厚，又盛称荷亭岳阳、晴川诸作，寄托遥深，则洵乎越人之多才也。故揭橥以备研究中越文学关系者之参考云。

上跋属稿在十年前。记 1966 年春在法京，时余治敦煌曲，且留心清词。偶于国家图书馆见《苇野合集》而悦之。一日，于戴密微教授家插架上，检得阮述此书写本，爱不释手，戴先生慨然相赠，余乃携归，故卷首钤有余"固庵所读书"一印。无何，余离香港迁居星洲，此册久镭闭于箧衍。暇日细读，因撰是跋，略考阮述生平，并与唐景崧《请缨日记》互勘，余文旨在论越南人之语业，兼及中越文学交流，他非所及。以稿远寄戴先生，深蒙激赏，为之译成法文，并著其事于《远东学报》。④ 邮筒往返，每谓此书宜加以骑译。1976 年春，余三莅巴黎，乃携此册诣戴先生。行前戴先生贻书叮嘱，敦请越南史专家陈荆和教授译出，以饷法国学界，而陈君事冗，逊谢未遑。1977 年秋，余始将拙跋大意，草成论文，宣读于第七届亚洲史学家会议，而英文稿迄无暇整理发表。此书旋经陈教授细心注释，渐成今著，蔚为巨观，曩跋疏陋，直可覆瓿，陈君必欲附载于卷后，因记戴先生重视此书之颠末，并盼他日有人迻译，不负其殷殷之深意。惜戴先生墓木已拱，不及睹此书之刊成。抚卷思旧，为之泫然。

1979 年 8 月

原载陈荆和编注《往津日记》附录，香港中文大学出版社 1980 年

---

① 见德译《周易》序。

② 字韵山，著《退学斋诗文集》。梅小树父梅树，著有《津门诗钞》。子元捷，字子骏，亦与阮述交好。

③ 王韬时已自牛津返香港，主《循环日报》笔政。

④ *BEFEO*, Tome LXIII, p. 465, Travaux de Jao Tsung-yi, 1976.

达嚫国考

法显《佛国记》中所涉及地理，各家考证，问题尚多。兹举达嚫国为例。显师自言："达嚫国以道路阻难未往。"是彼未亲履其地。惟印度人撰daccan 史，即靠显师所记为汉土惟一史料，实则汉籍中仍有不少关于达嚫之记载。

（一）道宣《释迦方志·中边篇》言"水"部分，谓："此洲中心有一大池，名阿那陁答多，唐言无热恼也，即经所谓阿耨达池，在香山南，大雪山北。……此一池分出四河，各随地势而注一海，故葱岭以东，水注东海，达傸（一作嚫）以南，水注南海，雪山以西，水注西海，大秦以北，水注北海。"所记达傸与大秦，分明一南一北，不容淆混。按此为四河说之引申。四河说出《长阿含经》、《世纪经》、《起世经》等。阿耨达池（Anavatapta）之位置，世亲《俱舍论》以为在大雪山北，香醉山（Gandhamādava）间，香醉山已被认为西藏喜马拉雅山脉中之 Kailasa 山系，唐人即本世亲之说加以演绎，而以阿耨达池（按即今 Wanasarawar 湖）为宇宙之中心，道宣资以成立其地理学之中边说。《阿含经》原谓阿耨达池南有新头（Sindū）河，即狮子口，以入南海。道宣则云达傸以南，水注南海。盖以达傸为南印度之总称也。①

（二）又《释迦方志·游履篇》（第五）搜括传记，列十六事，其第三云："后汉献帝建元（应作建安）十年，秦州刺史遣成光子从鸟鼠山度铁桥而人，穷于达嚫。旋归之日，还践前途，自出《别传》。"②方志引成光子云"中天竺国东至振旦国五万八千里，南至金地国五万八千里"，疑即出所著《别传》。所谓《别传》，未谙何书。此说果可信，则东汉末自蜀至印，即后来所谓牂牁天竺道，实已畅通，故可从秦州，以至南印度之达嚫。《史

---

① 另参拙作《论释氏之昆仑说》。
② 《大正》卷五一，969 页。

记·大宛传》张骞上书云："今身毒国又居大夏东南，数千里有蜀物，此其去蜀不远矣。"又言："闻其西可千余里有乘象国，名曰滇越，而蜀贾奸出物者或至焉。"是汉时蜀贾人足迹已至天竺，当取永昌道。征之《高僧传》慧叡西行纪："慧叡（刘宋时人）尝游方而学，经行蜀之西界，为人抄掠，游历诸国，乃至南天竺界。"其经行所至，必循永昌道可知。义净《大唐西域求法高僧传》云："有唐僧二十许人从蜀川牂牁道出白莫诃菩提礼拜。"此即自蜀经永昌道至南天竺。慧琳《一切经音义》卷八十一已详说之。可参李根源所编《永昌府文征》记载卷一。故汉末成光子由秦州至达嚫，必由蜀出永昌，以入南印度，可以推想而知。

（三）敦煌卷中亦言及达嚫。伦敦大英博物院敦煌经卷斯坦因目二一一三号为一长卷，内书白佛瑞像记，略云："中印度有寺，佛高二丈，额上悬珠。……此像经㤭赏弥（按即拘睒弥）飞往于阗。"又云："释迦牟尼佛真容，白檀身，从国王舍城腾空来于阗海眼寺。"此文为有关印度佛像记录之珍贵资料。另有一段文云：

> 南天竺建嚫国，北有迦叶佛寺，五香盘石为之。今见在山中。
> 北天竺国泥婆罗国有弥冠柜，在水中。

泥婆罗即尼泊尔，建嚫当是达嚫（见附图）。同卷下文"大目楗连"之"楗"字，所从之建，与"嚫"上一字相同，是敦煌卷乃误写达嚫为建嚫，以达与建二字形近故也。此卷后段为《宕泉创修功德记》，末署"唐乾宁三年丙辰岁四月八日毕功"。则其前段文字，当写于乾宁以前。

史语所藏拓片一四九三六号，为《旃檀瑞像》及《题记》，略记："佛成道后，尝升忉利（天）为母氏说法，数月未还。时优填王以久阔瞻依，乃刻旃檀像佛圣表以仁翘想之怀。……自填王像刻之初，至今泰定乙丑，凡二千三百余岁矣。……昭文馆大学士紫禄大夫宣徽使大都护脱因，以积善深余庆慕上乘……恭就丽正门西观音堂内模刻于石。……泰定丁卯至万历己丑又二百六十四年，今圣安寺钦依僧录司左觉义通月号印空重刻于石。越山阴弟子诸臣表斋沐书，秦应瑞画。"佛像向来以檀像为贵。于阗佛像，莫高窟Ｃ〇四七＝Ｔ二三一号龛顶周围西题"于阗故城瑞像"，又龛顶南释迦瑞像，题"于阗媲摩城中雕檀瑞像"，玄奘作媲摩城，俱见普林斯顿大学美术史系藏罗奇梅所摄照片。可与二一一三卷所记互相参证。

（四）《初学记》二十三"寺"条引《佛游天竺本记》曰："达亲国有迦叶佛伽蓝，穿大石山作之。有五重，最下为雁形，第二层作狮子形，第三层作马形，第四层作牛形，第五层作鸽形，名为波罗越。"注："波罗越，盖彼国名鸽。"

金赵城藏《法显传》第三十二张至第三十四张云："伽蓝悉有僧住。自鹿野苑精舍西北行十三由旬，有国名拘睒弥。其精舍名瞿师罗园，佛昔住处。今故有众僧，多小乘学。从是东行八由延，佛本于此度恶鬼处。亦常在此住。经行、坐处，皆起塔，亦有僧伽蓝，可百余僧。从此南行二百由延，有国名达嗛。是过去迦叶佛僧伽蓝，穿大石山作之，凡有五重，最下重作象形，有五百间石室。第二层作狮子形，有四百间。第三层作马形，有三百间。第四层作牛形，有二百间。第五层作鸽形，有百间。最上有泉水循石室前，绕房而流，周圆回曲，如是乃至下重。顺房流从户而出，诸僧室中，处处穿一石作窗牖，通明室中朗然，都无幽暗。其室四角穿石，作蹴蹬上处。今人形小，缘蹴上，正得至昔一脚蹑处。因名此寺为波罗越者，天竺名鸽也。其寺中常有罗汉住。此土丘荒，无人民居。去山极远方有村，皆是邪见不识佛法，沙门婆罗门及诸异学。彼国人民常见飞人来入此寺。于时诸国道人欲来礼此寺者，彼村人则言：汝何以不飞耶？我见此间道人皆飞。道人方便答言：翅未成耳。达嗛国崄道艰难，难知处，欲往者要当赍钱货施彼国王，王然后遣人送，展转相付，示其径路。法显竟不得往。承彼土人言，故说之耳。"

《法显传》所述，比《佛游天竺本记》为详。金藏本穿字一作穿，与高丽本同，穿为穿别体，日本延喜写本《河渠书》穿正作穿。又蹴蹬，他本作梯。波罗越者句，他本多"婆罗越"三字。法显描写达嗛国之伽蓝，乃根据传闻，颇有失实。玄奘《西域记》十㤭萨罗国（Kosala）云："国西南三百余里，至跋逻末罗耆厘（唐言黑峰）岌然特起，峰岩峭险。既无崖谷，宛如全石，引正王（Sadvaha）为龙猛菩萨凿此山中建立伽蓝。"《敦煌遗书慧超往五天竺国》传，中南天竺国有云："于彼山中有一大寺，是龙树菩萨便（使）夜叉神造，非人所作，并凿山为柱，三重作楼，四面方圆三百余步。"藤田丰八《笺释》谓："龙猛即龙树，《法显传》以为伽叶（Kāsyapa），盖传闻之误。《高僧传·玄奘》条云：'至㤭萨罗国即南印度之正境也，王都西南三百余里有黑蜂山，昔古大王为龙猛菩萨造立斯寺。'Beal 氏云：'《西域记》注黑峰，殆蜂之讹。'黑蜂即 Bhrāmara，乃

Durgā 若 Pawati 之异名，国都为 Bhadak。诸丘为 Durgā 足迹所印，殆是引正王造寺之山也。《法显传》波罗越（Paravata）解云'鸽'，亦系传闻。"[①]

按：达嚓为梵语 dakṣiṇa 之音译，义指南方，亦训为右。《西域记》称"达嚓拏者，右也。"《内法传》则云："特崎拏即是右。……故时人名右手为特崎拏手。"按"特崎拏"应是印度俗书（Prakrit）之 dakkipṇa，巴利文变 Ksin 为 kkiṇ，故达嚓拏写作特崎拏。

达嚓国现指南印度之 Deccan 高原，余于 1963 年读书于蒲那（Poona）之"班达伽东方研究所"（Bhandankar Oriental Research Institute），参谒达嚓附近佛教圣地，若 Kanheri、Karli 等石窟，显师所未到者，多曾履及。班达伽为印度大儒，著有"Early History of the Dakkan"，收载于其论文集，第三版则于 1928 年印行于加尔各答（Calcutta）。其书开首即引及《佛国记》，文云：

> Since in the beginning of the fifth century of the Christian era, Fahhian, the Chinese traveller, was told at Benares that there was a country to the south called Ta-Fhsin which corresponds to the Sanskrit Dakshina.

《佛国记》自 1836 年有 Abel Rémusat 之法译，1869 年有 Samuel Beal 之英译，其后 H. A. Giles（1877）、James Legge（1886）皆有修订英译本，班达伽得从英译本采摭其说。然汉籍有关达嚓之记载，《法显传》外，尚有上列数条，因为举出，以备他日人续撰 Dakkan 史者之参考。

梵语"达嚓拏"，汉译亦作"多瑳那"。Lalitavistara 经中列举各国文字，其第十四为 Daksinya-lipi。西晋法护及唐时地婆诃罗（Divākara）皆有汉译。[②]法护译《普曜经》作"施与书"[③]，地婆译作"多瑳那书"，均是译音。考《普曜经》中别有大秦书，列于第七，此大秦乃是东罗马。可见 Dāksin 与大秦分明为二地。"多瑳那书"应是指南印 Deccan 地区流行之文字，即达嚓国文字是也。

达嚓与大秦，史家每混淆为一，实宜细加厘别。伯希和《交广印度两道》考云："大秦指地中海东部，又因音类之关系，佛教徒有时以大秦为昔

---

①　参藤田书，19 页。

②　唐译称《方广大庄严经》。

③　似略去 Dā 音，参日本山田龙藏《梵语佛典之诸文献》，10 页。

之 Daksinapatha，今之 Deccan 之对音。"是说也，东南亚史家多受其影响，冯承钧《中国南洋交通史》、岑仲勉《水经注卷一笺校》[1]、日本杉本直治郎[2] 皆采是说。

《后汉书·哀牢夷传》说西域幻人"能变化吐火自支解，易牛马头。又善跳丸，数乃至千。自言我海西人，海西即大秦也。掸国西南通大秦"。此处大秦，《通鉴》胡注谓即拂菻。近年宫崎市定撰《條支と大秦と西海》一文[3]，以大秦即罗马，西海即地中海，跳丸之技艺，古罗马之折绘（diptych）尚可见之，图中作玩七丸之状，拉丁语称为 pilarius。[4]

罗马与南印度及扶南之交通，近岁考古发掘所知，早在公元初期，越南南部 Go Oc Oe 所出古物，不少为罗马时代银币。南印度 Pondicherry 河边，1939 年发掘亦获罗马 August 时代遗物。[5] 可证《后汉书·西域大秦传》桓帝延熹九年（公元 166 年）大秦王《安敦》（即 Antonius 公元 121—180 年）遣使自日南徼外，献象牙犀角等之说为可靠。《梁书·中天竺传》孙权黄武五年（公元 226 年）有大秦贾人字秦论来到交阯，交阯太守吴邈遣送诸权，权问方土风俗。此为罗马贾人至吴交往之事实。

唐人碑刻每言大秦：南诏《德化碑》云："爰有寻传，畴壤沃饶，人物殷凑，南通北海，西近大秦。"按寻传即《蛮书》中之寻传蛮。《新唐书》一二〇《张柬之传》，其论姚州云："姚州古哀牢国，域土荒外，山阻水深。汉世未与中国通。……光武末始请内属，置永昌郡统之，赋其盐、布、毡、罽，以利中土，其国西大秦，南交趾，奇珍之贡不阙。"此二条之大秦，向来说者均以指远道之东罗马之大秦。

惟唐时别有"大秦婆罗门国"之称，樊绰《蛮书》云："乃西渡弥诺江水（Chindwin）千里至大秦婆罗门国。又西渡大岭三百里，至天竺比界个没卢国（Kamarāpa）。"个没卢为今之 Gauhati，8 世纪其地在东孟加拉（Bengal）与阿萨姆（Assam）之间。[6] 吴承志撰《唐贾耽记边州入四夷道里考实》卷四有极详尽考证，谓："《大唐西域记》迦摩缕波（即个没卢）周

---

① 《中外史地考证》，218 页。
② 《東南アヅア研究》，494 页。
③ 《史林》二四之一。
④ 见 Rich: *Dictionary of koman and Greek Antiquities*, Iqoo。
⑤ 1963 年，曾于该地法国印度学研究所见之。
⑥ 参 Anthong Chriatre《大秦婆罗门国》，*B. S. O. A. S.* 1957, vol. 20, p. 160。

万余里国，东山阜连接，无大国都。境接西南夷，详问土俗，可两月行入蜀西南之境，即大秦婆罗门道。蜀西南境，谓会川。"（《求恕斋丛书本》）按此大秦婆罗门，与西海之大秦，含义不同。

元张道宗《记古滇说》原传云，"唐册王（皮罗阁）为特进云南王越国公。……自唐进封之后，永昌诸郡，缅罗、暹罗、大秦皆西通之国；交阯、八百、真腊、占城、挝国，此皆南通之国，俱以奇珍重宝……岁进于王不缺。"（《玄览堂丛书》本）此条大秦与暹罗、缅罗等骈列，应指大秦波罗门国，即东印度之 Assam 地方为是。

至若道书言大秦者，若《楼观本纪》言化胡所至地名云："道君令下化西域，条支、安息、昆吾、大秦、罽宾、天竺，周流八十一国，作浮屠之术，以化胡人。"[①]《太清金液神丹经》："自天竺月支以来，名邦大国，若扶南者十有几焉。且自大秦、拂林地各方三万里。"又赞曰："青木天竺，郁金罽宾，苏合安息，薰陆大秦。"以大秦与拂林、安息、天竺等并列。《神丹经》中记大秦国一段，文字最长，间有与《晋书·大秦传》记载相同。此大秦则当非达嚫国。故宜细加辨别。

由于道宣将达嚫与大秦，区为南北。《普曜经》中各种书，其多瑳那书与大秦书亦有绝对分别，则达嚫与大秦，实不容混而为一。伯希和谓释氏未加区别，亦不尽然也。

炳灵寺第一六九窟内有法显题名及愿文。此法显称恒州道人似另是一人。

结　论

（1）达嚫国一名，除《佛国记》所载外，汉籍资料，尚有《释迦方志》及《方志》引《别传》，敦煌卷 S·二一一三号，与《初学记》引《佛游天竺本记》等条。

（2）梵语 Dāksina 之音译，除"达嚫拏"外，又有译作"多瑳那"者。其作"特崎拏"，乃从巴利文译出。释氏书中，如《释迦方志》所记，达嚫与大秦，方向截然不同。

---

① 《一切道经音义》"妙门由起"引，《道藏》仪安上，七六〇册。

S·二一一三　敦煌卷所见达嚓国

蜀布与 Cīnapaṭṭa

——论早期中、印、缅之交通

近读桑秀云女士《蜀布邛竹传至大夏路径的蠡测》一文[1]，主张当日交通路线是取途于云南经缅甸以入孟加拉。这一说法，向来中西学人意见多相同。伯希和谓缅甸路乃由大理出发，经永昌渡高黎贡江入缅，至 Irrawaddy 地区。国人夏光南颇申其说。[2]1956 年，Walter Liebenthal 撰 "The Ancient Burama Road—a Legend?" 指出 "This commerce passed along the route, which led from Shu（蜀）to Lhasa（拉萨）Kāmarūpa"[3]，则主中、印早期交通，乃循祥牁路入藏，以至阿萨姆（Assam）之迦摩波（Kāmarūpa），极力反对伯氏之说。同年 Buddha Prakash 别撰 Pūrvavideha 以调停之。[4]诸家于汉文资料，考索未周，兹不揣固陋，重为研讨如次。

一、僄越与盘越、剽国

常璩《华阳国志·南中志》永昌郡下云：

> 明帝乃置郡，以蜀郡郑纯为太守。属县八，户六万，去洛六千九百里，宁州之极西南也。有闽濮、鸠獠、僄越、裸濮、身毒之民。

---

[1] 《汉代西南国际交通路线》，载《史语所集刊》41，10。

[2] *Befeo*, IV. 1904, p. 143；冯承钧译《交广印度两道考》；夏光南《中印缅道交通史》，15—24 页；季羡林《中国蚕丝输入印度问题的初步研究：缅甸道》（《中、印文化关系史论丛》，176—178 页）。

[3] W. Liebenthal, *Journal of Greater India Society*, vol. XV, no. 1, 1951.

[4] B. Prakash 之 Pūrvavideha 刊于上举 *J. G. I. S.* 杂志，1956, no. 2, pp. 93–110。后收入所著 *India and the World*, 1964. Hoshiarpur。按 Pūrvavideha 汉译弗婆提，即四大部洲之东胜神洲。详玄应《一切经音义》一二，冯承钧译 S. Levy《正法念处经阎浮提洲地志校勘录》。

僄越一名始见于此。异本或作漂越。身毒即印度，这说明东汉明帝时新置
的永昌郡境内，杂处的种民，其中有印度人及僄越人。

同书《南中志》宁州下云：

> 武帝使张骞至大夏国，见邛竹、蜀布，问所从来。曰：吾贾人从
> 身毒国得之。身毒国，蜀之西国，今永昌是也。

这条最可注意的是说张骞所言的身毒国，即指汉的永昌郡。鱼豢《魏略》
称："盘越国一名汉越王，在天竺东南数千里，与益部相近。蜀人贾似至
焉。"（《魏志》三十《裴注》引，易培基《补注》本）《后汉书·西域传》
作"磐起国"，《梁书》卷五十四文同，惟作"槃越"。兹比较其文于下。

《后汉书》：

> 天竺国……从月氏高附国以西，南至西海，东起磐起国，皆身毒
> 之地。

《梁书》：

> 中天竺国……从月支高附以西，南至西海，东至槃越。列国数
> 十……皆身毒也。

两文全同，《梁书》之槃越，同于《魏略》，而范蔚宗独作盘起，起与越形
近易讹。证以常璩之作僄越，三占从二，则"起"字自是"越"之误。沈
曾植云："《唐书》骠国即常璩《华阳国志》永昌所通之僄越，今之缅甸。"
（《海日楼文集》上《蛮书校本跋》据王蘧常撰《沈寐叟年谱》引）

向达《蛮书校注》以为槃越或汉越，即《华阳国志》的僄越，亦即
《广志》之剽国。剽国为公元四世纪时缅甸古国之名，至唐代汉译作骠
（234 页）。其说甚是。伯希和《交广印度两道考》云：《御览》卷一七七引
魏晋人撰之《西南异方志》及《南中八郡志》谓传闻永昌西南三千里有骠
国（据冯承钧译本，34 页）。冯氏《诸蕃志校注》蒲甘国注一亦云骠国，
见《太平御览》一七七引上列二书。惟复查《御览》卷一七七为居处部
"台"上，并无此条。又检《太平御览引得》亦无《西南异方志》一书。按

骠国此条实出《御览》卷三五三兵部，其文详下。伯氏误记。向达引其说（《校注》十，237页）而未辨，故为纠正于此。

考《广志》言及剽国，计有下列各条：

（1）《后汉书》卷一六六哀牢国"梧桐木华"下，章怀太子注引《广志》云："梧桐有白者，剽国有桐木，其华有白毳，取其毳淹渍缉织以为布也。"

（2）《太平御览》三五九兵部引郭义恭《广志》："剽刃国出桐华布、珂珠贝、艾香、鸡舌香。"（宋本，下同）

（3）《御览》九八一香部引《广志》曰："鸡舌出南海中及剽国，蔓生，实熟贯之。"

（4）《御览》九五六桐下引《广志》："剽国有白桐木。其叶有白毳，取其毳，淹渍缉绩，织以为布。"（按与李贤引同）

（5）《法苑珠林》三六引《广志》："艾纳香剽国。"（此条据伯希和引）

《广志》各条皆作剽国，又有作剽刃国者，马国翰《佚书》辑本亦然，必是刃字因与剽字偏旁相似而误衍。《御览》兵部引称郭义恭《广志》。义恭晋时人，《隋书·经籍志》子部，杂家类著录《广志》二卷，郭义恭撰，次于张华《杂记》之后。《御览引用书目》郭义恭《广志》列于魏张揖《广雅》之下。《广志》马国翰辑存二百六十余条。《水经·河水注》引郭义恭《广志》记甘水石盐及乌秅西悬度，知其人颇谙熟印度地理。

又《御览》三五三兵部引《南中八郡志》云：

> 永（原误作宋）昌郡西南三千里有剽国，以金为刀戟。（据宋本）

按缅甸产金，此剽国自即骠国，伯希和误引者，即是此条。《马可·波罗游记》卷一九，离大理西向骑行五日，抵 Zardandan 州，即波斯语之金齿，其都会名为永昌（Yochan），民以金饰齿，其货币用金。以《元史·地理志》所载曲靖路岁输金达 3550 两一事观之，元时产金之丰富如此。故汉时永昌地区，以金为兵器，自属可信，殆指所含金的成分特多。

《南中八郡志》一书，《太平御览》、《北堂书钞》屡引之。如记南安县出好枇杷（《御览》卷九七一引）。南安县，汉置，《晋书·地理志》属犍为郡），永昌不韦县之禁水（《御览》卷八八四），云南之银窟。（《御览》卷八一三云："云南旧有银窟数十，刘禅时岁常纳贡，亡破以来，时往采取，银化为铜。"）文廷式《补晋书艺文志》云："详其文，当是晋人作。"言及刘禅亡破，殆成书于晋初。《后汉书·哀牢夷传》貊兽下章怀注引《南中八郡志》云："貊大如驴，状颇似熊，多力食铁。"左思《蜀都赋》："戟食铁之兽，射噬毒之鹿。"刘逵注云："此二事魏宏《南中志》所记也。"则《南中志》即是《南中八郡志》矣。（汪师韩《文选理学权舆》上分《南中八志》与魏完《南中志》为两书，张国淦《古方志考》716 页亦然，恐不可据。）章宗源《隋书经籍志考证》及王谟《汉唐地理书钞》重订本目录，均谓魏宏《南中志》即《南中八郡志》。高步瀛《文选李注义疏》亦谓当即一书。作者魏宏始末不详。《文选》袁裵本作魏宏，尤裵本作魏完。其人当在常璩之前。常璩书叙事终于晋永和三年，其《华阳国志》之《南中志》必根据魏宏之资料。刘逵《蜀都赋注》既引其《南中志》，逵为晋侍中，与张载、卫权同注《三都赋》（《隋书·经籍志》总集类）。逵欲奉梁王彤，以诛赵王伦（事在伦传），其人与左思同时。则《南中八郡志》成书，更在逵之前，可见晋初剽国名称早已存在。Liebenthal 疑骠国一名之晚出，此处考证，可释其疑，且亦可补苴向达之忽略。

《御览》卷七九七引《魏书》云："盘越国一名汉越王，在天竺东南数千里，与益部相近。"（《魏书》即《魏略》）是其地与云南相接。《魏略》云："盘越国一名汉越王……蜀人贾似至焉。"考《史记·大宛传》："昆明之属无君长。……然闻西可千余里，有乘象国，名曰滇越，而蜀贾奸出物者或至焉。"而《华阳国志》二《汉中志》云："张骞特以蒙险，远为孝武帝开缘边之地，宾沙越之国，致大苑之马，入南海之象。"寻勘数文，滇越、汉越、沙越，字皆从水，自是一名之异写。张守节《正义》云："昆、郎等州，皆滇国也。其西南滇越、越嶲，则通号越。"西南夷人都以越为通号，远至云南边境尚且如此。《魏略》作汉越。《华阳国志》作沙越，书较晚出，或有误写，而《史记》实作"滇越"为乘象之国。晋宁石寨山发现有金质"滇王之印"，疑汉时所谓"滇越"（即滇王国），其势力范围远达徼外乘象之国，今之缅甸当在其统属之内。盘越，既即剽越，而盘越一名汉越（疑当作滇越）为乘象国，则其包有缅甸，自不待言。

张星烺以盘起为孟加拉之对音[1]，然孟加拉明时称榜葛剌（《瀛涯

---

[1]　张星烺《中西交通史料汇篇》第六册，41 页钞《后汉书》注二云：磐起国，据古音考之，似即孟加拉（Bengal）。又同册 43 页钞《三国志》卷三十（按当作裴注引《魏略》，非陈寿本文也）。盘越国，注云：原作越字，据《后汉书》更正，欲径改为盘起，尤为武断。丁谦谓盘越其国当在东印度，今孟加拉地。张氏盖因袭其说。

胜览》)。印度古地志称为 Vaṅga。[1] 此国文字，在《普曜经》中谓写 Vaṅga-lipi，唐时《方广大庄严经》汉译，其对音实作"央瞿书"，以央瞿译 Vaṅga，未闻译作"盘起"者。"央瞿"乃孟加拉在唐代的汉译名称。

Liebenthal 氏以为骠国名称始于唐，引《南诏野史》中王号有骠苴低（公元 167—242 年），传说谓为阿育王（Asoka）的第三子，显然受到佛教的影响。认为在此以前，缅甸道的交通实无确证，故强调宜由牂牁路，经西藏以入印度。按西藏道，见《释迦方志》所述甚详，足立喜六在其所著《大唐西域记之研究》下卷后编"唐代之吐蕃道"绘有精细地图，此路山岭稠叠，实不如缅甸出阿萨姆之方便。关于骠苴低一名的梵化，伯希和已详论之（《两道考》上南诏王父子联名制）。骠为种族之称，藏缅族系中有 Pyū，缅甸文或作 Prū。唐时汉籍所记之骠国，指缅北民族，有时兼谓南诏。[2] 而云南境内之东蛮，亦有以骠为人名的，如《蛮书》四丰巴部落贞元中大鬼主骠傍，即《唐书·韦皋传》谓唐封骠旁为和义王者也。[3] 南诏王自称曰骠信。寻阁劝立自称骠信（事在公元 808 年），《新唐书·南蛮传》云："骠信，夷语君也。"亦书作嫖信，加汉名的皇帝合称曰"皇帝嫖信"。大理国张胜温画梵像卷上分标题字，有"奉为皇帝嫖信画"一款。日本有邻馆藏《南诏国传题记》有"嫖信蒙隆昊"。美国加州 San Diego 美术馆藏云南观音像铭文云"皇帝嫖信段政兴"[4]。嫖信据谓即缅语的 Pyū-shin，写作 Prū-rhang。今知晋初已有剽国之号，又称僄越。《唐书·骠国传》凡属国十八，其一曰渠论。考《御览》卷七九〇引吴万震《南州异物志》有无伦国，《道藏太清金液神丹经》称无伦国在扶南西二千余里，《通典》一八八无伦国文相同。以对音来之，可能即缅甸之 Prome。[5] 渠论国疑即无论国。伯希和谓骠国名称之来历，有取于 Pyū 的译音之说，是即为蒲甘建都以前，以 Prome 为都城时统治缅甸种族之名称。如是无伦又为吴人自扶南所传来

---

[1] D. C. Sircar: *Studies in the Geography of Ancient & Medieval India*, p. 84. 参 Raj Bali Pan-dey: *Indian Paleography*, p. 27。

[2] G. H. Lace: "Note on the Peoples of Burma in the 12th–13th Century A. D." (*Journal of the Burma Research Society*, vol. XLII, Part I, 1959, p. 55)

[3] 事在唐德宗贞元四年（公元788），云南王异牟寻时，亦见《通鉴》卷二三三，《唐纪》四九。

[4] 唐徐云虔所著《南诏录》记其至善阐城遇骠信事甚详，见《通鉴》二五二。参李霖灿《南诏大理国新资料的综合研究》附载各图。

[5] 参拙作《〈太清金液神丹经〉（卷下）与南海地理》。日本山本达郎说，亦主张无论国＝Prome。见太田常藏《揮、無論、陀洹は就いて》（《和田古稀东洋史论丛》，223 页）。

的古骠国之译名，可见以 Pyū 作为缅甸之古称，由来已久，真是渊远而流长。附表如下：

	盘越国	魏	鱼豢《魏略》①
	无论国	吴	万震《南州异物志》，晋·葛洪《神丹经》、《通典》。
Prū	剽国	晋	郭义恭《广志》
Pyū	剽国	魏宏（完）《南中八郡志》	
Prome	僄越	常璩《华阳国志·南中志》	
	磐起	宋	范晔《后汉书》
	槃越	唐	姚思廉《梁书》
	骠国	唐	樊绰《蛮书》，贾耽《边州入四夷道里》

二、Kauṭilya 书中之 Cīna 及其年代

印度文献，许多地方提及脂那（Cīna）。《法苑珠林》——九《翻译部》云：“梵称此方，或曰脂那，或曰震旦，或曰真丹。”最早言及 Cīna 的书，要算 Kauṭilya 的《国事论》（Arthaśāstra），其中有云：

Kauséyam（蚕丝）②Cīna（脂那）Paṭṭās（丝）ca（及）
cīnaṁ bhumi（脂那地）jah（出产）。（chapter XI，81）

同章七九又言及 Cīna si 的 skin（织皮），色为红黑或黑而带白，和 Sāmūra、Sāmūlī 的皮，都从 Bāhlava 一地所取得。Bāhlava 为喜马拉雅山边境的国名。由上可知在 Kauṭilya 书中言及脂那的物产，有丝及织皮二种。③

---

① 鱼豢，魏郎中。《史通·正史》篇云：魏时京兆鱼豢私撰《魏略》，事止明帝。

② 玄奘《大唐西域记》：“憍奢耶者，野蚕丝也。”憍奢耶即 Kauśeya 的译音，可参 Pāniaī 书 IV. 3.42。见 V. S. Agrawaia: *Indis as known to Pāninī*, p. 137。

③ Arthaśāstra. 据 R. Shamasastry 的译注本，此句英译云：“The fabrics known as kauśaya, silk-cloth and chīnapatta, fabrics, of China manufacture.” 1961. Mysore, p. 83。同章七九译文见上书，83 页。

大诗圣 Kālidāsa 亦用 Cīnaṃśuka（脂那丝衣）一词设喻，作为词藻。[①]
在 Manusmṛti 法典 X，44 中，以脂那人（Cīnas）与希腊人（Yavanā）、塞
种人（Sakās）及印度境内之异种民族，若 Odra、Draviḍās、Kāmbōjā Kirātā
等并列，其律曰："以其忽于神圣祭祀，不得与于婆罗门之列，此辈常服兵
役，已渐由刹帝利（Kṣatriya）而沦为贱民（Vṛsala）。"[②]

两大史诗皆言及脂那，在《大战书》（Mahabharata）中，所见尤为
频数[③]，脂那（Cīna）人每与 Kirātās 书同时出见，被目为蛮族，其人盖为
Prāgjyotisa（在今阿萨姆）王 Bhagadatta 之军队。在 Sabbāparvan 26.9 载是
王为 Kirātās 及 Cīnas 人与无数居于海滨之兵士所围绕。同书谓 Cīna 人及
群夷住于林中，与 Himalayam（喜马拉雅）人 Haimavatas 人 Nipas（尼泊
尔）人最为亲近。在 Bhiṣmaparvan 书 V，亦谓 Bhagadatta 王之军士有黄种
之 Kirātās 及 Cīnas 人。在 Vanaparvan 书中，据谓 Paṇḍava 兄弟越过 Cīna 国，
以其牛车经艰阻之喜马拉雅山（Himalaya——雪山）地，Badri 之北而抵
Kiratā 王 Subāhu 之区域。Kiratas 者，为印度蒙古人种居于藏缅交界喜马拉
雅山与印度东部地带之狩猎民族。Kirāta 一字乃源或 Kirānti 或 Kirati，实
为东尼泊尔种人之名称[④]，他们有自己的文字，在汉译的《方广大庄严经》
称为阄罗多书（梵言 Kirattā-lipi）。

Virapurusadatta 之 Nāgārjunikoṇḍā 碑文亦称 Cīna 位于 Himalayas，在
Kirata 之侧。据巴利文史料 Mahāvaṃsa XII，6，Haimavatas（即 Himalaya）
地相当于中国西藏或尼泊尔，故其人与 Cīna 人甚接近，印度史诗中所言之
Cīna，其地正在藏缅交界之印度东部，由此可至华界。

Ramayana 史颂在胪列各国族名中，Cīna 之外，又有 apara-cīna 一名，

---

① 此诗见 Abhijñānasākuntalam 31，据 M. R. Kale 校本，原句英译云："Forward moves my
body backward runs the restless heart, like the China-silk cloth of banner borne against the wind."
（Bombay 1961, p. 55）兹试译为汉诗如下："进移我体兮，退驰我不止之心。如脂那丝衣之旖
施兮，迎风而飘举。"（《说文》段《注》：旖施，旗貌。《上林赋》作旎施，张揖曰：犹阿那
也。）

② Vṛsala 义为 mean fellow，后来称为 Sūdra，印度之第四阶级，此据 Nārānan 校订本，
the Manusmṛti，p. 434，1946，Bombay。

③ 《大战书》可参 Pratan Chandra Roy 之英译本，Calcutta。书中言及 Cīna 人者，略举如次
Vol. I p. 403，V. II p. 64、p. 115、p. 118，V. III p. 378，V. IV p. 32、p. 165、p. 182，V. V p. 24，
V. VIII p. 146, V. X p. 499 重要资料，可看 Pūrvavideha 文 pp. 101–104。

④ 见 S. K. Chatterji, Kirāta-jana-kṛti, Journal of Roval Asiatic Society of Bengale (Letters). vol.
XVI, 1953, p. 169。

可说是"外脂那"，似乎已认识中国版图之广，故分为内外脂那。[①]

印度极东部 Assam[②] 地方，在史诗及《古事纪》（Purāṇās），其原始住民即是 Niṣādas、Kirātas；Cīnas 通常被称为 Mlecchas 和 Asūras。他们操着一种蒙语系的印度支那语。在古 Assam 的军队里有 Cīna 人，史诗记载至为详悉。Assam 与不丹国毗邻，史诗时代称为 Prāgjyotisa，在诗人 Kālidāsa 作品中称为 Kāmarūapa（即《蛮书》中之个没卢国）。

Assam 地区，唐时有大秦婆罗门国。《蛮书》十云：

> 大秦婆罗门国界永昌北，与弥诺国江西正东。
>
> 乃西渡弥诺江水千里。至大秦婆罗门国。又西渡大岭，至天竺北界个没卢国。[③]

《御览》七八九引《南夷志》云：

> 小"婆罗门国"在永昌北七十四日程（按《南夷志》即《蛮书》别名）。

此婆罗门国[④] 与云南永昌接壤，又近 Kāmarūpa（今 Gauhati 地），地正在 Assam 间。这一地区，印度史诗所载，即 Cīna 人居住之所，秦即 Cīna，唐人习惯称呼中国帝京曰摩诃脂那[⑤]，在秦之前冠以大字，摩诃脂那义即大秦。《蛮书》称此地名大秦婆罗门，以梵语书之，犹言 Mahā Cīna Brahman，以史诗时代原属 Cīna 人所居故也。

梵文地理文献有 Ṣatpañcāśddeśavibhāga 残卷，凡记五十六国，在印度边境有 Cīna 及 Mahā Cīna 两地名，据 D. C. Sircar 氏研究，Cīna-deśa 位于

---

① 此据 Hippolyie Fanchc 之法文译本 Rāmayāna p. 285。

② Sahitya Akadenri, *History of Assamese Literature* (pp. 1–2) 谓 Assam 之名起于 13 世纪，Assam 古文作 Acham = a+cham, cham 字义为 to be vanquished（征服），故 Acham 的意思是 Peerless 或 unequalled，犹言无敌，无比。参 B. K. Barua: *Early Geography of Assam, Nowgoug*, 1951。

③ 向达《蛮书校注》疑大秦婆罗门国的"秦"字为衍文。

④ 参 A. Christre《大秦婆罗门国》（B. S. O. A. S. vol. 20, 1957, p. 160）。

⑤ 赞宁《宋高僧传》，广州制止寺极量传自注云："印度俗呼广府为支那，名帝京为摩诃支那也。"

喜马拉雅北部 Mānasesaeśa 之南东，Maha Cīna 则从 Kailāsa-giri（山名，在喜马拉雅山脉）Sarayu 河（今 Ghogra）远至 Moṇga（蒙古），则指中国本部。[①] 又引 AbulFazl 的 *Ain-i-Akbori* 说，缅甸都城的 Pegu（白古）亦称曰Cheen，以证 Cīna 可能包括缅甸之地。按《蛮书》记西渡弥诺江，便到大秦婆罗门国，弥诺江（R. Miro）即缅甸的 Chind win。Chind win 的意思是Hole of the Chins。Chins 为缅甸民族的一支，系缅人专指居于缅甸与 Assam间一带区域的人民。据 G. H. Luce 调查 Chin Hill 山地的语言，谓 Chins 与Chind win 之名，始见于 13 世纪的蒲甘碑铭，又云 Chin 是缅甸字，义为fellow、companion、friend。今按 Chin 的音义，与汉语"亲"字完全相同，又 Chin 语中借字如 Skin 音 pé，当即汉语之"皮"，足见 Chin 地语言，自昔即与汉语有密切关系。[②]

Chin 人自称为 Lai。[③] 这一地区与永昌郡为邻，汉时可能属于哀牢国范围。"哀牢部落甚繁，在在有之，皆号曰'牢'。"[④] 故疑 Lai 为牢的音变。而 Cheen、Chin 也许是"秦"，虽 Chin 一名在碑铭上出现较晚，但必有其远源。又据郭义恭《广志》称骠国有白桐木，《后汉书·哀牢传》亦言永昌出桐木，永昌与缅甸接壤，所以印度文献中的 Cīna，似可兼指汉时的永昌郡而言。

Cīna 一字所代表的意义，向来被认为是"秦"的对音。B. Laufer 辈却持异议，伯希和他们辩驳，指出 Martini 的旧说，以 Cīna 指"秦"最为可据，又引用佛典后汉录《报恩经》译支那为秦地，及《汉书》颜师古注，秦时有人亡入匈奴者，今其子孙尚号秦人等例，以为佐证。[⑤]1963 年，我在印度Poona 的 Bhandarkar 研究所，见印人 Manomohan Ghosh 君发表《支那名称稽古》一文，重新讨论这一问题，认为 Cīna 自当指"秦"无疑。惟始皇帝统

---

① D. C. Sircar: *Srnbies in the Geography of Ancient and Medieval India*, 1960.

② G. H. Luce: "Chin Hills-Linguistic Tour" (*Journal of The Burma Research Society*, vol. XLII, 1959).

③ 姚枬 G. E. Harvey《缅甸史道言》注四。

④ 松本信广《哀牢夷の所属は就いて》引阮荐《舆地志》。

⑤ Laufer 文见《通报》，1912 年，719—726 页。Pelliot 说见《交广印度两道考》中《支那名称之起源》，列出其他异说，如 Von Richtfon，以 Cina 为日南，Lacouperie 以 Cina 对滇，而读滇为真，均不可从。Pelliot 又有一文，冯承钧译出，收入《西域南海史地考证译丛》，41—55 页。B. Laufer 后于 *Sino-Iranica* p. 588 The Name China 章，对波斯古文字所见 China 一名，及中国古代与希腊关系之事，有详细讨论。惟主张秦字汉音 initial 与为 dž，始与伊兰语无声腭音（palatal）之 č 可以对音。

一只三十三年，而秦立国甚早，故梵文 Cīna 一字不会迟过公元前 625 年 [1]，惜彼于中国史事，仅据马伯乐的《古代中国》一书，所知至为贫乏。

佛典 Mahāavastu 中列举世界各种文字，第十五为 Cīna，第十六为 Hūna（匈奴）。4 世纪初西晋法护译的《普曜经》（Lalituvistara），其中《太子答师问》有六十四种异书 [2]，其第二十为秦书，第二十一为匈奴书（《大正》三，498 页）。秦书梵文即是 Cīna-lipi。7 世纪唐地婆诃罗译是经称为《方广大庄严经》，共六十五种书，其第十九为支那书，二十为护那书；支那为秦，护那则为匈奴，这是唐时人的音译。但西晋时却称之曰秦，可见 Cīna 正是秦的对音，Professor V. G. Paranjpe 在他的 Kālīdasa《诗剧选本》道言中，论及 Kālidasa 诗中出见 Cīna 一名，乃谓 "The name is probably to be derived from the word Ta Tsin（大秦）"。但我们看两晋法护所译六十四种书中，其第七为大秦书，和第二十的秦书，截然分开（唐译则第七为叶半尼书，即 Yāvanī，乃指希腊文）。可见《普曜经》的作者，对于秦（=Cīna）与大秦，分别十分清楚。Prof. Paranjpc 之说非是。《普曜经》三国时已有蜀译本，其书东汉末已流入中国了。

《大战史诗》及《Manu 法典》的著作年代相当晚出，故 Cīna 一名之出现，自以 Kautalya 之书为最早。Kantalya 的时代，向来不能十分确定，据 Damodar Dharmanand Kosambi 说："Cīna（Chin）was the name of a kingdom centuries earlier, which controlled the land trade-route to India, and traded in silk" [3]。但彼不知此 Chin 究为何国。近年 Romila Thapar 专研究阿育王及印度孔雀王朝的历史，在他所著 The Date of the Arthaśastra 云 [4]：

that the Arthaśastra was originally written by Kautalya, the Minister of Candragupta.

The original text was written at the end of the fourth century B. C.

---

[1] M. Chosh: "Origin and Antiquity of the Sanskrit Word Cīna as the Name of China." (*Annual of the Bhandarkar Oriental Research Institute*, vol. XLII, 1961, Poona) 可参陈登原《国史旧闻》v. 10 "秦与支那"。

[2] 关于六十四种书异名，可参山田龙城《梵語佛典の諸文献》，10—11 页。

[3] Kosambi: *An Introduction to the Study of Indian History*, p. 202.

[4] R. Thapar: *Asoka and the Decline of the Mauryas*, 1961，附录一。

他又说：

The cīna of the term cīnapaṭṭa is generally believed to refer to the Ch'in Empire（秦），which came into existence later than the Mauryan empire.

按司马错灭蜀，在秦惠王时（公元前 316 年）。是时蜀已归秦，故蜀产之布，自可被目为秦布，故得以 Cīna-paṭṭa 称之。至张骞出使西域时，秦王朝已为汉所代替，故秦布一名，不复存在。《国事论》撰成于公元前 4 世纪，是时周室已东迁，秦襄公尽取周岐之地，至秦穆公称霸西戎，在西北边裔民族的心目中只有秦，故以秦为中国的代称。以此推知中印之交往，早在《国事论》成书之前。

Cīna 一名，唐以后东南亚印度化的国家，亦习惯用来称呼中国。见于碑刻者，像 10 世纪 Khmer 碑言及 "Cīna 之境，与柬埔寨相接"[1]，此处之 Cīna，乃指南诏。又锡兰 10 至 11 世纪在 Anurādhapura 之 Abhayagiri 庙中发见碑铭[2]布云 "Jīna-rajas（脂那大王）及 Prādatsa jina-dūtasya navam"（以船献与脂那使者）等语，是时之脂那，应指宋主。苏门答腊有地名 Kota Cīna，去棉兰不远，说者谓即义净书中之 Bokkasin（Mohosin），其地出宋元瓷片甚多。华人曾居于此，故有 Cina-Kota 之号，犹今之称 China Town。

三、氐罽、蜀细布与哀牢桐花布

《国事论》所记又有 Cīna 所出之皮。《大战书》中言及赠以鹿皮千，购自 Cīna（vol. IV, p. 183）。

按古梁州产织皮，见于《禹贡》，说者谓即缏之属。四川的氐罽，亦很有名，屡见于记载。《说文》："纰，氐人罽也。"《纂文》："纰，氐罽也。"《周书·王会》伊尹四方献令："正西……以丹青白旄纰罽为献。"梁州的织皮、氐罽之纰，自在其列。《后汉书·西南夷传》，记汶山郡冉駹夷云："其人能作旄毡、斑罽、青顿、毲氉、羊羧（《华阳国志》作羖）之属。"毲字即纰，羌人及藏族使用的毡皮之属，即是此类。在《说文》书中，纰、缏

---

[1] 原见 G. Coedés: *L'inscription de Baksei Chamkron*（*J. A.* 1909），兹据 Jean Rispand: *Contribution à la Geographie Historique de la Haute Birmanie* 文中引用。（*Essays Offered to G. H. Luce*, vol. I.）

[2] 见 S. Paranavitana: *Ceylon and Snī Vijaya*（*Essays Offered to G. H. Luce*, vol. I. p. 205）。

与绁三字列为一组，都是氐人的出产。

《说文》："绁，氐人殊缕布也。"

《华阳国志》："武都郡有氐傁殊缕布者，盖殊其色而相间织之。"

《魏略·西戎传》："氐人……其衣服尚青绛，俗能织布。"（《三国志·魏志》注引）

这种用不同颜色相间织成的丝布，其名曰绁。所谓缕者，缫丝将四五根丝缯在一起，合为一缕曰糸，二糸再合成一缕曰丝（《说文系传》系字）。氐人殊缕布之绁，有他们的特殊织造方法，且加以炼染，配上颜色，故很出名。氐居武都郡，在蜀的北部，氐人的亦当然绁是蜀布的一种。

张骞在大夏所见的蜀布，据颜师古注，引服虔云："布，细布也。"蜀地的细布，汉人所记，又有缯、緵、绤等名目。

《说文》："缯，蜀细布也，从糸彗声。"《一切经音义》八引《说文》："缯，蜀白细布也。"多一白字。

《御览》八二〇引《说文》："緵，蜀布也。"

《说文》："绤，细布也。"字又作纻，从麻。《淮南子·齐俗训》："弱绤罗纨。"高诱注："弱绤，细布。"

绤是细布的通名，而缯则是蜀细布的专名。张骞所见的蜀布，如是细布，当即是缯。汉时人又称蜀布为黄润。

司马相如《凡将》篇："黄润纤美宜制禅。"

扬雄《蜀都赋》："尔乃其人，自造奇锦，纮缫缊纻，缘缘庐中。发文扬采，转代无穷。其布则细都弱折，绵茧成衽。……筒中黄润，一端数重。"（《古文苑》章樵注：蜀锦名件不一，此其尤奇者。）

左思《蜀都赋》："黄润比筒。"《文选》刘逵注："黄润谓筒中细布也。"

常璩《华阳国志·巴志》："黄润细粉，皆纳贡之物。"

又《蜀志》："蜀郡安汉，上下朱色，出好麻黄润细布。有姜筒盛。"

所谓细布，是指十升以上的细薄布。凡八十缕叫作一升，升亦曰缕或稯。汉代最细密的布可达三十升，即 $30 \times 80 = 2400$ 缕。这种细布，可用以制弁冕。长沙出土的楚国麻布，经专家鉴定为平纹组织，每平方厘米经线二十八缕，纬线二十四缕，细度超过十五升。汉蜀地的细布，究有若干升，尚待研究。据扬雄赋，西汉蜀地纺织业的发达，蜀锦名件的繁多，尤为特色。[①]

汉代哀牢地方亦出细布。《后汉书·哀牢传》云：

> 土地沃美，宜五谷蚕桑，知染采文绣。罽氍、帛叠、兰干细布，织成文章，如绫锦。有梧桐木华，绩以为布，幅广五尺，洁白不受污。

《御览》卷七八六哀牢下引乐资《九州记》（高似孙《史略》：资，晋著作郎，有《春秋后传》）：

> 哀牢人皆儋耳穿鼻，其渠帅自谓王者，耳皆下肩三寸。……土地沃美，宜五谷蚕桑，知染彩文绣。有兰干细布。（原注：僚言纻也。）织文章如绫锦。有梧桐木华，绩以为布，幅广五尺。洁白不受垢污，先以覆亡人然后服之。……地出……水精、琉璃、轲虫、蚌珠……

文与范蔚宗书相同。《御览》卷八二〇布下引华峤《后汉书》云：

> 哀牢夷知染彩细布，织成文革，如绞绢。有梧木华，绩以为布。……

与《九州记》相同。[②]桐华布亦作橦华布。《文选》左思《蜀都赋》云：

> 布有橦华，面有桄枕榔。邛杖传节于大夏之邑，蒟酱流味于番禺之乡。

刘逵注云："橦华者树名橦，其花柔毳，可绩为布，出永昌郡。"郭义恭《广志》、常璩《华阳国志》称述尤多，见于《御览》征引者。

《广志》："黑僰濮，在永昌西南山居。……妇人以幅巾为裙，或以贯头。……其境出白蹄牛、犀、象、武魄、金、钢（一作桐）华布。"（《御

---

① 楚麻布见《长沙发掘报告》。蜀布遗物唐代文书像吐鲁番所出，有记着来自四川的丝织品，如"益州半臂""梓州小练"等名目，见日本《正仓院宝物》，染织下图版三三、三四。

② 参藤田丰八《古代华人关于棉花布之知识》（何健民译《中国南海古代交通丛考》，450页）。清俞正燮《癸巳类稿》卷十四《木棉考》，已极详尽。一般认为波斯湾植棉历史最早，东传入亚洲。或谓梧桐木即 Kutun 的音译。梧桐木、橦木意指棉株。

览》卷七九一引）

又："木棉濮，土有木棉树，多叶。又房甚繁，房中绳如蚕所作，其大如捲。"（《御览》卷七九一引）

又："梧桐有白者，剽国有白桐木。其叶有白毳，取其毳，淹渍缉绩织以为布。"（《御览》卷九五六桐下引）

又："木绵树，赤华，为房甚繁。……出交州永昌。"（《御览》卷九六〇引）

《华阳国志》："益州有梧桐木，其华彩如丝，人绩以为布，名曰华布。"（《御览》卷九五六桐下引）

又："永昌郡博南县，出橦花布。"

刘逵之说同于郭义恭，谓橦（桐）华出于永昌郡，而《广志》所记则永昌附近诸濮及剽国皆产之，即哀牢的地区。哀牢人能养蚕，而且晓得炼染，其出名兰干细布，乃指古代僚族语的纻，乐资、常璩都有此说。以苎麻（Boehmeria nivea）织成的东西名曰纻，纤维长而细，韧性甚强，极适宜用作衣着原料。哀牢的桐布，特殊的地方是"幅广五尺"。《说文》："幅，布帛广也。"敦煌出土汉代任城亢父所制的残缣，上面写着"幅广二尺二寸，长四丈"。《汉书·食货志》上："布帛广二尺二寸为幅，长四丈为匹。"郑玄注《礼记》说："令官布幅广二尺二寸。"这是汉代布帛的通例。[①] 而哀牢的桐布，幅广五尺，阔度倍之，其织造技术，良有足称。我们看云南晋宁山出土铜钺和铜戈的纹饰一类复杂的图案，很像织锦一般（见图一）。汉初以来，滇地的织造工艺已有相当的造诣。

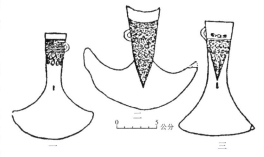

图一　云南晋宁石寨山出土铜钺和铜戈

哀牢的织造物，有罽氍、帛叠、兰干细布等，桐华布只是其中的一种。晋乐资谓其俗桐华布先以覆亡人。藤田丰八曾取东晋之《佛说泥洹经》及《河水注》引支僧载《外国事》，佛涅槃后，以新白㲲（《泥洹经》

---

① 孙毓棠《战国秦汉时代纺织技术的进步》（《历史研究》1963，3）。

作新劫波＝吉贝）裹佛缠身一事以说之。[①] 谓为佛在世时的印度风俗。若然，则哀牢在汉时已受到印度文化的濡染了。又帛叠一名，应是 Patta 的音译。根据方国瑜的看法，蜀布即《后汉书·哀牢传》之帛叠，问题在何以会称之为蜀布，他说：这是由于汉初蜀贾们从哀牢区购出，然后贩运往各地，人只知为蜀贾所卖，故称之为蜀布。[②] 其实四川自昔即以产布出名，西汉时书《盐铁论·本议》云"非独齐陶之缣，蜀汉之布也"。自秦惠王并巴中，巴氏纳赋，岁户出賨市八丈二尺。汉兴，仍依秦时故事（《后汉书·南蛮传》）。《说文》："㠻，南蛮夷布也。"《隶释》冯绲碑："南征五溪蛮夷……收遭賨布卅万匹。"这是征收夷布的一项重要记录。巴地的㠻布、賨布、氐人之绁，蜀细布之缯，都是汉代四川的出产，安知当日不会流到国外？所谓蜀布乃是极广泛的名词，后来绵州巴歌亦有"织得绢，二丈五"之句。不必一定是哀牢的白叠。四川麻织业在汉代已极驰名，云南的纺织技术向来是要向蜀人学习的，《蛮书》七："自太和三年寇西川，掳掠巧儿及女工非少，如今悉解织绫罗也。"这是南诏吸收蜀工经验的一例。滇地许多东西来自四川，近年云南发掘汉代铁器，上面镌有蜀郡、蜀郡成都等标记，正是从四川输入的物品。所以汉代的蜀布，自然亦可指蜀郡的细布。

哀牢出产又有铜、铁、锡、铅、金银、光珠、琥珀、水精、琉璃等物。Schayler Van R. Cammanu 氏论及合金白铜之出自永昌一事，认为乃汉代中、印交通的物证。惟氏以为蜀布邛杖乃是贱物，何劳远贩，疑张骞所言不是事实。[③] 然观 Cīnapaṭṭa 在印度之被珍视，而"秦布"且成为一美名，则蜀布及永昌细布之远至印度，自不成问题。无论蜀布之意义，是指蜀地之细布，抑为永昌之细布，但必经过蜀贩之手。《魏略》言："盘越国，蜀人贾似至焉。"《史记·大宛传》云："蜀贾奸出。"《梁书》中天竺国："汉世张骞

---

①　参松本信广《木绵の古名について》（《东亚民族文化论考》，659页）。《史记·货殖列传》有榻布一名，注引《汉书音义》云："白叠也。"此为最早之记载。高昌称细棉曰白叠子（《梁书》五十四）。清曹籀有《释㲲》一文，载《石屋文字》籀书续一。近年新疆阿斯塔那唐墓出土文书有"叠布袋"的记录。参沙比提《从考古资料看新疆古代的棉花种植和纺织》（《文物》1973，10）。

②　尤中《汉晋时期的西南夷》文中引方氏说（《历史研究》，1957，12，25页）。又方国瑜《云南与印度缅甸之古代交通》（《西南边疆》，12）。

③　S. Van R. Cammanu: *Archaeological Evidence for Chinese Contacts with India during the Han Dynasty*, Sinologica (Switzerland), vol. 5, no. 1, 1956.

使大夏，见邛竹杖、蜀布，国人云：市之身毒，（《诸夷传》）是蜀之商贾，足迹远至缅甸，遂及中亚；印度东部为必经之地，事至明显。

常璩《南中志》记汉武时通博南山，渡兰仓水、渚溪，取哀牢夷地，置嶲唐、不韦二县。行人作歌云："汉德广，开不宾。渡博南，越兰津。渡兰仓，为他人。"班固《东都赋》云："遂绥哀牢，开永昌。"李善注引《东观汉记》云："以益州徼外哀牢率众慕化，地旷远置永昌郡也。"《后汉书·哀牢传》："显宗以其地置哀牢、博南二县，割益州西部都尉所领六县，合为永昌郡。"又同书《郡国志》永昌郡嶲唐县下引《古今注》云："永平十年置益州西部都尉，治嶲唐。"《郡国志》永昌郡八城为不韦、嶲唐、比苏、楪榆、邪龙、云南、哀牢、博南。有户二十三万一千八百九十七，口一百八十九万七千三百四十四。八城人口近二百万。《华阳国志》称永昌郡内有僄越之民。产于永昌之桐木，《广志》谓出于骠国，常璩且目身毒即永昌。盖云南与缅甸及阿萨姆一带，地相毗接，民复杂居，汉晋以来，载事之书，遂亦混淆，可以互指。汉时永昌太守几乎都是巴蜀人士。（《华阳国志》所记太守，蜀郡郑纯，其后有蜀郡张化、常员，巴郡沈稚、黎彪。蜀章武时太守为蜀郡王伉。）第一部西南夷史籍《哀牢传》，作者杨终，是蜀郡成都人。（终字子山，永元十二年拜郎中。《论衡·佚文》篇："杨子山为郡上计吏，见三府为《哀牢传》不能成，归郡作上。孝明奇之，征在兰台。"尝删《太史公书》。）作《华阳国志》的常璩，亦是蜀郡人。汉代云南的统治阶层多为蜀人，故蜀人对于云南的智识，特为丰富，域外地理，可能出于蜀贾报道。蜀郡汉时治成都，成都人口和首都长安相等。据《食货志》，成都在西汉末年，为全国五大商业都市之一，王莽以为西市，贸易之盛，当然与域外有密切的交通关系，可想而知。

四、杂论中、印、缅古代交通

以物产论，中、印古代交通，尚有可得而言者。印度一向被误认为米的原产地，然后传入中国，许多植物史家，多如是说。可是一般认为梵语稻字 vrīhi 最初出现于《阿闼婆吠陀》（Athavaveda），时代甚晚。据近年考古发掘智识，华北在仰韶期已种稻。印度最早种稻的考古学资料，只相当于中国史前晚期的吴兴钱山漾与杭州水田畈[1]，故中国稻米的种植，实早于印度。近岁云南剑川海门口战国初期遗址，据说有四处发现谷物带芒的稻、麦、稗穗及小粟壳，可见洱海附近的居民，很早就从事种植了。又梵文小米一名是 Cīnaka 或 Cīnna，孟加拉语小米的异名是 Bhutta，反映着传自不丹国。印度小米的命名，或谓即表示由脂那传入。梵语桃称"至那你"= Cīnani（义为脂那持来）。梨称"至那罗阇弗呾逻"，Cīna-rājaputa（义为脂那王子）。虽然近年的研究，知道桃和梨原为印度的土产，但玄奘《西域记》中卷四至那仆底国（玄奘自注此名唐言汉封）所载，唐时有此二物译名，系由汉土移植之传说。所谓"至那"即是 Cīna（参看足立喜六《大唐西域记の研究》，300 页）。

A. H. Dani 氏在 *Prehistory and Protohistory of Eastern India* 书中，指出有肩石锛及尖柄磨制石斧，在印度东部分布的情况，前者似由华南沿海以达阿萨姆、孟加拉，后者乃由四川云南经缅甸以至阿萨姆等地。这说明在史前时代，中国与东部印度地区已有密切的交往。

以海道论，巴利文《那先比丘经》（Milindapañha）记弥邻陀王（希腊名 Menandros，公元前 125—前 95）和龙军（Nāgasana）和尚问答，龙军曾举一个例说到运货船远至支那等地[2]，这是公元前 1 世纪的事情。1963 年我到过南印度 Mysore，得悉该地曾出土中国古钱，地点在 Cand ravallii 地方，据印人考古报告，最古汉钱为公元前 138 年即西汉时代，这可与《汉书·地理志》王莽于元始间与黄支国海上交通之记录，互相印证。[3]

东汉时掸国王雍由调受安帝封，为汉大都尉，赐印绶金银彩缯（见

---

① 　N. I. Vavilor: *Phytogeographic Basis of Plant Breeding in Bot*, Chron. vol. 15, p. 29: "Even though tropical India may stand second to China in the number of species, its rice, which was introduced to China." 但近年所得考古资料，已否定此说，详何炳棣《黄土与中国农业的起源》，147 页。按印度《梨俱吠陀》中 anna 指熟米（cooked rice），见 R. L Turner 之 *Indo-Aryan Languages*, p. 395。则"米"非始见于《阿闼婆吠陀》，仍须详考。

② 　此巴利文资料据季羡林书 167 页。参 P. Demiéville: *Les Versions Chinoises du Milindapañha*, Befeo, XXIV, Hanoi, 1924。

③ 　参 *Mysore Archaeological Report*, 1910, p. 44。又"A Chinese coin from Sirpur"见 J. Numismatic: *Society of India*, 1956, vol. XVIII, p. 66。Nilakanta Sastri 在他的 A *History of South India*: "Intercourse between China and South India by sea as early as the second Century B. C. is attested to by the record of Chinese embassy to Kānchi（黄支）and the discovery of a Chinese coin of about the same date from Chandravalli in Mysore. "（1958, p. 27）可参藤田丰八《前汉时代西南海上交通记录》。

《后汉书·西南夷传》）。按云南晋宁石寨山发见滇王印章，则掸国之有印，谅无疑问。掸族至 1229 年，建阿洪（Ahom）王国于东印度之阿萨姆（Assam），势力及于顿逊（Tenasserin）。1294 年袭 Arakan 北部，广及全缅，代蒲甘国为王，统治阿瓦（Ava）凡二百年。但当东汉时，已受汉封。

至于缅甸与 Assam 之关系，后来史事，值得叙述者，如上述之阿洪掸邦国境，沿雅鲁藏布江而伸展，缅王孟陨（Bodawpaya）于 1816 年间，缅军两度进入阿萨姆境，故八莫附近，有五百 Assam 侨民。而 Assam 境内之 Lakhimpur 及 Sihsagar 两县，至今尚有缅甸村落。①

《后汉书·哀牢夷传》记永元六年（公元 94 年）永昌郡徼外敦忍乙王莫（官本作慕）延慕义遣使译献犀牛大象。夏光南《中缅印交通史》云："上缅甸太公城发现古碑铭，年代为公元 46 年，并有梵文，志太公为诃斯帝那补罗（Hastinapura 即 Delhi）移民所建。故方国瑜氏以为敦忍乙系太公城（Tagaung）附近旧蒲甘王国之王名"。② 按敦忍乙一名他处无征，莫由比对。据 G. E. Harvey《缅甸史》第一章注七四谓 1894 年 Führer 考证，称其曾在太公发现一石板，上镌年月为公元 416 年，并有梵文碑铭。又谓此碑未曾公开发表，是不甚可信，且系公元 416 年，夏氏误为公元 46 年，应正。

缅文碑铭，最古者可上溯至 1053 年，为阿奴律陀（Anawratha）征克直通之后一年（见 1913 年《碑铭汇辑》）。字体为得楞文（Telingana）之一种。③G. H. Luce 谓骠国碑铭有三：存于蒲甘者，一为自 Halingyi 移至 Shwedo 县之残片，为 7 世纪蒲甘国以前物。一为 Myazedi 宝塔石柱碑铭，建于公元 1113 年（当北宋政和三年。1115 年蒲甘曾入贡南韶，见《南诏野史》。）为开辛他（Kyanzitha）王晚岁所立。④ 一在蒲甘博物院内，碑具两面，一为骠文，一为汉文，年代约为 1287 年至 1298 年之间。时元蒙古相答吾儿（Asän-tämür）已占领蒲甘矣。⑤ Luce 氏近著 *Old Burma-Early Pagán* 三巨册，现已问世，关于蒲甘兴起历史，论述至为详尽。谓 7 世纪

① 见 Harvey《缅甸史》第七章注二一八引 E. A. Gait 之 *A History of Assam*。
② 夏光南书，23 页。
③ 见 Harvey《缅甸史》，姚译本，14、36 页。
④ 摩耶齐提柱铭已译成汉文，见姚枬译《缅甸史》，47 页。骠文碑详 A. H. Dani: *Indian Palaeography*, pp. 241–250。
⑤ Chen Yi-sein: *The Chinese Inscription at Pagan* (Bbhc vol. I, ii, 1960, p. 153).

Srī Keṣetra、Pyu Script，乃取自西印度之北 Canarese 文（见 96 页）。其所引汉籍，止溯至《岭外代答》及《诸蕃志》，间涉及《蛮书》，未能远稽《华阳国志》等资料。

宋赵汝适《诸蕃志》蒲甘国条，称其"国有诸葛武侯庙。皇朝景德元年来贡"。作者于 1963 年游蒲甘国（Pagán），未闻其地有武侯祠。在 Nyaug-u 地方，曾瞻仰 Kyanzitha 王（1084—1112）所建之 Nathtaung 庙，庙为砖砌成，壁间绘有蒙古贵族及武士，盖元兵于 1287 年曾据此城。又凭吊蒲甘末帝 Narathihapate（1254—1287）于 1284 年落成费时六载所建之 Mingalazcdi 塔。[帝于至元二十二年（公元 1285）诣云南纳款乞降。]又在缅北孟德勒见华人所建之观音寺，有道光二十三年（公元 1843）匾额，题曰："汉朝商贾熏沐敬献。"复有咸丰四年（公元 1854）甲寅"华藏庄严"匾，据庙祝云，有老尼自滇腾冲来此始建庙宇。此处有云南同乡会，华人为数不少。印滇缅交界地方，人民杂居，由来已久，我人可想象东汉时永昌郡内僄越、身毒群居之情形。或谓常璩所言之身毒，即指阿拉干民族（Arakanese），尚乏明证。[1]

或疑蜀布传至大夏，道途辽远，恐无可能。然以近年考古所得资料而论，如长沙木椁墓出土刺绣二件，黏在外棺内壁东端及南壁板上，作连环状的龙凤图案（图二），与苏联西伯利亚乌拉尔河流域公元前 5 世纪的巴泽雷克五号墓所出刺绣，作风相同（图三）。[2] 云南石寨山发见之银带钩，镶嵌绿松石珠饰，为西汉遗物，纹饰作翼虎握树，与内蒙古之汉带钩相同。说者举出汉将军郭昌，曾驻朔方，后至昆明，作为佐证。[3] 凤凰连蜷的图案，在楚墓的漆奁，时常见到，长沙出土的绣缎，原产地可能出自楚国.但在春秋时代却已输入阿尔泰族区域，在古代属于北狄的地带；而内蒙古式样的带钩，在西汉时，远道输入滇池。可以看出南北与域外交通的情形，以此例彼，蜀布的输入大夏，自然不成问题了。

---

① 夏光南说，《中印缅交通史》，22 页。

② 高至喜《长沙烈士公园三号木椁墓清理简报》，又鲁金科《论中国与阿尔泰部落的古代关系》（《考古学报》1957 年第二期）。

③ 参 E. C. Bunker: "The Tien Culture and Some Aspects of Its Relationship to the Dongson Culture"，图一七，*Early Chinese Art and It's Possible Influence in the Pacific Basin*。

图二　A 长沙：木椁墓外棺东向挡板上刺绣摹本

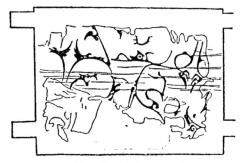

图二　B 长沙：外棺南向壁板上刺绣摹本

图三　西伯利亚巴泽雷克第五号墓出土的刺绣花纹结构

补　记

沙畹于《魏略西戎传笺注》(《通报》，1905 年）"盘越国下与益部相近"句下云："益部疑为益郡之讹。"（冯译本 97 页）按《续汉郡国志》，永昌郡为属益州刺史部十二郡国之一，原文作"益部"无误。

岑仲勉于《上古中印交通考》"盘越"条，主丁谦、张星烺说，而以盘越为 Pun（dra）vard（dhana）＝《西域记》之"奔那伐弹那"之略译（《西周社会制度问题》附录二，174 页），但从对音立说，又未征引《华阳国志》细加比勘，说不可从。兹仍依沙畹说，定此盘越国应在今之阿萨姆（Assam）与缅甸之间。

日本杉本直治郎著《魏略に见えんゐ盘越国》(《东方学》二九），又以盘越国为"越の盘の国"，谓盘即 Brahma 之音译＝梵＝婆罗门，犹言 Brahmadesá，盘之国，犹言梵土，即指身毒之地，以其地久已梵化。然割裂"越"字，于对音未甚吻合。

杉本氏又著《西南异方志与南中八郡志》一文（《东洋学报》四七，三，1964），盖已先我著论，彼对《南中八郡志》成书年代，据《御览》八一三引银窟条，有"刘禅亡破以来"之语，定其书为晋始初之作，盖本文廷式补《晋书·艺文志》之说，仍未稽及张氏《古方志考》。余则据刘逵年代，定其成书当在梁王彤、赵王伦以前。知《南中志》为晋初史书，彼此意见均合。故骠国之名，在晋初实已出现，可无疑问。按《唐会要》一〇〇骠国条云"魏晋间有著《西南异方志》及《南中八郡志》者云：'永昌，古哀牢国也。传闻永昌西南三千里，有骠国。君臣父子长幼有序，然无见史传者。'今闻南诏异牟归附，心慕之，乃因南诏重译，遣子朝贡"云云（乐史《太平寰宇记》卷一七七骠国文同）。则王溥早已确定《南中八郡志》为魏晋间书，左思《三都赋》序所称："其鸟兽草木，则验之方志。"此即太冲所引用方志之一种也。伯希和谓《御览》卷一七七引魏晋人《西南异方志》及《南中八郡志》，实则出于《唐会要》。杉村指出所谓"《太平御览》卷一七七"应是"《太平寰宇记》卷一七七"之误，其说是也。

近日王叔武辑著《云南古佚书钞》已刊行（1978，昆明），其第二种即为《南中八郡志》，考定《南中志》与《南中八郡志》确为一书。称作者魏完，不知完亦作宏，又不能证明其成书应在晋初。惟采辑颇备，足供参考。

蒲甘国史事零拾

——Gordon H. Luce's *Old Burma — Early Pagán* 书后

缅甸唐代为骠国（Pyu），建都于室利悉坦罗（Sri Ksetra），居 Irrawaddy 河流域。宋初，复建国于蒲甘（Pagán），其地与大理毗邻，有蒲甘国之号。宋时屡缘大理以入贡，《宋史》特为蒲甘立传（卷四八九），但仅记徽宗崇宁五年致贡一事，诏礼秩视大食、交阯，如是而已。

余于 1963 年，自锡兰漫游缅甸，尝蹀躞于蒲甘之故墟，其地林木伐尽，为建庙之用。虽烈日丽天，酷热中人，而丛塔数十所，僧皆黄衣[①]，令人发怀古之幽思，徘徊而不忍去。既返，发箧寻绎旧籍，颇有弋获。

近世宇内治缅甸史者，以 Gordon H. Luce 教授最为巨擘。彼既译缅甸史籍《琉璃宫史》（*The Glass Palace Chronicle of the Kings of Burma*，London，1923）及樊绰《蛮书》为英文，且撰有巨著《古缅甸——早期蒲甘》（*Old Burma—Early Pagán*）三大册，于 1969 年由纽约大学为《亚洲美术研究》（*Artibus Asiae*）出版。上册分 History、Iconography、Architecture 三部分，共 422 页；中册为图版目录说明，及书目索引，与缅甸古历，共 337 页；下册为图版，共有 455 页。是书利用诸庙残铭，重建新史，发扬幽潜，足叹观止。惟其征证汉籍，除偶及《蛮书》而外，只援引周去非《岭外代答》、赵汝适《诸蕃志》而已。［如 8 页 First mention 引《诸蕃志》景德元年（公元 1004）入贡，27 页 Ta-li Kingdom 引《蛮书》卷六神农河栅。52 页引《蛮书》说 Maṇ 为王。58 页 Embassy to Kai-Feng（1106）提出蒲甘入贡于宋之原因。95 页 Sung References to Pu-Kan 但转录《岭外代答》及《诸蕃志》两段关于蒲甘国之译文。］Luce 教授不谙汉语，余于古 Mon、Pyu 文字又非夙习，难尽沟通之效。惟汉籍资料，尚有点滴可为涓埃之助

[①] 见《岭外代答》。

者，请略陈之。

近人治缅甸史事可称述者，有李根源、方国瑜二氏。李氏著《永昌府文征》，民国三十年六月印行于昆明。其记载部分卷一为三代至宋：辑录有关蒲甘之史科，有龚鼎臣《东原录》蒲甘进表、《南诏野史》中缅贡大理国二则、《岭外代答》之蒲甘国、赵汝适《诸蕃志》之蒲甘传、《宋史·蒲甘传》、《宋会要辑稿》蒲甘入贡、周致中《异域志》等条。方氏著《宋史蒲甘传补》，载《文史杂志》第二卷第十一、十二期（南洋专号）。正文外附注二十三条，民国三十二年重庆出版，资料大致袭取李书。（此文作于民国三十一年十月，在李书之后，又引龚鼎臣《东原录》，可以知之。）实际只增《玉海》一则而已。李、方二氏有一重要共同错误，即误引《东原录》。按《东原录》作者龚鼎臣①，景祐元年进士。没于元祐，生年不可能下及绍兴之世。余检《东原录》各本，若宝颜堂秘笈本、函海本、艺海珠尘本、十万卷楼丛书本、涵芬楼印本（有夏敬观跋），皆无此条。而绍兴丙辰大理蒲甘入贡一事，实见于《可书》十万卷楼本。《可书》与《东原录》同在第十九册，知李氏迻录时，误记其书名。方氏又未覆检，故沿其讹。《可书》者，据叶寘《爱日斋丛钞》②引司马光与文彦博论僧换道流事，称为张知甫《可书》，其作者即张知甫。陆心源重刊《可书》序称，此从穴砚斋抄本传录，较《大典》多六十余条，犹是宋时原本。按《可书》蒲甘入贡条原文甚长，李氏、方氏只摘前段，又有抄失。于贡品悉略去。兹具录于下，全文云：

> 绍兴丙辰夏，大理国遣使杨贤明彦贲，赐色绣礼衣、金装剑，亲侍内官副使王兴诚。蒲甘国遣使俄托莱摩诃苦，进表两匣，及寄信藤织两个，并系大理国王封号。金银书《金刚经》三卷，金书《大威德经》三卷，金装犀皮头牟一副、犀皮甲一副，细白毡一十六番，金银装安边剑一张，内有小刀一张，素装剑五张，象牙五株，犀角二株，青白毡一百二十番，麝香二百九十八脐，牛黄七十八毬，象一头，马五百匹及鞍。安南差武翼郎充特进使范镇，著作郎充特进副使周公明，送到章表一匣，金厥罗三面，银厥罗二十面，象牙五十株，犀角五十株，笺香五十斤。

---

① 《宋史》有传（卷三四七）。
② 此书作者，本余嘉锡《四库提要辨证》说。

李书所引夺去大理国遣使"杨贤明"以下十七字，漏去正使杨贤明名。按《可书》又有《守山阁丛书》本，惟无此条，盖为不全本。

绍兴丙辰即六年也。《玉海》卷百五十三，蕃夷奉朝贡者四十二国，列太祖以下各朝入贡蕃名，神宗朝有大理，徽宗朝有蒲甘，中兴以来有大理、蒲甘。又云：

> 绍兴六年九月癸巳，翰林学士朱震言：大理国本唐南诏，艺祖鉴唐之祸，弃越巂诸郡，以大渡河为界，欲寇不能，欲臣不得，最得御戎上策。今南市战马，通道远夷，其王和誉，遣清平官入献方物，陛下诏还其直，却驯象，赐敕书，即桂林遣之，亦艺祖之意也。

证之《宋会要》卷一九九蕃夷云：

> （绍兴）六年七月二十七日，大理、蒲甘国表贡方物。是日，诏大理、蒲甘国所进方物，除更不收受外，余令广西经略司差人押赴行在。其回赐令本路转运提刑司，于应管钱内取拨付本司。依日来体例计价，优与回赐，内章表等，先次入递投进，令学士院降敕书回答。

盖当时诏还其直，却驯象而赐敕书，其经过如此。《会要》又记：

> 政和六年十二月二十三日，大理国遣使李紫琮、杨苛样，坦绰李百祥，来贡方物。（蕃夷七之四四）

又《会要辑稿》第八册云：

> 政和七年，大理国进奉使天驷爽彦贲李子琮、副使坦绰李伯祥，见于紫宸殿。

是徽宗时，大理正副使均蒙召见。大理与宋交往颇密，时大理国为段氏时代，蒲甘屡入贡于大理，不啻为大理国之附庸。故绍兴六年，蒲甘与大理共入贡于宋；贡物"并系大理国王封号"，其故可知。大理正使曰杨贤明彦贲，按彦贲乃官衔。政和七年使彦贲李子琮，大理石刻墓幢均见此号。

明政（段素顺）三年（宋开宝四年）之三十七部盟碑文下方小字，有"彦贲〔段〕宇览，杨连永，杨求（永）彦"[1]。元亨十一年，"大理阴措□揄郡彦贲赵兴明为亡母造尊胜幢"[2]，均著"彦贲"一官衔（元杜昌海幢亦叙其八世祖杜青为大理国彦贲），此"彦贲"官号之可考者也。

《宋史·艺文志》有檀林《甄治舍遗》一卷，又《大理国行程》一卷，宋《秘书省续四库书目》地理类著录檀林《大理国行程》一卷，下有《蒲甘国行程略》一卷，阙。宋神宗以崇文院为秘书省，徽宗更《崇文总目》之号为《秘书总目》，广求书籍。《玉海》云："绍兴初改定《崇文总目》，有续编四库阙书。"《直斋书录解题》："《秘书省四库书目》一卷，亦绍兴改定。其阙者注'阙'字于逐书之下。"今观是目于《蒲甘国行程》下注云阙，则绍兴时已无此书，惟《大理国行程》则有之。崇宁间蒲甘尝入贡，则此《蒲甘国行程》当是徽宗时秘书省所收之书。

徽宗崇宁共五年，继之为大观四年，政和八年，此时蒲甘王朝先为 Kyanzitha（1084—1113，即宋之元丰七年至政和三年），继为 Cañsu 第一（1113—1155 或 1160，政和三年至绍兴二十五年或三十年）；大理王朝则先为后理国第一皇帝段正淳（1096—1108，即绍圣三年至大观二年），继为第二代段和誉（又名正严）。崇宁五年（公元 1106），蒲甘入贡者当为 Kyanzitha 王，而大理则尚为段正淳时代。Luce 书中解说蒲甘于 1106 年入贡开封之原因云：

What was the "Object" of the embassy? —Perhaps Nan-Chao, jealous of Aniruddha's success in Upper Burma, was planning a counter raid on the plains of Burma after his death—to sack the Burmese Capital as it had sacked the Pyu in 832 A. D.; and so Kyanzitha to win allies in its rear, sent this embassy (probably by sea) to Káifêng in 1106. The Sung however, under their Artist-emperor Hui Tsung, must have been too busy with their northern invaders to give any help in ihe south.

所谓 832 年之役，即《蛮书》卷十所记："蛮贼太和六年（832 年唐

---

① 拓本见李家瑞《大理国与三十七部会盟碑》，载《考古》1962 年六期。

② 拓本见《考古》1963 年第六期孙太初文。元亨为大理段智兴第四个年号，元亨十一年相当南宋庆元元年（公元 1195）。

文宗时），劫掠骠国，虏其众三千余人，隶记柘东，令之自给。"Luce 因见在 Taungbyors 之塔 Hlédauk 碑铭——碑去孟德勒（Mandalay）之北六里——称其时有 Taruk（指 Chinese）之兵入侵："... in the battle, the son of the Taruk General was killed." Hlédauk 之年代为 1111，Luce 以为入贡开封在 1106，故牵连为说。[1] 按 1111 为宋徽宗政和元年，于大理国为段正严嗣位之三年（即文治二年），时高泰明为相。据王崧《大理世家》，高氏第四代泰明（升泰子），于崇宁政和中，立段氏正淳，自为相，讨平三十七蛮部，使四子明清镇守。[2] 时政出高氏，征讨诸夷，侵及蒲甘，自有可能，而 Luce 氏谓求援于宋，则鞭长其何能及？据杨慎《南诏野史》1103 年（崇宁二年），"缅人波斯昆仑三国进白象及香物"（《段正淳传》）。波斯即下缅甸之勃生，昆仑应在今那悉林 Tenass-erim。[3] 按《蛮书》卷十，昆仑国正北去蛮界西洱河八十一日程，乃与大理为毗邻之国。又 1115 年（政和五年），缅人进金花犀象（《段正严传》）。如上所述，则在 1111 年前后，蒲甘屡入贡于大理，仍时求好于大理也。《南诏野史》上记南泰升之《大中国》云："宋哲宗绍圣三年，泰升在位二年。寝疾，遗命必返政于段氏。及卒，其子高泰明遵其遗言，求段氏正明之弟正淳立之。段氏复兴，号曰后理国。高氏世为相，政令皆出其门，国人称为高国主。波斯、昆仑诸国来贡大理者，皆先谒相国焉。"可见其时高氏当权，蒲甘入贡亦必通过"高国主"焉。[4] 高氏事迹，大理有碑数种，为重要史料，详徐嘉瑞《大理古代文化史》（366 页）、《高氏世系表》，今不具论。

当日大理入贡，乃取陆道，先是熙宁九年（公元 1076），遣使贡金装碧玕山、毡罽、刀剑、犀皮平、鞍辔。自后不常来，亦不领于鸿胪（《宋史》卷四八八《大理传》）。至政和三年，又有重议入贡于宋之计划。当时入贡之情形，《宋史·大理传》记之甚详，摘录如下：

> 政和五年（1115 乙未），广州观察使黄璘奏："南诏大理国慕义怀徕，愿为臣妾，欲听其入贡。"诏璘设局于宾州，凡有奏请，皆俟进止。

---

① Luce 书，58 页，注六三。
② 据《大理文化史》，367 页。
③ 方国瑜《宋史蒲甘传补》附注一九，并参向达《蛮书校注》，241 页。
④ 参《金石萃编》一六〇《护法明公德运碑赞》王昶考证。

六年（1116 丙申），遣进奉使天驷爽彦贲李紫琮、副使坦绰李伯祥来。诏璘与广东转运副使徐惕偕诣阙。其所经行，令监司一人主之，道出荆、湖南，当由邵州新化县至鼎州。而璘家潭之湘乡，转运判官乔方欲媚璘，乃排比由邵至潭，由潭至鼎一路。御史劾其当农事之际，而观望劳民，诏罢。方紫琮等过鼎，闻学校文物之盛，请于押伴，求诣学瞻拜宣圣像。邵守张察许之。遂往遍谒，见诸生。又乞观御书阁，举笏扣首。

七年（1117）二月至京师，贡马三百八十四，及麝香、牛黄、南毡、碧玕山诸物。制以其王段和誉为金紫光禄大夫、检校司空、云南节度使，上柱国，大理国王。朝廷以为璘功，并其子晖、昨皆迁官。少子暚为阁门宣赞舍人。已而知桂州。周穜劾璘诈冒，璘得罪。自是大理不复通于中国，间一至黎州互市。

黄璘事件，可谓大理入贡之一插曲。其使者道经鼎州，谒孔庙，可证大理之入贡宋国，乃由内地经湖南而北上，绍兴时入贡有象一头、马五百匹，如此笨重贡物，绝不可能经海道，Luce 疑由海路入贡，恐非事实。关于贡象道路，详见李元阳《云南通志》卷十六。又宋时宋如愚《剑南须知》[1]记熙宁七年买马事，兼叙大理国四境；大理与宋交涉，马政为极有关系之事，不可不知。

绍兴六年，大理、蒲甘贡物。又有金银书《金刚经》三卷，金书《大威德经》三卷。按《大威德经》，疑即《大威仪经》之形讹。[2]大理写经多为厚纸墨书，就中释道常之《荐举七代先亡写疏》末有题记一行署保天八年，即绍兴六年。此与《可书》所记大理使者杨贤明致贡正为同一年之事。大理、蒲甘均为佛国，故以写经卷入贡。纽约都会博物馆藏有大理国之《维摩经》卷，为紫色绢地金书，上题："大理阇相阇公高泰明，致心为大宋国奉使钟〔震，黄浙〕造此《维摩经》一部。……（段正严）文治九年戊戌季冬旦日记佛顶寺主僧尹辉富监造。"[3]其金书经卷，亦施于馈赠使

---

①　见《蜀中广记》九三，嘉庆《四川通志》一八四引，张国淦《古方志考》，663 页。

②　敦煌佛经 P·三九一九有《大威仪经请问说》；S·五六四九有《大威仪经请问经》一卷，Giles 目五三七九号之（二）：文见《大正》卷八五，一五二六，录自 S·一〇三二。

③　参罗振玉《松翁近稿·大理相国高泰明写经跋》，云："绀纸，泥金书。"又李霖灿《南诏大理国新资料的综合研究》。

臣，此《维摩经》卷即宋徽宗重和元年（即段正严文治九年，公元 1118），高国主之遗物。自 1004 年至 1136 年，蒲甘与宋之交往，附表如下页。[①]

大理时期写经，目前所知，最早者为《智顗之护国司南抄》（即仁王经疏）残卷，有崇圣寺土密教主赐紫沙门玄鉴集一叙，题云"时安国圣治六载甲寅岁末夏之季月抄"，据考相当于唐昭宗乾宁元年（公元 894）。大理佛法盛行，段氏有国用僧为相。僧复读儒书，一时有释儒之目（《文物》1979，12）。

台湾士林"故宫"藏大理国描工张胜温画梵像长卷，纸本，末有释妙光题记署盛德五年（公元 1180），为段智兴之第二年号，即南宋孝宗淳熙七年。记云："大理国描工张胜温挩诸圣容。"挩即挩（貌）字，俗书从手，敦煌图像习见，挩为貌真之貌，《秘殿珠林》续编著录作挩，恐误。

公元	宋	蒲甘王朝	大理王朝	事迹	来历
1004	真宗景德元年	Aniruddha（1004—1077）	段素英广明十九年	蒲甘遣使同三佛齐大食来贡于宋	《诸蕃志》（按《代答》无此条）
1052	仁宗皇祐四年		段思廉保安八年	僧扬义隆写经，背钤大理国□□□印	现藏云南省图书馆（《文物》1979，12）
1076	神宗熙宁九年	Sawlu（—1084）	段连义上德元年	大理来贡于宋	《宋史·大理传》
1103	徽宗崇宁二年	Kyanzittha（1084—1113）	段正淳天正元年使高泰运奉表入宋求	缅人、波斯、昆仑三国进白象、香物于大理	《南诏野史·段正淳传》
1106	徽宗崇宁五年二月		段安淳文安二年	蒲甘入贡于宋	《宋史》四八九《蒲甘传》，《岭外代答》；《诸蕃志》
1115	徽宗政和五年	Cansū I（1113—1155/1160）	段正严（和誉）文治六年	缅人进金花犀象于大理	《南诏野史·段和誉（正严）传》
1116	徽宗政和六年十二月		文治七年	大理遣使李子琼入贡于宋	《宋会要》

---

① 本表段氏年号，请参李家瑞《用文物补正南诏及大理国的纪年》（《历史研究》1958年第七期）。

公元	宋	蒲甘王朝	大理王朝	事迹	来历
1118	徽宗重和元年冬		文治九年	大理高泰明赠宋使钟震黄渐金书《维摩经》卷	纽约都会博物馆藏原卷
1136	高宗绍兴六年七月		段正严保天八年	大理蒲甘国表贡方物；大理正使杨贤明、副使王兴诚，蒲甘使为俄托莱摩诃菩	《可书》，《宋会要·蕃夷》
1173	孝宗乾道九年冬			大理人李观音得、董六斤黑、张般若师二十二人至广西横山寨议市马，邕宁人得到《大悲经》写卷，有为坦绰赵般若祈禳目疾题记	李孝友大理写本佛经引《桂海虞衡志》（检原书未见此文）

抗战期间，吴乾就在大理发现太和龙关赵氏族谱，其背有题记云："大理国灌顶大阿左（阇）梨赵泰升敬造大般若经一部，天开十九年癸未岁中秋望曰大师段清奇识。"天开为段智祥年号，此当南宋宁宗嘉定十六年（公元 1223）。此皆现存宋代大理国写卷之足记者。

缅人本呼大理为 Gandhālarāj（犍陀罗王）。《琉璃宫史》卷一三四载 Anawrahta 王遣使至 Gandhala 求佛牙故事，即云：

> In the Tarop country of the Kingdom of Gandhala, there is an holy tooth. If I ask that holy tooth from the Tarop Utibwa and make it an object of worship to all being, the religion will shine exceedingly... so he gathered his elephants, horses, and fighting men throughout the Kingdom, and marched to the Tarop country... (p. 80)

此处称曰 Tarop 国，又称为 Tarop Utibwa。Utibwa 一名，据伯希和考证，即梵语 Udaya，为 sunrise 之意，即因汉语翻译吐蕃赐豫南诏王号之"日东王"而来。关于 Tarop 之记载，Luce 在其书中论 Pagan founded 章引缅甸史家 Shin Silananics（1455—1520）之说云：

... The kingdom of Pagán was established for 1128 years. The kings were 50, beginning from Pyumandhī, i. e. Pyusawhti, down to Taruppreñmaṅ. (Tarok-pyemin, the king who fled from the Turks.)

由此处 Taruppreñmaṅ 一名 Tarup-Turks，以指唐土似无问题。至于 Pyumandhī、Pyusawhti，汉史实作骠苴低。试就此名加以分析，Pyu 即骠国，maṅ 与 saw 皆指王。缅人兼用之，其语源并见《蛮书》，谓"茫是其君之号"。"呼其君长为寿"，寿即诏也。[①]

案蒲甘国诸王名号，见于 Luce 书所引碑铭。若 Aniruddha 以前，其王曰 Caw Rohan。Caw 即诏也，Rohan 疑即由汉语"罗汉"转来。南诏人名，多以"观音"为号，如高观音、李观音得是。[②] 据《白古通纪》其地流行观音七化之神话。Saw lu 号曰 maṅ Lulan（King Young），Kyanzittha 号曰 Tilum（= Htilaing）maṅ。樊绰称"蛮呼茫诏"，即合 maṅ 与 chao 为一名。在蒲甘国王号中，maṅ 与 chao 可以互用，故骠苴低之苴在《琉璃宫史》中，既作 maṅ，间又作 saw，称曰 Pyusawhti。

《蛮书》十称："骠国〔蛮〕在永昌城南七十五日程，阁罗凤所通也。"是南诏与缅交往始于阁罗凤。盖在唐玄宗时（公元 748 即玄宗三十七年，时阁罗凤初立），自骠国与南诏交通，南诏文化多被其吸收。南诏古史祖先神话，以阮元声之《南诏野史》所记最有系统，其说实取自元代本为僰文之《白古通纪》。试列其名如下表：

阿育王—第三子—骠苴低—缺蒙亏（妻）—低蒙苴（九子）名九龙氏

- 蒙苴闪"白夷祖"
- 蒙苴颂"白崖张乐迫求祖"
- 蒙苴林"交阯祖"
- 蒙苴托"居狮子国"
- 蒙苴笃"蒙氏祖"
- 阿辅罗"十六国祖"
- 蒙苴兼"吐蕃祖"
- 蒙苴诺"汉人祖"
- 蒙苴酬"东蛮祖"

---

① 见《蛮书》卷四各类，及卷一〇弥诺国向达注《校注》，231 页。

② 大理李观音得来求《文选》，以马交换，见《宋史·兵志》一九八。

南诏因信仰佛教，故其祖先托始于印度之阿育王（Asoka）。[①] 髟苴低 = Pyusawhti 方算为其真正之始祖。由其诞生九子所代表之地区论之，几乎即是东亚人类之共同始祖。在缅甸《琉璃宫史》中，其祖先乃有 Pyusawhti 者，正为糅合南诏神话之事实。髟苴低之子名低蒙苴，此为父子连名制；然蒙苴二字连称，又即 maṅ 与 saw 合用之证，《蛮书》所谓"蛮呼茫诏"者是矣。

尚有进者，元平蒲甘后，于其地置邦牙宣慰司。元人征缅，其事详《至元征缅录》。至元十四年三月，其主帅有大理路总管信苴日。前此宪宗三年平大理，以段氏为大理都元帅府总管，第一任即信苴日段实（见《滇载记》，《纪录汇编》本）。《南诏野史》云："信苴日即段实"。李京《云南志略》白人风俗条："其称国主曰骠信，诸王曰信苴。"[②] 元代段氏十一代总管皆称信苴。以"信"为王，盖南诏之方言也。《元史》有《信苴日传》。其时蒲甘与元对垒之大将名曰释多罗。赵子元《赛平章德政碑》云："（至元）十四年春，蒲甘遣大将释多罗伯，副以裨将五人，士卒象马以万计，剽掠齿齿。飞书求救，公命万户忽都总管段信苴等释围，而蒲兵始解。自后蒲甘不敢犯风。"（康熙范承勋《云南府志》卷十九）又李源道《崇圣碑》亦云："武定公破释多罗十余万众于洱水之滨。"（见《永昌府文征》卷二引）此虽为汉籍史料，或可供治蒲甘史之参证。前文论列《可书》记绍兴蒲甘入贡一事，Luce 书所未载。此资料极为重要，望他日能加以迻译，作为补充。

又缅人与师子国之关系，Luce 尝撰 "Some Old Reference to the South of Burma and Ceylon"[③]。仅记其事始于 11 世纪，惟汉籍记录有唐大中十二年（公元 858）丰佑遣段宗牓救缅，败师子国。牓，阳（云南宜良县地）人，佑之勇将。事见《南诏野史》上《丰佑传》（胡蔚本）。此为最早中缅

[①] 此说道光《云南通志》驳之，辨其不足信，沈曾植录此，自云："喜寻古文神话，比于宋均《纬书》、罗泌《路史》。"见《海日楼札丛》卷二"白国为阿育王后"条。惟沈氏误谓蒲甘即曼谷，不可不订正。近年南诏考古新资料，可参《云南巍县（山龙）屿山南诏遗址的发掘》（《考古》1959 年第三期）。《白古通纪》为白族古史，自杨慎删订译为《滇载记》书，志乘多采之。近王叔武辑《云南古佚书钞》（昆明印，1978）列为第十种，谓其成书不能早于元初，九龙氏名号，各书颇多异文，参看王辑校语。

[②] 段政兴自称"皇帝骠信"。见 Helen B. Chapin: "Yünnane Images of Aualokites' vara"（H. J. A. S. 1944, 8, pp. l31–186）。

[③] 见 Felicitation Volumes of Southeast Asian Studies, pp. 269–282。

与锡兰关涉史事，似尚可补述也。

此文 1975 年在东京东南亚史学会宣读，后印入《東南アジア曆史と文化》第五期。1980 年据新出大理写经资料，略作校订。

附　引用书目

《宋史》卷四八九《蒲甘传》、卷一九八《兵志》

《宋会要辑稿》卷一九九册蕃夷

《玉海》卷一五四

樊绰《蛮书》向达校注本

周去非《岭外代答》

赵汝适《诸蕃志》冯承钧校注本

杨慎《南诏野史》乾隆四〇年胡蔚增订本

　　又《滇载记》《纪录汇编》本

《元文类》四一，《经世大典序录》

李元阳《云南通志》

康熙范承勋《云南府志》卷一九

佚名《至元征缅录》《守山阁丛书》本

《元史·缅甸传》

屠述濂等光绪二三年《腾越州志》"师命"部

王昶《征缅纪闻》单刊本

李根源《永昌府文征》民国三〇年昆明印本

夏光南《元代云南史地丛考》

马长寿《南诏国内的部族组成和奴隶制度》

龚鼎臣《东原录》《艺海珠尘》本

张知甫《可书》《十万卷楼丛书》本、《守山阁丛书》本

宋《秘书省续四库书目》

范成大《桂海虞衡志》

赵与时《宾退录》

郭松年《大理行纪》

王昶《金石萃编》卷一六〇《护法明公德运碑赞》

沈曾植《海日楼札丛》

罗振玉《大理相国高泰明写经跋》(《松翁近稿》)

《缅甸诸夷考略》台北"中央图书馆"藏乾隆金笺精写本

徐嘉瑞《大理古代文化史》《高氏世系表》

李家瑞《用文物补正南诏及大理国的纪年》(《历史研究》1958 年第七期)

　　　又《大理国与三十七部会盟碑》(《考古》1962 年第六期)

李霖灿《南诏大理国新资料的综合研究》

孙太初《大理閟㧑□揄郡彦贲赵兴明为亡母造尊胜幢》(《考古》1963 年第六期)

　　　又《云南古代官印集释》(《考古学会第二次年会会刊》1980 年)

　　　　《云南巍县崷屿山南诏遗址的发掘》(《考古》1959 年第三期,157—160 页)

张增祺《大理国纪年资料的新发现》(《考古》1977 年第三期)

冶秋《大理访古记》(《文物》1961 年第八期)

王叔武《云南古佚书钞》

王家祐《巍山祠庙记》

李孝友《南诏大理的写本佛经》(《文物》1979 年第十二期)

Helen B. Chapin: "Yünnane Images of Aualokites' vara" (*H. J. A. S.* pp. 131–186).

〔注二五、三四引骠信。南诏图卷中言及骠信蒙隆昊(署中兴二年)观音像上铭"皇帝骠信段政典……"。〕

罗常培 "The Genealogical Patrongnies Linkage System of the Tibet-burman Speaking Tribes"(*H. J. A. S.* pp. 349–363)

　　　　　　　原载《选堂集林·史林》中,中华书局香港分局,1982 年

说“诏”

　　缅甸《琉璃宫史》，其先祖有名 Pyusawhti 者，即《南诏史》之骠苴低。蒲甘国碑铭用骠文镌刻，于诸帝或称 maṅ，或称 char，樊绰《蛮书》谓“茫”是其君之号，又云呼其君曰“寿”，又称蛮呼“茫诏”，则合 maṅ 与 char 为连称。[①]“寿”之即“诏”，自无疑义。寻以诏称王，早见于氐羌之俗。

　　《晋书》载记：“苻坚强盛之时，国有童谣云：‘河水清复清，苻诏死新城。’”称苻氏为诏，坚先世蒲洪，本略阳临渭之氐人，亦为西戎酋长，此氐之首领得称曰诏也。[②]傣族民间故事“松帕敏”，屡见召勐，义为一地之主。又有名“召片领”者，义为广土之主。召字训主，召实即诏也。此又后来之音讹。苻坚时，“鄯善王、车师前部王来朝，大宛献汗血马，天竺献火浣布；康居、于阗及海东诸国凡六十二王，皆遣使贡方物”。与西域往来尤密。近见 Dašte Nāwur 新出土大月氏史料，其铭文乃用古希腊字母，G. Fussman 已有专文考证[③]，此为继 Surkh kotal 之后一大发现。铭辞所见 Kusāna（贵霜）诸王，有曰 Kuju（la）kad（phises）者，以音求之，可相当于《后汉书·西域传》贵霜翕侯之丘就却（年八十余），有曰 Wim（a）ka（phises）者，可相当于其子阎膏珍。[④]惟呼之为 Sao=šoa，实即诏也。论者谓 Sao 出古伊兰语之 Xša-wan[⑤]，Xša-wan 或同于汉语之“诏王”乎？月氏自汉以来，与中国接触频繁。《汉书·赵充国传》记“长水校尉富昌、酒泉侯（鸣）将（羌）月氏兵四千人”。《魏志·明帝纪》：“太和三年，大月氏王波调奉献，以调为亲魏大月氏王。”《诸葛亮集》记载：“刘禅下诏凉

---

① 有如汉语之称“皇帝”。
② 《魏明帝纪》：景初二年烧当羌王曰“芒中”，疑“芒”亦即“茫”=maṅ。
③ Documents Èpigrapiques Kouchan，法国《远东学院专刊》LXI, 1974。
④ 《范书》称其代丘就却为王，后灭天竺。
⑤ 参 Balley 文 *RSOAS*, XII, 1948, 327 页。

州诸国王，各遣月支、康国、胡侯支富、康植等二十余人诣受节度。"凡此均月氏入华重要之史实。月氏自亚历山大东征后，通用希腊文字。近日陕西扶风县姜嫄发现有书希腊字母之铅饼，时代为西汉至东汉初[①]，其为月氏人所传入，可断言也。

---

① 见《考古》1976 年四期。

华人入暹年代史实的探索

一

  1985 年友人南洋史专家姚楠教授在朱拉隆功大学亚洲研究院演讲《中泰友好关系史话》，原稿已被译为泰文，载于中泰友好纪念册上，其中文本则刊于复旦大学中文系主编的《选堂文史论苑》中。[①]

  本人对于中泰关系问题，向来没有作过专门研究，但在中外交通史上涉猎所及，亦不无一些认识，于浩如烟海的华文史料中，有时偶尔撷拾，亦有点滴材料，可供谈助，有不少为姚先生所未注意到的，现在试提出二三件事，来向各位请教。

  自 1970 年日本白鸟芳郎（Shirotori Yoshiro）等在泰北 Chiengrai、Lampang 各地瑶村发现汉文书写的瑶人文书以后，1975 年出版《瑶人文书》一巨册，为中泰关系的研究开一新境，本人过去于国际瑶族首届会议，曾发表 "Some Remarks in the Yao Documents" 一长文，中文本亦曾刊于四川出版的《西南民族考古》第一号。[②]《瑶人文书》里面的《评皇券牒》上题记云：

  正忠景定元禩十二月二十一日给，招抚瑶人一十二姓……

白鸟原书误禩字作禩，不可解，我已加以订正。评皇券牒亦称过山榜，一向以来，瑶人视为迁移过山的证明文件。近时国内民族学家采集所得，过山榜为数一百余件，其中有八十九件全文收入《广西瑶族社会历史调查》第八册，其分布地区，以湖南、粤北、广西为主，远及于云南，又有安

---

① 1994年12月上海古籍出版社印行，此书为本人担任上海复旦大学顾问教授纪念论文集。
② 拙文详附件参考资料一。

南和泰国二件，过山榜题"景定元年"计数十件，称"元襟"的有七件，"襟"是古文"祀"字，义训为年。[1] 过山榜何以一概以宋理宗的景定元年为断限，泰国文书中《盘古歌》云"京（景）定元年四月八，逢作圣主改换天"，即是瑶族大举移徙的主要年代。泰北瑶人文书内又有《游梅山书》一本，记明从广西流入泰国，并有抄书人姓名。梅山在北宋时为五溪瑶人根据地。晁补之的《鸡肋集》卷九有《开梅山》一长诗，记载其事，宋神宗熙宁五年（公元 1072）章惇招抚梅山诸蛮，泰北瑶人文书有游梅山，可见他们的族源可追溯到湖南的梅山峒蛮，我有详细考证。

查宋理宗景定元年（公元 1260）即蒙元忽必烈汗中统元年，是时蒙古人已灭云南大理国，中统元年六月以石长不为大理国总管。二年（公元 1261）六月，赐大理国段实虎符。这一时期恰好是泰国素可泰始祖室利因陀罗提（Sri Int'arat'itya）在位之顷（1328—?）。据 W. A. R. Wood《暹罗史》因陀罗提在世之时，暹罗之傣族移民一时大增，此时移民乃忽必烈灭南诏之后由云南方面移来者。当日移民其实不止傣族人，瑶人亦在这一时候大量移徙。泰北瑶人文书分明说道"逢作圣主改换天"，正指改朝换代。瑶人的过山榜所以选定宋理宗景定元年（公元 1260 年），一向不明白它的道理，实际是由于元兵大举入云南的缘故，瑶人似乎忠于宋室，仍奉理宗的正朔，入居泰国的瑶人，其文书追溯到公元 1260 年，书写"景定元祀"，正可耐人去寻思。

复次，元人于 1287 年（至元二十四年）大破蒲甘，缅甸王朝解体，不少缅人投奔暹国（像 Alienma 是）。是时正值素可泰蓝甘杏大帝统治时期（1275—1317），其西北独立国有兰那泰王国（Kingdom Lanna t'ai），所谓百万稻田国，即华人所称"八百媳妇国"，明史载入《云南土司传》，谓"世传部长有妻八百，各领一寨，因名八百媳妇"。即今清迈之地，瑶人文书即在此间发现。

元世与八百媳妇国争斗有一极长时期，大德四年（公元 1300）遣刘深、合剌觪、郑祐将二万人征八百媳妇。五年春，给征八百媳妇钞总计九万二千余锭。二月，立征八百媳妇万户府二，设户四员，发四川云南囚陡从军。这一战役，消耗人力极大，发动湖广、江西、河南、陕西、浙江五省兵二万远征，举国骚动，反对者亦多。哈剌哈孙云："山峤水夷，辽绝

---

[1] 　出于广西者五件、湖南二件。

万里，可谕之使来，不足以烦中国。"① 郭贯曰："令四省军马以数万计，征八百媳妇国，深入炎瘴万里不毛之地，无益于国。"② 与主战派争议不休。兵至贵川水东，遭遇地方势力宋隆济反抗；弘纲死亡③。事后刘深受到处分，遂罢出兵。而八百与车里争杀不已，后来才受到招抚。顺帝元统初（公元 1333）遂设置八百等处宣慰司，受中国羁縻。明代因之，成为西南土司之一。据明代景泰《云南通志》卷六，八百宣慰司的疆域，东至老挝，南至波勒（即彭世洛），西至木邦，北至孟良。刘深伐八百之役为时三年，造成西南地区人民的大流徙，所以元人入云南、缅甸之后，为各处移民史写下一新页，瑶人的南徙入暹只是一例而已。

<h1 style="text-align:center">二</h1>

　　长期以来，研究陶瓷史的人们，一谈到 Sukhothai 窑时，每每说是 13 世纪末期，延请中国陶工来暹建窑，因为该窑出品作釉下单色的简单彩绘，和磁川窑的风格颇接近。但关于华工入暹的记载，中、暹文献，均无可征。暹素可泰朝又于宋加洛（Sawankalok）地方建窑，大量生产类似（处州）龙泉窑风格的瓷器。宋加洛瓷远销印尼、菲律宾各地，成为东南亚重要出口瓷之一。1971 年我在新加坡大学任教，同事博物馆瓷器专家 Willian Willetts 君举行出口瓷展览，指出素可泰瓷的釉下单色彩绘与越南白底釉下黑绘方法相同，乃受越南影响，非来自华工。从此以后，诸多异说。友人金荣华教授于 1974 年来泰专研泰瓷，后来结集论文成《中暹交通史事论丛》一专书，涉及暹窑与华关系不止一篇，颇有新见，如提出素可泰罐有上绘人物骑驴马面头戴鞑靼帽，和菲律宾出土的侈口青花碗所绘者相同，极饶趣味。他提出汪大渊三游南洋于 1349 年（元至正九年）返国，其书丝毫未涉及华瓷入暹的记录，可证宋加洛兴建窑业必在至正九年以后。他指出元季浙江处州各地即龙泉窑盛行各县，其时均有灾荒兵祸，浙江陶工可能于是时奔亡流落海外，宋加洛的龙泉型瓷器即兴于此时，这仅仅是一种揣测，没有其他坚实的证据。

　　我在《皇元风雅》书中，找到一首天历初年写的《暹国回使歌》，前

---

① 见《元史·哈剌哈孙传》。

② 见本传。

③ 本传云"与叛蛮宋隆济等力战而没"。

有小序，兹录之如下：

> 暹赤眉遗种。天历初，尝遣使入贡。今天子嗣位，继进金字表章，九尾龟一，象、孔雀、鹦鹉各二。朝廷以马十匹赐其国王，授使者武略将军、顺昌知州。使者钱唐人。江东罗徽作歌，仆遂和之。
>
> 江东先生远叩门，口诵暹国回使歌。高秋夜静客不寐，歌辞激烈声滂沱。东南岛夷三百六，大者只数暹与倭。暹人云是赤眉种，自昔奔窜来海阿。先皇在位历五载，风清孤屿无扬波。方今圣代沾德化，继进壤贡朝鸢和。紫金为泥写凤表，灵龟驯象悬鸣珂。彤廷怀远何所赐，黄骊白骆兼青骡，卉裳使者钱塘客，能以朔易通南讹，遥授将军领卅牧，拜舞双颊生微涡。楼船归指西洋路，向国夜夜瞻星河。金鸡喌昕火龙出，三山宫阙高嵯峨。番阳驿吏亲为说，今年回使重经过，先生作歌既有以，却念黎獠频惊吒。田横乘传嗟已矣，徐市求仙胡尔诧。岂如暹国效忠义，动名万古同不磨。

这是一篇对中暹关系极重要的文学作品，希望以后有人能加以注释并译成暹文。《皇元风雅》为至元三年建阳蒋易所编，起刘因讫陈梓卿，共收一百五十五家。《文渊阁书目》云四册，焦竑《经籍志》均著录，有天一阁写本。现存有二种本子，诗的次序不同。一是《四部丛刊》影元刊本，中有缺字，一是《宛委别藏》收的精钞本，只缺一"胡"字，今据元刊补足。二本均收在卷第二十二。作者题名有出入。元刊本题王尚川，临川人；钞本上题王尚志，下题庐陵王东，又有《阿圆曲》一首，为元刊所无。以诗中"鄱阳驿吏亲为说"句乃作者自述，则以作临川人为是。其言"先皇在位历五载"指泰定帝；泰定在位共五年（1324—1328），其五年，为元文宗天历元年，诗序所谓天历初当指1328年。《元史·英宗纪》："英宗至治三年（公元1323）春正月癸巳朔，暹国及八番洞蛮酋长各遣使来贡。泰定二年（公元1325）秋七月大小车里来献驯象，己未置车里军民总管府。三年（公元1326）五月八百媳妇蛮招南通遗其子招三听（一作斤）奉方物来朝。四年（公元1327）九月甲午，八百媳妇请官置蒙庆宣慰司元帅府及木安、孟杰二府于其地。以招南通之子招三斤知木安府，侄混盆知孟杰府，赐钞币各有差。致和元年（即泰定五年1328）五月己巳，八百媳妇蛮遣子哀招献驯象。"在泰定五年之中，元人与八百媳妇和好，没有兵戈冲突，故此诗云"风清孤屿无扬波"，完全符合史实。序所谓天历初尝遣使入贡，或指致和时八百献象事，今无子嗣位谓文宗初登极，同在一年（1328）之事。此诗序文所载可补《元史·文宗纪》的缺略。天历初，在泰国正当蓝甘杏之子吕泰皇时代。甘杏帝崩于1317年。

诗与序言"暹人云是赤眉种"。"赤眉"二字似应作"赤土"。《明史·暹罗传》云"暹罗即隋、唐赤土国，后分为罗斛、暹二国"是也。

此诗所记，最有趣的是这位暹国的使者，竟是钱塘人，可见当日暹方的使臣，可用华人充任，诗云："卉裳使者钱塘客，能以朔易通南讹。"这位原籍钱唐的暹使能精通中暹二种语文，在当时诚属难得。《明史·暹罗传》记"成化时汀州人谢文彬以贩盐下海，飘入其国仕至坤岳"。暹国用华人为官，自来有之。使臣既为浙江人，令人推想浙江人应有不少南来营商。证之《明史·暹罗传》，有一段明太祖的说话：

> 洪武十六年，时温州民有市其沉香诸物者，所司坐以通番，当弃市。帝曰："温州乃暹罗必经之地，因其往来而市之，非通番也。"乃获宥。

以皇帝之尊，竟为他们说情，足见温州自元以来，久成为海上暹与华交往的中间站。温州人最善于海外拓殖，至今尚然。龙泉瓷的大量输入，与元时浙江钱塘人在暹廷任官及温州人营商手法，必有分不开的关系。宋加洛所以有龙泉型瓷器的烧制，如是可得到合理解释。不必如金荣华之说认为因元季处州灾荒陶工逃亡而南下为理由。近年的沉船考古工作，如在卡姆岛捞出海中文物宋加洛瓷器之为龙泉型的共有1636件之多，而索可泰釉下黑彩瓷只得185件而已。这些也许可迟到15世纪的出品，但正说明浙江与暹国向来两地关系之深，殊非偶然！

这首暹国回使歌的重要性已如上述，可惜王尚志此诗，乃是和作，江东罗徹的原制已佚。这位浙江暹使，既被元朝授以武略将军之号，复遥领州牧，序言授以"顺昌知州"，只是虚衔。元时于南诏牛睒置顺州。至元十五年改牛睒为顺州，《元史·地理志》属"丽江路"，顺州在丽江之东。元只有顺州，未见顺昌府。

元代中暹双方使者，姓名可考见者，《元史·本纪》所记元世祖时有万户何子志（至元十九年即1282年），暹使仅见延祐元年（公元1314）之爱耽，为暹名译音，可惜天历时越籍的暹使，诗序不记其名字，莫由征考。

三

这首"暹国回使歌"称曰暹国，不称暹罗，或暹罗斛。考之《元史·本纪》亦概称曰暹国，与罗斛分开为二，列出如下：

暹国

1282 年（至元十九年）六月己亥，命何子志使为管军万户使暹国。

1292 年（至元二十九年）冬十月，广东道宣慰司遣人以暹国主所上金册诣京师。

1297 年（大德元年）四月，赐暹国、罗斛来朝者衣服有差。

1300 年（大德四年）六月，吊吉而、爪哇、暹国、蘸八（占婆？）等国二十二人来往，赐衣遣之。

1314 年（延祐元年）三月癸卯，暹国王遣其臣爱耽入贡。

1319 年（延祐六年）正月丁巳朔，暹国遣使奉表来贡方物。

1323 年（至治三年）春正月癸巳朔，暹国及八番洞蛮首长各遣使来贡。

罗斛（Lavo Lopburi）

1289 年（世祖至元二十六年）闰十月辛丑，罗斛、女人二国遣使来贡方物。

1296 年（元贞二年）十二月癸亥，赐金齿、罗斛来朝人衣。

1297 年（大德元年）四月，赐暹国、罗斛来朝者衣服有差。

1299 年（大德三年）春正月，暹番、没剌由、罗斛诸国各以方物来贡，赐暹番世子虎符。

罗斛一名，到大德三年以后即不复见。今存大德时陈大震纂修的《南海志》，在舶货诸蕃国项下说：

> 罗斛国，
> 暹国管
> 上水速孤底。

这是在天历以前所修仅存的地方志，原书藏北京，原文亦见于《永乐大典》广字号。"速孤底"《元史·本纪》作"速古台"，《元史·成宗纪》云：

> 大德二年（1299），五月丙申，海南速古台、速龙探、奔奚里诸番以虎象及桫罗木舟来贡。

速龙探、奔奚里两地无考。海南速古台即《广州志》的上水速孤底，二名都是 Sukhot'ai 的异译。陈大震云"罗斛国，暹国管"，大德修志时，罗斛为暹国所管辖。此暹国应指素可泰朝。

元时暹人上金册入贡，必通过广东地方政府，故《世祖纪》说："广东道宣慰司遣人以暹国主所上金册诣京师。"金册即上举《回使歌》所云"紫金为泥写凤表"也。是时诸蕃国从海道来华，从广东入境，盖因宋置市舶司旧例，故陈大震称之为舶货诸蕃，自是十分确实的记录。明初洪武七年使臣沙里拔来贡，言"去年舟次乌猪洋，连风坏舟，广东省臣以闻"。可见暹国与广东关系之密切。

《明史·暹罗传》：

> 元时，暹常入贡。其后罗斛强，并有暹地，遂称暹罗斛国。
> ……洪武十年（1377），命礼部员外郎王恒等赍诏及印赐之，文曰暹罗国王之印，自是其国始称暹罗。

按洪武十年九月，太祖下暹国王哕啰禄诏，全文载新印《全明文》卷一。哕啰禄即波隆摩罗阇（Boromaraja）一世皇，是时则已入阿瑜陀耶皇朝矣。

云南傣族与暹罗接境，中国方面保存傣族史料不多，据方国瑜引述，有傣文的《麓川思氏可法记》，为孟定土司藏本，记思可法事，有一段文云：

> 后至元六年（1340）思可法得位，在职四年，迁居者阑。
> 又四年（至正七年，1347），中缅来攻，不能克。邻近诸国，相率纳贡者有曼谷（暹）、景线（小八百）、景老（老挝）、整迈（八百大甸）、整东（孟艮）、车里（孟泐）、仰光（古刺）诸土司。

这条材料相当可贵，在元、缅交战之下，泰国附近各小邦情况，约略可见一斑；但所谓土司，用明代地名，似出于后来追记。

朱明亡国，桂王西奔入缅，《明史·诸王传》五："顺治十六年，大兵入云南，由榔走腾越。李定国败于潞江，又走南甸，二十六日，抵囊木河，是为缅境。……陆行者自故岷王子而下九百余人，期会于缅甸……惟岷王子八十余人流入暹罗。十八年十二月，大兵临缅，白文选自木邦降，定国走景线。"景线即小八百，今泰北清盛，李定国遁居于此，及缅人杀任国玺等十八[①]，定国幸而不及于难。岷王者，明太祖第十八子楩，洪武二十四年封国于岷州，后改云南。是时流入暹罗之岷王子，即其后人也。此一事向所未知，亦值得一记。

明代厉行海禁，动以通番论罪，使节往来，事实以陆路为主。《皇朝政典类纂》一类政书所载：顺治十一年（公元 1654）谕旨，暹罗贡使货运愿至京师者，听其自便。康熙四年（公元 1665）暹罗贡使可直抵京师。是时郑成功方在海上活动之际，沿海各省有"迁界"之举，海上交通完全断绝，只得遵陆，别无他途。元大德间，八百媳妇与元廷媾和，屡次进贡驯象，与大小车里相同；献象以为贡品，如此笨重之物，非陆路运输不可。因知当日天历暹使之莅华，贡物有二驯象，仍是从陆路往来，故元廷以马十匹赐之。

根据上述诸事实，可得下面几点结论：

（一）泰北清迈地区发现前代瑶人使用华文书写的各种文件，明白记载系从广西来暹。其中游梅山书显与北宋时期开发湖南的瑶蛮同一族源，有流传《开梅山》一长诗足而佐证。在泰北流行的瑶人过山榜上面记着宋理宗"景定元祀"的年号，可以推证景定元年即是他们族群大迁移的历史性日期。景定元年亦即蒙元忽必烈汗的中统元年，是时蒙古人已长驱入云南，造成了大量傣族流亡入暹，暹罗史家久有定论；其实不特傣族为然，瑶人、汉人亦在同一情况之下，故华人入暹，可以这一时期视为重要开端。况且，元大德间清迈北部 Lannathai 的八百媳妇国与元兵抗争历时三载，元人调动湖广、江西、河南、陕西、浙江五省兵，以及四川、云南的囚徒，大举南下，引起骚动，人民奔走离徙，自属必然之事；后来招抚授以官职，八百媳妇成为元朝辖下的宣慰司，明代因之"八百宣慰司"作为西南主要土司

---

① 详《明史》卷二七九《任氏传》。

之一，竟列入明代版图之内。故知 12 世纪末期至 13 世纪初，蒙古人攻下云南、缅甸，造成华人（包括少数民族的瑶人）向外奔亡，是为早期华人入暹一个很重要的时代。

（二）元代天历初年，蒙古经与八百媳妇国修好，兵戈寝息，海不扬波，暹使入贡回归，有人写了一篇《暹国回使歌》，咏颂其事。其时这位暹罗来华使臣，竟是浙江钱塘（今杭州市）人。这首长歌词藻富丽，为极重要的文学作品，我已详为解说，希望以后有人再作注解，翻为暹文，以供人们研究。从这首诗证明 1328 年，暹国已派用能够通晓两国语文的华人充当使节，方便与华沟通。当日且以"紫金为泥写凤表"作为进贡的金册，证明《元史》所言通过广东宣慰司以暹所上金册送诣京师之说为十分可靠的记录。《明史·暹罗传》载温州人带运沉香犯法，太祖朱元璋说出"温州乃暹罗必经之路"，可见元、明之际海上温州商人必有不少来暹进行贸易，由此可以解释宋加洛瓷器何以仿制龙泉型及其盛行的缘故。从元代已有杭州人在暹供职并充当来华使节，可能招致浙江陶工之南来，龙泉窑对泰国的影响，正是顺理成章之事。

（三）这首诗名曰"暹国回使歌"，《元史·本纪》记与泰国往来之事，把暹国与罗斛二名，分别甚清楚。现存大德朝纂修的《南海志》，上面记着："罗斛国，暹国管，上水速孤底。"速孤底为 Sukhot'ai 的另一异译名称。其时正值素可泰皇朝，故记罗斛为暹国所管。元代方志存者极少，这一译名出自元人，亦该给以重视。

明亡最后一代的永历帝投奔缅甸，据《明史·桂王传》所记，其时岷王子八十余人流入暹罗。李定国走景线（即今清盛）。这是明室最后挣扎的一批贵族人物，竟流落至泰国，亦是中泰移民史上的一桩大事。这一记载，向所未知，故为举出。

1995 年 12 月 9 日在曼谷京华银行大礼堂演讲，同日在曼谷《星暹日报》全文刊登。

《泰国华文铭刻汇编》序

　　华人何时入暹，此一问题，牵涉至多，一时难下断语。1975年东友白鸟芳郎教授取其于清迈所得大量汉文资料，辑成《瑶人文书》出版，世乃方知泰北久已有华人居住。其中《评皇券牒》明记"正忠景定元禩十二月给"，寻所有瑶族过山榜，无不以景定元年题记，共数十件之多，向来未明其故。余近始悟出是年恰为忽必烈汗灭大理国之岁，可能引起西南民族之大迁徙，故牒中著其年以彰其事。元天历初，蒙古与八百媳妇修好，暹使入华致贡回归，王尚志和作《暹国回使歌》，其序称暹使为钱塘人，惜失其名。是时暹方已利用华人为官吏。由是观之，元时已有大量华人来暹，可断言也（说详拙作《华人入暹年代史实的探索》）。

　　旅外华人所至，必建祠庙、茔墓，往往立碑以述祖德，久成惯例，暹地亦然。以余所知，曼谷石刻，以澄海高学能阡表最为巨擘，碑文出自清季名宦夏同龢手笔。余撰《新加坡古事记》已采摭之。忆1970年在星洲，余首倡缀录星、马地区华人碑刻，以备考史之资，傅吾康教授颇韪之，继起有作，既网罗马来西亚所有华文碑碣，复遍及印尼、泰京，孜孜矻矻，殚心力于此事，锲而不懈，历二十余载，集东南亚华碑研究之大成，本书特记泰国者耳。共收巨细约千品，载录周详，图文并茂，补泰地华文《语石》之缺，有裨史学者多矣。余忝主圣大研究院事，为言于郑董事长午楼先生，列为本院华文研究丛书之一，力促其付梓，顷者全书刊成。傅教授来书嘱序其端，爰不辞之谫陋，略识数言，述其缘起，以当喤引。

1996年6月

泰国《瑶人文书》读记

一、评皇券牒与过山榜

瑶族自古以来，迁徙频繁，不特"过山"，而且越国。邻邦的安南和泰国，都有瑶人文书的发现。以前马伯乐（H. Maspero）在谅山省禄平州采集有谣人的"评皇券牒"，上面写着"世代源流刀耕火种"。刀耕火种即指烧畬之事。此一文书，人称为"蛮族山关簿"。1970 年 12 月，日本上智大学白鸟芳郎教授等在泰国东部访得若干书写汉文之瑶人文书，于 1975 年（昭和五十年）由讲谈社（Kodansha）印行。其中最重要者为《评皇券牒》，极受重视，有图绘及朱批，写明"过山防身永远"，开头记载如下：

> 正忠景定元禩十二月十二（二字朱笔）日，招抚猺（瑶）人一十二姓，照仍前朝评皇券牒，更新出给一十二姓名述于后。
>
> 评皇券牒，其来远矣。猺人根骨，即系龙犬出身，自混沌禩间。

禩即禩字之俗写，《说文·示部》：祀字或从异作禩。景定元禩（祀）即宋理宗景定元年（公元 1260 年），白鸟书误作"禩"，应正。^① 倘如此文所云"照仍前朝"，是此类"评皇券牒"之发给，在南宋理宗以前已有先例。其实评王文书，亦称"过山榜"，长期以来瑶人视为汉族统治阶层所给予的证明文件，故每每题上"过山防身永远"字样。据称，国内已发现的"过山榜"为数共一百余件，有八十九件全文已收入《广西瑶族社会历史调查》第八册，若干有代表性者又刊载于《瑶族过山榜选编》。此类文献的集中整理，使人对于瑶族历史，获得充分之认识。以前讨论盘瓠传说偶尔撷拾一二件，已觉得十分可贵，今则可见者逾百。"过山榜"分布之

---

① 见《瑶人文书》，296 页。

广，以湖南、粤北、广西为主，且远及于云南。（"评皇券牒"，云南河口有一件[①]）安南及泰国二件，以上两书均未收，宜补入附录。

　　泰国是牒题"景定元禩"，不作"元年"而称"元禩"，为其特征。国内之"过山榜"题"景定元年"者数十事，称"景定元禩"者计有七件，出广西龙胜者三、出览桂者二、出湖南城步及新宁各一。龙胜白水地区之"评皇券牒"为道光十年黄家传钞[②]，与泰国本的文字几乎完全一样，只有月、日及十二姓次序略异耳。龙胜第二本复流传于资源县，末又记唐皇帝及明、清两代年号，下讫于宣统。[③] 龙胜第三本出赵凤俊誊抄。[④] 凡此三本，俱不如泰国此本之早。览桂宛田地区之"评皇券牒榜书"为折叠式抄件，长二丈六尺，末绘有盘王像，旁有一犬，又绘六男六女与乐队，其券末书"顺治二年……依古腾（誊）抄"，首有道光十三年题记。[⑤] 泰国此本"评皇券牒"之末亦图绘盘王像及犬与乐队六人，内容与顺治览桂本最为接近。泰国"瑶人文书"中其一题"抄书人董胜利在广西来泰国地坊（方）"。其资料俱从广西而来，此"评皇券牒"与览桂及龙胜流传之本相同，自是意中事。

　　《选编》第一件的"过山榜"，末题"初平□年"、"保举盘皇子孙……往广东、广西、福建、潮州、潮广、潮北"等语。查潮州，开皇十一年始置。初平为汉献帝年号，其时未有"潮州"之名，当称揭阳县，故此件所系年号，殊不足信。

　　此外，江西贵县畲民的《盘王敕赐开山公据》称楚平王出敕，年号为"大隋五年"。另在广西原存百色龙川地区的《白篆救牒》亦记"大隋五年……楚平皇敕盘族子孙"事[⑥]，未有"咸京（亨）二年"记年，此为别一不同资料，但附会评皇为楚平王。其他又有题"真（贞）观二年、三年"各一件，有题"代隋二年"[⑦]，兼记"右榜付与瑶人郑广通"。按"郑广通"之名，屡见于景定元年之券牒，为十二姓中之郑姓人名，一本作"郑广道"，故"代隋"一年号亦不可信。所有"过山榜"除上述极少数之例外，

────────────

① 《广西瑶族社会历史调查》第八册，258 页。

② 同上书，71 页。

③ 同上书，1 页：《瑶族过山榜选编》，13—16 页。

④ 同上书，74 页。

⑤ 同上书，99 页。

⑥ 同上书，136 页。

⑦ 《瑶族过山榜选编》，8 页。

大抵皆为题"景定元年"之券牒,而以十二姓为主要内容。

券牒所记十二姓,大抵有二大系:

(1)甲:十二姓为盘、沈、郑、黄、李、邓、周、赵、胡、冯、雷、蒋。

(2)乙:盘、沈、包、黄、李、邓、周、赵、胡、唐、雷、冯。

十二姓中有郑、蒋二姓者,泰国券牒即属此系。别一种则易此二姓为包与唐,安南之"山关簿"属之。广西田林县之"盘古瑶榜牒"无包姓,而以唐代郑。[①]其他歧异处,有待仔细比较。

"过山榜"何以一概以宋理宗之景定元年为断限?泰国文书《盘古歌》云:"京(景)定元年四月八,逢作圣主改换天。改换山源向水口,淹死凡间天底人。""过山榜"云:"景定元年,十二姓王瑶子孙商议要过南海,渡以彼岸。"[②]似是瑶人大举移徙之岁,且改换圣主,故以此景定元年作为宋主发给券牒之年。惜无文献可征,尚待研究。

此次正在展出的连县瑶安地区的"过山榜",写于布上面,文字工整,开首云"大明景定元年",末行年号亦题"景定元年",此榜文较为简化,似是明时所书,误加"大明"二字于景定之上。所有"过山榜"题"景定元年"者,触目皆是,此特其一例耳。

二、《游梅山书》与宋代之开梅山

瑶人文书中有《迁(游)梅山书》一本,末亦记"抄书人董胜利,在广西来太吐(泰国)地坊(方)",时间记着是"1973 年癸丑岁十一月抄成",虽然年代甚晚,但该文书分明是从广西传入泰国北部的。

《游梅山书》内记载梅山三十六洞及梅山殿三殿为宋帝冥王。十王之名,与《十王经》大致相同,广西宜山及宜宾县的"过山榜",开头即列出十三殿阎王的名称。这很明显是受到《十王经》一类经典的影响。这一文书是以梅山为主题的。

另外在其他的文书中谈及梅山亦不少,例如在《超度书》中有"开山法"和"关山法",录之如下:

① 《广西瑶族社会历史调查》第八册,30 页。
② 《瑶族过山榜选编》,29 页。

又到开山法

谨请祖师……敕变东方征梅山岭、南方征梅山岭、西方征梅山岭、北方征梅山岭、中央征梅山岭……

又到关山法

谨请祖师……东方青帝征梅山岭、南方赤帝征梅山岭、西方白帝征梅山岭、北方黑帝征梅山岭、中央黄帝征梅山岭，五方五面，山河江水，关来押下征山岭，却下例藏，速变速化。准我五奉太上老君，急急令敕。

这里言及梅山岭的五方五面。"五方神"的来历甚远，兹将唐代资料与瑶人文书作一比较。

唐代吐鲁番阿斯塔那三三二号墓出土 祭五方五土神文书	瑶人文书中的超度书
谨启东〔方〕……开青门出……	谨请东方青帝旗青旗……
〔谨〕启南方赤帝土公……开赤门出……	谨请南方赤帝旗赤旗……
谨启西方白帝土公驾白车乘白龙白公曹白……开白门出白户盖堂	谨请西方白帝旗白旗……
〔谨启北〕方黑帝土公驾黑〔车〕 ……右五土解……	谨请北方黑帝旗黑旗……
……敢告北方黑帝绌纲纪、桓山之神兽玄武　神玄冥……	谨请中央黄帝旗黄旗[1]
……赤尃……其神咒魤（融）[2]	

瑶人的祀典，邝露《赤雅》上记其时节祀盘瓠，其乐五合，其旗五方，其衣五彩，是谓"五参"（一作"参五"），瑶人亦是重视五行的！

关于梅山，白鸟教授没有考证。考宋神宗熙宁五年有开梅山之举，是北宋对付"瑶蛮"的一桩大事。《宋史》卷十六《神宗纪》云：

熙宁五年十一月……章惇开梅山，置安化县。

———————

① 《瑶人文书》四，82—83 页。
② 《吐鲁番文书》，第六册，285、288、290 页。

又卷四九四梅山峒蛮条云：

> 其地东接潭（州），南接邵，其西则辰，其北则鼎、澧，而梅山居其中。……嘉祐末，知益阳县张颉收捕其桀黠符三等，遂经营开拓。……熙宁五年，乃诏湖南转运副使蔡烨、判官乔执中同经制章惇招纳之。……于是遂檄谕开梅山，蛮瑶争辟道路。……籍其民，得主客万四千九百九户，万九千八十九丁。……诏以山地置新化县。

又卷四七一《章惇传》云：

> 辰州布衣张翘言：南北江群蛮归化朝廷，遂以事属惇。……惇竟以三路平懿、洽、鼎州，以蛮方据潭之梅山，遂乘势而南。……

《宋会要辑稿》卷四二三〇云：

> 熙宁五年十月章惇发檄喻告开梅山道而蛮瑶争辟道路，以候得其地。

章惇同时人魏泰在《东轩笔录》有两处记及开梅山的佚闻。晁补之的《鸡肋集》卷九有《开梅山》一长诗，文云：

> 开梅山。梅山开自熙宁之五年，其初连峰上参天，峦崖盘岭阘群蛮，南北之帝凿混元。此山不圮藏云烟。跻攀鸟道出荟蔚，下视蛇脊相夤缘。相夤缘，穷南山。南山石室大如屋，黄闵之记盘瓠行迹今依然。高辛氏时北有犬戎冠国中，下令购头首。妻以少女金盈斗。遍国无人有畜狗。厥初得之病耳妇，以盘覆瓠化而走。堪嗟吴将军，屈死犴狱口。帝皇下令万国同，事成违信道不容，竟以女妻之，狗乃负走逃山中。山崖幽绝不复人迹通。帝虽悲思深，往求辄遇雨与风。更为独立之衣短后裙，六男六女相婚姻。木皮草实五色文。武溪赤髀皆子孙。侏离其声异言语，情黠貌痴喜安土。……迩来梅山恃险阻。黄茅竹箭淫雾雨。南人颠跆毙溪弩。据关守隘类穴鼠。一夫当其厄，万众莫能武。欲知梅山开，谁施神禹斧？大使身服儒，宾客盈幕府。檄传

瑶初疑，叩马卒欢舞，坦然无障塞，土石填溪渚。伊川被发祭，一变
卒为虏。今虽关梁通，失制后谁御。开梅山。开山易，防獠难。不如
昔人闭玉关。

梅山是湖南五溪"蛮瑶"的主要根据地，开梅山的原委，在《宋
史·蛮夷传》之一，记载最详。大抵辰州地区自昔为"五溪蛮"所据。《元
和郡县图志》卷三十辰州条云：

> 开元九年改为辰州，取辰溪为名。（李吉甫）谨按辰州蛮戎所居
> 也，其人皆盘瓠子孙。

观晁氏此刻，可见梅山一带民人都是盘瓠的后裔。宋时其民多内附，有人
任朝廷者，北江之彭氏、南江之舒氏、梅山之苏氏、诚州之杨氏，均纳土
创立城寨，与向氏、田氏等，皆为巨姓。向氏有名曰"通汉"的，仕宋官
富州刺史，曾上《五溪地理图》，即当时内附的重要人物。暹罗文书《盘
古歌》云："立有梅山学堂院，读书执笔写文章。"据《铁围山丛谈》云：
"大观、政和之间，广州、泉州请建番学。"大观中赵企所填词有"猺山北
面朝天子"之句。梅山开放之后，当设有番学。《宋史·孝宗本纪》"淳熙
元年，许桂阳军溪洞子弟，入州学听读"，即允许瑶人受教育的事实。"梅
山蛮"纳土，遂以置新化、安化二县。可能在瑶人心目中，梅山是一圣地，
梅山之开发与办学，乃有以上各种措施。

三、由移住经路谈正蛮、莫瑶

白鸟芳郎在《瑶人文书解说》第二部分讨论"瑶族移住经路问题"，
甚为简略，兹提供一重要资料。据惠东县多祝地区陈湖村所出《黎氏族谱》
下书盆、盘、蓝、雷、黎、栏族谱云：

> 原是河南潭州永康县鹅塘都居住。……五祖公分住黎明岗，六祖
> 公分住连州，叫卢乡，七祖公分在增城县居住，□淳熙二年十月日绘
> （给）。

此段文字，本名"敕赐胜牒"，详细见《广东省畲族社会历史调查》，又载入《广西瑶族社会历史调查》第八册，其中有错字。刻正在香港展览的《蓝氏族谱》与此文几乎完全相同。录之如下：

> 原是河南潭州府永康县鹅塘乡居住。……五祖公分住黎明山岗，六祖公分住连外卢乡，七祖连州上县洞里，乡唐看。淳熙二年十月□日给。

今按潭州应在湖南，"河"字当是"湖"之误。《黎氏族谱》所记的六姓，实在是三姓的分化。盘姓分为盆与盘，在该族谱中"盘古"亦写作"盆古大王"，可证。蓝分为蓝与兰，亦写作栏。雷则分为雷与黎，都是同音借用。在连州旧俗对瑶有真、假之分。《连州志》说："盘姓为真瑶，异姓为赝瑶，真瑶驯，赝瑶诈。"[1]考此说实起于北宋，《欧阳修文集》卷一〇五《再论湖南蛮贼宜早招降劄子》中指出"蛮所依山在衡州、永州、道州、桂阳之间，四面皆可出寇……今盘氏正蛮已为邓和尚、黄捉鬼兄弟所诱，其余山民、莫瑶之类，亦皆起而为盗"。又云："莫徭之俗，衣服言语，一类正蛮。"他把瑶人区别为盘氏正蛮一类，山民、莫瑶又为一类，似即后来盘姓为真瑶、异姓为赝瑶之所自出。其实隋唐时候，并无此种区别。《隋书·地理志》记"长沙郡杂有夷蜒，名曰莫瑶。自云：其先祖有功常免徭役故名。……武陵、巴陵、零陵、桂阳、灌阳、衡山、熙平皆同焉"。欧阳修所言湖南诸蛮活动之地，即隋志所言莫瑶分布的地区。《梁书》卷三十四记，梁张缵为湘州刺史，"州界零陵、衡阳等郡有莫瑶蛮，依山险为居"。是梁时，零陵衡阳有莫瑶。入唐，其地属湖南观察使所辖。《元和郡县图志》卷二十九记："灌阳、零陵属永州，桂阳、连山属连州。隋开皇。十年置连州，因黄连岭为名。大业初，改为熙平郡。武德四年，复为连州。"隋的熙平即是连州。刘禹锡诗有《连州腊日观莫瑶猎西山》及《莫瑶歌》二首，统称其族曰莫瑶，与隋志所言正合。长沙有莫徭，已见杜甫于大历三年冬在岳阳所作的《岁晏行》："莫徭射雁鸣霜刀。"

　　灌阳今存康熙时碑，为对付瑶人之禁令，见《广西少数民族地区石刻碑文集》，其地向来有瑶人居住。连县《蓝氏族谱》和《惠东黎氏族谱》

---

[1]《广东瑶族资料》上册，第73页作"膺瑶"，必是字误失校。

都说他们的祖先原住潭州。唐时潭州有莫徭村。最近我在禅宗史籍中检得
一条不为注意的资料。《五灯会元》卷九记沩山灵祐禅师及其门人仰山慧寂
与香严智闲在一起的故事云：

> 李军容来，具公裳，直至师背后，端笏而立。师（灵祐）回首见，
> 便侧泥盘作接泥势。李便转笏作进泥势，师便抛下泥盘，同归方丈
> （室）。僧问："不作沩山一顶笠，无由得到莫徭村。"①

沩山是百丈怀海的门徒，他在湖南潭州觅得一山名曰大沩。据《佛祖
通载》十六记："长沙郡西北名大沩，蟠木穷谷。为黑豹虎兕之宅，虽夷人
射猎、虞迹樵夫，不敢往也。"沩山是非常荒僻的地方，虽夷蜒亦不敢前往
畋猎，而其村乃有"莫徭"之名，必是莫徭居住的地方，连县蓝氏之瑶，
其祖先来自潭州，与唐时沩山莫徭村的莫徭当有渊源。宋人把盘姓视为瑶
的正宗，余姓如蓝氏雷氏黎氏等，呼为莫徭，后来看成赝瑶。大概因为盘
姓人口较多，尤与盘古名字符合，故被目为嫡系。但在隋、唐之间，只是
统称为莫徭而已。《元和郡县图志》卷二十九在潭州下云：

> 其俗有夷人名猺，自言先祖有功，免徭役也。②

从下句"免徭役"观之，猺当是莫徭。今瑶人所有"过山榜"都叙述
其先民耕作不交税纳粮及官方颁给山居耕作种种权利。简单说一句，便是
免除徭役的证明文件。"莫徭"是瑶族向来最重视的事情。他们之称为"莫
徭"，事实上应是所有瑶族的统称。宋以来以盘姓为正蛮，为嫡系，与莫
徭之间，乃是后人强作不必要的区别。

以上三点初步看法，不知是否有当，希望瑶族专家给予批评及指正。

原载《南方民族参古》第一辑，成都，1987 年

---

① 见该书中华本，526 页。
② 见该书中华本，701 页。

汶莱发见宋代华文墓碑跋 [①]

1972 年 6 月初旬，我去印尼旅行。行前马大陈铁凡先生寄示傅吾康教授最近在汶莱访获一石碑影本，嘱为鉴定。文云："有宋泉州判院蒲公之墓·景定甲子男应（？）甲立。"我即去信询问出土情形。近接来函，得悉该碑发见的经过。据称本年 5 月，汶莱博物馆在汶莱市爱丁堡桥头路旁一马来人坟山中，首先发现华文古碑。《汶莱周报》（ *Brunei Bulletin* vol. 20 No. 20, 13th May, 1972）曾有报道。[②] 后来傅吾康教授与陈铁凡先生至东马访古，调查当地文物，由该博物馆馆长夏日富丁氏等引道考察，加以证实。嗣后陈氏复至该地，亲为椎拓，以拓本一份赠送汶莱博物馆，并以影本分贻同好。可惜碑文上边款"男"下某甲立"甲"上一字，模糊不清。陈氏暂定为"应甲"，惟未敢十分确定。甚盼他日能获得精拓，借释此疑。

一

在东南亚各处知见的华文古碑碣文物，就目前而论，星加坡有明达濠程朝元墓碑，现已无存。槟城以乾隆壬子（五十七年）大伯公香炉石刻，马六甲以明天启壬戌（二年）黄维弘墓碑为最早。爪哇古物除三宝垄的三宝公庙内传说的船碇之外，以笔者近日初步调查，似以雅加达太史庙（即凤山庙）乾隆壬申（十七年）"灵溢海疆"长春县会首立一匾额，年代较古。苏门答腊阿齐则有明成化七年钟（俗讹为狄青钟）。惟汶莱此碑为南宋末年之物，故其价值最高。

汶莱这碑年代，为景定甲子，即南宋理宗五年（公元 1264）。宋汶莱为勃泥国，服属于三佛齐。理宗时，三佛齐国势已衰落，爪哇东南部新柯

---

① 编者按：该文"汶莱"即谓文莱，"星加坡"即谓新加坡。

② 《汶莱周报》，星大图书馆无之，此据陈铁凡先生所寄示新闻稿转引。此碑发见地点应为 Mile I, Jalan Tutong, Bandar, Sri Begawan。

沙里（Singasari）王朝方崛起，1254 年格达拿迦拉（Kertanagara）建国，是碑立于 1264 年，约在其即位后十载。泉州方面，则蒲寿庚自淳祐五、六年（公元 1245、公元 1246）起以至德祐间（公元 1275），任宋市舶使前后共三十年（寿庚以战功在宋末升任福建安抚沿海都制置使）。是碑正立于蒲寿庚泉州任内，时寿庚尚未降元。[①]

　　碑上墓主题名"有宋泉州判院蒲公"，何以称为判院？考泉州置市舶司在北宋哲宗元祐二年（《宋会要》记在是年十月六日）由福建转运使兼任提举。南宋绍兴二年（公元 1132）福建市舶则由福建提刑司兼领。据《宋会要》，宋广州市舶司设立，"以知州为使，通判为判官，及转运使司掌其事"。盖当时知州，通判及使臣均得称为管勾市舶司。故《会要》云："景祐五年九月……任中师言臣在广州奉敕管勾市舶司，使臣三人，通判二人，亦是管勾市舶司。"《会要》又云："通判兼监而罢判官之名，每岁止三班内侍专掌转运使亦总领其事。"藤田丰八考证宋舶官制，谓是时"知州失市舶司长官之实，通判改为监官隶商舶临监，以转运使总领之，为一路市舶之长"。按通判即为副知州，由中书省任命。原得兼掌市舶事，其后市舶官制屡改。[②]此墓主官衔为泉州判院，其人虽未必是官泉州通判，但必是华化的阿拉伯人而且为回教徒，故为蒲姓。惟是否为蒲寿庚族人，则不可得知。以年代推之，当是蒲寿庚为泉州市舶使时曾任泉州官职。[③]

　　唐宋时，勃泥及三佛齐人多蒲姓，且与华屡有交往，（唐哀宗）"天祐元年（公元 904），授福建道三佛齐国入朝进奉使都蕃长蒲诃粟宁远将军"（《唐会要》卷一百）。[④]宋太平兴国二年（公元 977）勃泥入贡龙脑，

　　① 《宋史·瀛国公本纪》景炎元年（1276）条"蒲寿庚提举泉州舶司，擅蕃舶利者三十年"。参陈裕菁译订桑原骘藏著《蒲寿庚考》，第四章注二十一，据《宋史》景炎元年十二月"蒲寿庚及知泉州田真子以城降"，定其降元在 1276 年。

　　② 参藤田丰八《宋代市舶司及市舶条例》（何健民译，《中国南海古代交通丛考》，291—299 页），论宋舶司设有监官，通判兼之。

　　③ 罗香林《蒲寿庚传》六《蒲寿庚与泉州提举市舶使司关系考》，据同治《泉州府志》职官，列宋代泉州提举市舶使者表，共八十五人。通判泉州而提举市舶者，如明阳思谦《泉州府志》卷十之林孝渊，即其一例。

　　④ 桑原书第三章注十四《三佛齐之蒲姓》列举例证甚多。自《宋史·三佛齐传》以外，元汪大渊《岛夷志略》、元陈元靓《事林广记》辛集八、《大明一统志》九十均谓三佛齐人多姓蒲，桑原书（中华本）误天祐作"元祐"，冯攸译本云："或作蒲诃粟。"按《宋史·外国传》，周世宗显德间，占城使者有蒲诃散。又见《册府元龟》九七二。蒲诃散亦阿拉伯人，为 Abu HaSSan 的音译。

其副使名蒲亚里（《宋史》四八九《勃泥传》）。绍兴二六年（公元 1156）十二月壬戌，三佛齐国使者蒲晋入见。癸亥，以三佛齐国首领悉利麻霞啰啴（Sri-maharaja）为保顺慕化大将军三佛齐国王，以蒲晋为归德郎将，副使蒲遐为怀德郎将，判官蒲押陀啰为安化司候（《建炎以来系年要录》卷一百七十五）。① 这是唐宋两代到过中国的蒲姓著名人物。此蒲晋即曾在广州久住。《宋会要·蕃夷七》云：“（绍兴二十六年十二月）二十八日诏：昨知广州折彦质奏：蒲晋久在广州居住，已依汉官保奏承信郎，今来进奉，可特与转五官，补授忠训郎。”是其明证。南宋又有大食人巨商蒲亚里留居广州之事②，其名与北宋初勃泥副使蒲亚里相同，可见此诸蒲当为大食（阿拉伯）人无疑。广州回教怀圣寺即宋时广州蒲姓之礼拜堂③，广州观音山东北的知府山有蒲姓坟山，去回教坟场不远，有题名宋讳捏古柏蒲公墓及元讳里翰字文渊蒲公墓，明讳阿噜嗢蒲公墓及明讳噜嗯号柏庭蒲公墓，既有汉名，又兼著阿拉伯名，此为蒲氏墓发现于广州者。可是碑石乃是光绪十六年远孙所重立。根据族谱题名，并非正式宋碑。④

　　海南岛南端三亚港回教徒甚多，有清真寺四处。《宋史·占城传》称：“雍熙三年，儋州（海南）上言：占城人蒲罗遏为交州所迫，牵其族百口来附。”这是蒲姓自宋初由占城传至琼崖的记录。⑤ 南海甘蕉《蒲氏家谱》所载蒲姓源流考，亦谓其“先世占城贵人以舶事入中国”，可见宋时蒲姓分布于广州、琼州，多从占城（安南）而来者。蒲寿庚先世的由来，德化《蒲氏谱》与南海甘蕉《蒲氏家谱》，所记不同。前者谓寿庚之父自四川迁入，后者则谓寿庚之父终居广州，寿庚子孙则居福建泉州。⑥ 按德化《谱》谓一世祖为蒲孟宗，既误宗孟作孟宗，显然出于攀附，故从四川迁来一说，恐不可信。⑦

---

　　① 参 O. W. Wolters: A Notes on the Capital of Srivijaya during the Eleventh Century, *Essays Offered to G. H. Luce*, vol. 1, p. 235。

　　② 见《建炎以来系年要录》一一六绍兴七年条。及《宋会要》绍兴七年，“大商蒲亚里，曾讷以妹嫁之，亚里因留不归”。桑原谓蒲亚里的阿拉伯名是 Abu Ali，见该书第二章注二十四。

　　③ 宋岳珂《桯史》、宋方信孺《南海百咏》，及白寿彝《读桑原藏蒲寿庚考札记》。

　　④ 罗香林《广州蒲氏源流考》及《广州蒲氏宋元二代祖坟发见记》。蒲里翰曾官溧阳州，见光绪《溧阳州志·名宦》。

　　⑤ 岑家梧《三亚港的回教》（《西南民族文化论丛》，128 页）、罗香林《海南岛蒲氏回教徒考》。

　　⑥ 参罗香林《蒲寿庚传》。

　　⑦ 拙作《词籍考》，261 页蒲寿宬《心泉诗馀》附《清初举人蒲奇成所修蒲氏谱稽疑》，谱谓寿宬于至元二十三年状元及第。时无科举，安得中状元？足见其说多不可靠。

　　《宋会要》历代朝贡，记"（绍兴）六年八月，提举福建路市舶司言，大食蕃客蒲啰辛状，谓自就蕃造船一只，广载迤逦，入泉州市舶"。此又另一泉州阿拉伯番商姓蒲的，和蒲寿庚一家，应该没有什么关系。

　　此碑出于马来人坟山丛密墓碣之中，惟用华文书写，字体浑厚雄肆，想是出自宋季福建书法名家之手。其为宋碑，绝无疑问。墓主生前官职是泉州判官，而有墓在汶莱，可见其人或先代必兼营海舶，子孙则在汶莱。如彼卸官后，尝随舶返勃泥，殁而葬于此，则其长男立墓碑，何以不书其讳？此墓碑只署年代及立碑者长男某甲之名，于墓主但记官衔而名字则略去，比之广州蒲氏墓，既题其汉名，兼著阿拉伯名的具体办法完全不同。颇疑心这是衣冠冢。即其人殁时仍在泉州，而由留居汶莱的后人立墓碑，以垂纪念，亦有可能。赵彦卫于宋宁宗开禧二年（公元 1206）任新安郡守时，著《云麓漫钞》，在书中卷五记述福建市舶司常到的诸国船舶，勃泥三佛齐皆在其列。勃泥以出产脑版著名。周密《癸辛杂志》续集下，记"泉南巨贾南蕃国回回佛莲者，蒲氏之婿，其家富甚，凡有海舶八十艘"。癸巳（公元 1293）岁殂。此事在蒲寿庚没后九年[1]，泉州蒲姓有关系的贾人，尚拥有海舶如是之多。这位曾任职泉州判院的蒲公，很可能直接来自勃泥，和宋初的蒲亚里一样。惟因入仕于宋，故用华人题墓碑，又因其为回教徒，故葬于马来人的坟山。

　　《汶莱周报》谓："由于是碑的发现，可以证明华人到达汶莱较前人推测可以提早一百年。汶莱历史将为之而改观。"足见此碑之重要性。据向来记载，汶莱的华人多数为福建厦门人，15、16 世纪开始移植该地。可是勃泥一名早已见于 9 世纪樊绰的《蛮书》（卷六《云南城镇》）。10 世纪宋初，汶莱已到过中国朝贡。勃泥国王麻那惹加那乃于永乐六年（公元 1408）卒于会同馆，墓葬南京雨花台。可见与中国往来的密切。[2] 在蒲寿庚之前，理宗时任福建提举市舶的赵汝适，在所著的《诸蕃志》中评述勃泥贸易状态，并说勃泥仍崇信佛教。明初洪武二年（公元 1369）沈秩等出使勃泥国，宋濂述其事为作《勃泥国入贡记》（《芝园后集》），亦谓其国事佛甚严。向来中国史家

---

　　① 桑原书第五章注十八"南蕃回回佛莲"条，浦寿庚亲戚佛莲之外又有乔平章，其女即嫁与寿庚之次子，详《金氏族谱》。参 L. G. Goodrich: Recent Discoveries at Zayton（《刺桐的新发现》），*J. A. O. S.*, vol 77, 3, 1957。

　　② 《明实录》永乐六年（卷五九），又胡广撰《勃泥国恭顺王墓碑》。1968 年南京发现《勃泥王碑》。

多据此谓是时回教势力尚未传入汶莱。[①] 今观华文景定蒲氏墓碑，乃出现于马来人坟山上，可见 13 世纪的勃泥，事实应该已有回教徒了。[②]

过去仅知碑刻上记载蒲氏的文献，只有泉州出土的明永乐十五年五月镇抚蒲和日为郑和往西洋忽鲁谟斯诸国所立的碑石（吴文良《泉州宗教石刻》图五七）。今海外汶莱又出宋末的蒲氏墓碑，时代更在其前，尤为难得，这不能不说是很重要的发现。

近年新发现宋碑，有关中外交通者，若莆田之绍兴八年戊午（公元1138）《兴化军祥应庙记》，其中有云：

> 往时游商海贾，冒风涛，历险阻，以牟利于他郡外番者，未尝不至祠下。……泉州纲首朱纺，舟往三佛齐国，亦请神之香火，而虔奉之。舟行迅速，无有艰阻，往返曾不期年，获利百倍。前后之贾于外番者，未尝有是，咸皆归德于神。（此碑拓本，见《文物参考资料》1957 年第九期。）

此文可为三佛齐与泉州在南宋初期船舶往来之史实增一例证。《宋史·三佛齐传》云："泛海便风二十日至广州，其王号曰詹卑。其国居人多蒲姓。唐天祐元年贡物，授其使都蕃长蒲诃栗立宁远将军。建隆二年（公元 961）夏，又遣蒲蔑贡方物。……（开宝）八年，又遣使蒲陁汉等贡方物……"早期唐末宋初，三佛齐贡使姓蒲者甚多，而蒲诃栗立为最先使唐人物。《唐会要》作蒲诃粟，元刊《宋史》此卷黄安写本亦作蒲诃栗立，与《唐会要》异。前论未备，故复补识于末。

二

汶莱宋碑之发现，拙作及陈铁凡、傅吾康诸先生报道与讨论已详。[③] 在

---

① 余炜《婆罗洲汶莱古国之变迁》，载《中国学人》第二期，103 页。

② 桑原书引 Crawfund 于 *A Descriptive Dictionary of the Indian Islands* 谓苏门答腊之回教徒，始于 1200 年，苏岛情形如此，汶莱自然在 13 世纪以前必有回教徒。

③ 参拙作《汶莱发现宋代华文碑的意义》，载《新社季刊》第四卷第四期；陈铁凡、傅吾康：《东南亚最古的华文史料：汶莱宋碑》（1972 年 11 月 26 日马来西亚《星洲日报》第四版）等篇。

泉州的蒲姓石刻，除永乐十五年蒲和日为郑和往忽鲁谟厮所立者以外，我曾于台湾"中央图书馆"得见清魏锡曾的《非见斋碑目稿本》，其中有蒲力目的石香炉题字，该炉立于泉州承天寺中门外，其铭略云：

> 泉城县府前保信士蒲力目偕室李二娘仔，与十方檀信，同发诚心。……时大元至正丁未年四月吉日，化主实裕。住山实和敬题。[①]

这是元至正（公元 1367）间所立的。其年代在蒲和日之前。这位蒲力目当然亦是阿拉伯人，他的太太李二娘仔则是华人。自宋以来，蒲家喜欢与华人通婚，像绍兴七年巨商蒲亚里至广州，有武臣曾纳利其财，以女适之，亚里遂留不归[②]，即是很有趣的例子。当日且有"贾胡蒲姓，求婚宗邸"之事[③]，可见海上蕃商恃其财富，且和赵宋皇室联秦晋之好，已是很寻常的事了。

在泉州，永乐中又有蒲妈奴，晋江人。以功升泉州卫前所试百户，子清，袭职调福州右卫后所。万历间，孙国柱又袭位。[④] 此则入明为官，可见泉州蒲家之夥，不仅蒲寿庚一系而已。刘铭恕撰《蒲家杂事》，稍有论列。[⑤] 泉州判院的蒲公，和蒲和日、蒲力目、蒲妈奴，都是泉州的蒲氏，时代由宋末至明初，差不多是同时的人。

在广州的诸蒲，除前文所举蒲晋之外，零星记载所见到的，尚有"广州蕃商蒲琚，献名珠香药"（《建炎以来系年要录》一九三绍兴三十一年八月）。蒲延秀尝依蒲晋例，补承信郎（《宋会要》蕃夷七绍兴二十六年十二月知广州折彦质奏）。又胡妇蒲为子求官。（《杨诚斋集》卷一二五《林运使孝泽墓志铭》记其提举广南路市舶事。）这些都是南宋的事情。

勃泥国第一个到中国的使臣名蒲某的是北宋初太平兴国二年（公元977）的蒲亚里。《宋史》外国《勃泥传》记其王向打遣使施弩、使副蒲亚里判官哥心等赍表致贡，据表中言及，乃是商人名叫蒲卢歇道达入贡的。这桩事亦载于《宋会要·蕃夷七》，名作蒲亚利。惟《宋会要·佛泥国》

---

① 此条可补吴文良《泉州宗教石刻》之缺。

② 《建炎以来系年要录》卷一百十六。

③ 刘克庄《后村大全集》卷一百五十五《礼部王郎中墓志》。

④ 《图书集成·氏族典》卷九十八引《福州府志》，有《蒲国柱传》。

⑤ 刘文见《宋代海上通商史杂考》，见《中国文化研究所汇刊》第五卷（1945年9月版）。

条称:"神宗元丰四年八月二十八日,佛泥国遣使来朝。佛泥不与中国通者九百余年,至是方入贡。"如果佛泥国即是勃泥国,则分明在宋太宗时其王向打已尝遣人入贡。这样似乎有点矛盾。

《殊域周咨录》卷九在《苏门答腊国》揘及:"淳化四年(公元 993),广州蕃长以书招谕,舶主蒲希密遂至南海。……自是广州至今多蒲姓者皆其裔。"顾炎武于《天下郡国利病书》一一九亦云:"蒲希密……至南海……今色目蒲姓者是其裔也。"这一说是很有问题的。我们细阅《宋会要》蕃夷部历代朝贡中的记录,大食国王珂黎拂遣使舶主蒲希密来贡,在淳化四年三月十日。大食入贡,实肇于开宝元年。太平兴国二年,大食国来华使有蒲思那。在此之前,宋太祖建隆二年正月,占城王释利因陀盘遣使蒲诃散等来朝。乾德五年三月,其王波美税遣使蒲诃散来贡(见《宋会要·蕃夷四》之六一《占城国》)。占城之蒲,来华入贡,比大食蒲希密更早了一些时候。又《阇婆国》:"太宗淳化三年十二月,其使陁湛、副使蒲蘸里、判官季陀那假澄等至阙下。"其时副使名蒲蘸里,亦先蒲希密一年来华。又在淳化之前,唐末天祐,北宋初太平兴国、雍熙等朝,来华使者名蒲的甚多,略为列举如次:

唐哀宗	天祐元年(公元 904)	三佛齐使都蕃长蒲陁汉(见《唐会要》)
宋太祖	建隆二年(公元 961)	三佛齐使蒲蔑
	乾德五年(公元 967)	占城使蒲诃散
	开宝八年(公元 975)	三佛齐使蒲陁汉
太 宗	太平兴国二年(公元 977)	勃泥副使蒲亚里
	二年	大食国使蒲思那(四月)
	八年(公元 983)	三佛齐使蒲押陀罗
(十一月二十一日又十二月二十九日)		
	雍熙二年(公元 985)	占城国人蒲罗遏
	淳化元年(公元 990)	占城新王杨陀排遣使李臻、副使蒲诃散
	三年(公元 992)	阇婆副使蒲蘸里

可见淳化四年以前,东南亚诸国使臣名蒲之多。而以三佛齐使华的为最

早。上举的人物都早过蒲希密，何得谓所有"色目蒲姓"都是蒲希密的后裔呢？

《宋会要·蕃夷四·占城国》有长篇小注引《中兴书》云："（绍兴二十五年十一月一日）客言潮梅州巡辖马递铺押伴占城奉使韩全状：今月十三日押伴进奉人到建州，约十一月六日到阙，及会问使副以下职位姓名称呼等第项下，其中占城的蕃首有一判官，姓蒲名都纲，呼大盘是官资。"（同书《蕃夷七·历代朝贡》作十月，亦记判官蒲翁都纲，一为蒲翁团翁等八名。）这位来自占城的判官蒲翁都纲，是欲往临安朝贡的。他姓蒲而名都纲，当是回教海上商旅的舶主。海外各国使臣来华的正副使之下，都有判官同行。北宋以来，屡见于记载，就《宋会要》所见，分国略记如下：

> 勃泥国——使施弩、副使蒲亚利、判官哥心。（太平兴国二年九月二十日）
>
> 阇婆国——使陀湛、副使蒲蘸里、判官季陀那假澄。（淳化三年十二月）
>
> 占城国——太使陈尧、副使蒲萨陁婆、判官黎姑伦。（真宗咸平二年二月二十八日）
>
> 　　　　进奉使蒲萨连邑、副使古论思唐、判官力占邑。（哲宗元祐四年六月十一日，占城国条列于徽宗崇宁三年。）
>
> 　　　　奉使杨卜萨达麻翁、付使教领离力星翁、判官霞罗日加。（孝宗淳熙元年七月三日）
>
> 大食国——使蒲思那、副使摩呵末、判官蒲罗。（太平兴国二年四月）
>
> 　　　　蕃客蒲押提黎、判官文成。（真宗咸平二年六月二十七日）
>
> 　　　　使蒲麻勿陁婆离、副使蒲加心。（天禧二年五月二日）
>
> 三佛齐国——使李眉地、使副蒲婆蓝、判官麻诃勿。（大中祥符元年七月十九日）
>
> 注辇国——使娑里三文、副使蒲加心、判官翁勿。（大中祥符八年九月二日）

上列诸入贡国家正副使以外，都有判官，判官是使臣的佐贰，判官一名显然是借用中国判官的名称。

上列各国使臣中不少名曰蒲某。此外涉猎所及北宋诸蕃国以蒲为名的人物，尚有一些可以列举的如：

> 大食国——舶主蒲押陀黎。（至道元年二月一日，又二年六月
> 　　　　二十七日）
> 　　　　使蒲麻勿陁离、副使蒲加心。（天禧三年五月）
> 　　　　首领蒲沙乙。（嘉祐元年）
> 　　　　使蒲啰诜。（神宗熙宁六年十二月）
> 大食勿巡国——舶主蒲加心。（大中祥符四年）
> 占城国——使蒲思马应。（皇祐五年四月）
> 　　　　使蒲息陁琶。（嘉祐元年闰二月）
> 　　　　使蒲麻勿。（熙宁元年六月四日）
> 　　　　使蒲萨连琶。（崇宁四年六月十一日）
> 蒲端国——使亚蒲罗为奉化郎。（大中祥符四年六月）
> 真里富国——番书译语人蒲德修。（南宋庆元二十年十月一日）
> 　　　　　　　　　　　　　　　（见《宋会要·蕃夷》）

以上只是随手摘录，可见"蒲姓"的分布，且远至南印度的注辇（Cola）。其实所谓"蒲姓"，是译自阿拉伯语 Abu，义为父亲，用作尊称。阿拉伯人原只有名而无姓，其名之前冠以 Abu 字，但表示为"某某之父"的意思。凡"蒲某"的名称，既非姓蒲，自然不是同一宗族，而却是同一民族，即表示均是阿拉伯人，当然亦是回教徒了。[①]

蒲氏在东南亚诸大国，若占城、三佛齐、勃泥、阇婆已为一般所习知。其他像蒲端、真里富诸小国，亦无不有蒲姓的足迹。自唐末宋初以来，阿拉伯人挟其商业力量，贸易所至，整个东南亚几乎都有"蒲姓"寄居。从蒲某名称的分布看来，回教从 10 世纪初已逐渐进入东南亚各国。汶莱有宋季景定甲子（公元 1264）的蒲公墓碑，我在前文提出 13 世纪该地应有回教徒存在。实则三佛齐、勃泥在唐末天祐至北宋太平兴国（公元 904—984）一段时间已不断有蒲某一类的人物充任入贡中国的使者，可见阿拉伯

---

① 参傅吾康等《汶莱古碑注》中引用马来亚大学伊斯兰系 Maktari 博士之说。

人的向东移植必从唐代开始。一般谈印尼历史的人，认为印度河口 Guzerat
（《诸蕃志》之《胡茶辣国》）人善于经商，14 世纪初，始将回教传至苏岛
北部的 Perlak 等地。[①] 其实从三佛齐、勃泥各地人名曰蒲某的出现之早，回
教徒在唐末已在印尼苏岛及汶莱立足了。我所以将这些所谓蒲姓的名字及
其时代，不惮烦地举出，正为提供资料以便懂得阿拉伯文的学者，可以把
它们的回名复原，作为研究阿拉伯海上通商问题的参考。再从空间来论，
"蒲姓"在东南亚各国分布之广，可见不能像顾炎武那样轻易地说他们都是
大食国蒲希密的后裔；亦可见以前史家凡看到有姓蒲的，便派入蒲寿庚世
系的队伍中，这种说法之武断，正可不言而喻的。

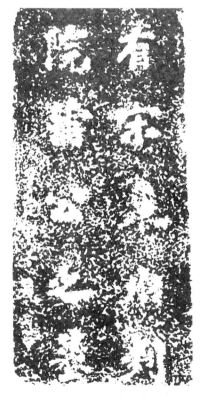

图一　泉州判院蒲公碑拓本

以上是从汶莱宋碑所引起的对于蒲
家历史背景的重新认识，我觉得它的重
要性，似乎比较对该碑文本身的考释工
作，应该更饶有意义。

《泉州府志》卷二十六职官类，知州
以下有通判军州事、添差通判军州事、
命书判官三种。引《宋史·职官志》：
望州：知州事一员，通判军州事一员，
签书判官厅公事一员。如是，属于州判
的官职，应包括通判、添差通判、签书
判官三者。《宋史·职官志八》河南应天
府下云："通判一人，以朝官充，判官、
推官各一人，或以京朝官签书。"按通判
之下又有判官之职。诸蕃国入贡正副使
之外，都有判官一名，大概必为负责公
文书者，故借汉职名"判官"称呼之。

汶莱宋碑上镌"泉州判院蒲公"数
字。"判院"一名，在宋代含义甚为复
杂。[②] 有时判院只是虚衔，宋人诗文上使

---

① 如吴世璜《印尼史话》一七《回教东来》。
② 陈铁凡先生有《判院探原》一文，载《大陆杂志》第四十七卷第二期。

用判院，或作为雅称。[①]陆游诗稿中有《简苏训直判院》一首，证之《渭南文集》中《郎中苏君墓志》，称他"讳玭，字训直，泉州同安人……通判明州"。则这处判院很可能即指苏氏为明州通判而言。至若签书判官一衔，因为是签书判官厅公事，似乎应该称为判厅更为恰当。

汶莱这碑的判院，我以前认为可解作通判。现在细想起来，似可以作两种读法：一是任泉州府判院职的蒲公，一是泉州籍曾任判院官职的蒲公。前者的判院，不妨以泉州府下属官的通判说之。后者的判院，可能是一个虚衔，或者其人曾任过掌文书的判官，其后裔立碑，遂为加上美称的"判院"。由于该碑文措词过简，一时无法加以判断，资料所限，只有留待他日有新材料的出现，再行论定。至于该碑所引起的蒲家在泉州及东南亚地区分布问题，对中外交通史的探讨，提供一些较为客观的看法，连类所及，不惮枝缕，重为考索如此。

---

① 如《南涧甲乙稿》卷五《故提点判院魏公挽词》,《朱子文集》卷三《次判院丈雪意韵》等题目。

苏门答腊岛北部发现汉钱古物记

苏门答腊和中国往来，在唐宋时候已有官方的记录。这一地区，唐、宋属于室利佛逝所管辖。武则天时代，佛逝屡尝入贡。在南部渤淋邦（Palimbang）一带，向称占卑国，唐时亦曾朝贡。《唐会要》卷一百《杂录》载：

> 武后证圣元年（695）九月五日，敕蕃国使入朝，其粮料各分等弟给。……尸利佛誓、真腊、诃陵等国使，给五个月粮；林邑国使，给三个月粮。

是时南海诸国入贡的，有给粮五个月至三个月不等。同书占卑国条云：

> 宣宗大中六年（852）十二月，占卑国佛邪葛等六人来朝兼戏象。

懿宗咸通十二年（871）二月，复遣使朝贡。按段公路的《北户录》，记詹卑国出扁核桃。宋时三佛齐①贡物亦有扁桃。唐朝占卑即宋时的三佛齐；三佛齐《两唐书》、《五代史》俱无传，惟《宋史》云：

> 三佛齐……其王号詹卑，人多蒲姓。

唐末王审知割据福建，和三佛齐货舶来往频繁。《五代史·闽世家》记云：

> 招来海中蛮夷商贾，海上黄崎一夕风雨，雷电震击，开以为港，

---

① 三佛齐唐代阿拉伯人称为 Serboza 或 Sarbaza，故宋以来遂有"三佛齐"之名。其国都大体即在渤淋邦。参考桑田六郎之《三佛齐考》（《台北帝大文政学部年报》三，五，1936—1938）。

闽人以为审知德政所致，号为甘棠港。

这是当日开辟海港的神话。"佛齐"一名，出现于王审知的"德政碑"，碑在福州芝山闽王庙内，立于唐昭宗天祐三年，文为于兢所撰。费瑯在《苏门答剌古国考》征引史籍，甚为浩博，惟此碑则为彼所未注意。兹录于后，以补其缺略。碑文云：

> 佛齐（国）虽同临照，靡袭冠裳，舟车罕通，琛赆罔献。□者亦逾沧海，来集鸿胪。此乃公示以中孚，致其内附。

（《金石萃编》："此碑有缺字。兹据吴任臣《十国春秋》补之。"）又铭云：

> 佛齐之国，绥之以德，架浪自东，骤山拱北。

[参陈衍《福建通记·福建金石志》（石三）。]《宋会要·职官》四四市舶司条云：

> （元丰）五年（1082）十月十七日，广东转运副使兼市舶司孙迥言，南蕃纲首持三佛齐詹卑国主及主管国事国主之女唐字书。……

是詹卑在宋时与华来往，已用唐文。《诸蕃志·三佛齐国》云："国中文字用番书，以其王指环为印，亦有中国文字，上章表则用焉。"番书必指马来文，然对华公文，则以汉字撰写，已成惯例。明宣宗有《遣使谕西洋古理、苏门答剌诸国诗》云："似闻溟海息鲸波，近岁诸蕃入觐多。杂遝象胥呈土

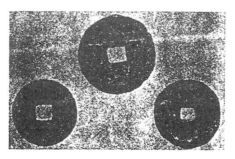

上为建炎通宝，左为皇宋通宝，右为大观通宝，皆汉钱古物。

贡，微茫岛屿类星罗。朝廷怀远须均及，使者敷恩合遍过。莫惮驱驰向辽远，张骞犹说到天河。"这是见于内府手抄红格纸黄绫裱本的《宣宗皇帝御制集》卷四三，现珍藏于士林"故宫"博物院，外间不易见到，涉览所及，附记于此。从这首诗看来，苏岛和中国的关系，在明初接触更是频繁了。

苏岛北部的棉兰（Medan），目前是印尼的第三个大城市，华人足迹甚早。在老武汉（Labuhan）地区，有华人建的寿山宫，祀观音佛祖。该庙乃光绪十六年庚寅（公元1890）所立，有碑文略云："窃我唐人到幼里，至今三十有年矣。庙宇佛像未尚建筑，幸董事等集谋□捐敬造。案□观音菩萨，所有捐题芳名支用录于左。……总理人谢应菜全立石。天运庚寅年冬腊月吉旦。"（原碑华文不甚通顺，照原文录出。碑有摄影，见于 Wolfgang Franke 所著 Chinese Epigraphy — West Malaysia & Adjacent Areas，见南洋大学《文物汇刊》，172页，图一七。）这是棉兰现存最古的华人庙宇。

棉兰又有天后庙，碑为《醵资小引》，题"宣统三年春月日丽华商立"。有香炉一，款曰"光绪三十三年孟秋粤东省天平街"。钟一，铭曰"风调雨顺""光绪三十三年丁未敬酬"。在巴烟（Pulubrajan）又有武帝庙，内有光绪辛卯（公元1891）匾额二，"福建安溪陈妈肴酬"。又有光绪壬辰楹联，其侧为福建公司，乃闽人所建。日丽亦作日里，即棉兰之别名。棉兰华人所建庙宇，可记者如此。

老武汉地方的哥打支那区，在1973年7月间曾发现砖砌古城遗址。据当地村长说，这座古城是在室利佛逝王朝时代所建。此地原是室利佛逝王朝，为巡视苏岛的一个海舶港口。该古城有长约二百公尺的隧道，中有四个古墓，出土一些中国古钱和一个用大理石制成的石马，石马高六十公分。又发现一艘古船，长约七十公尺，埋于沼泽中，只有龙头形鹢首露出水面。又在古井中发现佛像二尊。报载（附棉兰华文报的图照）："古城中出品，有小铜像、清朝钱币及东印度公司1804年的钱币，和中国陶瓷与武器。"

在出土的中国古钱中，据说有唐开元通宝及元丰铜钱，为亲弟锡权收购得；曾以若干枚见赠，皆为宋钱。细加观察，计有下列诸年号：

皇宋通宝　淳化元宝
天圣元宝　大观通宝
建炎通宝

俱见插图。闻说当时出土古钱不可计数，都被西人收购，囊括而去。这里几个钱币，只可算是沧海一粟，微不足道。它的年代，上自北宋太宗的淳化（公元 990—994）、仁宗的天圣（公元 1023—1031）、徽宗的大观（公元 1107—1110），下至南宋高宗的建炎（公元 1127—1130），包括整个北宋及南宋初年。这个时期，中国和三佛齐的贸易关系，更为密切。O. W. Walters 著《十一世纪室利佛逝首都考》(*A Note on the Capital of Sirivijaya during the Eleventh Century*)，对三佛齐的詹卑在北宋时与华交往事迹，有详细考证。[1] 拙作《汶莱宋碑跋》二篇，亦对唐末（天佑元年，公元 904）至北宋太宗淳化间三佛齐来华使臣，有详细的描写。[2]

本来宋钱在东南亚一带，屡次曾经发现。为人所注意的，像 1822 年 John Crawford 在新加坡升旗山上，发现宋真宗、仁宗、神宗年号的铜钱[3]；1860 年在印尼日惹，发现宋钱（见 1899 年通报）。爪哇在明初交易的通货，行使汉钱，亦见诸记载（《瀛涯胜览》）。故在苏门答腊北部有宋钱出土，是不足为奇的。这件事已成明日黄花，可是知道的人不多，所以将这几个宋钱印出，以供留心东南亚文物的人士参考。

11 世纪初，三佛齐一带有"金洲室利佛逝城"之称，尝一度为东南亚大乘佛教的重镇，法称似即当日佛教的首脑。以前一些高僧到此留学，唐时义净于佛逝滞留十余年。西藏的燃灯吉祥智（Diparikara-Srijnana）即阿提沙（Atisa），亦尝在金洲留学十二年，从法称问学。金洲法称的著作，尚保存于藏文《大藏经》的《丹殊尔》部。三佛齐国内佛学的发达，是很重要而值得注意的。[4]

三佛寺建寺用汉名及铸钟，肇于宋时。北宋咸平六年（公元 1003），三佛齐王入贡，诏以"承天万寿"为寺额，并铸钟以赐（见《宋史》卷四八九《三佛齐传》），遗迹现不可考。

老武汉古井中出土的佛像，作风有点和暹罗的差耶（此地一说是曾为室利佛逝的故都）所出的很相似。在印尼中部婆罗浮屠（Borobudur）的佛

---

[1]　*Essays Offered to G. H. Luce* 第一册（pp. 225–239）。

[2]　拙文见新加坡出版：《新社季刊》第四卷第四期，又同刊第五卷第三期。

[3]　John Crawford's Description of the Ruins of Anciem Singapore (*Journal of an Embassy from the Governor—General of India to the Courts of Siam & Cochin China*, London, 1828 "道光八年" p. 447)。

[4]　见静谷正雄《三佛齐佛教史》闢すき西藏文の一新资料，《石滨还历论文集》第一册。

像，亦可以作比较。可惜古物一出土，便被人取去。

皇宋通宝

天圣元宝

淳化元宝

又那艘古船，亦没有好好地保存下来，不然对于研究宋代海船制度，将是一件极宝贵的材料。在三宝垄郑和庙内，保存有古船桅一件，用红布包裹。庙有联一对，文云："泊铠以锚坚如铁，古物维尊表其诚。"庙内另有"船舡公"、"船舡节"等匾额，别有所祀。这艘古船，比起三宝垄的船桅重要多矣！印尼人对出土文物，不能珍惜保护，让它为人盗宝掠夺，这是一桩不可补偿的损失。

在这里我将附带略谈棉兰附近的山水、古迹、人物。在附近的亚齐州[①]，有明宪宗成化七年（公元1471）的铜钟，土人讹称为"狄青钟"。福建林小眉的《摩达山咏古诗》有句云："象军遥渡阿尼里（原注：'亚齐海峡'），牛火宵燔克拉屯（自注：'亚齐城'）。"又云："一代遗钟秋草没（原注：明颁赐亚齐王之钟尚存），千年古币土花斑（自注：土人治井获古元宝二颗，现存外舅耀轩先生家）。"小眉为林景仁的别号。景仁字健人，别署蟫窟，为福建巨室林维源长孙，台湾有名的林家花园的主人之一。他在新婚时期，与妇张馥瑛居于棉兰的Battak山张家别墅，写成一部诗集[②]，名曰《摩达山漫草》（大抵民国六年以前所作），对该地的物产、人文都有题咏，是极有价值的苏北文献。林小眉的外舅张耀轩先生，即张鸿南，梅县人，棉兰首富。荷兰政府时代，任棉兰地方自治会议员。清朝季年，由知府擢至代理考察南洋商务大臣，尝和其兄榕轩建造潮汕铁路，创设日里银行，人号"张百万"。余尝至其宅第，俗称大厦，在沙湾大街（Kesawan），见历年来政府褒赠的匾额，都保存得很好。承馥瑛女士惠赠《张耀轩博士拓殖南洋卅年纪念录》一巨册，永远留

---

① 亚齐与华贸易甚早，清陈寿祺在《福建通志》卷二七〇《国朝洋市》云："亚齐在西南海中，土产西洋布丁香……之属。"

② 《林小眉诗集》，在《台湾风物》第二十卷第二期曾印出《林健人小眉诗作汇辑》；又同杂志第二十二卷第三期有舒州月作《林小眉诗的研究》，颇详其生平。

为纪念。张家富收藏，蒙出示宋湘手写《杜诗》六册，殊为矜贵。

古城出土的佛像二尊

摩达山位于 Toba 湖边，以居民为 Batak 族著名。今译写作峇达。峇达女子能自织自染，平日只围沙笼，以青布缠成一三角形的头包，戴上以银或铜制成的耳环，重可数斤，以耳环连于头包之上。峇达人所居房屋，大都离地二公尺以上，是东亚民族共同的"干阑"式，只有门一扇而无窗牖。酋长屋宇现多保存，成为有名的古迹。峇达族的语言有二大系统：南部为 Toba-Batak，包括 Angkola、Mandailing 语；北部为 Karo-Batak，包括 Alas、Dairi Batak 语。[①]

"峇达"一名，在中国宋代文献中叫作"拔沓"。赵汝适《诸蕃志》："三佛齐国所属十五国中有拔沓。"说者皆谓即是苏岛的 Batak。《永乐大典》卷二百《南海志》中诸蕃国名，三佛齐国，小西洋中有"榄邦"，即"淋邦"，但不见"拔沓"。《马可·波罗游记》第三卷一六五章记 Samudra 国（即苏门答腊），后即云入一别国，名称 Dagroian。冯承钧译作淡洋（冯译用 A. J. H. Charignon 法文本），张星烺谓即《明史》的花面国，故又译作大花脸王国。马可·波罗记其国以魔术疗病的习俗甚详。元汪大渊《岛夷志略》称拔沓为花面，谓："其山逶迤，其地沮洳。男子以墨汁刺于其面，故谓之花面，国名因之。"随郑和征西洋的马欢，在《瀛涯胜览·苏门答剌

[①]　参看 *Bibliographical Series I, Languages of Sumatra*。

国》云："其山连小国二处：先至那孤儿王界，又至黎代王界。"又云："那孤儿王又名花面王，在苏门答剌西，地里之界相连。"费信《星槎胜览》所记略同。清初诗人尤侗在《外国竹枝词咏苏门答剌》句云："孩儿不敢跳西洋。"《咏花面》云："旁人莫笑侬花面，只恐君心花更多。"自注："那孩儿男女大小皆于面上刺三尖青花为号。"（见《尤西堂集》）"那孩儿"应是"那孤儿"之误。《纪录汇编》本《胜览》云："那姑儿一山产硫黄，我朝海船驻扎苏门答剌，差人船于其山，采取硫黄，货用段帛、磁器之属。其酋长感恭恩赐，常贡方物。"此处又作"那姑儿"，与"那孤儿"同音，是明人对 Batak 的另一称呼。按其地多火山，如 Sibajak 火山，高达海拔二千多公尺，即其一著名者，故出产硫黄特多。

作者旅行印度尼西亚时，对火山非常感兴趣，尤其万隆的覆舟山更为奇迹，有词一首附录于下：

念奴娇

万隆覆舟山，印尼最高火山。用王半塘韵。

危栏百转，对苍崖万丈，风满羽袖。试抚当年盘古顶，真见烛龙嘘阜。薄海沧桑，漫山烟雨，折戟沉沙久。岩浆喷处，巨灵时作狮吼。

只见古木萧条，断槎横地，遮遍行人走。苍狗寒云多幻化，长共夕阳厮守。野雾苍茫，阵鸦乱舞，衣薄还须酒。世间犹热，火云烧出高岫。

我们回想明初郑和下西洋宝船制度的完美，当时中国海军称霸一时。我在三宝垄晋谒三保洞、三保庙，看到章太炎在庙内题篆书一联云："寻公千载后，而我一能无。"（旁题记："民国三年十月游三保洞书此，神君有灵，庶共昭鉴。勋二前东三省筹备使章炳麟。"）可见他仍未能忘怀于轩冕，但于此一联可以知他对三宝公景仰推崇的程度。

1973 年初稿于星洲 [①]

---

① 编者按："星洲"即谓新加坡。

编校后记

　　此书乃饶师宗颐先生故后首本于内地出版之学术著作。文集以钩沉为名，盖其中各篇论文所考述者，皆中国古代历史长河中涉及对外文化交流之史料与史事，向来问津者不多，故内容珍罕自不待言。

　　余随先生学习卅八载，迄今不敢谓已入其室，然于其所致力之各门类，或皆曾作管窥，可见其一斑而已。戊戌岁中，深圳大学刘洪一教授命我编校先生文集一种，以推广中华传统文化之学，无可推搪，乃勉力而为。

　　又念及深港两地皆吾国南疆最国际化之城市，毗邻而立而各种交流频密，俨如一地，故以先生中外文化交流史此一领域之各旧文，略选其要者而编次成集，以志地缘与学缘。复又亲校样稿，其间更经历头部手术，百般定力，方得杀青。

　　今付梓在即，不胜喜悦，聊记数笔，以作纪念而已，岂敢妄称为跋？

郑炜明　辛丑年五月二十二日　拜记

图书在版编目(CIP)数据

中外文化钩沉 / 饶宗颐著. -- 北京 : 商务印书馆, 2021

ISBN 978-7-100-19591-1

Ⅰ. ①中… Ⅱ. ①饶… Ⅲ. ①中外关系－文化交流－文化史－文集 Ⅳ. ①K203

中国版本图书馆CIP数据核字(2021)第053539号

文明通鉴丛书

刘洪一　主编

中外文化钩沉

饶宗颐　著

商 务 印 书 馆 出 版
（北京王府井大街 36 号　邮政编码 100710）
商 务 印 书 馆 发 行
艺堂印刷（天津）有限公司印刷
ISBN　978-7-100-19591-1

2021 年 7 月第 1 版　　　　开本 710×1000　1/16
2021 年 7 月第 1 次印刷　　　印张 22
定价：98.00 元